에도의 몸을 열다

EDO NO JINTAI O HIRAKU written by Timon Screech, translated by Takayama Hiroshi
Copyright © 1997 Timon Screech
Originally published in Japanese by Sakuhinsha, Tokyo, 1997.
This Korean language edition published in 2008
by Greenbee Publishing Company, Seoul
by arrangement with the author Timon Screech and the translator Takayama Hiroshi.

이 책은 일본국제교류기금(日本國際交流基金)의 2007년 출판 조성 프로그램(Publication Support Program)의 지원을 받아 출간되었습니다.

OPENING THE
EDO BODY

에도의 몸을 열다

난학과 해부학을 통해 본 18세기 일본

타이먼 스크리치 지음 | 박경희 옮김

그린비

🌿 에도의 몸을 열다_**차례**

서론 **접근의 도상학** 7

1장 **잔혹한 칼날 아래** 33
  칼은 이미 시대에 뒤떨어졌다 34 | 사람들은 날붙이에서 이국을
  보았다 50 | 가위, 꽃 그리고 인체 58 | 외래 가위 62 |
  잔혹한 매력 68 | 상자와 접이식 나이프 69

2장 **신체를 베다** 77
  외과와 외과도구 80 | 네덜란드 의학 89 | 자르는 의사 100

3장 **드러나는 신체** 121
  인간은 하나의 프로세스 125 | 시양의 충격 146 |
  그들은 정말로 베었던 것일까 167 | 해부와 권력 175

4장 만들어지는 신체 185

뼈 있는 이야기 187 | 내외 진위, 그건 조건 나름이다 199 |
'음식물 전투'의 메타포릭스 204 | 네덜란드 요리, 잘리고 쪼개지는
식재료 217 | 속에 신체가 생기다 233

5장 신체와 국가 251

손을 써서 도구를 다루다 254 | 신체지리학 278 |
해부와 여행 291 | 순환과 심장 297 | 신체는 세계에 열린다 307

결론 양파 속 같은 내부 327

맺음말 355 | 후주 362

부록
옮긴이의 글 370 | 에도 시대 인물 사전 377 |
도판 목록 397 | 찾아보기 403

| 일러두기 |

1 일본어로 '네덜란드'는 보통 '오란다'라 하지만, 18세기에는 '화란', '화란타', '아라타', '홍모'가 혼용되었다. 따라서 이 책 본문에서 당시의 문헌을 인용할 때는 이 표기들을 그대로 따라 혼용해서 썼다.

2 인명이나 지명, 그리고 작품명은 〈국립국어원〉에서 2002년에 펴낸 '외래어 표기법'을 따라 표기했다. 단 본문 중 에도 시대 문헌을 인용할 때 나오는 서양 인명과 지명은 당시 일본의 표기대로 우리말로 읽었다.

3 본문 가운데 지은이 주는 [1, 2, 3]… 식으로 표시해 권말에 후주로 모았고, 옮긴이 주는 *, **, ⁑, ⁂ 식으로 표시해 각주로 달았다.

4 중국과 일본의 서적 중 제목이 한자로 표기된 것들은 한국어 음독에 따라 표기했다. 예)『解體新書』→『해체신서』. 단 독자의 이해가 용이한 경우에는 그 뜻을 풀어서 적었다. 예)『伊勢物語』→『이세 이야기』

5 본문 가운데 고딕체 글씨는 저자가 강조한 것이다.

6 단행본, 전집, 정기간행물, 소책자 등은 겹낫표(『 』)로, 논문, 단편, 시, 희곡, 그림 제목 등은 낫표(「 」)로 묶어서 표시했다.

접근의 도상학

서론

1

이야기는 에도(江戶) 니혼바시 혼이시초 나가사키야(長崎屋)의 어느 날로 돌아간다. 에도 바쿠후(幕府)는 네덜란드동인도회사의 직원이 묵을 숙소를 이곳에 마련했다. 스키타 겐파쿠(杉田玄白)는 『난학사시』(蘭學事始)*에 네덜란드상관(商館)** 책임자인 얀 크란스(Jan Krans)가 아주 잘 닫히는 담배 쌈지를 꺼내 보인 일을 적었다. 파이프 담배를 넣어 두는 작은 주머니였는데, 어찌나 잘 닫히는지 공기가 통하지 않아 담배가 눅눅해질 염려가 전혀 없었다. 완벽한 밀폐성 덕분에 밀봉된 상태였다. 자세히 살펴보면 지혜고리**처럼 당연히 열 수 있는 기교에 불과했다. 사용하려면 일단 열어보라는 식이었다. 어떻게 여는지, 어떻게 하면 쌈지를 망가뜨리지 않고 속에 든 물건을 꺼낼 수 있을지 맞춰보라는 듯이. 여는 방법을 모르는 사람은 말 그대로 보물을 가지고도 썩히는 꼴이어서 느긋하게 담배를 피우는 즐거움은 마치 담배연기처럼 영원히 손에 넣을 수가 없었다.

얀 크란스는 1763년에 일본에 왔고 이 이야기가 생긴 에도에는 1764년 봄과 1766년, 1768년, 1769년, 도합 네 번 발길을 옮겼다. 사건은 이 가운데 어느 해인가 3월에 일어났을 터이다. 네덜란드동인도회사 상관원은 해마다 음력 정월에 나가사키를 출발, 3월 무렵에 에도에 도착해서 쇼군(將軍)에게 배알하기를 관례로 삼았기 때문이다.

그날 크란스의 담배 쌈지를 본 사람은 유럽인 상관원들을 제외하면 나가사키야로 서양인들을 방문해 여러 가지 이야기 나누기를 일삼던 난학자(蘭學者)˘˘˘˘들이다. 난학자들은 차례차례 주머니를 손에 쥐고 골똘히 쳐다봤지만 아무도 열지 못하고 난감해했다. 맨 마지막으로 히라가 겐나이(平賀源內)의 손에 넘겨졌다. 그는 다카마쓰한에서 벗어나 한 마리 들개처럼 이리저리 떠돌던 떠돌이 무사였는데 이때 이미 상공인이 되어 있었다. 겐나이가 주머니를 한번 슬쩍 살펴보고는 곧바로 열어 버렸으므로 일동은 몹시 놀랐다. 『난학사시』˘에서 난학 운동을 회고한 스기타 겐파쿠에 따르면, 이야기의 전말은 이러했다.

어느 해인가 앞에서 말한 카란스라는 상관장이 쇼군을 뵈러 왔을 때인데, 어느 날 그의 숙소에 사람들이 모여 술잔치를 열었다. 겐나이도 그 자리에 열석했다. 카란스가 장난 삼아 주머니를 하나 꺼내며 "이 주머니를 열어 보세요. 여는 분에게 드리겠습니다"라고 말했다. 주머니 주둥이는 지혜고리와 같았다. 그 자리에 있던 사람들은 차례로 넘겨 받아 갖가지 궁리를 해보았지만 아무도 열지 못했다. 마침내 끝자리에 있던 겐나이에게 돌아왔다. 겐

˘ 1869년 스기타 겐파쿠가 『해체신서』(解體新書)를 번역할 때의 고심담 등 난학의 연혁을 기술하고 난학 개시기부터 성립기까지 회상을 펴낸 책.
˘˘ 에도 시대 무역을 위해 일본에 두었던 네덜란드동인도회사의 지점. 1609년 히라도에 설립, 1641년 나가사키의 데지마로 옮겼다. 쇄국 하의 일본에 서구 문물이 전래된 유일한 창구였다.
˘˘˘ 여러 개의 고리를 끼었다 뺐다 하며 노는 일본 장난감.
˘˘˘˘ 난학이란 에도 시대 중기 이후 네덜란드어 서적을 통해 서양의 학술·문화를 연구하던 학문의 총칭이다. 바쿠후가 펼친 쇄국 정책 탓에 개항 때까지 서양 지식 도입의 유일한 창구였다. 아오키 곤요(靑木昆陽)·스기타 겐파쿠·마에노 료타쿠(前野良澤)·오쓰키 겐타쿠(大槻玄澤) 등 다수의 난학자가 배출되었고 의학·수학·병학·천문학·역학 등 여러 분야에 걸친 연구가 이루어졌다.

서론 접근의 도상학 9

나이는 이것을 손에 쥐고 잠시 생각하다가 금세 열었다. 동석한 사람들은 물론, 카란스도 그가 명민한 재주를 지녔음을 느꼈고 바로 주머니를 겐나이에게 주었다. 이 일로 두 사람은 매우 친밀해져서 그 후에도 이따금 숙소에 들러 물산(物產)에 대해 이야기를 나누었다.[1]

겐나이는 오늘날에도 잘 알려진 난학자다. 1779년에 참으로 참담한 상황에서 이른 나이에 죽었다. 일본에서는 불멸의 명성을 떨쳤지만 오늘날 서구에서는 거의 알려진 바가 없다. 하지만 당시의 네덜란드인 사회에서는 유명했으며 암스테르담까지도 그 이름이 들려왔다. 그가 죽은 이듬해 에도에 온 상관장 이자크 티칭(Isaac Titsingh)은 그가 죽었다는 소식을 접하고 상관장일기에 "에도의 숙소 주인이 말하기를, 잘은 모르겠으나 유명한 과학자 겐나이가 제자 한 명을 죽인 죄로 투옥되었다가 감옥에서 죽었다 한다. 그는 만인에게 존경을 받았고, 네덜란드인들과도 친분이 깊던 인물이다"[2]라고 적었다.

이 담배 쌈지 이야기가 실화인지 전설인지는 모른다. 그러나 어찌되었든 기교를 부린 담배 쌈지가 서양에서 일본으로 들어온 일만은 사실인 듯하다. 난학계의 또 다른 거물인 시바 고칸(司馬江漢)의 『서유일기』(西遊日記)에는 나가사키로 가는 길에 다이토쿠지(大德寺)의 주지 방에서 이와 비슷하게 고리를 뺐다 끼웠다 하는 장치를 보았다는 이야기가 나온다.[3] 그러나 난학의 전개라는 더 큰 흐름에서 보면 겐나이의 무용담이 더 의미가 있다. 난학파의 아버지, 오늘날 '난학'이라는 이름과 동의어로 여겨지는 겐나이 같은 인물만이 단단히 닫힌 물건을 멋지게 열 수 있다는 점이 이 일화의 핵심이다. 닫혀 있는 것을 연 겐나이의

남다른 능력은 그를 크란스 그리고 유럽인 사회 전체와 굳게 결합시켰다.

　이 이야기는 난학이란 대관절 어떤 것이 었는지를 여실히 보여주기도 한다. 난학이란 요컨대 어떤 어려움에도 끄덕하지 않고 사물을 여는 것이, 그리고 뒤에서 살펴볼 바와 같이 사물을 엶으로써 '내부'를 보고 '내부'에 있는 것에 대처하는 일이 얼마나 중요한지 말하는 지적인 주장 외에 아무것도 아니었다.

　난학의 감각으로는 무엇이든 제대로 이해하려면 내부를 열어 보이지 않으면 안 되었다. 닫힌 채로는 어떠한 것도 지식의 대상이 되지 못한다. 난학의 담론, 앞으로 416쪽이나 되는 지면에서 우리가 대상으로 하는 담론은 계속해서 외부에 대한 내부의 우월을 말한다. 새롭고도 기이한 발상이었다.

　현상을 충족시킨 외양이 아니라 그 내부에 눈을 돌리는, 강박관념처럼 보이는 시선은 일본인에게는 흔치 않은 사유다. 그렇게 단언해도 되지 않을까? 거꾸로 일본에서는 사물이 하나의 전체로서 있는 그대로 의미를 갖는다. 가방이든 주머니이든 더 큰 물질 세계, 동물·식물·광물 세계의 사상(事象)이든, 대상을 열어서 보지 않으면 이해할

그림 1 새도 꽃도 총체로서 살아 있고 완결되어 있다. 그것들이 죽음으로 해체되는 것이라는 감각은 피했다. 도사 미쓰오키(土佐光起)·도사 미쓰나리(土佐光成), 「추교명순도」(秋郊鳴鶉圖), 17세기 후기.

❸

북유럽에서는 자연물을 인공물과 구별하지 않고 취급하는 경향이 뚜렷했다. 자연물은 외부에서 바라볼 뿐 아니라 절개해서 그 내부를 봐야 했다.
그림 2 얀 다비드스츠 데 헴, 「앵무조개 모양 잔이 있는 정물화」(부분), 1632. 식재료에서 철학적인 소재와도 같은 것이 생겨난다. 세계 각지에서 온 풍요롭고 호화스러운 재료가 부유한 네덜란드 상인의 집 탁자 위에 모여든다. 토지의 모든 산물이 잘리고, 벗겨지고, 결국 그의 (그리고 보고 있는 우리의) 시선을 향해 열린다.
그림 3 플로리스 반 데익(Floris van Dijck), 「치즈와 버터와 과일이 있는 정물화」(부분), 1613. 이것도 현상에 대해 같은 태도를 갖는 그림이다. 음식물을 입에 넣고 소화하는 일이 상징하는 소비 일반을 말하려 한다. 가난한 사람의 테이블 풍경이다. 잘리지 않은 과일조차 가지에 달려 있던 움푹 팬 자리를 이쪽을 향하도록 놓여 있어서 속을 들여다 볼 수 있다는 느낌을 준다. 유리그릇도 속이 비쳐 보인다.

⑤

건조물 혹은 집의 안이란 '내부'의 보편적인 메타포다.
그림 4 사무엘 반 호호슈트라텐(Samuel van Hoochstraten), 「네덜란드 실내 풍경의 퍼스펙티브 박스」, 1663. '내부'를 보여주는 정물화 자체를 인테리어로 하는 '내부'에 배치한 회화적 미자나빔. 마니에리스모식 시각 작용에 열중하여 허다한 옵티컬 박스나 트롱프 뢰유를 고안한 네덜란드 화가 호호슈트라텐의 걸작이다. 이 이미지는 여러 개의 거울을 조합하여 만들었으며, 보는 사람은 몸을 구부려 작은 구멍을 통해 속을 들여다볼 수밖에 없다. 맨 앞에 놓아둔 나이프 한 자루도 이 책의 독자에게는 의미심장할 터이다.
그림 5 피에터 데 호흐, 「델프트 지방 가옥의 안뜰」, 1658.

수 없다는 감각은 없었다. 연못가에 핀 붓꽃도, 물가의 물떼새도 절개할 필요가 없다. 수박을 자르거나 밀감 껍질을 벗겨낼 이유가 없다. 꽃도 새도 칼로 잘라 볼 까닭이 없으며, 찻잔을 뒤덮거나 깨거나 한다면 더없이 어리석은 일이다. 사물은 전체성에 의해서만 의미를 가지므로 통일성을 깨뜨린다면 균형을 파괴하는 어리석은 짓이다. 그런 일을 하면 사물을 이해하기는커녕 오해하고 만다. '이해하다'(分かる)의 한자〔分〕는 '절개'(分ける) 행위를 나타내는 한자와 같은데, 이는 중국에서 온 외래 관념이다. 일본인은 사물을 대상의 전체성으로 생각하기를 전제로 한다.

2

이러한 상황을 동시대의 유럽인, 특히 네덜란드 상황과 비교해 봄직하다. 네덜란드 미술 연구자들이 네덜란드 정물화 장르를 언급할 때 늘 말해 온 것인데, '낮은 땅의 나라'에는 '내부로'라고 할 만한 문화적 충동이 있었다. 예술적 재현의 세계에서 그림 속 과일은 그대로 보일 뿐 아니라 껍질을 벗기거나 칼집을 넣어서 그 내부까지 보여주려 한다. 찻잔은 엎어져 속이 들여다 보이고 귤 껍질은 벗겨져 있다. 풍속화에서는 열린 창, 문, 찬장 등이 특기여서, 그림을 보는 사람이 내부를 들여다 보도록 한다. '내부로' 향한 시선을 결여한 채 묘사한 사물은 그저 자연의 일부를 보여줄 뿐이어서 관심도 주의도 거의 끌지 못한다. 그런데 일단 그 내부를 드러내기만 하면 인간 정신이 열중하는 대상이 되고 주의를 끌 만한 것으로 바뀐다. 요컨대 알 가치가 있는 대상이 되는 셈이다. '묘사의 예술'이라 불리는 네덜란드 미술의 이 충동을 미

❻

그림 6 피에터 코르넬리스 반 라이크, 「주방에 가난한 자를 부름」(부분), 1604. 요리하는 젊은 여자가 식재료로 가득 찬 주방에 있다. 옆에는 늙은 여자 한 사람. 젊음과 늙음, 생명과 죽음. 식재료는 대부분 절개되거나 부서져 있어서 속이 보인다. '내부'라는 관념 그 자체를 모조리 털어낸 처참한 주방 그림이다. 혹은 안이 보이는 다른 뭔가를 속에 둔 것도 있다. 뒤집힌 통 속의 물고기, 물고기 머리 안쪽에 있는 과일. 사과를 베어 먹는 인물은 에덴동산에서 이브가 한 소행을 떠올리게 한다. 금단의 과일을 베어 먹음으로써 인간과 신은 분리되었고, 그것이 방아쇠가 되어 인간의 발견을 시도하는 모든 것이 시작되었다.

그림 7 요한 쿨무스의 『타펠 아나토미아』의 표제지. 원래는 독일어(1722)로 출판되었지만, 일본에는 『도보해설부 해부서』(圖譜解說附解剖書)라는 제목의 네덜란드어판이 수입되었다. 어느 판이나 도판류는 같다. 상징적인 해부실에 레이디 아나토미아와 하녀가 있다. 인간의 뇌와 장기가 앞쪽의 두 스탠드 위에 놓여 있고 그 사이에는 해부도구가 가지런히 늘어져 있다.

술사학자 스베틀라나 앨퍼스(Svetlana Alpers)가 잘 해석했다.⁴ 앨퍼스는 이를 네덜란드 고유의 현상으로 본다. 그리고 그러한 네덜란드가 일본과 직접 교섭을 가진 유일한 서구의 나라였다는 점이 재미있다. 얀 다비드스츠 데 헴(Jan Davidsz de Heem)의 정물화도, 피에터 데 호흐(Pieter de Hooch)의 풍속화도 네덜란드 미술의 특징이 넘치는 그림의 예다. 화랑이든 화집이든 우연한 결과인지 작위의 소산인지를 불문하고 우리는 실로 무수한 내부의 표상을 본다. 앨퍼스의 비평에서 한 걸음 더 나아가 '정물화'라고 알고 있는 회화 장르를 차라리 '접근의 도상(圖像)'이라 부르고 싶기까지 한다. 이렇게 해서 18세기 네덜란드인에게는 드러나지 않고 끝나는 것은 아무것도 없었다.

3

'여는' 현상을 좇아가는 것이 이 책이 지향하는 바이다. 그렇긴 하지만 그 주제를 전면에 내세우고 전개하기에는 지면이 부족하다. 그래서 우선은 '열린' 것을 인간의 신체에 국한하기로 한다. 이 선택은 갑자기 떠오른 것이 아니다. 유럽에서는 인간의 신체는 작은 세계, 즉 우주를 작게 응축시킨 소우주라 여긴다. 따라서 절개된 인체는 그 자체를 넘어서 우주 전체의 현상을 가리키는 다양한 의미를 지닌다. 인간의 육체는 반드시 알려질 필요가 있으며, 몸을 아는 것은 어떤 의미에선 전부를 아는 것이었다. 결정적으로, 기독교 문화에서는 인간(특히 남성)의 신체는 하느님과 같다고 여겼다. 성경에 하느님이 "자신의 모습과 비슷하게" 창조했다고 적혀 있기 때문이다. 유럽의 의사들은 인간 육체를 아는 일이 곧 하느님을 아는 일이라고 지칠 줄 모르고 끝없이 주장

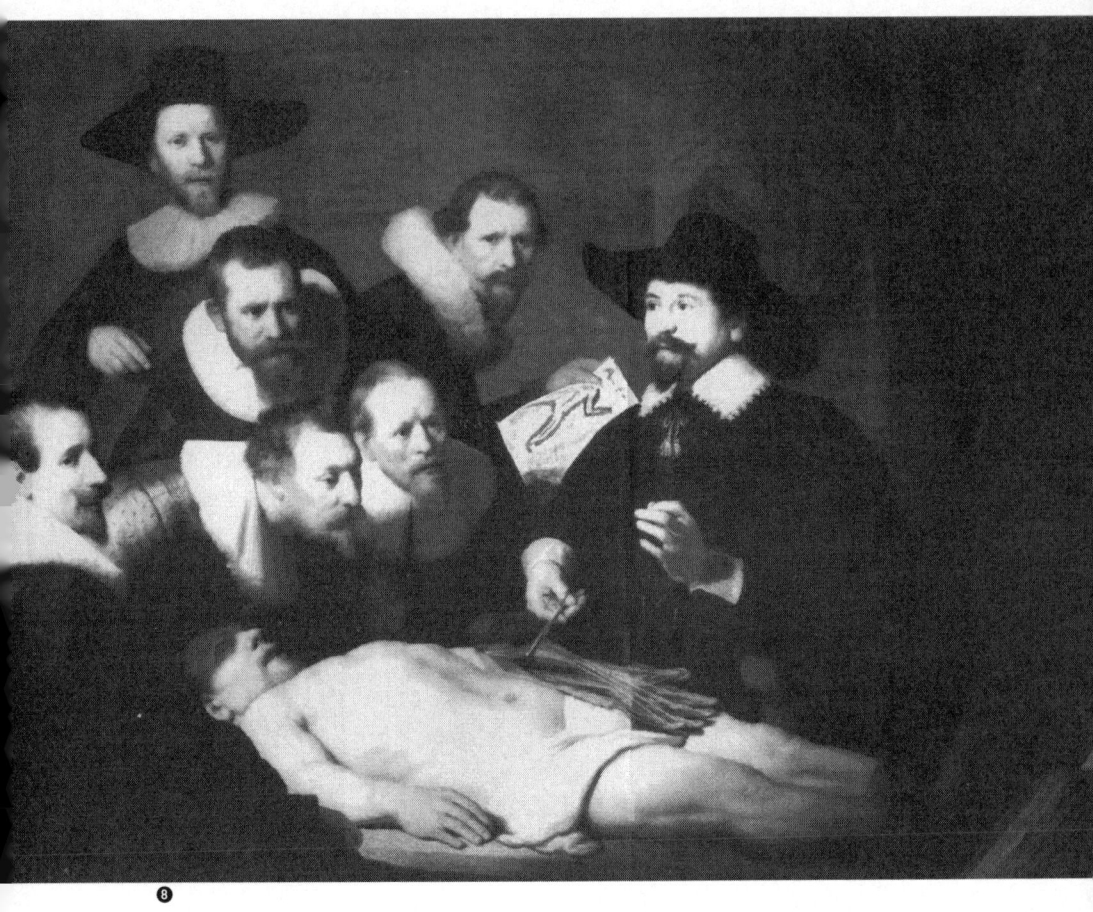

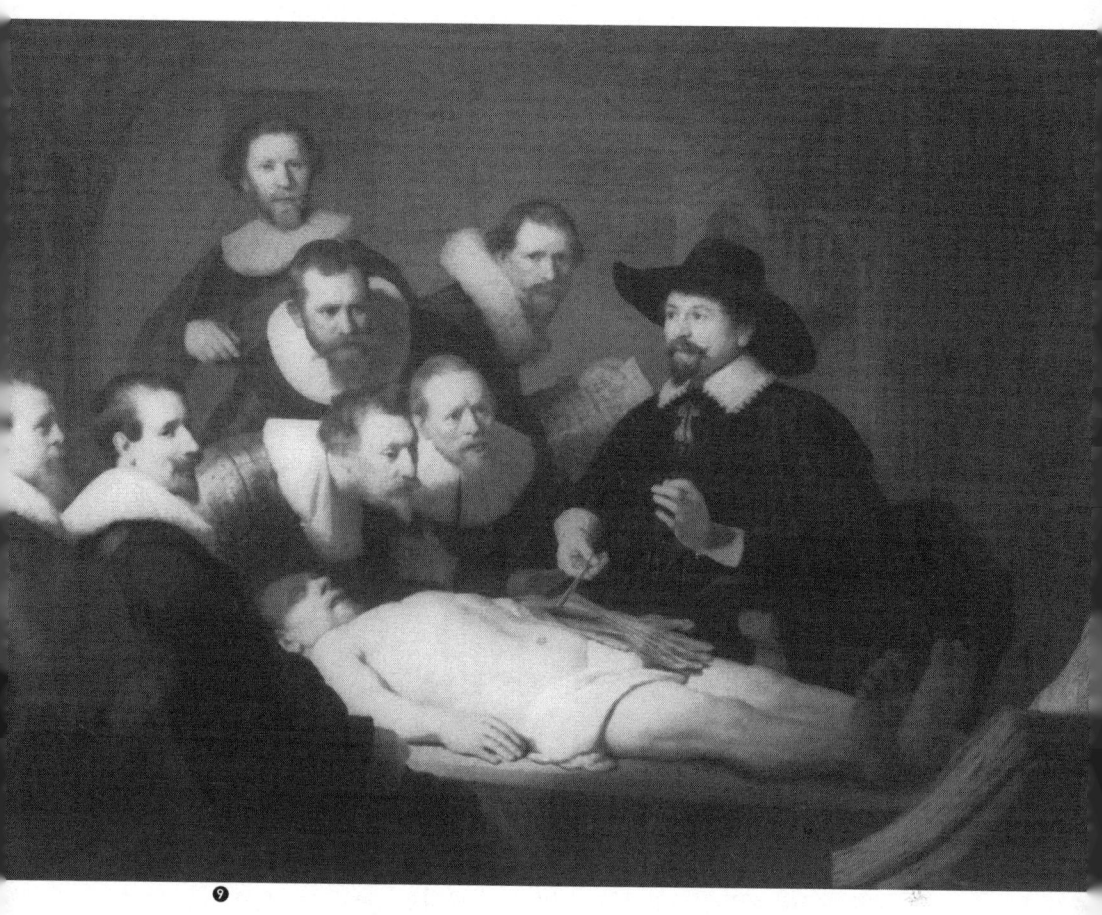

❾

그림 8 렘브란트, 「툴프 박사의 해부학 강의」. 아나토미(해부학)라는 과학은 신체를 해체할 뿐 아니라 신체 내부의 각 부분을 응시하는 시선 앞에 하나, 또 하나 내미는 절개의 '과학'이었다. 안내서가 필요했다.
그림 9 렘브란트, 「툴프 박사의 해부학 강의」, 1632. 화가 자신이거나 또는 누군가 다른 사람(혹은 양자)이 개필(改筆)했다. 한 사람이 들고 있던 해부도가 동석한 사람들의 명단으로 바뀌고 인물 한 사람이 더해졌다.

해 댔다. 난학이 융성했던 이 시대에는 더욱 그러했다.

이보다 연구해 볼 만한 주제가 또 있을까? 신체 내부에 들어가 보는 시선은 지적 계몽의 수단일 뿐 아니라 중요한 도덕적 의무이기도 했다. 의사의 신지식에 의거하면서 인간 신체를 그리는 화가들은 생(生)의 궁극적 신비(하느님의 '닮은꼴')를 다룸으로써 스스로 인간 사회에 크게 이바지한다고 느꼈다.

'내부로'라는 이 절박한 사고를 배경에 두고 보면, 신체를 안다는 말은 점차 그것을 열어 본다는 말과 가만히 뒤얽혀서 전혀 이상하게 느껴지지 않는다. 이러한 맥락에서 의학은 이제 불가피하게 '접근'의 쌍둥이 길을 따라 전개하기 시작한다. 그 쌍둥이는 해부학 그리고 외과학. 둘 다 신체 내부를 보는 학문이다.

정교하게 만들어진 담배 쌈지와 같이 인간의 신체도 쉽게 열리지 않는다. 접근하기 아주 어렵다. 그러나 그 내부에 손이 닿지 않는 한 보물이 무엇인지 알지 못한다. 네덜란드 사람이라면 그것에 대해 아무것도 확실하게 아는 바가 없다고, 신체에 무언가 상태가 나쁜 데가 있어도 이렇게 해서는 고칠 수 없다고 생각할 디이다.

1632년 1월 렘브란트(Rembrandt)는 저 유명한 「툴프 박사의 해부학 강의」(*Anatomy Lesson of Dr. Tulp*)를 그렸다. 네덜란드동인도회사가 일본에 들어온 지 23년 뒤의 일이다(렘브란트도 그 점은 알지 않았을까? 스케치 몇 장인가 일본 종이를 썼다). 렘브란트가 이 그림에 담은 것은 실제 장면이라기보다는 인간 신체의 내부를 탐구하는 도덕적인 의미다. 툴프 박사는 제단에서 하느님을 골똘히 생각하는 사제와 꼭 닮았다. 박학다식한 이 의사가 사체의 손을 집어 든 모습은 사제가 미사 중에 성체를 받들어 모시는 모습 그대로다. 제단과 해부대가 닮

았다는 표현은 별반 신기하지 않다. 실제로 고대에는 제단 위에서 제물로 바친 고기를 자르거나 내장을 꺼내기도 했으니 결코 얼토당토 않은 결부는 아니다. 그러나 그러한 문제는 역사적 결부보다 개념적 결부 쪽이다. 의사들이 자신들의 직업이 신성화되는 이 고리를 반가워하

그림 10 작자 미상의 독일 목판화 「성 코스마와 성 다미아누스」, 1580년 무렵. 16세기에는 코스마가 들고 있는 책에 대체로 그림이 없었는데, 17세기가 되면 반드시 그림이 들어갔다.

서론 접근의 도상학 23

그림 11 알렉산드로 알로리의 작품으로 여겨지는 「부활한 그리스도」, 16세기 말. 해부학의 수호성인인 쌍둥이 형제 코스마와 다미아누스. 다미아누스는 해부접시와 외과기구를 쥐고, 코스마는 펼친 해부서를 들었다. 중앙에는 '부활한 그리스도'가 죽음의 십자가를 짊어지고 있다.

지 않을 리 없었다. 예를 들어 1732년에 요한 아담 쿨무스(Johann Adam Kulmus)*가 출판한 해부학서『타펠 아나토미아』(*Anatomische Tabellen*), 즉『도보해설부 해부서』(圖譜解說附解剖書, 일본에서는 네덜란드어 번역이 더 유명하다. 뒤에서 보겠지만 오늘날에도 여전히 매우 유명한 책이다)의 속표지 그림(18쪽 그림 7)을 보면 해부자의 모습에 사제의 모습(인간을 제물로 바치던 기독교 이전 시대 여사제의 모습)이 겹쳐진다. 17세기 사람이 이 그림을 본다면 곧바로 그렇게 연상했을 터이다.

오늘날 렘브란트를 좋아하는 사람들이「툴프 박사의 해부학 강의」를 이해하는 데는 조금 이상한 구석이 있다. 상징적인 의미를 인정하면서도 아무래도 실제 해부 장면을 묘사했다고 추정한다.[5] 이것은 잘못된 해석이다. 절대로 해부 강의를 묘사했을 리가 없다. 사체의 팔부터 해부하기 시작하는 해부학 교수가 있다면 멍청이다. 의대 신입생이라도 웃음을 터트릴 일이다. 분명히 툴프는 실존인물이며 우리는 문제의 그림에 그려진 고인의 이름마저 알고 있다(아리스 킨트Aris Kindt라는 살인자였다). 이 그림은 그렇게 해서 진행하던 해부학 강의의 역사적 한 장면을 묘사한 것은 아니다. 우리가 보는 것은 인체를 절개해서 내부를 들여다보는 행위가 얼마나 신의 탐구와 같은지를 보여주는 상징적인 구성물이다. 툴프 박사가 지금 막 절개해서 보여주려는 것이 손을 움직이는 힘줄이라는 데는 이유가 있다. 인류에게 가장 중

---

* 1689~1745, 독일 해부학자. 브레슬라우(지금의 브로츨라프) 출생. 1722년 출판한『타펠 아나토미아』는 20여 장의 도표를 해설한 간단한 것이었으나 네덜란드어·프랑스어·라틴어 등 각국 언어로 번역되어 판을 거듭했다. 1734년 3판을 네덜란드의 G. 딕텐이 번역해 암스테르담에서 출판한 네덜란드어판이『해체신서』의 저본이 되었다.

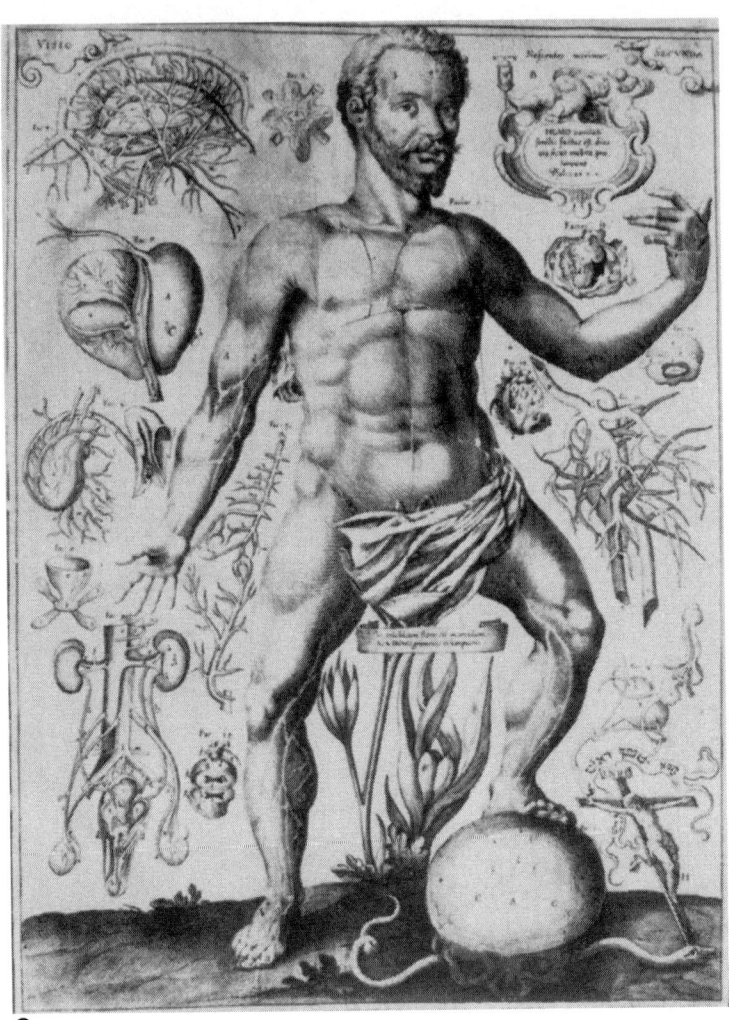

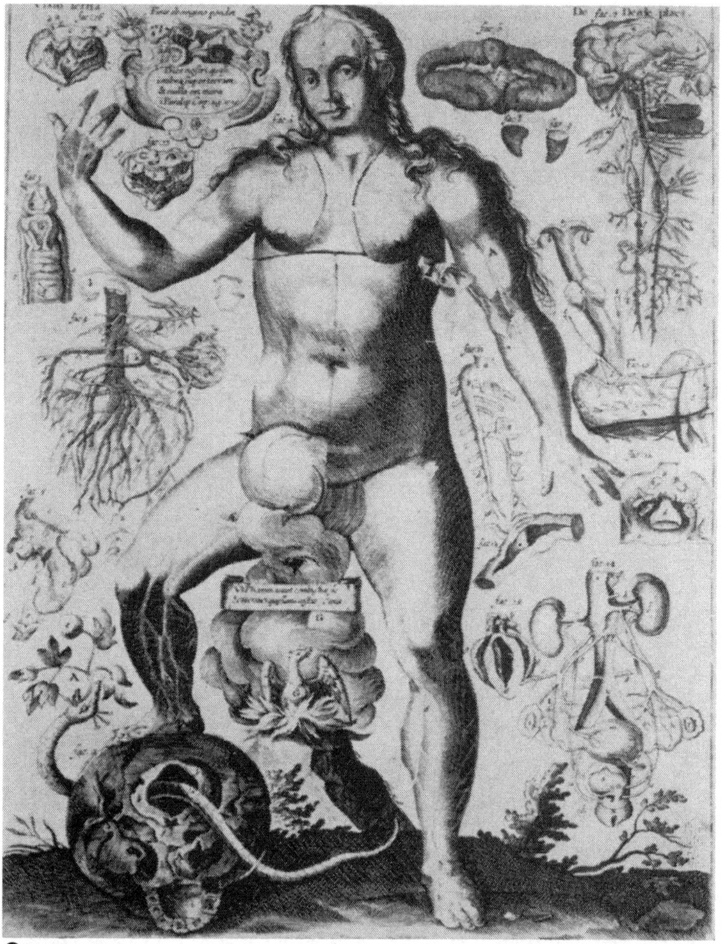

그림 12 요하니스 레멜리니의 『소우주도보』(小宇宙圖譜, 1609)에 실린 남성상과 여성상. 그림의 남녀는 하느님이 만든 최초의 자녀임을 나타내어서 보는 사람에게 그저 남녀의 모습이 아니라 아담과 이브임을 간파하도록 짜였다(짝을 이룬 이 해부도는 실제로 「아담과 이브의 그림」이라 불리기도 했다). 여기에서 인간 사회가 시작된다.
그림 13 『소우주도보』의 표제지. 엄청난 고가의 책이었지만, 해부학의 상징적 가치에 대해 사고하려고 하는 호학(好學)의 신사들에게나 이상적인 입문서였지, 의사용이 아니었다.

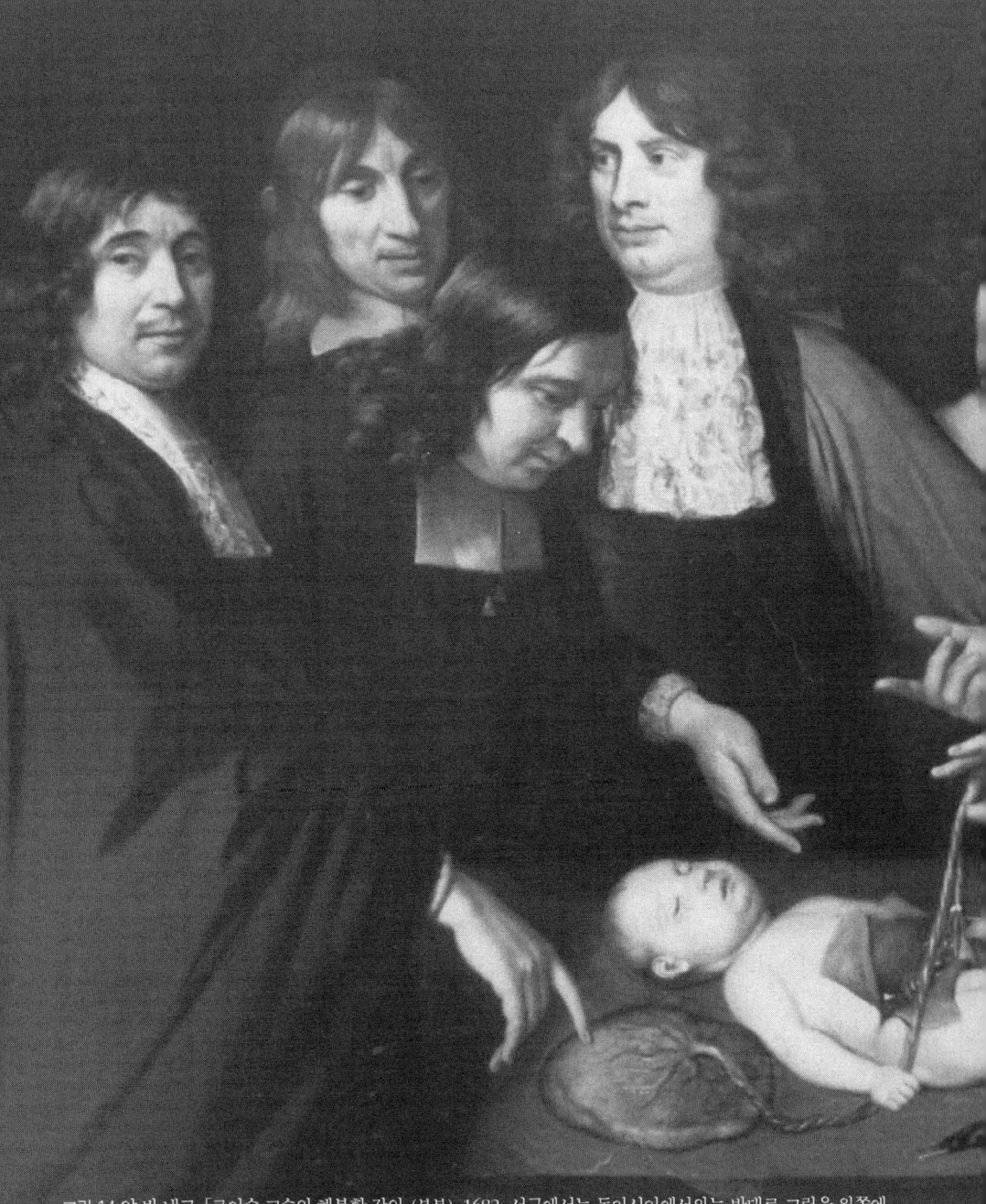

그림 14 얀 반 네크, 「로이슈 교수의 해부학 강의」(부분), 1682. 서구에서는 동아시아에서와는 반대로 그림을 왼쪽에서 오른쪽으로 읽었다. 이 그림도 우선 태반과 동체 부분을 가리키는 맨 왼쪽의 인물부터 읽기 시작한다. 그의 손가락이 가리키는 탯줄을 태아가 손에 쥐고 다음으로 오른쪽 인물이 손으로 집어 들고 있다. 다른 손은 속을 가리킨다. 바로 '생명줄' 그림이다. 오른쪽 끝에는 영아의 해골이 마리오네트 인형처럼 (믿을 수 없는 일이지만) 빙그레 웃으면서 학자들의 움직임을 흉내 내고 있다. 삶과 죽음이 겹쳐진 것이다. 테이블 위의 나이프는 일본에 실어온 카달로그 (51쪽)에 나온 것과 아주 유사하다.

요한 도구인 손 덕분에 사람은 동물 상태에서 벗어났고, 신에 대한 탐구와 숭배를 시작했다. 신체 각 기관 가운데 그것 없이는 사람이 절대로 살아남을 수 없는 것, 그것이 손이다. 따라서 툴프 박사는 해부 기술을 가르친다기보다 내부로 향하는 시선의 가치를 가르치는 셈이다. 더욱이 기독교 사상에서 팔과 손은 특히 상징적인 역할을 한다. 힘과 통제를 나타내며, 따라서 창조를 나타낸다. "야훼께서 만국 앞에서 그 무서운 팔을 걷어 붙이시니"(「이사야서」 52장 10절)는 '세상 구석구석이' 하느님의 힘을 보고 단적으로 '하느님의 손'을 보기 위해서였다. 모두 하느님의 활동을 보기 위해서라는 말이다. 예수는 제자의 머리 위에 손을 얹음으로써 사람들 앞에서 설교할 권능을 주었는데, 오늘날에도 이 관습은 여전히 존속한다.

쿨무스의 속표지 그림과 렘브란트의 작품은 명백히 상징적인 묘사다. 그런데 좀더 실제적인 의학 도보(圖譜)를 그린 화가들 역시 왜 내부로 눈을 돌리는지 그 윤리적 필요를 설명할 이유가 있었다. 요하니스 레멜리니(Johannis Remmelini)는 『소우주도보』(*Catoptrum Microcosmicum*)에 실린(뒤에 서술하겠지만 에도 시대의 일본에도 알려진 저술이다) 기독교 미술의 도상으로 주위를 둘러싼 실제 인체 해부도를 보여주었다. 그림의 남녀(26~27쪽 그림 12)는 하느님이 만든 최초의 자녀임을 나타내서 보는 사람에게 그저 남녀의 모습이 아니라 아담과 이브임을 간파하도록 짜였다(짝을 이룬 이 해부도는 실제로 「아담과 이브의 그림」이라 불리기도 했다). 여기에서 인간 사회가 시작된다. 책장을 차례로 넘겨다보면, 하늘을 나는 지품천사들, 피리와 가래(지배와 죽음의 상징), 구(球) 위의 십자가 혹은 억수가 쏟아지는 가운데 하느님의 이름을 나타내는 히브리어('나는 스스로 있는 자') 등의

도상으로 가득 차 있다. 특히 주 도판의 오른쪽 아래에 있는 십자 가상은 중요하다. 십자가에 못 박힌 그리스도의 몸은 마치 해부대 위의 사체와 같은데, 이 십자가는 뱀 한 마리의 머리 부분을 관통한다. 유대 시대부터 하느님은 '뱀의 머리를 부수는 분'(죄를 씻는 분)이라 불렸는데, 아무래도 북유럽풍이라고 할까, 뱀 머리가 '부숴진', 형태가 없는 상태라면 엉망이 되므로 분명히 형태가 있던 것이 관통되었다는 식으로 변했다. 간단히 말하면, 아담이 밟은 사람의 두개골 속을 뱀이 파고드는 그림이다. 뱀이 머리통 속을 지나감으로써 유혹(뱀)이 죽음(두개골)과 얽혀 합쳐졌다고 말하고 싶을 테지만, 그렇다 치더라도 속을 통과한 뱀은 자신이 지나온 세계를 제 눈으로 보았음에 틀림없다. 두개골 내부를 보면서 죽음을 통과한 셈이다. 덧붙여 말하면, 십자가가 이 뱀의 머리를 관통하여 내부로 곧바로 들어가는 것을 허용하는 완전한 구멍이 뚫려 있다. 육체를 잠식했던 유혹(뱀)을 구원이 관통한 것이다.

일본의 사례와 비교해 보면 재미있을 것이다. 선(禪)은 신체 내부

그림 15 불교 예술에도 개복(開腹) 도상이 존재한다. 그렇지만 라울라는 유럽의 동료들과는 전혀 다르다. 내부에는 부정형의 정신성이 존재함을 보일 뿐 무언가 확실히는 보여주지 않는다(에도 시대에는 개복부로부터 얼굴이 엿보였다. 현재의 작은 조각은 현대에 넣은 것이다).

를 엿보는 신화적 방법이라 한다. 승려에게는 자신의 내부가 불심으로 가득 찰 때까지 명상하라는 의무가 부과되었는데, 목구멍으로 들여다보면 그것을 눈으로 볼 수도 있다고 여겼다. 이 기발한 생각은 청나라에서 에도 시대(신기술이나 새로운 지식의 흐름과 더불어 17세기 중엽)에 마지막으로 일본에 들어온 임제종(臨濟宗)의 한 교파였던 황벽종(黃檗宗)에서 특히 성행했다. 깨달음에 이른 고승(아라한)을 존숭한 황벽종에서는 그중 한 사람이자 석가모니의 아들인 라홀라(羅睺羅)를 그의 가슴을 쪼개어 그 속에 앉아 있는 아버지 부처의 얼굴이나 모습을 보여주는 자세의 불교 도상으로 표현했다. 영적으로, 내부에 이르는 맑고 깨끗한 길이 있고 성스러운 내부는 은유법을 통해서만 모습을 드러낸다고 여겼다.

그러나 해부학자들이 상대하고자 한 대상은 이런 '내부'가 아니었다. 사람이 참으로 계몽된다면 신체를 갖지 않는다는 것이 선종(禪宗)이 지닌 최상의 진리다. 육신 따위는 없으며 존재하는 것은 오직 불심뿐. 가슴을 쪼개어도 고통은 없다. 어떠한 육신의 물질도 내부에서는 발견되지 않기 때문이다.

육체를 (고통 없이 열고 내부가 소멸되었음을 보임으로써) 초월함으로써 선의 의미가 나타난다. 육신은 그 자체로는 접근할 수 없다. 육신이 육신이라면 선의 의미는 그 절반 이상이 사라진다.

잔혹한 칼날 아래

1장

무언가를 열기 위해서는 먼저 그것을 느슨하게 풀어야 한다. 네덜란드 상관장 크란스가 꺼낸 담배 쌈지는 주둥이에 일종의 기교를 부려 놓았는데 이 점이 특히 질이 좋지 않다. 물건을 여는 방법은 가지각색이다. 상자란 속임수가 숨겨져 세공되었다 해도 결국 열기 위해 있다. 하지만 인간의 몸은 그렇지 않다. 내부로 들어가기 위한 개구부(開口部) 따위란 없다. 내부에 있는 비밀을 백일하에 드러내려면 단 한 가지 방법밖에 없다. 절개(切開), 그것이다.

칼은 이미 시대에 뒤떨어졌다

이 장에서는 우선 신체를 절개하는 도구에 대해 살펴보자. 18세기 말 일본에 '여는' 것에 대한 강박관념이 생겼음을 고찰하는 일이 이 책 전체의 의도인데, 탐구자의 눈이 인간의 신체로 향한 이상 절개 도구가 필요했다. 절개도구에는 여러 형태가 있지만 어찌 되었든 무엇보다도 예리한 칼날이 필요하다.

    일본의 도공(刀工) 전통은 유명하다. 봉건 시대의 무사들은 정장(正裝)의 일부로서 칼을 찼다. 베는 도구를 자유롭게 사용하는 권리 덕분에 사무라이는 사농공상 가운데 최상위 지위를 누렸다. 긴 칼과 작은 칼, 두 자루를 차는 다이쇼(大小)는 사무라이임을 보여주는 표식이였다. 칼은 곧 사무라이였다.

사무라이라 불리던 상급 엘리트 무사계급이 얼마나 끔찍하게 칼을 애호했는지 말해 주는 이야기나 가부키(歌舞伎)는 무수하다. 쇼군은 신하에게 신임의 표시로, 호신용으로, 선물로 칼을 하사했다. 사무라이는 가난 때문에 아무리 고생을 하더라도 큰 칼과 작은 칼, 즉 다이쇼만은 지키려 했다. 다이쇼를 저당 잡히러 내놓는 일은 정말 최후의 수단이었다. 다이쇼는 무사의 목숨이었다. 무사, 그것은 곧 칼이었다.

2대 다케다 이즈모(竹田出雲)가 닌교조루리(人形淨瑠璃)* 대본으로 쓰고 1748년에 오사카 다케모토 극장에서 초연된 명작 시대극 「주신구라」(忠臣藏)에는 주군의 복수를 기도한 오보시 유라노스케(大星由良之助)의 고충이 잘 묘사되어 있다. 특히 유라노스케의 고충을 그가 찬 칼의 운명에 빗대어 표현한 점이 흥미롭다. 일곱 번째 대목인 '호유객(豪遊客)의 녹슨 칼'을 보면, 유라노스케는 그의 복수를 두려워하는 상대방을 방심시키려고 일부러 기온(祇園)**의 한 구석에서 흥청망청 유흥에 빠진 나날을 보낸다. 이 충신은 상대방에게 자기가 복수할 심산이 없다고 믿게 하려면 칼을 소홀히 다루는 모습을 보여주는 방법이 가장 좋다고 생각했다. 기온의 사창가 이치리키테이(一力亭)에서 그의 적 오노 규다유(斧九太夫)와 마주쳤을 때 유라노스케는 일부러 칼을 놓고 간다. 규다유가 바로 칼을 집어들어 보니 칼날에 '녹'이 슬어 있었다. 물론 유라노스케가 꾸민 일이었다. 칼의 녹은 복

---

* 조루리·샤미센에 맞추어 곡 중의 인물로 분장한 인형을 조종하는 일본 고유의 인형극. 가부키·조루리 각본 작가인 지카마쓰 몬자에몬(近松門左衛門)의 출현 이후 독자의 극 형식을 완성했고 한때는 가부키를 압도할 정도로 흥행했다.
** 교토 야사카 신사 주변의 지명, 대표적인 화류계.

수심도 녹슬었음을 보여주는 표시로 해석된다.

오노 과연 이제는 경계할 필요가 없도다.
오보시 이게 말이지, 아직 여기 있네. 칼을 잊어 버리고 갔습니다.
오노 정말이지, 멍텅구리라는 증거로구나. 몸가짐하는 정신 상태를 보라지. 게다가 녹슬어 무디어진 칼.
오보시 하하하 …….
오노 드디어 본심이 드러나니 안심, 또 안심.[1]

이라 하여 칼을 보면 평소의 각오를 안다는 말이다.

도요토미 히데요시(豊臣秀吉)가 1588년에 내린 저 유명한 무기몰수령(刀狩令)에 따라 농민은 무기를 갖지 못했다.* 재미있는 것은 그렇게 해서 농민들한테 몰수한 무기를 가지고 교토에 있는 호코지(方廣寺) 대불전을 건립하는 데 필요한 못 등을 만든다는 것이 공식적인 이유였다는 점이다. 완성된 대불은 높이가 (나라 대불이나 가마쿠라 대불보다 높은) 거의 20미터나 되었고, 어찌 되었거니 그 결과로 일반 민중의 일상 생활에서 칼이 없어졌다. 완전한 존재인 부처는 완벽하고 또한 충족된 하나의 전체, 하나의 원상(圓相)으로서 표현되는 일이 많다.

---

* 병농(兵農)이 분리되지 않았던 일본 중세에는 무장한 백성들이 토호를 중심으로 봉기하여 영주에게 저항하곤 했다. 천하(전국)통일을 목표로 하는 영주들은 군사 정복 과정에서 농민의 무기를 몰수하는 명령을 내렸는데, 도요토미 히데요시가 대규모로 철저히 시행했으므로 보통 무기몰수령이라 하면 1588년 히데요시가 내린 무기몰수령을 가리킨다.
히데요시는 백성들의 내세를 구제하기 위한다는 명목으로 무기몰수령을 내렸다. 일본 중세 사회에서는 신앙의 형태로 칼을 부처에게 바치는 행위가 일반화되어 있었으므로, 거두어 들인 무기류는 호코지의 대불전을 짓는 재료로 쓴다고 선전되었다. 그러나 실제로는 농민 봉기를 미연에 방지하고 토지 조사를 수월하게 수행하며 무사와 농민의 신분을 확실하게 구별함이 그 목적이었다.

특히 선화(禪畵)는 이를 잘 표현한다. 천하(天下)라 이름 하는 정체(政體)의 신체가 충족되어 통일되고 끝이 나서 (히데요시의 지배 전략에 따라) 베는 도구가 일본인의 일상에서 제거되고 이제는 벨 수 없음을 상징하는 상(像)으로 바뀐 셈이다.

그렇다고는 하지만 농민들은 여전히 가래나 낫을 가지고 있었으며 상인들 손맡에도 물건을 자르는 도구는 여럿 있었다. 자르기가 특별히 무사만이 경험하는 일은 아니었다. 그러나 무사가 가진 칼만이 오로지 인간의 신체를 베기 위한 것이라는 점에서는 다른 날붙이와는 전혀 달랐다.

가부키 「주신구라」로 이야기되고 보통 아코(赤穗) 사건이라 불린 복잡한 사건이 도쿠가와 바쿠후 법 체제의 뼈대를 뒤흔든 이유는 바로 사람을 베는 권리와 관련이 있었기 때문이다. 사건은 1701년 아코한(赤穗藩)의 영주 아사노 나가노리(淺野長矩)가 에도성 안에서 기라 요시나카(吉良義央)를 칼로 베는 칼부림 사태를 일으킨 데서 발단한다(「주신구라」에서는 전자가 엔야鹽冶 판관, 후자가 고노 모로나오高師直로 나온다). 아사노는 그날로 할복 명령을 받았고, 영주를 잃은 떠돌이 무사가 된 47명의 가신들이 죽은 주군의 원수를 갚는다. 말 그대로 상대를 '되받아 친' 것이다. 사무라이에게 그럴 권리가 있는가 없는가 하는 점이 이 사건이 처한 법적 딜레마였다. 엄밀하게 말하면 권리는 있었다. 그러나 18세기가 막을 올린 무렵 도쿠가와 바쿠후는 더 이상 유혈 사태를 기꺼워하지 않았다. 사무라이들의 복수, 즉 칼을 사용할 권리를 억제하려고 했다. 간단히 말하면, 18세기 초에도 항상 칼을 차고는 다녔지만 칼의 사용은 이미 시대에 뒤떨어진 일이었다.

에도 시대 초기 법은 무사를 벨 권리를 가진 계급으로서 확실히 정의했다. 그러나 이제 명분이 사라졌다. 주의할 것은 무사가 (현대의 학자들이 자주 말하는) 죽일 권리가 아니라 베어서 죽일 권리에 의해 정의되었다는 점이다. 무사는 일도양단(一刀兩斷)으로 머뭇거리지 않고 과감하게 죽이는 방법 이외는 취하지 않았다. 타살, 사살, 독살 등의 다른 수단은 무사로서 상종치 못할 비열한 짓이었다. 그러나 18세기가 되자 사무라이 스스로 '베는' 것을 잊어 버렸고 사태는 바뀌었다.

물론 무사는 군대 문화의 계급이며 에도 시대 전반에 전투 집단으로서 힘을 정당화했기 때문에, 다른 점에서는 통하는 바가 많은 명·청조의 사대부나 조선의 양반과 현저히 대조된다.

군웅이 할거했던 센코쿠 시대(戰國時代)에 검술은 사무라이에게 중요했고, 또 그것 없이는 목숨을 잃을 수밖에 없는 필수불가결한 기술이었다. 그 점은 다른 어떤 문화, 다른 어느 시대에도 마찬가지겠지만, 일본의 특수성은 전쟁이 끝나고 살육할 필요가 없는 시대가 되고서도 베는 특권이 무사에게 세습으로 지속된 데서 나온다. 맥락에 따라서는 여전히 칼 차는 것이 관례이던 18세기 유럽에서도 펜싱은 칼끝으로 건드리는 일 이상은 금지된 우아한 스포츠였을 뿐이었다. 결투와 같은 진짜 유혈사태는 보통 권총이 떠맡았다. 이윽고 신사의 규범 복장에서 칼은 완전히 사라졌다.

그러나 에도는 18세기 중엽이 되어서도 여전히 칼을 포기하지 않는다. 다만 칼을 뽑아 쓰는 일은 점점 줄어들었다. 칼 몸체보다는 칼집만 눈에 들어오는 하나의 아이콘이 되었다. 실제로 칼을 휘두르는 일 따위는 정말 보기 드물었다. 에도 중기 사람의 눈에는 칼로 베기란 하극상의 난세를 떠올리게 하는 탐탁치 않은 일로, 완전한 구닥다리로밖에 비치지 않았다. 아사노 나가노리는 칼을 뽑아 들어서는 안 되었으며,

47명의 가신은 복수라고는 하지만 베어서는 안 되었다. 법을 넘어선 그들의 할복은 피할 수 없는 일이었다.

할복이라는 의식도 '베는 칼'의 개념이 약해지는 데 대응하여 변했다. 이자크 티칭은 처음 할복을 설명할 때 '배를 베어 가르는 일'이라 번역해 유럽인들을 당혹시켰다.[2] 이 번역에 따르면 베는 힘의 처참함이 강렬하게 전해졌을 터였다. 하지만 티칭도 나중에는 일본의 사정에 더 정통해서 할복을 그저 '합법적 자살'로만 옮겨서 고통보다는 법의 문제로 다루었다(잘 아는 바와 같이 서양에서는 자살이 비합법이다). 수사법이 베는 것의 처참함을 완화했다. 18세기와 더불어 베는 일의 권한은 완전히 억제되었다.

할복이라는 관행은 사라지지 않았으나 수형자 스스로 정말 배를 가르는 일은 줄어들었다. 죽음을 받아들이는 의도는 칼끝으로 조금 찌르는 것만으로 보이기에 충분했다. 실제로는 배를 찌르는 찰나 가이샤쿠닌(介錯人)이 등 뒤에서 날쌔게 목을 쳤다. 에도 중기에는 배에 직접 칼날을 대는 일조차 거의 하지 않았다. 최후에는 칼 자체가 완전히 자취를 감추고 죽음의 순간에는 쥘부채로 바뀌었다. 이른바 오우기바라(扇腹)가 흔해졌다. '배를 베어 가른다'의 '벤다'는 부분이 쥘부채 종이의 부드러움으로 바뀌었다. 수형자가 굽 달린 쟁반에 놓인 부채를 받는 예를 하는 동시에 가이샤쿠닌이 단숨에 참수했다. 18세기 전반에는 오우기바라가 정식이 되었기 때문에 아코의 가신들조차 (끝까지 확인하는 역할을 맡은) 모리(毛利) 영주에게서 맨 처음에는 칼이 아니라 부채를 건네 받았다. 그러다가 이번만은 특수한 사태이므로 칼을 사용해야 한다는 바쿠후의 명령이 처형하려는 순간 내려왔다.[3] 그래도 46명 가운데 45명이 스스로 깊숙이 할복하지 못한 채 목이 베였는데, 그

들이 특별히 겁쟁이여서가 아니라 스스로 베는 것을 추구하지 않았을 뿐이다. 최후의 일격은 역시 칼에 의해서였지만, 그것은 등 뒤에서, 보이지 않는 일격으로 불쑥 가해졌다. 무사의 패도로서 여전히 칼은 차지만 정말 벨 필요가 있을 때면 사무라이는 자기 칼을 쓰지 않고 이 일과는 관계 없는 다른 무사에게 내맡겼다.

사무라이가 칼을 쓰는 일이 줄어들자 차라리 칼을 차지 않아도 괜찮지 않은가 하고 생각하는 사람도 나왔다. 18세기 말이 되면 칼은 전혀 쓸데없는 것으로 보이기 시작하다가 마침내는 아주 멋없는 것으로 여겨졌다. 1773년 통속소설 작가 호세이도 기산지(朋誠堂喜三二)가

그림 1 호세이도 기산지가 쓰고 고이카와 하루마치가 그린 『당세풍속통』(當世風俗通, 1773)을 보면 칼에 대해서, 혹은 그것을 차는 각도에 대해 사람들이 이러쿵저러쿵 말이 많아졌음을 잘 알 수 있다.

풍속 퇴폐 방지를 표면상 구실로 삼아 풍속 길잡이서를 출간했다. 그 서문에는 이렇게 쓰여 있다.

> 무릇 에도의 풍속은 요즘 세상의 유행을 좇아서 덧없이 변한다. 이른바 겐분(元文)* 시기의 다쓰마쓰 풍,** 호레키(宝曆)*** 시기의 혼다 풍****이 그렇고, 더 가까운 시기에는 비단 두건을 쓰는 젊은이들도 나왔다. 에도의 유행이 밖으로 퍼져나가니 어찌 유쾌하지 않은가? 그렇지만 요즘의 유행은 결코 기록하여 전하지 않으므로 바야흐로 풍속은 퇴폐할 것이다. 이는 모두 돈이 가져온 결과다.⁴

기산지의 실명은 히라자와 쓰네마사(平澤常富)로, 그는 아키타한의 에도 저택에서 루스이(留守居)*****로 근무하던 상급 무사였다. 그렇다고 해서 '배를 베어 갈라'도 좋다고 할 인간은 아니었다. 실제로 꽤나 풍자미가 있어서, 군대식 생활에서 일탈한 무사의 타락을 오히려 환영하는 것은 아닐까 하는 의심마저 든다. 문제의 책은 고대 중국에서 쓰인 엄격한 도덕 교정서 『풍속통의』(風俗通義)에 빗대어 『당세풍속통』(當世風俗通)이라 했는데, '퇴폐'를 제대로 비판하기보다는 지금 유행하는 괴짜, 통(通, 기산지 그 사람도 그런 무리였다)을 예찬하려는 것이다. 그림에는 서명이 없지만 고이카와 하루마치(戀川春町)의 솜씨

---

* 에도 시대 중기, 사쿠라마치(櫻町) 천황의 연호. 1736~1741년.
** 18세기 초 인형극의 명인으로 이름을 떨친 다쓰마쓰 하치로베(辰松八郎兵衞)가 묶기 시작한 성인 남자의 머리 모양. 틀어 올린 머리끝을 높게 감아 올린 것.
*** 모모조노(桃園)·고사쿠라마치(後櫻町) 천황 시대의 연호. 1751~1764년.
**** 혼다 다다카쓰(本多忠勝) 집안에서 유행한 성년 남자의 머리 모양. 7부를 앞으로, 뒤를 3부로 해서 묶은 것. 에도 중기에는 일반에도 유행했다.
***** 에도 시대에 각 한 영주의 에도 저택에서 바쿠후나 다른 한 사이의 절충을 담당하던 직명.

임에 틀림없다. 이 인물도 본명은 구라하시 이타루(倉橋格)라는 사무라이로 오지마한의 에도 저택에 근무하던 상급 무사였다. 기산지와는 친구 사이이며 이 친구의 중매로 아내를 맞이했다. 간세이 개혁(寛政改革)*에 대한 비판이 필화를 초래하여 1789년에 자살(한 듯하다). 자살하는 데 칼을 사용했는지 여부는 분명하지 않으며 사건 일체가 수수께끼다. 배를 갈랐다 하더라도 꽤나 비밀리에 할복했을 것이며 아마도 독을 들이켰을 것이라고 한다.

그런데 문제의 책 '단도'(短刀) 항에서 기산지는 칼에 대해 세세하게 적었다. 칼을 차기는 차지만 그 칼이 얼마나 정교하게 만들어졌는지, 즉 칼이 얼마나 치장에만 마음을 쓴 대용품으로 변해 버렸는지 기록했다.

단도(わきさし) 길이는 2자 7~8치. 칼자루 머리는 뿔로 끼워 고정하고 손잡이는 색실을 감았다. 날밑 쇠테는 적동(赤銅)에 금으로 좁쌀알같이 세공했으며, 고토(後藤) 가에서 만든 소도구**로 장식했다. 칼집은 검은 옻칠에 광을 내고 칼 몸은 가늘고 휘어짐을 좋다고 한다. 구스노키 마사시게***의 벽서(壁書)에 작은 칼은 칼 몸이 휘어진 것이 좋다고 했다.[5]

---

* 에도 중기인 1787~1793년 사이 행해진 바쿠후의 개혁. 대기근으로 인한 농촌의 피폐나 다누마 오키쓰구(田沼意次)의 실정에 의한 바쿠한 체제의 위기 상황을 회복하고자 했다.
** 금속공예로 이름이 높던 고토 유조(後藤祐乗) 가문의 장인이 새긴 칼의 소도구 및 칼심. 소군 가나 영주들의 정식 채비는 반드시 고토 가의 것을 사용했다. 지금(地金)은 금·적동만을 썼고 의장·형식도 정해진 형식이 있었다.
*** 1294~1336. 일본 남북조 시대의 무장. 남북조가 대립하던 1331년 고다이고 천황(後醍醐天皇)에게 호응하여 군사를 일으켜 바쿠후의 대군을 쳐부수고 겐무(建武) 정권 수립에 공헌했다. 1336년 아시카가 다카우지(足利尊氏)가 교토에 들어오는 것을 방어하다가 전사했다.

단도(わきざし) 가늘고 휘어진 것을 좋다고 한다. 칼자루 머리는 대추 모양이며 손잡이는 색실을 감았다. 손잡이 가운데는 상어가죽 대신에 흰 모직으로 감쌌다. 이 가는 칼은 정장 예복 가미시모를 착용했을 때는 칼 장식이 번쩍이고, 짧은 겉옷 하오리만 입고 낑낑댈 때는 칼 끝을 내려서 찬다.[6]

칼에서 중요한 것은 칼집이 휘어진 각도이지, 칼날 따위는 둘째 문제였다.

기산지나 하루마치가 살았던 향락의 세계는 무기류가 금지된, 일종의 고립 지역으로 에도 자체와는 상당히 달랐다. 사무라이(혹은 칼을 찬 상공인)는 요시와라(吉原)[※※]까지는 큰 칼을 차고 갈 수 있었으나 그대로 요시와라 대문을 지나가는 것은 법으로 금지되었다. 요시와라 대문에 세운 방에는 이렇게 적혀 있었다.

― 보시오 ―

전부터 금지한 바와 같이, 에도 거리 어느 구석에도 창녀 부류를 숨겨서는 안 된다. 만약 이를 어기는 자가 있으면 그곳의 촌장, 오가작통(五家作統), 지주까지 처벌하겠다.

― 5월 ―

의사 외에는 누구라도 탈것을 이용해서는 안 된다.

덧붙여 쇠몽둥이, 긴 칼은 문 안에 들여와서는 안 된다.

[※※] 도쿄 아사쿠사 북부. 1617년 에도 시중에 산재하던 창녀집을 한데 모아 바쿠후에서 허가한 집창촌이 있던 곳이다. 이 유곽은 1958년 매춘방지법이 성립되면서 폐지되었다.

— 5월 —

쇼토쿠 원년(1711) 7월 11일 교체되었다.[7]

따라서 요시와라에 다니는 사무라이들은 도중에 긴 칼, 작은 칼을 어떻게든 해야 했다. 빈틈없는 장사치들은 재빨리 사무라이가 칼을 맡길 장소를 만들어 돈벌이에 나섰다. 돌아올 때까지 칼은 무사했으므로 사무라이들도 안심했다(이런 곳에서는 의사 복장도 빌려 주었는데 이는 요시와라에서 내쫓긴 승려들이 의사 행세를 하고 유곽 안에 들어가기 위함이었다. 승려도 의사도 머리를 깎았으므로 옷만 바꿔 입으면 되었다). 그렇긴 하지만 긴 칼과 작은 칼, 즉 다이쇼가 없는 무사를 사무라이라고 불러야 할까? 1771년 간행된 『당세혈신』(當世穴噺)에서 풍자작가 샤라쿠사이(捨樂齋)가 당시 에도에서 유행하던 '바케모노'(化物)라는 말을 언급하며(『저런 저런, 에도에는 갖가지 바케모노가 계시군요』) 이렇게 썼다.

> 요즘 세상 바케모노를 보니, 장구벌레는 날개를 돋아나게 해서 모기로 변해 날아다니고, 구더기도 날개를 돋아나게 해서 파리가 되어 날아다니고, 애벌레는 나비로 변하고, 논다니는 시골 아낙으로 변해 산으로 놀러 가고, 남자는 여자로 변해 이름을 오산이라 칭하고, 큰 칼 작은 칼 뱃집에 맡기고 상공인으로 변하고, 승려는 의사로 변하고 (……)[8]

이렇듯 요시와라로 가는 길은 '변신의 길'이 되었고, 물론 큰 칼, 작은 칼을 없애는 일도 포함되었다. 칼을 맡기는 장소는 대부분 유흥

객을 스미타 강으로 실어 오는 놀잇배에서 내려 곧바로 요시와라로 가는 도로 끝쪽에 줄 지어 있었다(샤라쿠사이가 '뱃집'이라 부른 까닭이 이것이다). 편리함을 추구한 일이라고는 하지만 그 자리에는 상징성도 담겨 있었다. 요시와라로 이어진 길은 니혼테이라 불렸다. 원래는 두 갈래 길〔二本〕로 되어 있어서 (일렬로 걸을 수 없다) 그렇게 부르다가 결국에는 '니혼'(日本)이라는 글자가 붙여졌다.* 이 허약한 변신에 통일국가의 안태가 걸려 있다. 사무라이 유흥객은 평온한 밭을 양쪽에 끼고 '니혼'(日本)이라 불리는 좁은 길을 거쳐 환락으로 치달았다. 그리고 마지막에는 샤라쿠사이의 표현대로 사무라이는 큰 칼, 작은 칼을 없애고 말았다. 국가도 자연도 함께 휘청거렸다.

요시와라 유곽 안에서는 칼이 일절 없어졌다. (사회적인 대인관계 대부분과 현저히 대조를 이루는) 성교 장면에서 칼이 없다니, 사무라이 계급에게 성이 어떤 것이었는지를 보여주는지도 모른다. 오랜 세월을 거쳐 확립된 춘화(春畵)는 초기부터 무사의 남성우월주의를 성 행위도 큰 칼을 찬 채로 하는 형태로 표현했다. 칼과 페니스를 같은 것으로 취급한 셈이다. 두 가지가 같은 각도, 같은 방향을 취한다. 그러다가 후세가 되면, 그려진 인물이 상공인이기 때문이라거나 또 다른 어떤 이유 때문에 춘화에서 칼이 일절 사라지거나 '서' 있기는 해도 약간 떨어진 곳에 놓인다. 초기 춘화가 눈에 익은 사람은 이러한 후세 작품을 성 행위의 그림인 동시에 거세한 그림으로 인식하지는 않았을까? 칼 몸체가 없어진다, 즉 남근 상징이 상실된 것이다. 사무라이(혹은 칼을 소지한 상공인)가 사람을 벨 수 있는 인간으로서 세습해 온 특권적

---

* 두 갈래를 뜻하는 '二本' 과 일본의 '日本' 은 모두 '니혼' 으로 발음된다.

신분에 생긴 애매함을 이 이상 명확하게 요약하지는 못할 터이다.

　요시와라 밖에서 성 행위를 할 때는 칼이 붙어 다녔는지도 모른다. 공식적인 집창촌이 아닌 이른바 사창가에서는 특별히 칼을 금지하지 않았기 때문이다. 그러나 그러한 장소에서도 칼은 멀리 비켜 있거나 서 있지 않고 방바닥 위에 나뒹구는 것이 보통이다. 중세 때와 달리 에도 시대의 사무라이들은 칼을 차고 섹스를 하지 않았던 듯하다. 적어도 그런 모습으로 표현되지는 않는다.

　칼이 페니스를 상징하는 표현은 많은 문화에 있으며 아랍 문화나 유럽 문화에서도 잘 나타난다. 그런데 여성 쪽으로 칼끝이 아니라 칼자루 끝이 향한 점은 일본이 보이는 특수성이다. 실제로 칼을 찬 채로 섹스를 한다면 그런 형태가 된다고 말하지만, 이것은 포르노그래피이지, 사실 그대로의 표현이라고 볼 수 없다. 포르노그래피에 여성에 대한 폭력의 관념이 많이 수반되는 서양에서는 '칼을 찌르는' 것에 성적 의미가 있고 성 행위에 전투, 정복, 복종의 비유가 가득 차 있다. 일본은 그렇지 않다. 사디즘·마조히즘 취미의 춘화는 유행하더라도 칼에 힘이 없다. 그 전에는 모르겠지만, 18세기 말 일본에서 칼은 더 이상 베는 힘을 가지고 있지 않았다. 칼이 페니스라 치지만 그것은 칼끝이 아니라 칼자루였다. 날붙이와 성(性)이 분리된다. 이러한 춘화를 보면 칼은 칼집에 꽂혀 있다. 방향도 다른 방향으로 바뀌었다. 칼이 이중으로 부정된 셈이니 날붙이가 얼마나 무기력하게 변해 버렸는지 잘 보여 주는 예이다. 남성끼리 성 행위를 하는 경우에는 더욱 분명하다. 두 개의 칼자루가 두 페니스의 방향을 가리키기 때문이다(두 자루 칼이 같은 인물의 것이라 하더라도). 손에 손을 잡듯이 칼자루와 칼자루가 꼭 붙어 있는 표현이 흔한데, 그렇지 않으면 두 자루 칼이 (마치 항문 성교하

그림 2 칼을 찬 채로 하는 성 행위에서 페니스와 같은 방향으로 향하는 것은 칼자루이지, 칼 끝이 아니었다. 작가 미상, 1682년 무렵.

❸

그림 3 서로 사랑하는 커플 주위에 있는 오브제류도 짐짓 호기를 부리지 않는다. 칼은 당연히 남근의 상징인데, 칼끝이 아니라 칼자루가 여성과 같은 방향에 있는 점이 흥미롭다. 그녀는 예리한 것이 아니라 부드러운 뭔가로 꽂힌 듯하다. 열린 질을 나타내는 찻잔이 또 하나의 (부드러운) 남근 상징인 부채와 함께 놓여 있다.
그림 4 히시카와 모로노부(菱川師宣)가 그린 춘화 화첩 가운데 맨 앞 그림. 모로노부 최고의 판화로 일컬어진다. 칼이 '서' 있는 점에 주의. 화첩의 춘화를 차례차례 보다 보면, 남성 독자들 또한 '서' 있지 않았을까? 1682년 무렵.
그림 5 성 행위(나 그 밖의) 목적으로 허리에서 칼을 풀어 놓을 때는 칼자루를 앞쪽으로, 칼 몸체를 뒤쪽으로 해서 둔다. 스기무라 지헤이(杉村次平) 그림. 17세기 말 무렵. 남창의 경우에는 두 자루의 칼은 두 페니스를 꼭 닮은 배치를 한 듯하다.

듯이) 같은 방향을 향한다. 요컨대 두 페니스가 함께 앞쪽을 향하고 있다. 어찌 되었건 간에 칼 몸체가 맞닿은 그림은 거의 보이지 않는다.

사람들은 날붙이에서 이국을 보았다

금속세공의 역사에서 일본의 도검 제조 발전이 얼마나 중요한 위치를 차지하는지는 꽤 이전에 널리 알려졌다. 강철을 녹여 벼리는 기술을 이처럼 정교하게 연마하는 나라도 별로 없다. 그렇지만 18세기 말 일본으로 실려 온 수입 날붙이가 에도 인사들의 흥미를 얼마나 끌었는지는 거의 알려진 바가 없다.

외래 도검은 거의 본 적이 없었을 테지만 칼 이외에 자르는 도구는 적잖게 들어와서 제법 흔했다. 펜나이프, 고정날 나이프, 가위, 큰 가위 등이 수입되었고 그것을 본 사람들이 평하여 설명을 했다. 예를 들어 고토 리슌(後藤梨春)은 1765년에 최초의 서양계몽론 중 하나인 『오란다 이야기』(紅毛談)에서 '가쓰푸리, 작은 칼 갖가지'를 언급하고 네덜란드의 날붙이는 "무엇이든 잘라낸다", 그런데 그 제조기술이 이려워서 쇠멸할 위기에 직면했으며 네덜란드에서조차 "근래에는 이 세공인이 드물다"고 했다.⁹ 난학 서적들은 대부분 외국에서 들여온 날붙이가 고품질이라고 적고 있다.

날붙이도 다른 많은 외래품과 마찬가지로 나가사키 데지마상관에

그림 6 이름 모를 화공이 43종의 외과도구를 그린 책 『외료도구회 견본장』(外療道具繪見本帳, 1811). 대부분이 가위다. 가나자와의 직인으로, 교토의 시장에 도구류를 팔던 철물상 쓰루야 와사쿠(鶴屋和作)가 사용하던 이 책은 그가 하나오카 세이슈(華岡青洲)의 기구를 흉내 낸 데서 시작했다고 한다.

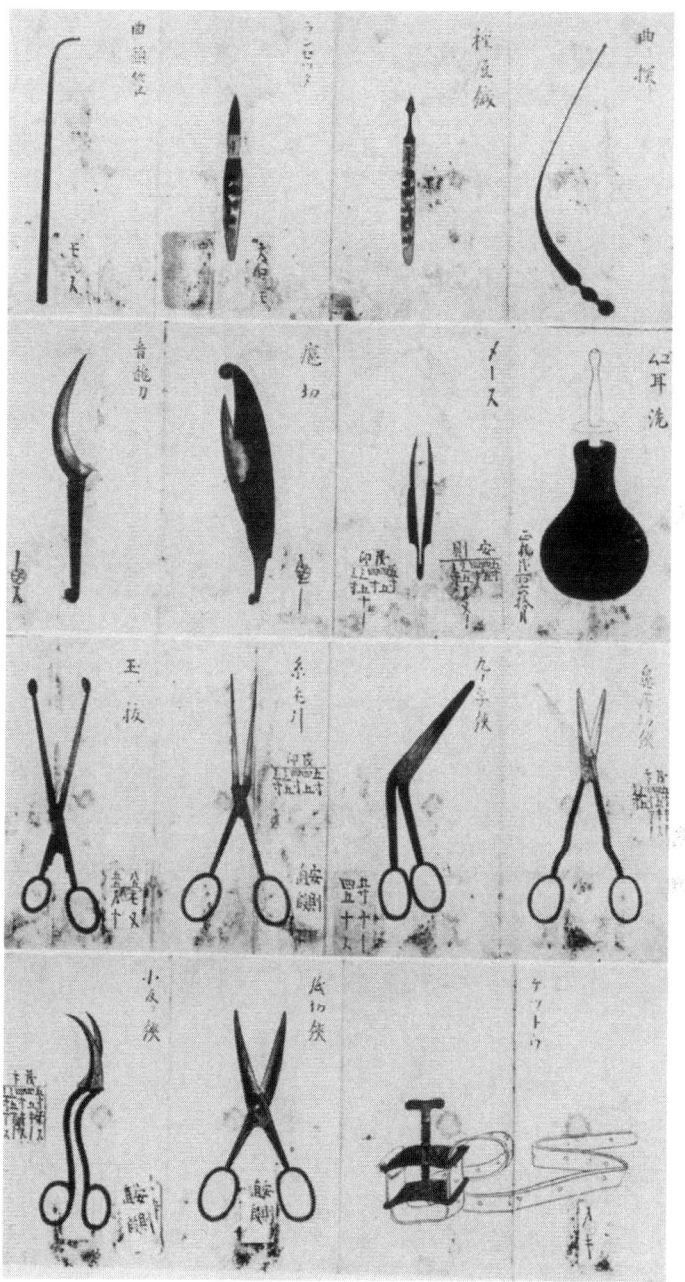

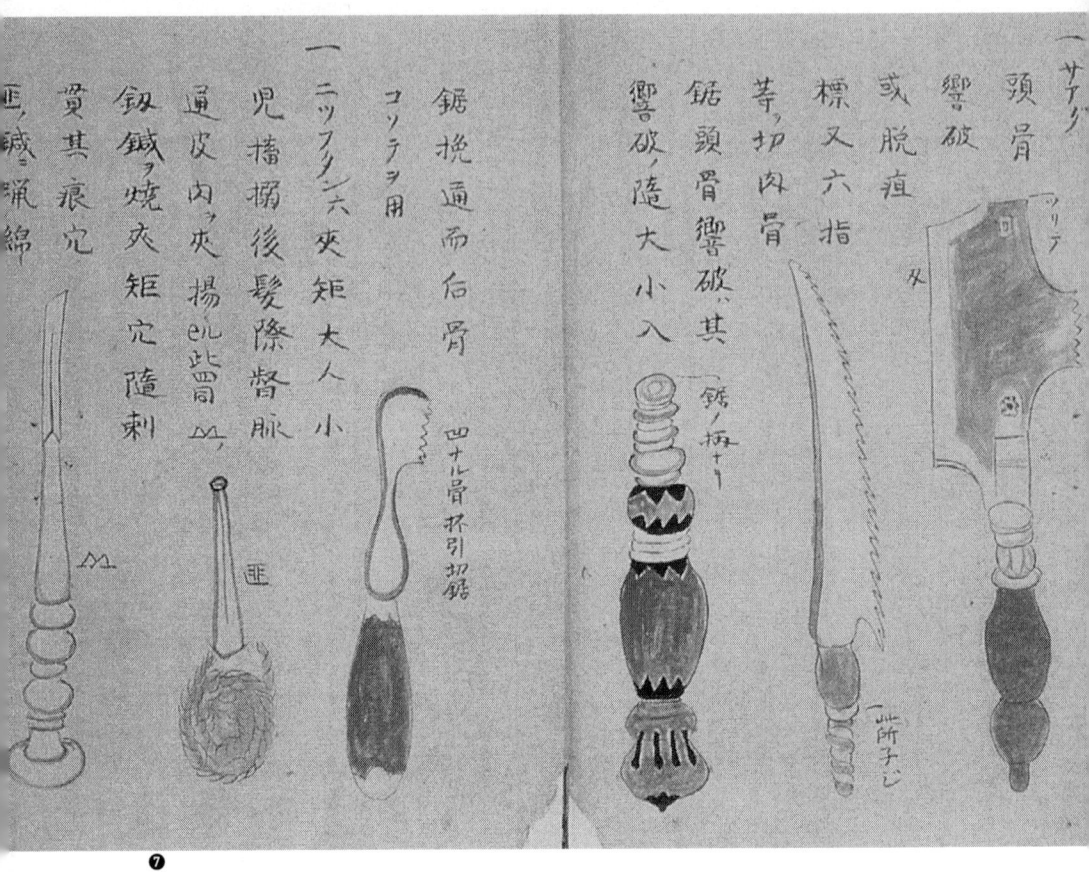

그림 7 당시 일본 미술에 나타난 날붙이 그림. 아마『홍이류 도구집해 총도식』(紅夷流道具集解總圖式)이 최대의 컬렉션이라 생각되는데, 이 책에 대해서는 알려진 바가 없다. 나가사키에서 활동하던 네덜란드 통역이 그리지 않았을까?

네덜란드와의 교역물로 일본에 들어왔다. 규모는 작지만 영향력은 컸던 이 거래가 에도, 오사카, 그 밖의 주요 도시에 상품을 제공했다. 네덜란드에서 들어온 외래품은 사치품으로 값이 비쌌을 터이므로 모든 사람이 소장하지는 못했다. 그 격차를 그림이 보충하고 입소문이 퍼져 나가 사회 각층에 침투된 듯하다. 날붙이를 소재로 한 그림은 스케치나 책의 삽화부터, 그것만을 그린 한 장짜리 그림까지 상당 수에 달한다. 이 그림들은 소재에 대해 두 가지를 이야기한다. 서양의 날붙이가 얼마나 다채로운가, 그리고 그것이 얼마나 놀랄 만큼 예리한가 하는 점이다.

외국에서 들어온 나이프에 사람들이 얼마나 매료되었는지, 외래의 날붙이가 어떻게 기존 담론이나 복잡한 여러 문제를 침윤했는지 보여주는 증거로서 두 그림을 살펴보자. 두 폭 모두 일본 족자의 표준 형식을 취하지만 내용은 서양화다. 그 자체만으로도 기묘하며 낯설었을 서양화 기법에다 그림 소재가 얼마만큼 '별난' 것인가라는 느낌을 잘 표현했다.

그림을 그린 사람은 호세이도 기산지의 주군에 해당하는 아키타 한의 영주 사타케 요시아쓰(佐竹義敦). 서양 문물을 남달리 좋아해 '난벽(蘭癖) 영주'라 불린 인물이다. 문제의 그림을 제작한 연대는 물론이고, 한 쌍으로 그렸는지 여부도 분명치 않다(크기도 같지 않다. 왼쪽 것이 89.5×30센티미터, 오른쪽 것이 112.5×40센티미터). 두 장 모두 1770년대 중엽에서 1780년대 초반 사이 작품이라 추정되는데, 히라가 겐나이가 요시아쓰의 영지를 왕래하며 그에게서 처음으로 서양화의 초보를 익힌 때가 1773년이기 때문이다. 요시아쓰는 이 묘사법으로 많은 그림을 그렸으며 호를 쇼잔(曙山)이라 했다(오늘날에는 호가

더 유명하다). 요시아쓰는 1785년에 사망했으니 이 해가 이 그림들의 제작 연대 하한이기도 하다. 그건 어찌 되었건 그림 소재는 제비붓꽃이다. 꽃이 께느른하게 피어 꽃병에 꽂혀 있고 줄기가 족자 위를 타고 우아하게 뻗었다.

일본의 민간 전승에서 특별한 위치를 차지하는 제비붓꽃은 여러 면에서 신성한 식물로 여겼다. 늦은 봄 마치 제비가 나는 듯한 자태로 피는 이 꽃은 오랜 세월 그림과 노래를 통해 예찬되었다. 허다한 문학적 인용 중에서도 『이세 이야기』(伊勢物語)의 '야쓰하시'(八橋) 또는 '아마쿠다리'(東下り) 구절이 고전적 전거로 여겨져 왔다. 이 궁정 로망스는 요시아쓰의 시대를 거의 8세기나 거슬러 올라가지만 교양인들은 여전히 즐겨 읽고 있었다. 이 『이세 이야기』의 제9단에서 '동쪽으로 내려가는' 아리와라노 나리히라(在原業平)*와 동료들이 여덟 개의 다리가 놓이고 제비붓꽃이 활짝 핀 강가에서 잠깐 쉰다. 헤이안 시대의 풍류인이 흔히 그랬듯이 일행은 즉시 노래를 읊는다.

저 못에 제비붓꽃 애처롭게 피었다. 그것을 본 어떤 사람이 "제비붓꽃이라는 글자를 와카(和歌)의 첫 구(句)에 놓고 여정(旅情)을 읊으라"고 말하자, "아름다운 옷 즐겨 입던 아내 두고 오니 아득히 먼 나그네 길 떠오르네"라고 읊으니 모든 이들이 마른 밥 위로 눈물을 흘려 눈물에 밥이 불었다.¹⁰

* 헤이안 초기의 가인(歌人). 헤이제이 천황의 손자이며 어머니는 간무 천황의 황녀. 정치적으로는 불우하게 일생을 마쳤는데, 인간의 진실이나 애정의 아름다움을 읊은 그의 와카는 귀족 생활 이념의 결정체로서 후세 동경의 대상이 되었다. 『이세 이야기』의 주인공으로 여겨진다.

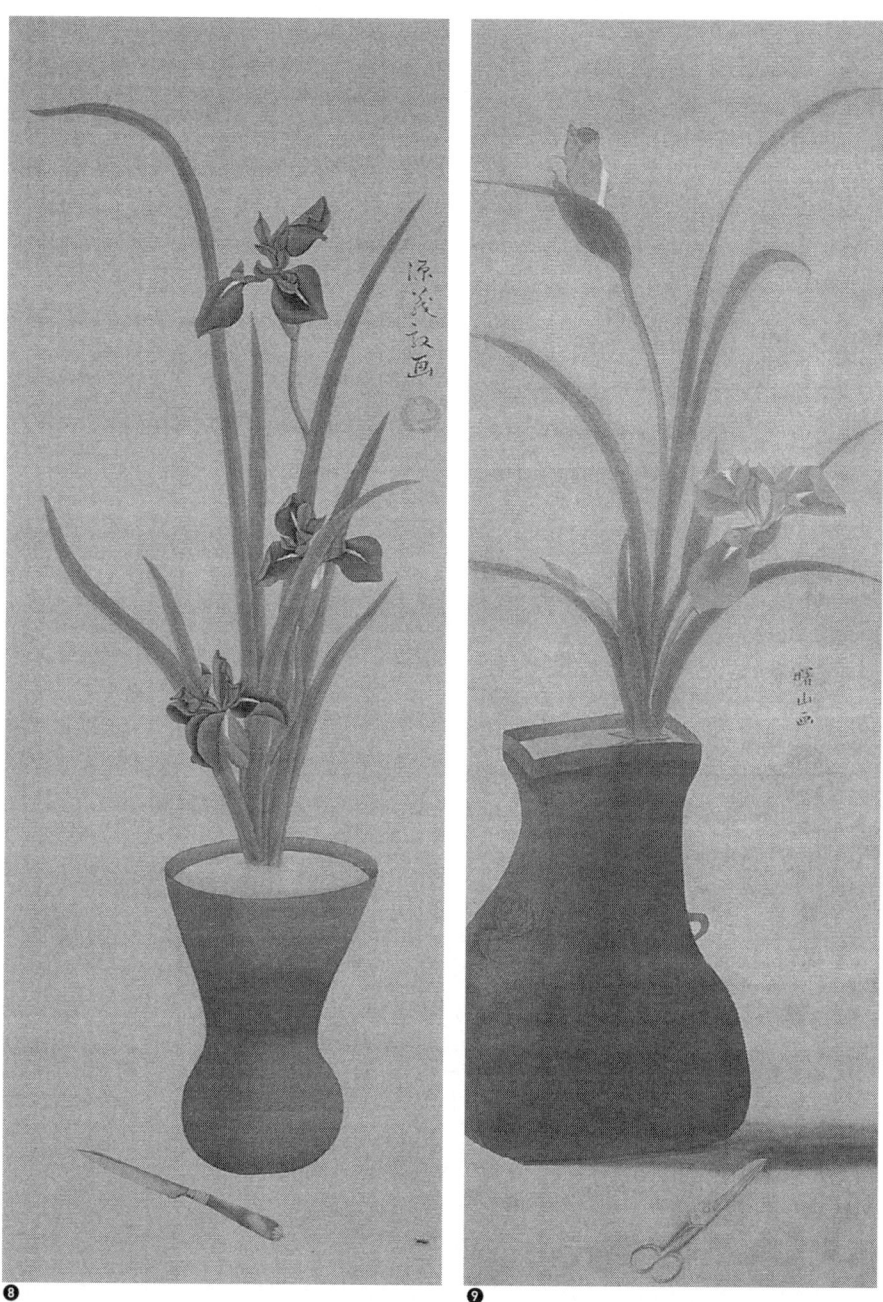

그림 8 아키타한의 영주 사타케 요시아쓰는 제비붓꽃에 외래 날붙이를 곁들인 그림을 두 장 남겼다. 이 날붙이들이 '하고 있는' 것은 무엇일까? 「제비붓꽃에 서양나이프」.
그림 9 「제비붓꽃에 서양가위」. 붉은색으로 '曙山畵'(쇼잔화)라는 낙관이 찍혀 있다.

이 일화를 빼고는 제비붓꽃을 생각하기 어려웠을 터이다. 요시아쓰의 그림도 수도 교토에서 내려온 나그네들이 잠시 쉬는 낯선 세계에서 느끼는 적적함(물떼새가 우는 소리를 듣고 자신이 유랑하는 신세임에 생각이 미치자)을 조금 풍자해서 언급했다. 자신은 현대적인 양식으로 표현해서 18세기 감상자에게 낯설다는 느낌을 주면서.

야쓰하시의 에피소드는 자주 그림의 소재가 되었다. 『이세 이야기』에 깔린 적막함의 미학에서 퍼 올린 이른바 고린파(光琳派)*의 화가들이 특히 이 주제를 즐겼다. 가장 유명한 것은 아마도 오가타 고린(尾形光琳)이 그린 몇몇 작품이다. 고린은 요시아쓰보다 한 세대 정도 앞서 이 세상을 떠났는데, 물가의 조정 신하들과 다리를 일부 그리고 왼쪽에 제비붓꽃, 중앙에 눈물 짓는 귀인들을 배치하여 이야기에서 나온 것처럼 '마른 밥'이 사람들의 눈물로 '불어 있는' 장면까지 족자에 묘사했다.

그런데 이 야쓰하시의 이야기를 떠올리는 데 이러한 특정의 방식으로 사건 일체를 다 써 버릴 필요는 전혀 없다. 고린 자신도 제비붓꽃만을 그린 그림을 여럿 남겼다. 그 가운데 화려하기 그지없는 대형 「팔교도병풍」(八橋圖屛風, 도쿄국립박물관 소장)은 오늘날에도 유명한데, 어느 것에는 조정의 신하들 모습 없이 다리가 보이고 어느 것에는 다리조차 없다. 18세기 말에 이르러서도 이들 작품은 잊혀지지 않고 요시아쓰 사후 몇 년 뒤인가 히메지한의 영주 사카이 다다자네(酒井忠以)의 아우이며 고린파를 중흥시킨 사카이 호이쓰(酒井抱一)가 고린의 작품 선집 중에 몇몇을 취했다. 1816년 고린 100주기 기념출판 『고

---

* 에도 시대 회화의 한 유파. 오가타 고린(尾形光琳)·오가타 겐잔(尾形乾山)의 화풍을 이어받아 사카이 호이쓰(酒井抱一)가 발전시켰다. 장식적 경향이 강했다. 줄여서 린파(琳派)라고도 한다.

린백도』(光琳百圖)에 단채(單彩) 목판화로서 넣은 것이다.[11] 호이쓰 자신도 비슷한 그림을 그렸다.

아키타한의 영주가 이 꽃을 그리면서 발전 중인 역사적 장르에 손을 대고 있음을 깨닫지 못했다고는 생각하기 어렵다. 제비붓꽃은 그저 제비붓꽃이 아니라 문화적인 갖가지 약속서(約束書) 덩어리였다. 그렇다면 화훼의 식물학적 사실과 함께 그 정신적인 진실도 남김없이 묘사해내야 한다.

도상학(圖像學)의 시각에서 보면 사타케 요시아쓰가 그린 두 개의 화병 아래 배치된 예기치 않은 도구는 놀랍다. 바로 날붙이다. 한쪽에는 나이프, 또 한쪽에는 가위. 덧붙여 말하면, 양자 모두 외래품이다. 한쪽은 왕관 모양이 붙은 빨간 손잡이, 다른 한쪽은 손가락을 넣을 수 있는 둥근 고리로 이들 도구가 이국에서 유래했음을 감추려 하지 않는다. 많은 네덜란드 정물화에 그려진 나이프류를 떠올리지 않을 수 없다. 둘 다 일본에서는 드물었던 어떤 관심, 열린 것에 대한 관심을 보여주기 때문이다. 이미 살펴보았듯이, 문화적 관심의 주변부로 추방되었던 날붙이가 복권된 표식이다. 더욱이 복권된 나이프에는 외래라는 것으로 새로운 지위가 추가되었다. 만약 이 그림들을 네덜란드 정물화처럼 읽는다면, 요시아쓰의 제비붓꽃은 나이프와 가위로 자르고 절개됨으로써 탐구의 대상이 될 수가 있다. 절개하는 행위를 통해서 그것들을 조사할 수도 있다.

요시아쓰의 제비붓꽃 그림 두 점은 특별히 식물을 잘라서 그리지는 않았지만 자르는 것에 의한 인식론이 시도되었음을 전한다. 에도시대의 박물지가(博物誌家, 혹은 본초학자)들, 특히 난학의 영향을 받은 사람들은 식물 표본을 잘라서 뿔뿔이 해체해서 본초를 연구하는 사람들로 유명했다. 일본에서는 완전히 새로운 방식이었다. 식물상(植物相)을 모으고 자르는 데서 출발하는 경험주의 식물학은 난학자들이 '개척'한 바인데 난학자 집단 바깥에 있는 사람 입장에서는 이러한 행위는 웃음거리밖에 되지 않았다. 외래의 예리한 나이프나 가위를 사용하지 않으면 안 된다고 하는 그들의 변명도 기묘하게 생각되었다. 1715년에 이것을 주제로 해서 읊은 센류(川柳)* 한 편이 있다.

아란타 가위 사용하자 찢어지는 파초[12]

요시아쓰가 그린 두 가지 도구는 과격하기 짝이 없어서 폭력을 연상시킨 듯하다.

가위, 꽃 그리고 인체

예리한 도구 자체가 화훼도에 부적당한 것은 아니다. 생화를 그린 2차적인 주제가 일본 그림에는 있다. 가려낸 꽃 한 송이나 갖가지 화훼의 아름다운 색에 그것을 다듬어서 극치의 미를 향해 조정해 가는 날붙이를 나란히 묘사한 그림은 많이 있다. 그중 하나가 요시아쓰의 작품보다 몇 년 후에 그려져 이런 유형의 대표작이라 손꼽을 만한 「오절구의 꽃놀이」(五絶句花合せ)**라는 명작이다. 기타가와 우타마로(喜多川歌)의 작품으로, 겨울의 매화부터 늦여름의 국화까지, 중심에는 제비붓꽃을 배치하여 다섯 명절에 딱 어울리도록 선정했다. 우타마로는 인간의 모습에 치중하여 그렸다. 그림의 감상자는 가위를 가지고 꽃을 전지하는 미인을 본다.

이 구도를 바르게 읽어낸다면 우리는 요시아쓰의 그림과는 조금도 비슷하지 않은 점을 발견한다. 요시아쓰의 그림이 예리한 날붙이를 배치하여 절개하려는 시도를 말하는 데 비해 우타마로의 그림은 가지치기에 의한 미의 창조에 무게가 실렸다. 여인들이 꽃이 가장 예쁘게 보이도록 지혜를 짜내고 아름다움이라는 코드만으로 다루어 가는 궁리 중에 대상의 식물학적인 구조를 밝히려는 따위의 고려는 조금도 없다. 식물은 잘리고 꽃 형태가 다듬어지는데 그 목적은 그것이 지닌 매력을 강화하는 것, 손질을 가해 더욱 사람의 눈을 매혹시키는 것뿐이다. 꽃 재료는 마치 살아 있는 듯 보여야 한다. 이러한 꽃의 구성을 '이케바나'(生花, 活花)라 부르고 있음을 떠올린다. 살아 있는 꽃이라는 말이다. 꽃을 '살게 한다'는 것이다. 아름답게 핀 꽃에 가해진 폭력이 눈에 보이면 미적 감상물로서 보람이 없어지므로 여인들은 부자연스러운 느낌을 남기지 않도록 부심한다.

　　꽃에 대한 해석을 이 여성들에게 적용해도 될까? 그녀들은 '유녀'(遊女)**이며 각자 이름과 일하는 곳 이름이 위쪽에 적혀 있다. 유명한 오우기야(扇屋)의 유녀들이다. 제비붓꽃을 꽂는 여인은 이름도 딱 걸맞는 '하나비토'(花人)라는 이름이다. 이 여성들도 또한 보는 사람 눈에 아름다운 대상이 되도록 교정하고 훈련을 받는데 그 과정에서 비뚤어지거나 싹을 잘라 버리는 일도 많겠지만 그것이 보는 손님들에게 알

---

*　17자로 된 단시. 에도 중기 무렵부터 구어(口語) 시로서 유행했다. 인정·풍속·세태에 예리하게 파고들어 해학·풍자·기지를 발휘해서 쓰는 것이 특색이다.
**　오절구(五絶句)는 1년 중 다섯 명절로, 음력 1월 7일 인일(人日), 3월 3일 상사(上巳), 5월 5일 단오, 7월 7일 칠석, 9월 9일 중양(重陽)을 가리킨다.
***　옛날 연회 자리에서 노래나 춤을 추고, 간혹 잠자리를 같이하는 것을 업으로 하던 일본의 예기(藝妓).

❿

려져서도, 하물며 흔적이 눈에 띄도록 해서도 안 되었다. 그녀들 내부의 신체 구조 따위는 어느 누구에서도 관심의 대상이 되지 않았다.

예로부터 면면히 이어진 다섯 명절을 그려 넣은 꽃나무 전지의 세계에 꽃과 사람 사이에 이루어지는 깊은 문화화(文化化)는 잘 알려져 있다. 이러한 명절 의례가 돌아오는 해마다 행해짐으로써 '일본'이 만들어진 것이다. 이 감각을 잃지 않도록 여인들 배후의 여덟 폭짜리 커다란 병풍에는 일본의 상징인 후지산이 우뚝 솟아 있다. 후지산이 다섯 지면을, 즉 1년의 순환을 총괄하며 그 산 봉우리가 제비붓꽃 바로 위에 오고 신령스런 산의 뾰족한 끝이 꽃꽂이를 하는 우묵한 역삼각형에 그림자를 드리운다.

60 에도의 몸을 열다

　우타마로의 그림은 꽃꽂이 그림, '꽃과 가위' 장르의 고전적 명품으로 수덕도야(修德陶冶), 미적 달성, 전통이나 도통(道通) 등을 주제로 한다. 사람(특히 여성) 또한 스스로 도야하여 꽃처럼 되지 않으면 안 된다는 강한 권유가 부제다. 요시아쓰의 그림과는 전혀 다르다.
　꽃을 바로잡고 가지를 자르는 우타마로의 유녀들 자신도 교정과 훈련의 나날 중에 있다. 그녀들도 꽃들도 자연 상태는 아니다. 가위가 꽃의 추한 돌출 부분을 절제하고 외형을 좀더 완벽하게 하듯이 화장이나 머리 모양이 그녀들을 한층 더 매력 있게 한다. 가위질이 끝났을 때 그

그림 10 기타가와 우타마로, 「오절구의 꽃놀이」. 이 멋진 연속화에 그려진 꽃을 '꽂는' 여자 다섯 중 세 명이 손에 가위를 가지고 있다.

1장 잔혹한 칼날 아래　61

흔적이 남아 있지 않을수록 좋다. 요시아쓰의 날붙이와는 반대로 절대로 내부를 보여준다고는 말하지 않는다.

요시아쓰의 서양화와 표준적인 꽃꽂이 그림 사이의 큰 차이는 인물상이 없는 그림에서도 마찬가지다. 호이쓰의 양식을 계승한 스즈키 기이쓰(鈴木其一)의 그림 한 폭을 예로 들어보자. 무지 배경에 동백꽃 한 포기와 가위, 거기에 라쿠 도자기 찻종이 배치되었다. 이 가위는 동백꽃을 잘라온 가위일까? 아니면 이제부터 전지를 하려는 걸까? 하여튼 생화에 사용하는 날붙이는 그것이 작동한 흔적을 꽃 모양에 남기지 않아야 좋다고 여기기 때문에 일을 마쳤는지 그렇지 않은지는 간단하게 알 수 없다. 한편 도자기 찻종 쪽은 다도의 엄격한 격식으로 닦은 종교적·신비적인 전통 전체와 결부되어 일본에 고유한 미적 관심의 정점을 떠올리게 한다. 이 그림을 보아도 더없는 미의 추구가 있을 뿐이며 '내부를 향한' 충동의 기미는 조금도 없다. 찻종의 안쪽을 볼 수 없으며 만약 가위를 집어낸다 해도 별로 큰 차이가 없는 세계다.

외래 가위

기이쓰의 그림에 나오는 가위는 중간에 나사가 있는 점에서는 요시아쓰의 가위와 닮았지만 고리 모양의 손잡이가 훨씬 크기 때문에 손가락 힘이 약한 사람이라도 쉽게 날에 힘을 가할 수 있다. 젊은 여성이 나뭇가지를 자르기 좋았을 터이다.

기이쓰의 그림에 있는 가위는 오사카의 의사 데라시마 료안(寺島良安)이 명나라 왕치(王圻)의 『삼재도회』(三才圖會)를 모방하여 편찬한 『화한삼재도회』(和漢三才圖會; 1712년 무렵 간행, 105권의 가정백과

그림 11 스즈키 기이쓰, 「동백꽃에 가위와 라쿠 찻종」(椿に鋏と樂茶碗, 부분), 1840경. 가위가 동백꽃 위에 놓여 있지만 가지의 선과 가위선이 얽히지 않도록 묘사했기 때문에 식물이 잘리는 것이 아니라 그저 먹선이 중단되었을 뿐이라는 느낌이 살아 있다.

이며 에도 시대에 가장 널리 인용된 참고문헌 가운데 하나)에 나온다. 이 책에 기이쓰류의 가위, 즉 '손잡이 가위'(夾剪)가 그림과 함께 기술되었다. 그것을 보면 이렇다.

가위(剪刀)

생각하건대, 전(剪)은 본래 전(翦) 자다(음은 전). 고르게 잘린다. 귀밑머리, 턱수염, 살쩍을 가지런히 바로잡는다. 곡례(曲禮)에 머리는 자르고 손톱은 깎지 않는다는 말이 있다.
흔히 교도(鉸刀)라는 글자를 쓴다(그 잘못은 한어초漢語抄에 나온다). 대개 교(鉸)는 장식하다, 도구라는 뜻이다. 글자는 교(交)에 따르고 끼워 자른다는 의미를 취한다.[13]

언뜻 비슷하게 보이지만 실제로 요시아쓰의 가위는 '손잡이가위'와는 다르다. 손잡이의 고리는 그다지 크지 않고 손잡이 부분과 날 부분의 비율이 거꾸로 되어서 자르는 부분이 손잡이 부분보다 두 배가량 길다. 틀림없는 서양식이다. 날 자체가 예리하기 때문에 지레의 힘은 그만큼 적어도 된다. 일본 가위는 제비붓꽃이나 동백꽃을 약간 다듬는 정도이지만 네덜란드의 '가위'는 대상을 '찢어진 파초'로 만들지 않고는 놔두지 않는다.

『화한삼재도회』는 '쪽가위'(摺剪)라는 가위를 별도의 예로 풀이했는데 에도 시대 일본 가위의 주력은 이 유형이었다. 나사로 고정된 형태보다 흔히 쓰였다. 우타마로의 다른 작품에서 쪽가위가 가정에서 재단용이 아니라 의복의 바느질이나 수선에 어떻게 사용되었는지 알 수 있다. 이런 가위는 단연 힘이 약해서 식물의 줄기 등은 자르지 못했고

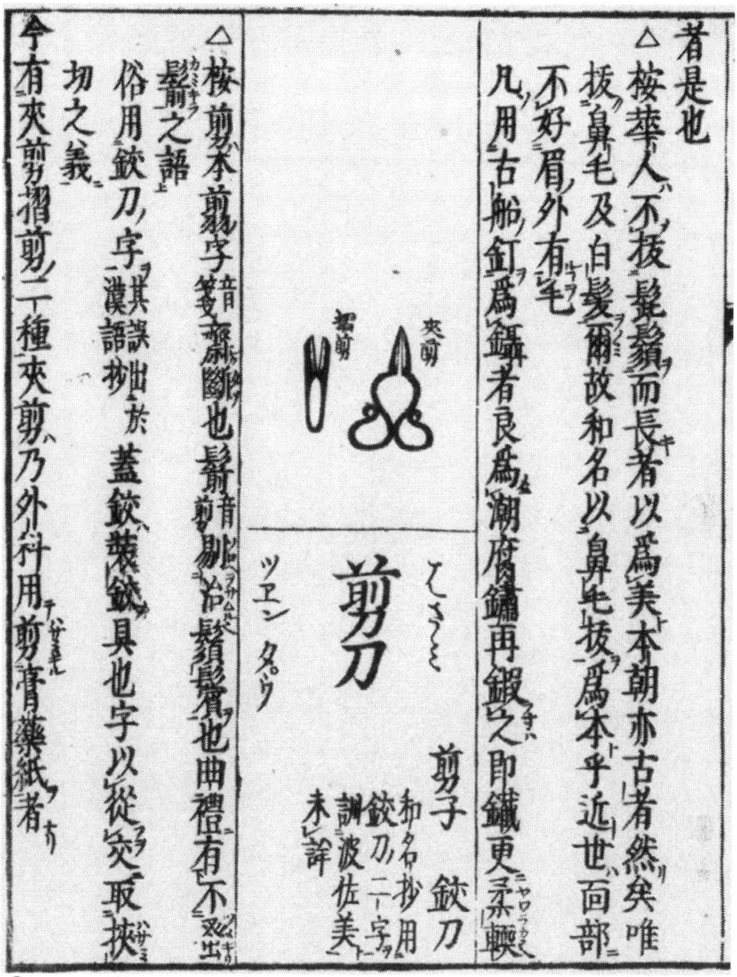
者是也
△按華人不抜髭鬚而長者以爲美本朝亦古者然矣唯
抜鼻毛及白髮爾故和名以鼻毛抜爲本乎近世両部
不好眉外有毛
凡用古船釘爲鑷者良爲潮腐鑄再鍛之即鐵更柔軟

剪刀
ツエン タヲ
剪子 鋏刀
和名抄用鋏刀二字訓波佐美
未詳

△按剪本翦字音箭齊斷也髭鬚剪音鬚也曲禮有不蚤
鬄之語
俗用鋏刀字其誤出於漢語抄 蓋鋏長鋏劍具也字以從夾取挾
切之義
今有夾剪摺剪二種夾剪乃外科用剪膏藥紙者

⓬

그림 12 데라시마 료안이 쓴 『화한삼재도회』(1712 무렵)에서 '가위' 부분. 에도 후기에 가장 많이 이용된 참고문헌이라 할 만하다.

그림 13 기타가와 우타마로, 「부인수업조경」(婦人手業操鏡), '바느질' 부분. 가정에서 보통 볼 수 있는 가위는 두 날을 나사로 고정한 양식과 달랐다.

이제부터 논하는 바와 같이 좀더 손맛이 있는 대상의 절단에는 더 더욱 쓸모가 없다.

'쪽가위'와 요시아쓰 그림에 나오는 가위의 차이가 얼마나 중요한지는 『화한삼재도회』의 앞부분을 읽으면 알게 된다. 전자는 일반적인 용도에 유용하게 쓰이며 후자는 의사가 사용하는 것으로 여겼다. '가위' 앞부분에 "지금 손잡이 가위, 쪽가위 두 종류가 있다. 손잡이 가위는 외과에서 쓰이며 고약종이를 끼워서 자른다"¹⁴라고 되어 있다. 이 날붙이는 아무래도 붕대를 자를 때 사용한 듯한데 상상 속에서 더욱 널리 퍼졌다. '손잡이 가위'를 사용하는 사람이 오로지 외과의사뿐이었기 때문에 '외과가위'라고도 불렸다. '외과'란 신체를 절개하는 새로운 학문명이었다. 우타마로의 그림이 보여주듯이 가윗날을 아래위로 엇걸어서 고정시킨 가위는 18세기 전반에 서서히 보급되었지만, 여전히 진귀한 것으로서 18세기 초라면 의학 관계자 이외의 사람은 좀처럼 볼 수 없었음에 틀림없다. 사실 얼마만큼 희소했는지는 료안의 삽화만 봐도 알 수 있다. 중심 지점의 나사를 그리지 않은 것만 봐도 그가 보지 않고 그렸음은 명백하다. 나사가 없다면 아무짝에도 쓸모가 없는데도.

'손잡이 가위'와 의사를 결부시킨 것이 필자만의 추측이 아니라는 점은 『화한삼재도회』의 '인륜' 편까지 가면 확실해진다. 중간 지점의 가위가 실로 '외과' 항에서 모습을 보이기 때문이다. 삽화를 보면 의사 앞에 가위가 있다. 의사는 그 밖에도 알 수 없는 도구류와 함께인데 분명히 외과도구 일반을 가위가 대표하는 듯하다. 날을 위아래로 엇걸어서 고정한 요시아쓰형 가위는 외과의사의 도구다. 외과술 그 자체의 도상(圖像)이라고 말할 수도 있다. 꽃병의 제비붓꽃은 자신이 자

1장 잔혹한 칼날 아래 67

란 외부의 세계로부터 옮겨 와서 외과의사가 인간 신체를 그렇게 하듯이 절개되기 전 짧은 간주의 찰나에 있다고 이 날붙이들은 말한다. 어차피 '찢어진 제비붓꽃'이 될 운명은 피할 수 없다고 말이다.

잔혹한 매력

알려진 가위의 종류는 아마 세 가지인 듯하다. 표준적인 '쪽가위'는 줄곧 쓰여 왔다. '손잡이 가위'의 일부는 외과의사가 사용했다. 그리고 요시아쓰의 그림에 나타난, 훨씬 더 잘 잘리는 신규 외래의 서양풍 '손잡이 가위'. 이것은 꽤나 사람들의 이야깃거리가 되었다. 어쩌다 외래의 가위를 처음 볼 기회를 가진 사람들은 두 가윗날이 마치 칼 두 자루가 맞물려 하나의 선이

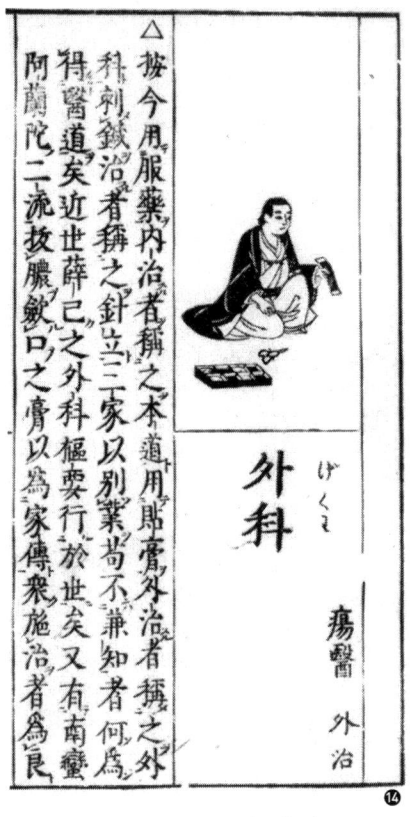

그림 14 『화한삼재도회』에서 '외과' 부분.

되는 것처럼 아주 멋지게 딱 겹쳐지는 모양에 깜짝 놀랐음에 틀림없다.[15] 1822년이라는 늦은 시기에 이르러서도 여전히 "런던 선원에게서 얻은" 가위로 나고야의 어느 흥행사가 '이국의 기물을 보여줌으로써' 대중의 눈을 즐겁게 한 적이 있는데, 나고야의 볼거리에 지칠 줄 모르는 연대기 작자인 고데라 교쿠초(小寺玉晁)도 그때 그것을 보고 즉시 『구경거리 잡지』(見世物雜誌) '이국 기물' 중에, "노제키 2자루_{작은 칼} 노제키 1자루_{손잡이 가위} 삭도 2자루_{양날}이다. 일본에서는 양날의 납작한 바늘과 같은 것이

다 눈썹솔 하나코밑수염을 빗는 도구 …… 작은 칼 2자루"[16] 등이 있었다고 적었다.

문제의 도구는 나고야에서는 '외제 빗', '메리야스 발주머니', '차스카쓰 찻종', 그 밖에 '나사'(羅紗) 등의 옷감과 함께 큰 호기심을 불러 일으켰다. 그건 그렇다 치더라도 (요시아쓰가 그린 것처럼) 아마 장식도 한 우아한 물품이긴 하지만 이전에 본 그 어떤 칼보다도 잔혹해 보이는 점도 이 도구의 큰 매력이었음에 틀림없다. 해부나 외과 시술을 위한 물품이라 여기는 일이 많았다.

상자와 접이식 나이프

달리 서명은 없고 그저 '리쿠쇼'(陸昌)라는 낙관이 찍힌 그림에 전형적인 네덜란드인이 한 사람 그려졌다. 따로 누구라고 특정할 필요도 없는 평범한 네덜란드인의 모습으로, 당시 이 그림을 본 사람이라면 누구라도 금세 그 국적을 알 수 있었다. 굽 있는 구두에 각반, 양복 바지, 튜닉 코트는 네덜란드의 이미지 자체였으며, 머리에는 단정하게 가발과 모자도 얹혀 있다. 18세기 초 작품이라 생각되는 이 그림에 특별히 진기한 점은 없다.

그런데 눈에 띄는 점이 있다. 이 인물이 가진 두 물건이다. 한 손에는 상자, 다른 한 손에는 나이프를 쥐었다. 리쿠쇼는 이 네덜란드인에게 두 가지 물건을 쥐였다. 아무것이나 괜찮은 게 아니다. 리쿠쇼는 이 인물에 대해 정확한 것, 이 인물이 마음속에 의도한 바를 우리에게 전하고자 일부러 이 두 물건을 골랐다. 깊이 생각했을 터이다. 나이프와 상자는 네덜란드인의 심성을 가장 잘 표상하는 두 가지 기호다.

그림 15 리쿠쇼, 「난의도」(蘭醫圖).

리쿠쇼의 감각은 들어 맞았다. 예리하고 작은 나이프는 베고 그리고 깎는 도구로서 손잡이는 손에 꽉 잡히는 맛이 있고 칼날은 시퍼렇게 날이 서 있다. 한편 상자는 반들반들하며 완결되어 있다. 두 가지 물건은 서로 대치한다. 나이프는 여는 것의 도상. 어느 것이든 속을 들여다보지 않는 한 정말로 알지 못하는 표식, 그런 까닭에 무엇이든 절개해야 하는 상징이다. 상자는 (선화의 완전한 원상圓相과도 닮은 완전한 정방형이라는) 극도로 세련된 형태를 하고 닫혀진 것이 지속하는 벅참을 표현하고 있다.

리쿠쇼 그림의 나이프는 사타케 요시아쓰가 그린 날붙이와 같은 목적에 부합될 터이지만 상자는 요시아쓰 쪽에 이에 대응하는 것이 없다. 원래 상자라는 대상은 보통 열리는 것과 닫히는 것 사이의 도상학에서 이중으로 작용한다. 우선 하나의 용기인 이상 표면에는 구멍이 없다. 밀폐가 조건이며 열기가 어렵다. 그런데 그것을 열 수 없다면 무용지물이다. 따라서 상자는 '열림'[開]과 '닫힘'[閉]의 변증법을 표현한다. 보통은 닫혀 있으면서 속에 든 것이 필요할 때는 열고 필요한 물건을 꺼낼 수 있다.

문제의 네덜란드인은 과일, 조개, 식물을 자르고, 정물화에 곧잘 보이는 탁자라도 만들어낼 듯한 기세다. 자르는 것과 내부를 보는 것이라는 두 기둥 위에 구축한 네덜란드의 인식론을 스스로 체현한다.

이미 60여 년 이전에 서양화 연구의 태두인 구로다 겐지(黑田源次)는 『나가사키계 양화』(長崎系洋畵)에서 이 리쿠쇼 그림 속의 인물은 의사라고 썼다.[17] 만약 그렇다면 이 인물의 소지품은 단순히 자르는 도구가 아니다. 신체를 베는 도구, 즉 사람 몸에 대고 체내 공간을 마구 파헤칠 수 있는 외과용 메스와 그 내부의 질환을 치유하는 수단이

될 약상자일 터이다. 만일 외과의사를 나이프와 상자로 나타낸다면 그가 가진 상징은 여는 힘 그리고 속에 내용물을 쑤셔 넣은 완전무결한 표면이라는 수수께끼인 셈이다.

신체를 열어서 그 내부를 조사하는 능력을 교묘하게 만든 상자를 소지한 것과 결부한 다른 경우는 4장에서 다시 논하도록 하자. 여기에서는 리쿠쇼가 나이프와 상자를 서로 대치하는 물건으로서 각각 다른 손에 쥐인 점을 지적하면 충분하다.

스스로 자기 속에 닫히는 나이프가 있다. 바로 펜나이프다. 이 도구도 수입되자 이야깃거리가 되었다. 고토 리슌의 『오란다 이야기』에 이렇게 적혀 있다.

> 케닛푸 메쓰(けにつぶめつ) 날을 칼집 속에 넣고, 끄집어낼 때는 그 칼집이 바로 손잡이가 되는 작은 칼이다. 날은 매우 예리하다.
> 마키켄(卷劍) 철을 아주 얇게 늘여서 둘둘 감아 향합에 넣고 뚜껑을 닫아 호주머니에 넣도록 한 칼이다. 물건을 자르고 싶으면 뚜껑 위에 있는 용수철을 끌르면 안의 칼이 튀어 나와서 무엇이든 자른다.[18]

형태를 알기 힘든(그림도 없으며 자세한 것은 명료하지 않은) 또 하나의 나이프는 보는 사람을 경악시켰음에 틀림없다. 한 세대 뒤 에도에 근무하는 센다이한의 의사로 쇼군 집안에 서양 사정을 알리는 역할을 한 지혜주머니, 오쓰키 겐타쿠(大槻玄澤)는 자신이 쓴 문답 형식의 『난설변혹』(蘭說弁惑)에서 이와 비슷한 나이프를 언급했다. 이 책은 '난'(蘭)에 대해 항간에서 나돌던 그릇된 설을 바로잡는 글을 써서 정

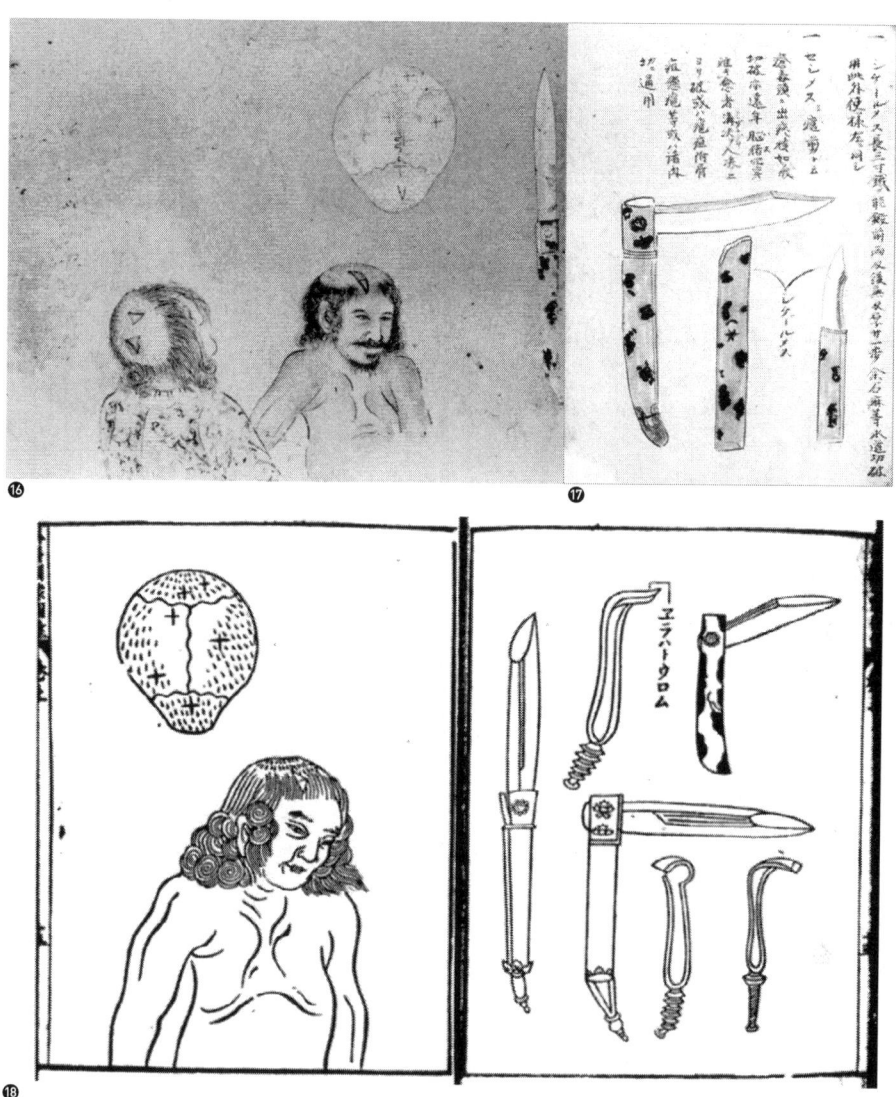

그림 16 나라바야시 친잔이 암브루아즈 파레의 『외과술』(外科術)의 네덜란드어 번역본(1649)을 바탕으로 해서 편술한 『홍이외과종전』(紅夷外科宗傳, 전7권, 1706). 친잔은 네덜란드 통역이 가업인 집안 출신이었는데 의사가 되었다. 나가사키의 나라바야시주쿠(檜林塾)에서 대대로 교재로 사용한 이 책의 서문은 가이바라 에키켄(貝原益軒)이 썼다.
그림 17 『홍이외과종전』에서 '펜나이프' 부분.
그림 18 이라코 고켄(伊良子光顯)이 파레가 쓴 『외과술』의 그림을 베껴 찬집한 『외과훈몽도휘』(外科訓蒙圖彙, 1769)에서. 같은 책을 베낀 다른 많은 모사와는 달리 이것은 인쇄가 되어서 난의들에게 표준 참고서가 되었다. 기구류에는 가타카나가 달려서 네덜란드어를 몰라도 이해할 수 있었다.

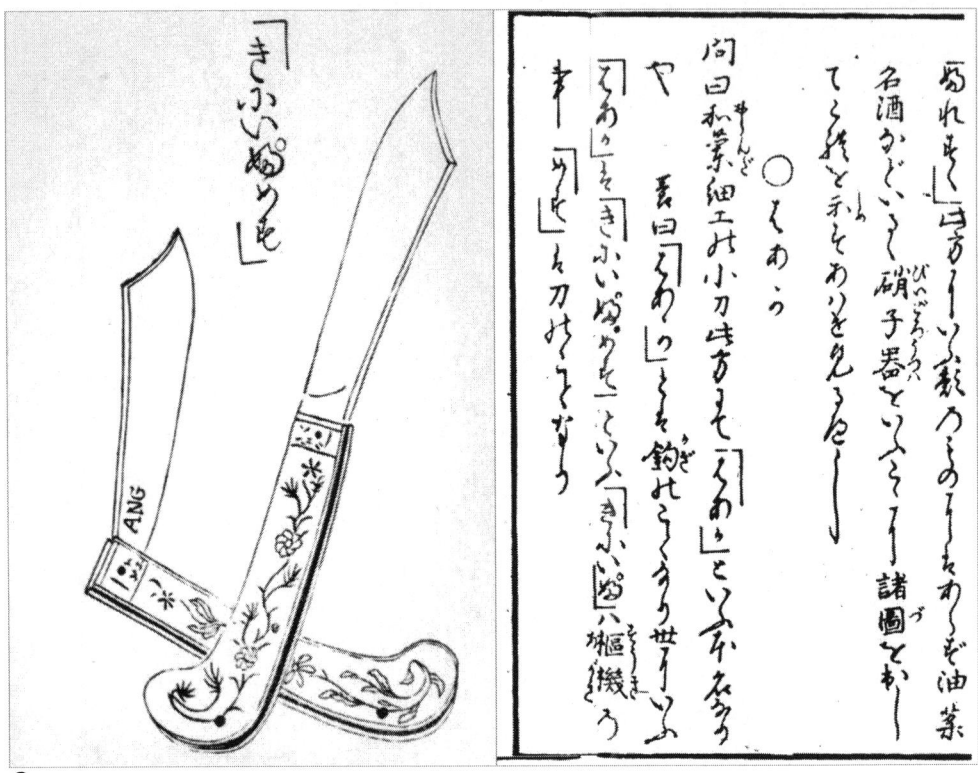

그림 19 오쓰키 겐타쿠가 구술하고 아리마 겐쵸가 기록한 『난설변혹』(1799). 서문은 1788년에 쓰였지만 작품의 공간은 그로부터 11년 뒤다. 대(大)난학자인 오쓰키 겐타쿠와 그의 제자로 후쿠치야마한의 의사이던 아리마의 대화를 기록한 책이다. 겐타쿠의 호 반스이(磐水)를 따서 『반스이 야화』(磐水夜話)라는 별칭으로 불리기도 한다. '하이카'를 둘러싸고 주고받은 말을 기록한 부분이다.

리한 것인데, 겐타쿠의 제자인 아리마 겐초(有馬元晁)가 1799년에 책으로 묶었다(출판은 몇 해 뒤에 되었다). 그 글에서 겐타쿠는 조금 더 표준적인 펜나이프에 대해 적었다.

하아카
문 네덜란드에서 세공된 작은 칼을 일본에서 '하아카' 라고 하는데 원래 이름이 그러합니까?
답 '하아카' 란 갈고랑이다. 세간에서 말하는 '하아카' 는 '키니이프 메스' 라고 한다. '키니이프' 는 추기(樞機)라는 것이고 '메스' 는 칼을 가리킨다.[19]

그리고 두 자루의 펜나이프(혹은 펜나이프 한 자루의 양면) 그림이 있고 한편에는 칼 임자의 이니셜('ANG')이 새겨 있다.

펜나이프는 매우 쓸모 있는 도구였으므로 인기가 있었다. 여행하는 사람이나 배를 타는 사람이 가지고 다녀도 날을 잘못 다루어 몸에 상처를 낼 염려가 없었다. 겐타쿠의 책은 그러한 나이프를 편 상태와 반쯤 접은 상태로 그렸으므로 기술이 진보한 덕분에 이 나이프가 상대를 여는 물건인 동시에 스스로도 열리는 물건임을 잘 알 수 있다. '상처 자국이면서도 상처를 내는 나이프' 인 것이다. 신체이자 날. 아마도 이런 까닭에 (그가 누구이든 간에) 그 'ANG' 씨는 펜나이프를 자신의 신체에 가깝게 느꼈던 것이다. 자신의 이니셜을 새겨서까지 자기 것임을 말하려고 한 데서 그 점이 엿보이지 않는가?

어쩌면 선원들이 휴대하고 배 위의 갖가지 절단 일, 도려내는 작업에 썼을 터이다. 식탁에서 빵이나 고기를 푹 찔러서 입으로 가져가는 데 썼을지도 모른다. 그러나 같은 모양의 나이프가 의학적인 쓸모도 있었다. 펜나이프는 일꾼들이 꼭 휴대해야 할 물품인 한편, 의사들이 한 벌로 지니고 다니는 도구의 대표선수이기도 했다. 의사용 펜나이프는 '랜싯'(lancet)이라 불렀다. 1721년에 그것이 수입된 기록이 남아 있다.[20]

일반인에게 펜나이프는 의학계의 도구로, 서양에서 행해지는 외과 의술과 결부된 물건이었다. 저자 미상의 『홍이류 도구집해 총도식』(紅夷流道具集解總圖式, 간행년도 미상, 1810년대인가)은 이러한 펜나이프를 특히 의학용이라고 설명했다. 이른바 완전히 충족된 도구로서 신체 외부를 절개하는 셈이다. 네덜란드인들은 그것을 항시도 몸에서 떼지 않고 소지했다.

신체를 베다

2장

보통 나이프와 외과에서 쓰이는 나이프 사이에는 얼마나 다양한 종류가 있었을까?

대개 어떤 날붙이든 봐서 외래의 것이라면 인간 신체용으로 신체 내부를 자르는 것이라 상상했다. 서양인이 자르는 일을 매우 중시한다고 생각하고 자르는 행위를 전부 인체를 베는 행위와 결부시키는 듯한 감각이 1800년 무렵 니시쿠라쿠(西苦樂)가 그린 그림 한 장에서 엿보인다. 지금 사람이 이 그림을 보면 금세 이발소 풍경이라 알 터이다. 탁자에는 각종 이발가위가 놓여 있다. 테두리가 움푹 패서 손님 머리에 딱 맞도록 된 대야도 있다. 동시대 유럽의 이발소에서 면도용으로 널리 쓰던 도구들이다. 이발사는 손님의 등 뒤, 화면 중심에 서서 가위를 손에 쥐고 이제 막 머리카락을 자르려는 참이다.

니시쿠라쿠가 누가 그렸는지 밝혀지지 않은 유럽의 (한 장 혹은 몇 장의) 그림을 바탕으로 그린 듯싶다. 18세기 사람들의 생활에서 이발이란 오늘날만큼 당연한 일은 아니었지만, (대부분의 사람들은 그저 뒤로 묶었을 뿐, 머리카락이 자라는 대로 내버려 두었으며, 가발 상용파는 자기 머리카락은 꽉 눌러 두었다) 그렇더라도 별달리 이렇다 할 만한 광경은 아니다. 그러나 이것을 본 에도 사람들에게는 유럽의 풍속이 어떤지 한 장면을 가르쳐 주었음에 틀림없는 그림이다.

니시쿠라쿠는 본래의 서양화를 보았을까? 자신의 모작이 소비자

그림 1 니시쿠라쿠, 「난의 두부 외과수술도」(蘭醫頭部外科手術圖). 그림을 보는 사람 눈에는 분명 이발하는 장면으로 보일 것이다. 그러나 화가는 머리를 수술하는 그림이라 생각하고 싶어한다.

의 세계에 나돈 것일까? 어찌 되었건 간에 탁자 위에 날붙이가 많이 있는 것, 앉아 있는 사람 등 뒤에서 가위를 쥔 인물의 신중한 눈빛으로 보아 주제가 전혀 달라지지 않았는가 하는 생각이 든다. 가위를 쥔 인물은 거의 위험하다고 생각될 만큼 가까이 다가가 있어서, 거기에서 절개해 본다는 유럽적인 강박관념의 충동이 느껴진다. 실제로 많은 사람들이 그러한 느낌으로 보았다고 추측되며, 일본에서는 문제의 그림에 본래의 그림 소재와는 전연 걸맞지 않는 새로운 이름을 붙였다. 흔히들 「난의 두부(頭部) 외과수술도」라는 이름으로 알고 있다. 앞 장에서 소개한 센류를 약간 흉내 내면, '아란타 가위 사용하자 찢어지는 인간' 의 세계다.

외과와 외과도구

당시 일본에서는 외과기구의 실물 이미지를 잘 알지도 못하고, 쉽사리 외과 수술에 입회할 기회조차 없었다. 이 때문에 사람들은 다른 소재의 그림에 손을 대어 의학풍 그림으로 만드는 궁리를 했다. 더군다나 의학 그림은 유럽에서도 예사 장르가 아니었으므로 일본에 실려 온 작품은 극히 적은 수에 지나지 않을 터였다. 에도 사람들은 대다수 의료기구 실물을 본 적이 없었다. 인간의 몸에 칼을 댄다는 유럽인의 발상을 어떻게든 이 눈으로 보고 싶다고 바란다 하더라도 어쨌든 실마리가 너무나도 적었다.

그러나 분명히 유럽에서 외과기구 실물을 실어 왔으며 그것을 사는 사람들도 있었다. 제일 먼저 산 사람은 틀림없이 의사들이었을 것이다.

서양 수입품 목록에는 대부분 '외과도구'라는 품목이 게재되고 있다. 몇십 년간 쭉 그러한 것을 보니 관심도 도중에서 끊어지지 않은 듯하다. 예를 들어 1712년경 예의 『화한삼재도회』는 '아란타 토산'의 일람 중에 '외과도구'를 들었는데, 그 50년 후 고토 리슌은 『오란다 이야기』에서 외래의 '외과도구 갖가지'에 대해 적었다.¹ 이러한 도구 중에는 오늘날에도 현존하는 것이 있다. 그 외래 의료기구는 지금 보아도 다채롭고도 기능이 상당하다.

외래 외과도구가 단품이 따로따로였는지 세트로 상자에 든 형태였는지는 모른다. 후자의 경우 일렬로 늘어선 길고 짧은 각종 칼과 가위를 보면 잡다한 신체 절개에 얼마나 많은 도구가 필요했는지 알 수 있다. 외과의사가 정확하게 실시해야 했던 절개의 다종다양함이 놀랍다. 신체의 어느 부위이든 이상적인 형태로 사람의 손과 눈의 대상으로 하고 싶다고 생각하면 같은 값이면 찢기보다는 훨씬 더 주의 깊게 해야 할 작업이었다. 외과의사는 신체를 열뿐더러 환부를 시술하고 그 후 다시 한번 닫아서 환자를 본래대로 되돌려 놓아야 하는 것이다.

유명한 독일인 의사 프란츠 폰 시볼트(Franz von Siebold)는 출생지 뷔르츠부르크의 대학을 졸업한 후 1823년 일본에 와서 5년 동안 체재했다. 물론 나가사키에는 외과도구를 휴대하고 왔다. 시볼트 사건*이 일어나 일본을 떠나야 했을 때 그는 이것을 기념품으로 두고 갔다.

---

* 시볼트는 네덜란드상관의 의사로서 1823년 일본에 와서 진료를 하는 한편, 사립학교를 열어 일본의 문하생에게 서양 의학을 가르치고 일본의 난학 발전에 공헌했다. 일본인 연구자와 학술 자료를 교환하면서 받은 일본 지도 등을 1828년 귀국 시에 가지고 나가려다가 발각되었다. 바쿠후는 국외 반출이 금지된 일본 지도를 소지한 시볼트에게 국외 추방과 재도항 금지 처분을 내렸고, 이 사건에 연루된 일본인 관계자 십수 명이 처벌을 받았다. 바쿠후는 이를 계기로 서양학(난학) 연구자를 탄압하기 시작했다.

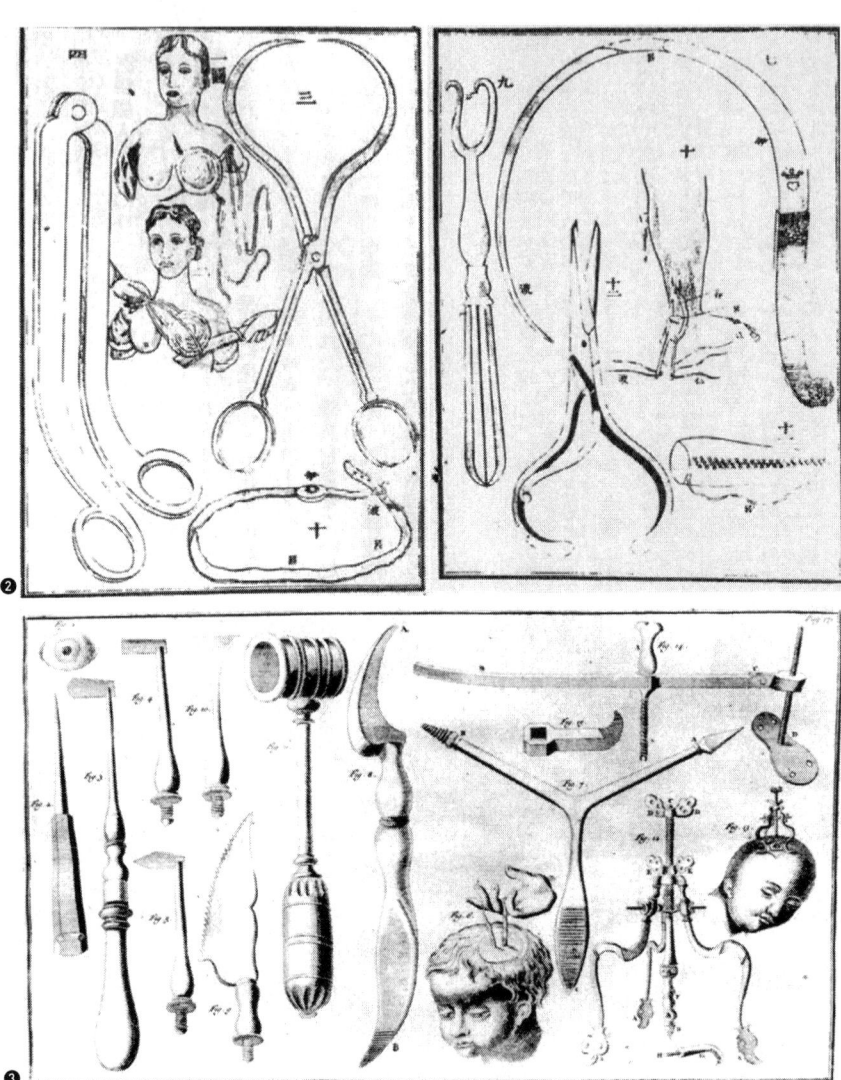

그림 2 고시무라 도키(越村德基)가 『외과학 교본』(外科學敎本)을 번역하고 그림을 본떠 그린 『양과정선도해』(瘍科精選圖解, 1820)의 삽화.
그림 3 로렌츠 하이스터의 유명한 논문을 네덜란드어로 번역하기 위해 헨드리크 우르홀른이 증보한 『외과학 교본』(1776)의 삽화.

다른 물건을 두고 갈 수도 있었는데 (실제로 다른 것도 여러 가지 남겼다) 시볼트가 그의 나이프류를 택한 점이 재미있다. 그가 일본을 떠난 뒤 그 기구들이 현장에서 사용되었는지 여부는 분명하지 않다. 아마도 보물처럼 소중하게 보존한 듯하다. 실제로 도움이 된 도구라기보다 떠나고 지금은 없는 시볼트의 상징으로 여겨 사용된 적은 거의 없는 듯싶다. 위대한 의사를 기념하는 상징이었던 셈이다. 일본에서 가장 유명한 서양인, 게다가 유능한 외과의사인 시볼트의 나이프는 말 그대로 그 사람 자체였다.

의사 개인과 그가 가진 나이프류가 서로 겹쳐지는 이 감각은 당시 일본인에게는 흔한 일이었다. 서양인에게 다가가고 싶으면 그 나이프를 손에 넣을 필요가 있다는 감각이다('ANG' 씨가 그의 이니셜을 펜나이프에 새긴 것, 그것을 또 오쓰키 겐타쿠가 『난설변혹』에 주의 깊게 그대로 베껴 쓴 것 등을 떠올려 보자). 시볼트가 일본에 오기 약 반세기 전, 1775년에 네덜란드동인도회사 선의(船醫)로 나가사키의 네덜란드상관에 왔던 스웨덴인 식물학자 카를 툰베리(Charles Thunberg)는 에도의 난학자 집단에 (암스테르담과 파리에서 만든) 기구를 보였다가 그중 몇몇 기구를 바쿠후 관의(官醫)의 아들로 그가 에도에 왔을 때 친해진 가쓰라가와 호슈(桂川甫周)와 그 스승인 나카가와 준안(中川淳庵)에게 내주어야 했다. 일본인들이 툰베리의 접이식 나이프를 소망한 것은 새삼 말할 필요도 없다. 툰베리는 "에도의 애제자들에게 스프링 달린 은제 랜싯이나 그 밖의 외과기구를 줄 수밖에 없었다"고 적었다.[2]

당시 호슈는 아직 약관 23세에 불과했지만 빠뜨려서는 안 될 사람이다. 집안 대대로 난학 기호를 계승했을 뿐 아니라 (그의 아버지 가쓰라가와 호산桂川甫三은 리슌의 『오란다 이야기』에 서문을 붙인 인물이다)

더욱이 외과라는 새 영역 그리고 그것에 따르는 해부학 분야에도 뛰어났기 때문이다. 호슈는 서양 의학에 관한 저술을 몇 권이나 남겼다. 그의 막내 동생 가쓰라가와 호사이(桂川甫齋)는 의사 훈련을 받았으나 개업은 하지 않고, 서양 사정에 관해 방대한 저작을 남겼다.

1777년 말 돌아가신 아버지의 뒤를 이어 호슈는 바쿠후의 관의가 되었다. 최고위직 의사가 된 그라면 완벽한 서양 외과기구 한 벌을 입수할 수도 있을 터였다.

완비했던 서양 기구를 보면 서양에서 외과가 얼마나 중요시되었는지 알 수 있었다. 일본에서는 대체로 낮았던 평가와 비교해 보면 좋을 것이다. 하지만 일본에서 외과에 매달린 적은 없었다. 18세기 후반 이전 외과의사의 수비 범위는 접골이나 종기의 절제와 같이 아주 단순한 복구 치료 정도였다. 『화한삼재도회』를 보면, '외과'는 '종기 의사'(瘍醫)라는 별명으로도 불렸으며 아주 제한된 역할밖에 하지 않았음을 엿볼 수 있다. 신체가 전체적으로 어떤 기능을 하는지, 그 근본 원리는 어떤 것인지, 다양한 여러 부분이 서로 어떻게 얽혔는지를 깊이 아는 지적 연구 등은 이 사람들에게 아직 알려지지 않았다. 신체 내부의 시술 따위는 외과 영역 밖의 일이었다. 아무래도 미래를 지향하는 인간이 손을 댈 만한 세계는 아니었다.

일본에 와서 일본의 외과 실정을 본 서양의 의사들은 너무 어처구니가 없어서 꽤 심하게 말했다. 시볼트와 마찬가지로 네덜란드동인도회사의 의사로서 일본에 온 독일 사람 엥겔베르트 캠퍼(Engelbert Kaempfer)는 1727년에 간행한 『일본지』(日本誌)에 일본인 의사들은 "외과술보다 내과에 뛰어나다"고 적었다.[3] 캠퍼는 일본에는 서양식의 우열 감각은 통하지 않는다고 탄식했다. 대개 외과술이 제일인데도 신체를 베는 의사 쪽이 단순히 의서를 읽고 생약을 조제할 뿐인 의사보다 얼마만큼 뛰어난지 모른다는 것이다.

캠퍼의 말은 사실이었다. 한방(漢方)이라 부르던 동아시아의 의학은 신체 절개 따위는 거들떠 보려고조차 하지 않았다. 일본인 의사들도 캠퍼와 마찬가지로 자국의 외과술을 어쩔 수 없다고 보았다. 그것이 문제라고도 생각하지 않았다. 딜레마였다. 외과술은 취할 거리가 못된다고 생각하는 한 발명심이 풍부하고 솜씨도 좋은 의사가 이를 연구하는 일은 없으며 그가 외과를 피해 가더라도 어쩔 수가 없었다. 이런 상황에는 출구가 없었다.

한방의는 어떤 이유에서든 신체를 절개하려고 생각하지 않았고 육체를 절개하는 족속에게 공감하지 않았다. 인간의 신체를 더듬고 다니는 짓 따위가 가능한가라는 이유로 그들의 방식에서 날붙이는 완전히 자취를 감췄다. 굳이 한방의와 신체 내부의 관련을 찾는다면 약을 환자의 목구멍을 통해 넣는 정도였다. 그들은 신체 내부를 들여다 볼 필요를 털끝만치도 느끼지 않았다. 한방은 매우 잘된 시스템이지만 '들여다 보는 일'은 기본조차 없었다. 『화한삼재도회』에 외과의사를 설명하는 그림에 절개도구(가위)를 그린 것은 앞에서 본 바이지만, 한방의 그림에는 숟가락과 약초 쟁반이라는 전체 요법의 도구뿐이다. 본문을 보면 데라시마 료안(寺島良安)은 한방의를 '약사'(醫)라 칭했다. 그것은 요컨대 '약'만을 써서 치료하는 사람이다.

일본에서는 외과술이 경시되고 대체로 의료의 본류는 오로지 한방뿐이라 간주되었다. 한방을 '본도'(本道)라 칭하는 이유도 그래서이다. 대조적으로 외과는 보조 의술에 지나지 않았다. 그 증거로 『화한삼재도회』에서도 외과의사는 '침의'(鍼毉), '안마'(按摩), '상인'(相人,

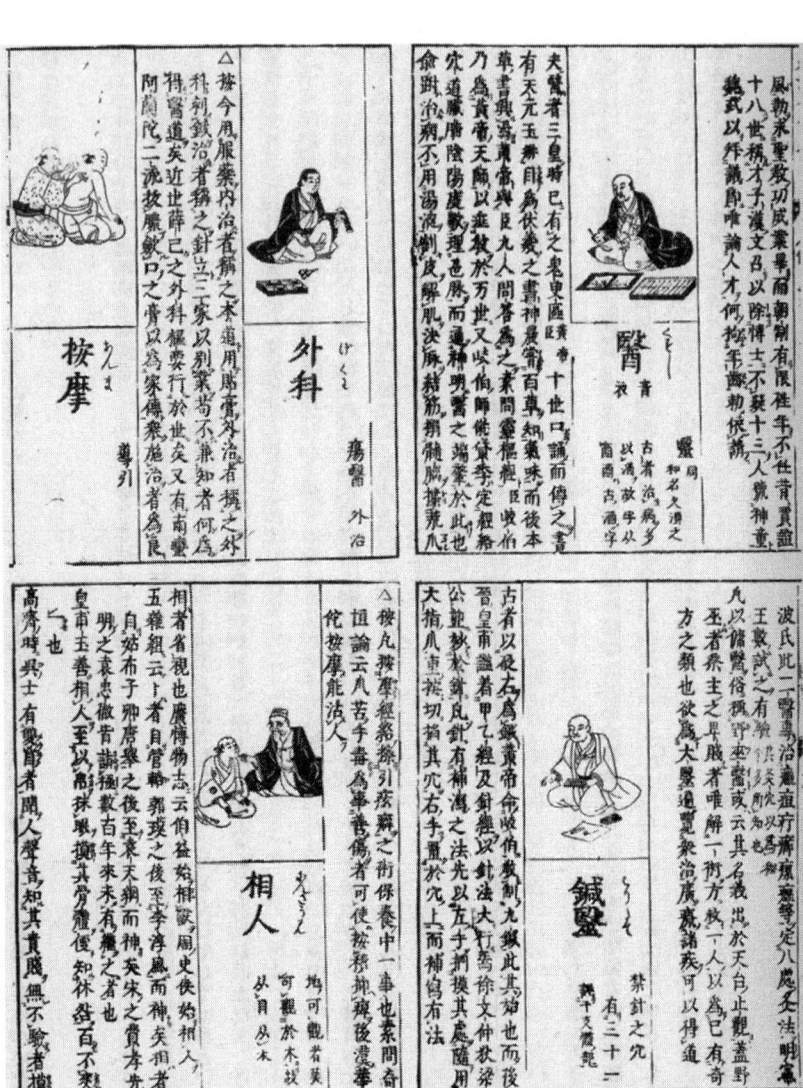

그림 4 『화한삼재도회』에서, '의'(醫)는 숟가락과 약 쟁반을, '외과'는 가위와 고약을 가지고 있다.

인상을 보는 사람)과 같이 지금이라면 '준-의료활동'이라 부르는 세계의 사람들 사이에 끼어 있다. 더욱이 '외과'라는 호칭 자체가 의사는 오로지 신체의 '겉'에 착안하여 치료를 해간다는 것, 말 그대로는 '겉의 치료법'만을 의미하는데, 불가피하게 가치 판단의 느낌을 포함하고 '겉'은 지적으로도 겉핥기에 불과하다고 여겼음도 잊어서는 안 된다. 그 반대가 '내과'인 한방이다. '안의 치료법'이라는 것으로 단지 신체 내부의 여러 기관을 다룬다는 의미뿐 아니라 의술의 진수에 훨씬 더 가깝다는 의미도 있었다.

에도 시대 어떤 외과의사라도 한방으로 전업하면 출세를 바라볼 수 있던 듯싶다. 그 점을 꼭 집어 익살맞게 읊은 시구가 있다. 1771년 작이다.

외과의사 자식 본도(本道) 되는 데 겁쟁이

물론 유머다. '외과' 의사의 자식이 본도의 의사가 되는 데 기가 죽어 있다는 말이다. 그 반대로도 말할 수 있는 점이 이 시구의 익살미다. 한방의의 귀중한 아들이 외과의 피비린내 나는 시술을 하라고 하자 허둥대는 그림이 비쳐 보인다.

18세기가 지나가는 사이에 일본인 의사들도 수십 년 전에 캠퍼가 탄식했던 '외과'와 '내과'의 불균형을 이상하다고 여기기 시작했다. 교토에서 가초신노(華頂親王)의 의사로 한방 세계에서는 거물이었던 다치바나 난케이(橘南谿)도 이 사정을 유감으로 여기기 시작했다. 그는 일본 외과의 위조풍을 탄식했다. 1800년 무렵 편집된 『북창쇄담』(北窓瑣談)에 난케이는 이렇게 썼다.

침의 법은 어떤 것인가? 일본과 중국에서 모두 옛 법이 끊어지는 것이야말로 안타깝다. 외과 대성에서 말하는 침의 법은 아주 웃을 만하다.⁴

'침의 법'이란 외과를 가리킨다. 난케이와 같은 인물이 그의 외과 동료를 '웃을 만하다'고 하여 깎아내리는 사태는 간과할 일이 아니다. 물론 외과가 어떻게 되든 괜찮다고 말하는 게 아니다(그런 주장은 별로 희한하지 않다). 오히려 그 반대다. 이처럼 중요한 것을 슬퍼할 만한 현 상태로 두어서는 안 된다는 말이다.

내과와 외과의 불균형을 바로잡으려 했던 사람들의 방식에 주목하자. 환자가 불필요하게 고통받지 않으면 안 되기 때문이 아니라 (아주 당연한 이치다) 서양의 전통에서는 어떤가 하는 증거로 삼은 것이다. 난케이는 직접 나가사키에 여행하여 네덜란드상관에 출입해 보고 비로소 일본의 의학에 문제가 있음을 깨달았다. 난케이는 네덜란드어 통역으로 요시오류 외과의 시조로 여겨지며 네덜란드 외과의 주된 소개자인 요시오 고사쿠(吉雄幸作)와 오래 이야기를 나누었다. 고사쿠는 나가사키에 서양 의술을 지도하는 사설 교육기관을 열기도 한 인물이다. 교토로 돌아온 난케이는 즉시 인간의 신체 내부를 어떻게 해서 볼까 연구하기 시작하고 절개가 가치 있다는 쪽으로 전환했다. 그와 같은 위치에 있던 사람으로서는 실로 놀라운 발상의 전환이었다. 그 후인 1783년 난케이는 인간의 사체 해부를 지휘하고 거기서 (뒤에서 보겠지만) 획기적인 「헤이지로 장도」(平次郞臟圖)가 나온다.

난케이(그 밖의 사람)가 당시의 일본 외과를 말할 때 염두에 둔 대상은 '가스팔류'(加須波留流)라고 하는 외과의사들의 소집단이었다.

이 유파는 17세기 중엽에 나가사키와 에도에서 의술 교습을 하던 네덜란드 의사 카스파르 샴베르겐(Caspar Schambergen)의 제자이던 의사들로부터 출발했다. 스승의 가르침을 열렬히 받들었지만 1636년 유럽 열강이 대부분 일본에서 철수했기 때문에 고립되고 관직을 받을 가망도 없어서 침체해 있었다. 이제 와서 크게 발전할 기세도 없었다. 『화한삼재도회』는 이 유파를 가리켜 '남만류'(南蠻流)라 불렀다. '남만'이란 18세기에 서양을 가리키던 고어(古語)로 이 유파는 이미 역사적 흥미의 대상에 불과한 듯했다.⁵

새로운 네덜란드*류의 외과 의사들은 가스팔류 의사들에게 힘을 주기보다 다른 길을 지향했다. 그래서 홍모(紅毛) 신외과가(新外科家)라 이름하는, 진취적인 기상으로 넘치는 서양식 외과 의사 집단이 18세기 중엽에 출현한다.⁶ 이윽고 아란타 외과는 가스팔류를 완전히 대신했다. 보통 난의(蘭醫)나 난방의(蘭方醫)라고 알려진 사람들이다.

네덜란드 의학

난방은 곧 외과술이라 생각되었다. 난케이처럼 이것을 배우고 싶다면 먼저 네덜란드동인도회사의 의사와 접촉해야 했다. 그들은 당시 일본에서 유일한 진짜 네덜란드 외과의사였다. 네덜란드상관 의사는 네덜

---

* 네덜란드는 속칭 홀랜드(Holland)라고 한다. 일본어로는 통칭 오란다(オランダ)라고 하며, 한자로는 화란(和蘭), 화란타(和蘭陀), 아란타(阿蘭陀)로 표기한다. 오란다는 16세기 중엽 포르투갈 선교사가 일본에 들어오면서 홀랜드의 포르투갈식 표기인 Holanda가 전해진 것이다. 또 중국의 화이 사상에 근거하여 남방에서 온 포르투갈인을 남만인(南蠻人)이라 부른 반면에, 에도 초기에 일본에 온 네덜란드·영국인은 머리카락과 수염이 붉은빛을 띠고 있어서 홍모인(紅毛人)이라 부르기도 했다.

란드어로 '독토르'라 불렸는데 이것을 일본어 가타카나로는 '독토루'라 읽혔다. 그러나 일본에서는 그저 '아란타 외과'로 통용되었다. 한방의, 즉 '약사'가 오로지 약과 연결되듯이 육체를 베는 것이야말로 난방의 유일한 치료수단이라고 말하고 싶어한 듯하다.

한방에 대해 외과 시술에 관심을 품기 시작한 사람들의 불만은 뿌리가 깊어서 한방의와는 일절 교섭조차 끊으려고 했다. 예를 들어 오늘날 일본의 해부 외과 역사에서 가장 중요한 기념비라 여기는 『해체신서』(3장에서 상세 서술)의 역자들은 이 정도로 쌀쌀했다.

창창하게 명백한 것이 불보듯하다. 그러므로 해체의 책을 가지고 그 설에 따라 해체해 보니 곧 하나도 놓치는 바가 없다. 장부(臟府), 규관(竅關), 골수 맥락이 비로소 그 위치가 정렬함을 알 수 있다. 어찌 유쾌하지 않으랴. 이로써 한방의 설을 보면 곧 전자(난방)는 옳음에 가깝고 후자(한방)은 잘못에 멀지 않다.[7]

마치 네덜란드 의학에는 약의 처방이 없다는 느낌이지만, 물론 지나친 일반화이다. 그러나 대부분의 사람들은 서양에서는 거의 메스만으로 치료를 끝낸다고 믿어 버렸다. 『난설변혹』에는 이러한 문답이 실렸다.

문　세간에서 네덜란드 의사는 모두 외과 시술만 한다고 말한다. 사실이 그러한가?
답　처음에 배가 들어왔을 때 능숙한 외과의가 타고 와서 가지가지 기이한 재주를 베풀었는데 그때 통역이 이를 보고 익혀 외과를 시작한 것이 기원이 되어 어느 사이에 일가를 이루었다. 또 그 사람을 따라 배우는 자가 많았고, 마침내는 그 명예를 여러 나라들로부터 전해 듣고 점점 번성해서 나가사키야말로 외과의 본원처럼 된 듯싶다. 그 무렵은 네덜란드어를 제대로 읽지 못하는 때였으므로 그저 그 뛰어난 기술만을 보면서 익혀 내치(內治)의 일을 물을 수 없었다. 네덜란드에도 바람과 추위나 더위와 습기로 인한 외상(外傷) 및 내상(內傷)의 여러 가지 병, 부인의 산후·산전, 소아의 천연두와 홍역 등 외치(外治)만으로 어떻게 하지 못하는 병이 많다.[8]

외과술 이외의 의술도 유럽에서는 수없이 시도되고 있었다. (이것도 난의에 대해 배우던) 다케베 세이안(建部清庵)과 주고 받은 말을 스기타 겐파쿠는 이렇게 적었다.

아란타 사람이 해마다 일본에 오는데 외과술은 보이지만 내과 치료는 볼 수 없다. 아란타에는 내과 의사는 없는가?
아란타라고 해도 바람·추위·더위·습기로 인한 질병, 산전후 부인병과 소아의 병이 없다고 하지 못할 터이다. 모조리 고약·유약(油藥)류만으로 치료될 턱이 없다. 그렇다면 내과 없이는 안 되는데 일본에서는 아란타류라고 칭하는 자는 모두 고약·유약류만으로 대충 부스럼 치료만을 하니 미심쩍다.[9]

1770년에 완성된 겐파쿠의 『화란의사문답』(和蘭醫事問答)은 이 문장으로 시작한다.

만약 절개하지 못하더라도 난방의는 환자의 신체 내부에 접근하려고 애쓴다. 절개구를 열 수 없다면 목구멍을 통해서라든지 다른 방법으로 들여다보려고 하며 가슴에서 나는 소리를 귀기울여듣고 내부의 맥박이나 심장의 움직임을 감득하려 했다. 툰베리가 1776년 에도에 왔을 때 병상의 어느 규수를 치료하여 난방의 효험을 보이라는 말을 들었다.[10]

외과 시술은 필요 없는 병이었다(만일 필요하다 하더라도 실제로 그녀의 몸에 메스를 대는 일 따위는 어느 누구도 허락하지 않았을 터이다). 그래서 사람들은 외래 의술을 시도해 보아도 큰 잘못이 없다고 생각했다. 도쿠가와 바쿠후에서는 외과 시술이 필요 없다면 환자를 직접 툰베리와 대면시킬 일도 없으므로 병 증세를 구두로 전하니 그것만 듣고 판단해서 낫게 하라고 했다. 툰베리는 격분하여 (눈, 귀 혹은 손가락 어느 것에 의해서라도) 신체 내부를 진찰하지 않으면 치료할 수 없다고 단언했다.
  네덜란드의 약이 많이 수입되자 '외과만으로' 한다는 생각이 바로 잡혔다. 수입약 가운데에는 '우니코루'(unicorne)라든가 '즈보토'(zoethout)처럼 일상어가 된 것도 있다.[11]

  우스꽝스러운 즈보토 마시는 가마꾼
  식중독 일으킬 적마다 줄어드는 우니코루

위와 같은 센류도 나왔다. '즈보토'는 감초를 볶아서 만드는 네덜란드 약 이름이 이중으로 와전된 말로, 가래를 끊고 좋은 목소리가 나

그림 5 일반적인 약국 '혼초 약종점'(本町藥種店). '긴타이엔'과 비슷한 '긴타이코'(錦袋子)라는 약을 팔고 있다. 사이토 유키오(齋藤幸雄) 외 여러 사람이 쓴 『에도 명소도회』(江戶名所圖會, 1834~1836)에 하세가와 셋탄(長谷川雪旦)이 그린 그림.

오게 하는 약이다. 가마꾼들이 그것을 마시고 좋은 맞춤소리를 들려주려는 그 모습이 재미있다. '우니코루'는 외뿔고래의 어금니를 가루로 한 약으로, 식중독에 마셨으므로 앞과 같은 센류가 나왔다. 두 가지 모두 다치바나초 3가의 오사카야(大坂屋)에서 팔았다.

오사카야 잠꼬대를 써서 지붕에 내다건다

'즈보토, 우미코루 있습니다'라는 뜻 모를 간판은 "되놈 잠꼬대" 같다고 농으로 돌렸다.

도쿠가와 바쿠후가 네덜란드동인도회사가 일본에 와도 좋다고 한데는 이런 약들의 수입도 이유로 작용했다. 그러나 네덜란드의 약은 대부분 전설과 현실의 갈림길에 있었다. 절반은 돈으로 살 수 있는 진품 약이었지만, 절반은 넌센스에 불과한 위조약에 지나지 않았다.

우니코루 등은 완전히 어설픈 대용물로서 어느 누구도 목격한 자가 없었다. 기무라 겐카도(木村蒹葭堂)는 1776년에 쓴 『일각고』(一角考)에서 외뿔말은 실제로는 순전한 상상 속 동물("말 모양을 한 외뿔 짐승")이며 ("그것은 스코틀랜드의 상징인데 실재하는 생물이라고는 생각하지 않았다") 이 약과는 관계가 없다, 왜냐하면 문제의 약은 외뿔말이 아니라 실존하는 바다의 외뿔 짐승, 즉 '일각고래'로 만들었기 때문이라고 적었다. 일각고래는 오쓰키 겐타쿠도 『육물신지』(六物新志, 기무라 겐카도가 비용을 대어 1786년에 간행)에서 그림으로 제시한 바 있다. 8년 뒤 겐타쿠의 난학 학사 시란도(芝蘭堂)에 전시된 「시란도 정월 그림」을 보면 이치카와 가쿠산(市川岳山)은 그림 속 벽에 일각고래의 그림이 걸려 있는 것으로 그렸다. 이를 봐서 겐타쿠가 일각고래의 그림을 가지고 있었다고 짐작된다.

네덜란드 약에는 환상적인(이라고 할까 현혹적이기조차 한) 점이 붙어 다녀서 왠지 수상쩍었다. 우에노 이케노하타 나카초에 있던 간카쿠야 다이스케점에서 '네덜란드'에서 건너온 '우루유스'(ウルユス)라는 약을 팔고 일본어 가타카나로 광고를 했다. 사람들은 가타카나 위의 세 글자를 붙여서 '소라스'(空ス)라 읽었다. 네덜란드 약에 불리한 점을 들어보자. 다치바나초 3가에 있던 다이헤이(大平), 즉 오사카야 헤이로쿠(大坂屋平六)라는 유명한 네덜란드 약 상점에 대해서는 앞에서 서술한 바와 같은데, 비합법적인 사창가 옆에 있었던 탓에 왠지 수상쩍은 느낌이 드는 가게였다. 그 가게는 예기(藝妓)를 거두어들이기 알맞은 장소로서 알려져 "다이헤이 건너편 뒤에서 예기 나온다"라든가 "헤이로쿠네 집에 즈보토 잘 팔린다"라고 센류로 희롱을 당했다.

그림 6 나가사키 '우루유스'의 간판(1812).

센류 중에는 "고향에는 긴타이엔(銀袋圓)을 선물로 가져간다"라고 읊을 만큼 에도의 명물이 된 만병통치약 '긴타이엔'도 있었다. 외래 약을 팔았던 간카쿠야의 점포 구조에도 좋지 않은 점이 있었다. 7칸 정도의 폭에 격자 칸막이로 되어 있고 남자 종업원만으로 장사를 하는 점에서 격자문을 사이에 두고 주고받는 거래가 마치 남자만으로 이루어진 사창가 같은 풍경이었다. "이케노하타 남자만의 소마가키(惣籬)*", "손을 내밀어 잡아당길 듯한 간카쿠야", "담뱃불 붙여 내미는 듯한 청루 간카쿠야"라고 센류로 비꼬았다.¹² "담뱃불 붙여 내민다"는 것은 유녀(遊女)가 애교로 피는 담배를 손님에게 내민다는 것이다. "눈요기 없는 긴타이엔 격자문 앞". 유곽에서 들어가지 않고 희롱만 하는 것을 '눈요기'라고 했다. 격자는 창가뿐 아니라 감옥도 연상시킨다. 그러자 "죄 없는 감옥에서 약을 판다"라고 비꼬았다. 약을 파는 사람들은 열이 나면 긴타이엔 옆을 어슬렁거리며 식히면 낫는다고 말했다.

'네덜란드' 약에는 왠지 의심스러운 구석이 있었다. 인간이 아프거나 두려우면 소문으로 들리는 새로운 외래 치료의 효능에 매달리기 마련이다. 그래서 터무니없이 높은 가격을 불렀으므로 약은 대부분 그야말로 그림의 떡, 꿈같은 약으로 변해 버렸다. 더욱이 얼버무려 만든 가짜 약이라도 그 이름을 붙이기만 하면 비싸도 팔렸으므로 '네덜란드'라고 이름 붙이는 일이 자주 있었다. '네덜란드'라고 입에 담기만 하면 비싸게 팔렸고, 조제(라고 할까 날조)의 정확한 방법을 설명할 수 없어도 (설명하지 않아도) 그대로 유통되었다. 이렇게 해서 '외래'의 약은 돌팔이 의사들에게 부를 쌓는 재원이 되었다.

에도 후기의 위대한 통속소설 작가 산토 교덴(山東京傳)이 1804년에 의학계에서 일어나는 갖가지 변화를 해학적으로 패러디하여 펼친 기묘한 글이 있다. 작품을 낳는 소설가의 산고와 겹치는 『작자 체내 시월도』(作者體內十月圖)로, 산과학(産科學)과 이야기 생산 과정이 겹쳐진다. 교덴은 의학계에 대한 예리한 관찰력을 마음껏 펼쳐 보여 위

---

* 에도 요시와라에서 가장 격이 높던 창가(娼家).

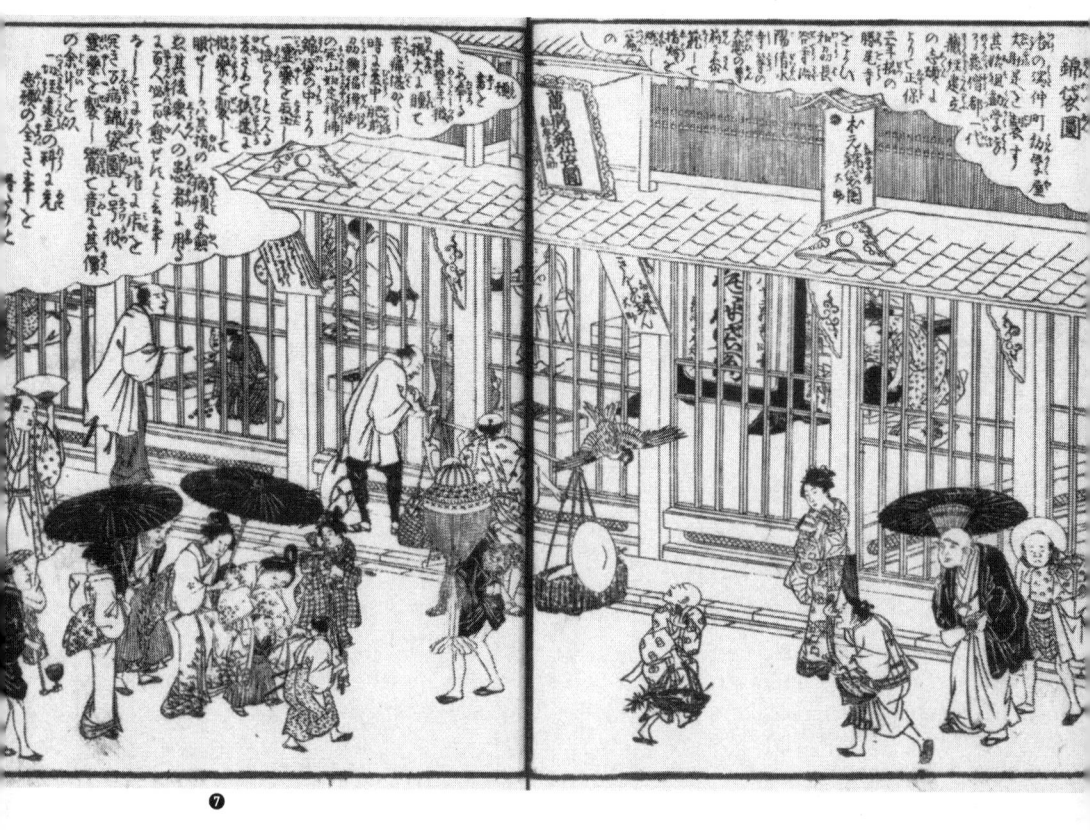

그림 7 '긴타이엔' 도, 그것을 파는 가게도 유명했다. 가게는 보통 상점이 아니라 유곽 형태를 취하고 있으며, 대부분의 에도 상점들과는 달리 점원이 모두 남자였다. 『에도 명소도회』(江戶名所圖會)에서.

❽

그림 8 에도의 유곽 모습. 짓펜샤 잇쿠(十返舍一九)의 「요시와라 연중행사」(吉原年中行事, 1804)에 기타가와 우타마로가 그린 '밤의 청루도'(夜見世の圖). 유곽으로 들어가는 입구에 격자로 된 바자울 세 종류가 있는데 그것은 유녀의 격식을 보여준다. 격자가 천정까지 달하는 오마가키(大籬, 에도 요시와라 유곽에서 가장 격이 높은 유녀집. 18세기 말 이후 가게 앞의 구조로 유녀집의 격을 나타내는 규정이 있었다), 2분의 1 혹은 4분의 3 높이의 한마가키(半籬) 그리고 이 그림에 있듯이 마지리마가키(交籬)가 있다.

조 증명서와 '네덜란드' 약을 들어나르는 의사라든가, 항간에 흔히 보였을 현상을 차례차례 언급했다. 당시 평판이 높던 네덜란드 약 '보우토루엔'에 걸어 "나도 우발적인 충동으로 아비 없는 자식을 낳은 보우토루엔"[13] 같은 실없는 익살부터 다음과 같이 세간에 넘치는 새빨간 거짓말까지 있다. 그중에 어김없이 의사에 대해서도 나온다.

> 논다니 우는 시늉, 수완가 헛웃음, 의사 뻐기는 말, 탁발승 도깨비 이야기. 이 그림, 전부 거짓말, 탕탕 큰소리, 허풍쟁이다. 이들 모두〔문자보살이〕작자에게 주셨다. 그래서 작자가 말하기를 하나도 믿을 수 없다.[14]

쓰야마한 의사의 장남으로서 에도에서 태어나고 에도에서 근무하던 난방의 우다가와 겐즈이(宇田川玄隨)는 사정을 바로잡기 위해 네덜란드인 요하네스 데 호르테르(Johannes de Gorter)의 네덜란드 외과서(1744)를 번역하여 저술했다. 원래는 가쓰라가와 호슈가 겐즈이에게 주어서 번역서 간행을 권유한 것인데, 겐즈이는 번역에 약 10년을 바친 결과 『내과찬요』(內科撰要)로 출간했다. 책은 겐즈이 사후인 1810년에 전 18권으로 완결되었다. 일본 최초의 서양 내과 소개서다. 『내과찬요』를 본 오쓰키 겐타쿠가 "서양의 내과를 천하에 공표한 일은 실로 고금에 아직 듣지 못한 바이다. 그러므로 자세하고 치밀함으로써 사람들의 바람에 부합하지 않으면 안 된다. 지금 이 책을 보니 특히 중요한 것만을 추려서 줄였다. 즉 보는 것은 듣는 데에서 헤아릴 수 없다 하여 세상 사람들이 대체로 기타를 버린 것을 염려하지 않지 않겠는가"라고 말하자 겐즈이는 "내가 이 책을 번역한 뜻은 오로지 내과 하는 자를 위해 업(業)을 창시하여 뒷사람을 계도하려는 데 있다. 이로써 특히 잡초 우거진 벽촌을 열 뿐. 숫돌같이 평평하게 하려는 데 어찌 여유가 있으리오"라고 선뜻 대답했다고 한다.[15]

그러나 어지간히 신중한 난방의조차 정말로 네덜란드 내과에 관해서 따지고 보면 외과에 생각이 미치지 않을 수가 없었다. 결국 그들을 한방의와 구별하는 더없는 지표는 그것밖에 없었다. 예를 들어 히로카와 가이가 1804년에 출간한 『난료방』(蘭療方)은 요시오 고사쿠의 아들 에이키의 일을 이용한 책으로, 교토의 저명한 한시(漢詩) 작가 미나가와 기엔(皆川淇園)이 서문을 썼다. 표면상으로는 내과서로서 내과를 논하려 한 책이지만, '기이한 도설(圖說)'인 큰 부록 부분이 있어서 (야마구치 소켄이 그린) 두부 겸자(head clamps), 집게, 메스 등 보기만 해도 무시무시한 외과도구 그림이 가득 들어 있다. 이 부록 없이는 팔릴 리가 없는 책이었으므로 서적 상인도 부록 첨부를 열망했다. 이듬해 가이는 『난료약해』(蘭療藥解)라는 또 다른 책을 냈다. 과연 표제와 같다면 약으로 치료하는 책이지만 여기에서도 또 외과서로 기운다. 어하튼 (마침내 획기적인 책 『해체빌몽』解體發蒙을 세상에 내게 된다) 유명한 해부의 미타니 고키(三谷公器)의 서문이 붙어 있다.

자르는 의사

한방의는 날붙이를 무시했다. 한편 날붙이를 사용하는 쪽에는 가스팔류 외에 별종의 의사가 있었다. 사용했다라기보다는 남용했다고 말해야 할지도 모르겠으나, 뜨내기 약장수라는 이름으로 알려진 이 사람들 때문에 나이프류는 좀처럼 의료도구로 인정받을 수 없었고 자르는 외

과술의 효능도 쉽사리 믿어주지 않았다. 뜨내기 약장수는 영어로는 'Quack'(돌팔이 의사)에 상당하는 사람들로서 직접 제조한 약을 파는 것이 보통이었다. 객지를 떠도는 행상인 이들은 약을 살지도 모르는 사람들을 모아서 보기에도 멋진 재주를 펼쳐 보였다. 약을 팔기 위해 칼을 사용하는 재주를 보여주는 사람도 있었다. 지방의 절이나 신사에서 장사하는 경우도 많았는데, 신성한 무대에서 판을 벌림으로써 자신들의 상품에 엄숙함을 더하고자 했다. 그러나 모여든 사람들은 대부분 존경심을 품고 보기보다는 구경거리로 볼 뿐 별로 상품을 살 생각이 없었다. 산다 하더라도 이벤트에 참가비를 내는 셈 치는 것이지 병에

그림 9 아라키 조겐(荒木如元)이 그렸다고 전하는 『외과수술도권』(外科手術圖卷)의 삽화. 두부 겸자는 파레의 『외과술』에도 그려져 있다. 그 책을 베낀 일본의 많은 복사에도 이 랜싯이 나온다.

2장 신체를 베다 101

그림 10 '뜨내기 약장수' 혹은 돌팔이 의사. 칼을 사용하는 재주로 유명했다. 작자 미상, 「명물 로쿠시」(名物鹿子, 1733)에서.

듣는다고 믿지도 않았다. 약장수가 신성한 공간에 진을 치는 일이 너무 빈번해지자 절이나 신사에 따라서는 공해로 여기며 약장수의 활동을 금지하는 방을 문 앞에 내걸기도 했다.[16]

그래도 약장수는 자주 나타났다. 그들이 보는 사람들을 두근거리게 하는 재주야말로 보통 사람이 의사의 손에서 날붙이를 보는 유일한 기회가 아니었을까? 약장수들의 마음에 들었던 도구는 칼이다. 산토 교덴의 소설 『옛날 이야기 이나즈마뵤시』(昔話稻妻表紙, 1806)를 보면, 오사카 근처의 절 이시야마지(石山寺) 경내에서 장사를 하는 뜨내기 약장수가 갖춘 한 벌을 이런 식으로 마련했다.

> 어느 날은 주점, 떡과 과일을 파는 노점도 있고, 휴게소를 만들어 차를 파는 사람도 있었다. 그리고 작은 활터를 설치하여 운영하는 자도 있었다. 어느 날은 긴 칼을 휘두르며 약을 팔고, 유행가를 부르며 돈을 구걸했다. 듣지도 말하지도 못하는 불구자들, 전혀 본 적이 없는 새나 동물들, 기이하기 짝이 없는 물건을 보는 곳, 마법 상자나 기묘한 재주를 부리는 칼 뽑기 노점 등이 가득 늘어섰다.[17]

이런 인물의 인기를 엿보게 하는 센류도 몇몇 있어서 그들이 장사 도구로서 칼을 얼마나 요긴하게 여겼는지 알려 준다. 예를 들어 "굽 달린 쟁반 위에서, 긴 칼을 뽑아 든다"라든가 "마치 긴 칼을 뽑아드는 것처럼 거동을 한다"는 시가 있다.[18]

이러한 거리의 연예는 별반 의술이라는 느낌이 들지 않는다. 우선 약장수에게는 칼로 누군가를 상처 내려는 의도가 없다(자기 자신을 조금 베는 일은 있지만 그것은 자기가 낸 상처로 파는 약의 효력을 보여주려는 변변찮은 거리의 판매 전략이다). 그런 형편이므로 홍모 신(新)외과 의사가 약장수 것과 어딘지 비슷한 도구를 손에 쥐고 놀랍게도 실제로 인간의 신체에 그것을 사용하며, 이론적으로는 이렇게 하는 것이 옳으며 이것이야말로 외과의 진수라고 말을 꺼냈을 때 사람들이 느낀 공포심은 한층 더했을 터이다. 뜨내기 약장수는 난의(蘭醫)와는 아무 관계도 없었다. 다만 칼을 마구 휘둘러대는 몸짓만큼은 난방의 정확한 절개와 그다지 다르지 않았다. 의학적으로 보면 양자는 전혀 다르지만 제3자에게는 그 차이가 확연하지 않았다. 그래서 난의는 쉽게 돌팔이 의사로 취급되었다. 실제로 많은 사람들이 외과의사에게서 느끼는 두려움은 뜨내기 약장수에 비할 바가 아니었다. 한편은 그저 항간의 재주로 끝나는 반면, 다른 한편은 훨씬 예리한 날붙이를 사용하기 때문에 아무래도 공포를 부추길 수밖에 없었다.

일본 역사에서 처음으로 외과술이 공격적으로 자기 주장을 하고 내과로부터 의학 본류(본도)의 지위를 빼앗으려는 일조차 있었다. 그러나 일반인들은 그렇게 보지 않았다. 난의는 의학은 해부에 바탕을 두어야 하며 베는 것, 갈라서 체내에 들어가는 것을 두려워해서는 안 된다고 강하게 주장했다. 그렇지만 난의들은 뿔뿔이 흩어져 공고한 유파를 형성하는 데 이르지 못했다. 권력의 중추로부터 멀리 떨어져 있어 본질적으로는 이의를 주장하는 정도의 도전에 불과했다.[19] 한방의가 일상이라는 풍경의 일부인 데 비해 외과의는 좀처럼 보기 힘든 '별난' 존재이며 이국적인 것과 무서운 것 중간에 있는 그 무언가였다. 외과의사라는 존재에 대한 전형적인 반응을 읊은 센류가 있다. 1771년 작으로, "축제라도 하듯이 외과의사를 부르러 간다네"라는 것이다.[20]

외래의 의약은 사용했는지 모르지만, 좀더 본격적인 난방은 대체

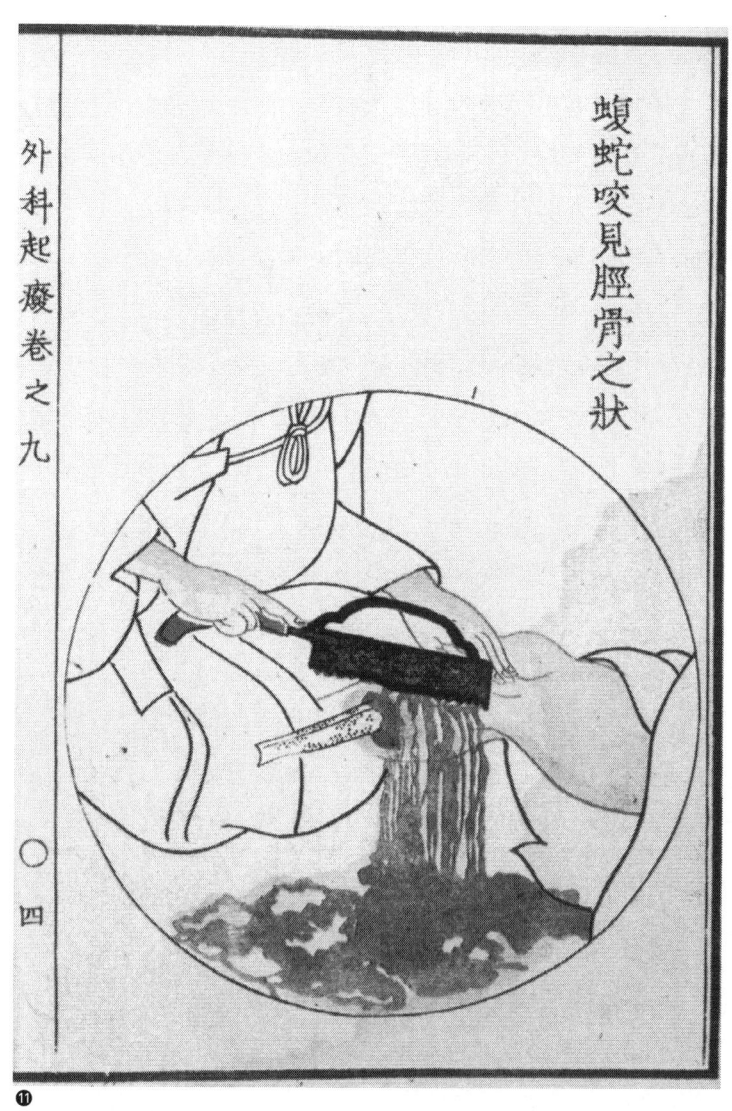

그림 11 마쓰오카 하지메(松岡肇)가 쓴 『외과기폐』(外科起癈, 1851). 하나오카 세이슈(華岡青洲)에게 배운 사람들이 받은 교육 내용을 반영한다. 하지메는 편찬 도중에 사망했다.

로 그 솜씨를 보여줄 기회를 전혀 얻지 못했다. 방법은 자주 논의되면서도 실제로 시도된 적이 없어서 네덜란드 외과는 대체로 실증과는 인연이 없는 일언거사(一言居士)의 지위밖에 차지하지 못했다. 외과의 시술을 본 사람도, 더구나 직접 시술을 받은 사람도 없던 만큼 상상력만이 몸집을 불렸다. 누구라도 '수술'은 좋아할 리 없었다.

난방에 신용이 모이고 자르는 것에 대한 지식이 널리 받아들여지기 위해서는 우선 몇몇 문화적인 문제를 극복해야 했다. 이미 회화 예술의 세계에서 어딘지 위태로운 감을 감돌게 했던 예리한 날붙이는 의술의 세계에서는 이중의 의미 때문에 기피되었다. 직접 환자에게 날붙이를 대는 의사라는 그림에는 희한하다는 것 이상의 느낌이 있어서 언뜻 보기에는 '의술은 인술'이라는 전통의 감각으로는 전혀 용납될 수 없었다. 서양 문물 일반에는 열광한 고토 리슌도 네덜란드식 의술에 대해서는 아무래도 변명할 필요를 느꼈다. 그가 쓴 『오란다 이야기』 하권에는 다음과 같이 써 있다.

외과도 또한 다름이 있다. 다른 나라에서는 부스럼을 곪게 해서 그 후에 치료약을 바르고 살을 아물게 한다. 오란다에서는 부스럼 따위는 독기가 있는 부분을 날붙이로 도려내고 상처 자국을 금창(金瘡)으로 치료한다. 이 시술은 다른 곳보다 매우 잘한다.[21]

이론상으로 아무리 정당화해 보아도 '베는' 의사는 용인되기 어려웠다. 사람들은 난의를 공포와 시기의 눈으로 보았다.

외과기구는 보기만 해도 무서워서 그것만으로도 네덜란드 의학을 수상하게 여기기에 충분했다. 그러한 도구를 본 사람이 의학에 투철한

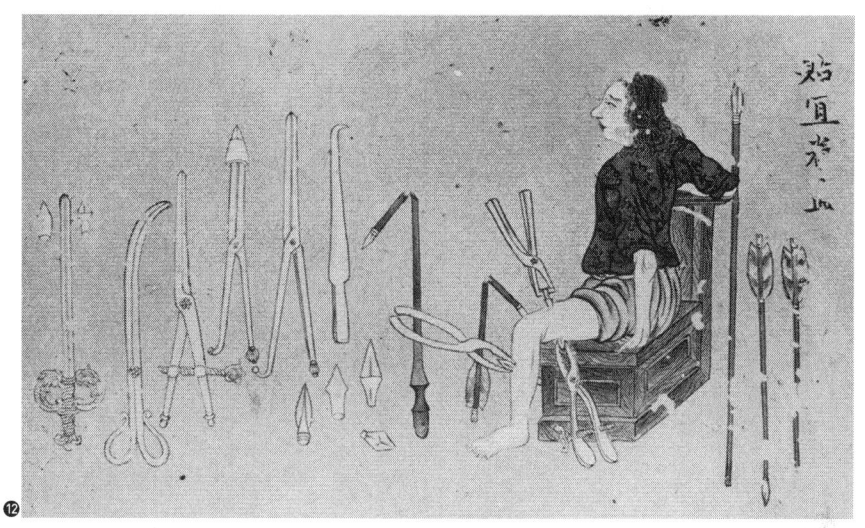

눈으로 그것을 바라보았다고는 생각하기 힘들다. 그처럼 위험한 도구가 어떻게 인체를 심하게 괴롭히는지 상상만 해도 식은땀이 흥건히 뺐을 터이다. 그러면서도 이 공포에 매혹되었음에도 틀림없다.

외과도구는 고문도구와 겹쳐졌다. 사람들은 메스, 가위라는 소리를 들으면 치료를 떠올리고, 동시에 그와 같은 정도의 고통을 연상했다. 그러면서도 외국 물건이 발산하는 강력한 매력도 있어서 이방인 홍모인(紅毛人)에게서 '치료'만 생각하면 왠지 두근거렸다. 고문관은 사람을 괴롭히는 일이 공공연한 목적이지만, 난의가 두려운 것은 울부짖는 환자의 몸을 칼로 째면서도 이것이 모두 환자를 생각해서 하는 일이라 주장하는 점 때문이다. 자비를 빌어 보아도, 정의는 어디로 갔는가 부르짖어도 일절 듣는 체하지 않는다. 난의들이 서로 외래 정보

그림 12 『홍이외과종전』에 실린 각부(脚部) 수술도구. 파레의 『외과술』을 바탕으로 했다.

2장 신체를 베다 107

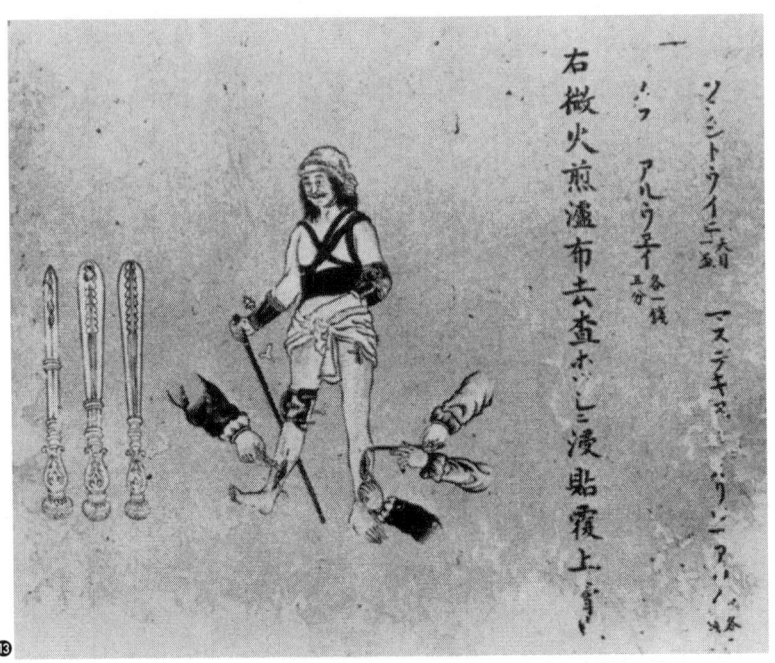

를 공유하는 사이에도 그 담론에는 불가피하게 공포담의 요소가 파고들었다. 이 혼합약은 상상력에는 상당히 효력이 있었다.

네덜란드 의학의 대략적인 수술 장면은 가끔 수입 의학서에 들어 있는 도해를 통해 볼 수 있었다. 원래 목적과는 관계없이 그러한 이미지는 일본의 맥락에서는 인간의 신체를 칼로 자르는 확실한 사실을 직접 눈으로 확인하는 데 소비되었기 때문에 그림 속 수술의 세세한 부분은 2차적인 문제에 불과했다. 전문적인 의학도는 유럽의 수술실 광경을 난의들에게 알렸지만, 임상의학의 전문적 세부사항을 아무리 주의 깊게 그렸다 하더라도 메스, 가위, 펜치 같은 도구가 몸 속에 들어가 육체를 절개하는 광경을 직접 보여주는 그림은 의학 교육 효과와 공포감이 섞인 꽤나 복잡한 감정을 자아냈다. 눈알을 도려내는 안구척결기, 두개골에 구멍을 뚫는 두개천입기, 등골구속기 등이 몸 안에 들어가는 그림이라도 되면 일단 이름을 듣기만 해도 섬뜩섬뜩해진다.

외과의사라면 피가 흐르는 무참한 광경에 이내 익숙해져야 함을 1782년에 씌인 어느 센류가 자극적으로 읊었다.

잘라서 베어내어도 태연스러운 외과의사님

환자 입장에서는 태연할 이야기가 아니다. 외과가 성립할지, 특히 옛날 일본의 외과에 비해 훨씬 시간도 걸리고 몸 속으로 들어가려 하

그림 13 『홍이외과종전』에서.
그림 14 이즈미 가즈토(泉一登), 「난인수술도」(蘭人手術圖). 이 화가에 대해서는 알려진 바가 없다. 아마 나가사키의 거리화가였을 터이다. 그림 속 인물에는 일본어 가타카나 이름이 붙어 있다(외과의사의 이름은 '할테낼'). 그러나 이름이 알려져 있는 동인도회사의 어느 관계자와도 일치하지 않는다.

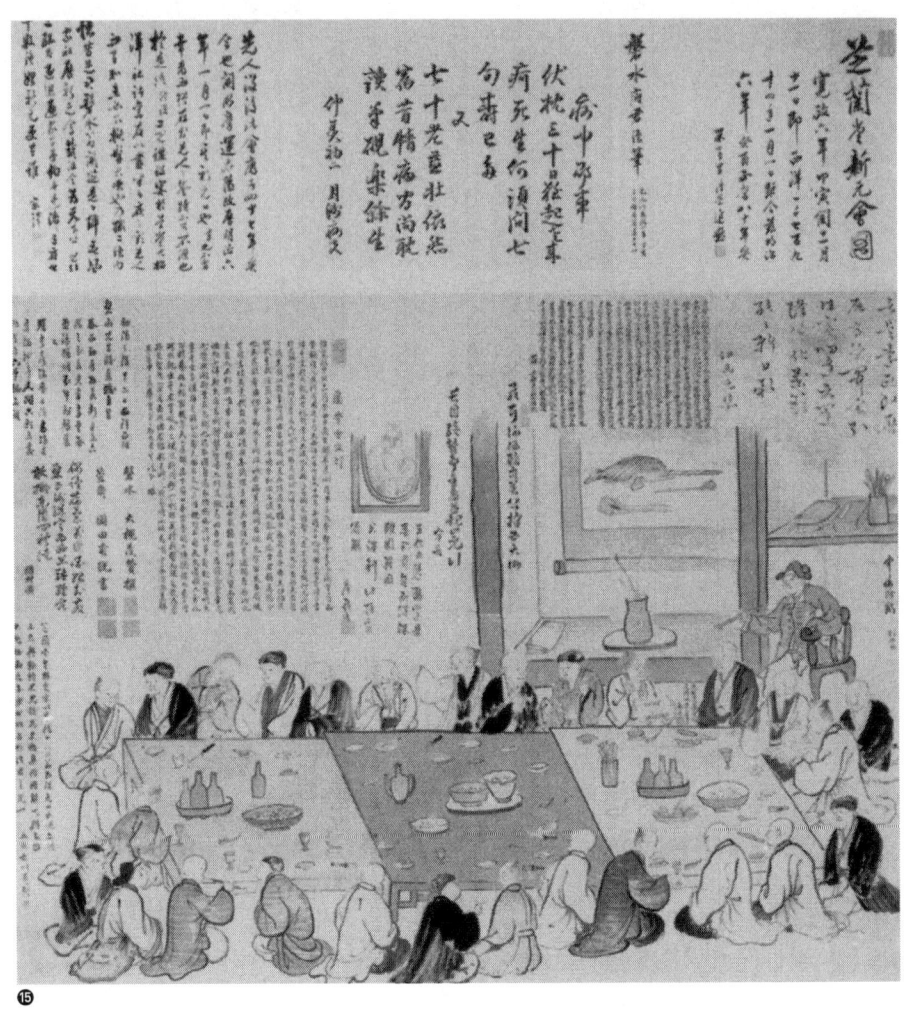

그림 15 이치카와 가쿠산, 「시란도 정월 그림」(芝蘭堂新元會圖), 1794년 양력 1월 1일 새해를 축하하기 위해 난학자 그룹과 표류민이었던 다이코쿠야 고다유(大黑屋光太夫)가 오쓰키 겐타쿠의 난학 학사 시란도에 모였다. 이 그림은 대개 그때 그렸다고 여기지만, 실제로는 기념하려고 뒷날 그린 것이다.

는 네덜란드식 외과가 성립할지 아닐지 정세는 매우 미묘했다. 네덜란드 외과의사가 자신들의 치료법이 얼마나 뛰어난지를 설명했더니 세상 사람들이 곧바로 납득한 게 아니다.

 18세기에는 아직 마취술을 알지 못했으므로 수술을 승낙한 환자는 병으로 죽든 수술 실패로 죽든 엇비슷하게 위태로운 처지였다. 이 시대의 수술이 어떠했는지를 떠올리는 일도 한 가지 재미다. 『로빈슨 크루소 표류기』의 작가 다니엘 디포(Daniel Defoe)는 1725년에 자기가 받은 외과수술 체험기를 남겼다. 이 예가 적절한 이유는 그때 디포가 받은 결석 제거 수술을 최초로 시도한 독일인 의사 로렌츠 하이스터(Lorenz Heister)가 본인이 쓴 『외과학 교본』(de Chirurgia, 1776)이 일본에도 들어와 널리 인구에 회자된 인물이기 때문이다. 하이스터 자신은 (툰베리가 자신의 책에 그런 내용을 적었음에도) 아마도 일본에서 떨친 자신의 명성에 대해 알지 못했지만, 그의 초상은 홍모 신외과의 의사들에게는 난의 그 자체의 성상(聖像)으로 변했다. 한방의들이 신농(神農)의 모습을 숭상한 것과 마찬가지였다. 겐타쿠의 학사 시란도에서 개최된 「시란도 정월 그림」에서도 벽에 걸려 있는 초상화도 아마도 하이스터의 것이라고 한다.²²

 그런데 디포는 하이스터가 만들어낸 세계를 어떻게 생각했는가? 그것은 호슈나 겐타쿠가 어떻게든 일본에 가져 오고 싶어한 세계다.

  남자 한 사람 …… 피도 눈물도 없는 외과의사에게 찢기고 부서지고 절개된다. 고통을 견디게 하기 위해 손발은 묶여 있다. 기구만 봐도 피를 얼어 붙기 때문에 얄팍한 용기 따위는 홀연히 사라진다. 거열(車裂)로 으깨지는 고통과 그리 다르지 않았다.²³

글 속의 외과의사는 그대로 고문관의 모습으로 바뀌고, 외과도구는 바로 고문도구와 같았다.

외래의 모델이 없던 일본인 화가들 중에는 네덜란드식 수술도를 자기 부담으로 그리려 한 사람들도 있었다. 그러한 작품 중에는 물론 조금은 의학용이라는 의도가 있었을 터이지만 실제로는 고통의 표정을 주제로 하지 않았나 하고 의심스러운 것이 있다. 거의 고통을 그리는 연습문제식이다. 예를 들면 1830년 무렵의 작품으로 보는 가와하라 게이가(川原慶賀)의「사혈수술도」(瀉血手術圖)가 있다. 보는 사람에게 충격을 주는 일이 목적이었다면 그 목적은 멋지게 달성되었다. 의사가 환자의 팔뚝에 메스를 찌르는 순간이다. 피가 솟구친다. 청년의 일그러진 얼굴은 격심한 고통을 나타낸다(하지만 사혈은 결석 제거에 비하면 대수로운 일이 아니다). 환자의 상처를 눈앞에서 보게는 했지만 수술의 효용에 대해서는 확실히 알 수 없는 그림이다. 사람들은 이 그림에서 고통을 볼 뿐, 의사의 메스 사용이 애처로운 젊은 환자에게 뭔가 좋은 일이라고는 생각하지 않는다. 그리고 실제로 조금도 좋지 않았으니 너무나 얄궂은 이야기다. 오늘날 전문가들은 사혈의 효과를 전혀 인정하지 않는다. 보는 사람은 고통이 주제인 그림이라 생각할 수밖에.

게이가의 그림은 에니그마(enigma)처럼 의학 도해와 피투성이 그림의 경계에 있다. 사혈을 실증적으로 기록하려는 그림도 아니며, 아마도 직접 목격한 수술을 그린 바도 아니다. 사실(寫實)을 소재로 작품이 아닌 것은 프랑스의 화가 루이 레오폴드 부아이(Louis-Léopold Boilly)가 1825년 무렵에 낸 전혀 다른 소재의「지르퉁한 얼굴들」(Les Grimaces)라는 그림이 원본이기 때문이다. 하기는 에도 사람들이 부

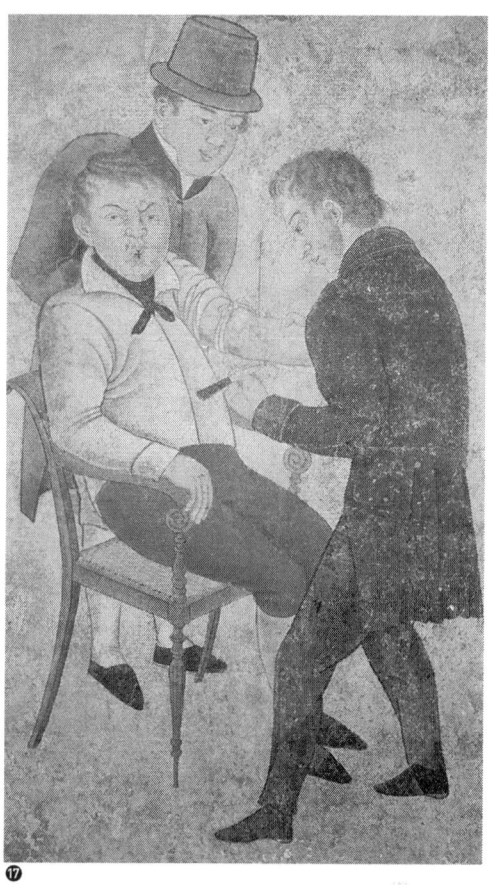

그림 16 루이 레오폴드 부아이, 「지르퉁한 얼굴들」(1823~1825)에서. 이 수채 석판화는 파리에서 발행되자마자 일본에 가져왔음에 틀림없다. 게이가는 부아이가 그린 8장 가운데 나머지 것도 사용했다.
그림 17 가와하라 게이가(川原慶賀), 「사혈수술도」(瀉血手術圖, 1830 무렵). 게이가는 시볼트를 위해 일한 적이 있어서 마치 실제 관찰에 근거한 듯한 분위기다. 하지만 소년의 얼굴 표정은 다른 그림을 바탕으로 했다.

아이의 그림 따위를 알 까닭도 없어서 확실히 당시 사람들은 이것을 네덜란드 의학을 그린 그림이라 생각했다. 그림 속에서 벌어지는 장면을 푸는 열쇠는 고통에 찬 지르퉁한 얼굴이다. 나가사키의 화가 아들이었던 게이가는 바로 그때 일본에 온 시볼트와 알게 되고 시볼트의 일본 조사에 화가로서 협력했다. 말하자면 직접 보았으므로 서양 의학이란 대체로 이렇다고 안 듯싶다.

　게이가의 작품을 같은 주제를, 그리고 거의 같은 시기에 그린 또 하나의 작품과 비교하면 재미있을지도 모르겠다. 가쓰시카 오우이(葛飾應爲)의 작품이다. 오우이는 정말로 흥미진진한 인물이었던 듯한데 거의 알려진 바가 없다. 그녀의 아버지 호쿠사이(北齋)는 딸의 그림 재능을 높이 평가한 듯싶다. 그녀는 여러 가지 발명하는 재주가 많은 화가로, 오래되고 손때 묻은 소재를 시대 유형에 합치하게 바꾸는 데 뛰어난 솜씨를 보였다. 이 한 폭의 그림도 그렇다. 주인공은 에도 사람들이 『삼국지』나 『삼국지연의』를 통해 잘 알고 있던 고대 중국 촉나라의 용장 관우다. 관우의 가장 호걸다운 순간, 그의 생애 이야기 가운데 한 고비가 그려졌다. 관우의 팔뚝에는 칼날이 박혀 있다. 적의 독화살을 맞은 관우. 피를 빼내지 않으면 독이 온몸에 퍼져 버릴 참이다. 시련을 견디는 관우는 얼마나 호걸다운지 시술 중에도 대수롭지 않은 듯 바둑을 계속 둔다. 그러나 선혈이 뚝뚝 떨어지고 일그러진 얼굴에 두려운 고통의 빛은 감출 수가 없다.

그림 18 가쓰시카 오우이, 「관우할비도」(關羽割臂圖). 중국의 위대한 투장(鬪將)이 사혈(瀉血) 중이다. 게이가의 소년 그림과 아주 비슷하다. 가쓰시카 호쿠사이는 딸이 가진 그림 재주를 높이 평가했다. 일본 미술사상 아마 가장 힘찬 작품 세계를 펼친 여류 화가일 텐데 생몰년은 미상이다.

게이가가 그린 청년과 오우이의 관우는 어떻게 다를까? 한편은 고통을 견딤으로써 역사에 이름을 남기면서 여러 성상을 전할 만한 영웅이 되고 다른 한편은 그저 불쌍하다. 같은 괴로움을 맛보면서도 후세의 공로가 너무 다르다. 관우에게서는 고통의 영웅상이 보이지만, 네덜란드의 한 청년은 마지못해 '의사가 시키는 대로' 할 뿐인 인물로밖에 보이지 않는다. 외과술은 고통에서 그 의미를 빼앗고 견디는 영광에 다리 후리기를 한 방 먹여 영웅을 한 사람의 환자로, 빛나는 영웅담을 그저 일상다반사로 바꿔 버렸다.

게이가는 그런 대로 의학 그림을 그렸다. 오우이 쪽은 의학의 식견을 빌어 옛 이야기에 새 시대의 공포를 섞었다(얼굴의 주도면밀한 묘사법에도, 또 팔뚝 혈관의 거의 해부학적인 처리에도 주의를 기울여 보자). 마침 이 둘의 중간에 위치하는 작품을 또 하나 들어보자. '생생한' 의학 그림이라 생각하던 것을 허구의 소설이라는 맥락에서 보여주니 중간이라고 말함직하다. 에도 사람들이 외과에 대해 가진 공포와 매혹이 실로 잘 엿보이는 그림이다. 문제의 그림은 1806년에 산토 교덴이 출간한 호화찬란한 소설 『옛날 이야기 이나즈마뵤시』에 들어 있는 삽화다. 이 소설은 이미 사찰 경내의 뜨내기 약장수 부분에서 언급한 적이 있다. 베스트셀러가 되어 널리 읽히고, 「사야아테」(鞘當)라는 가부키 극본으로 옮겨진 명작이다.

교덴은 '아란타 외과 가게' 이야기를 한다. 그 대목을 보면, 주인공 사사키 가쓰라노스케(佐佐木桂之助)는 장발에 장삼을 입고 삿갓을 깊숙이 쓴 채 각처를 다니며 수행하는 보화종(普化宗)의 승려 모습으로 막 포리에게 쫓겨 어딘가 몸을 숨길 곳을 찾고 있다. 동료인 나고야 산잔(名古屋山三)이 당분간 포리를 쫓아내 주었다. '아란타 외과 가

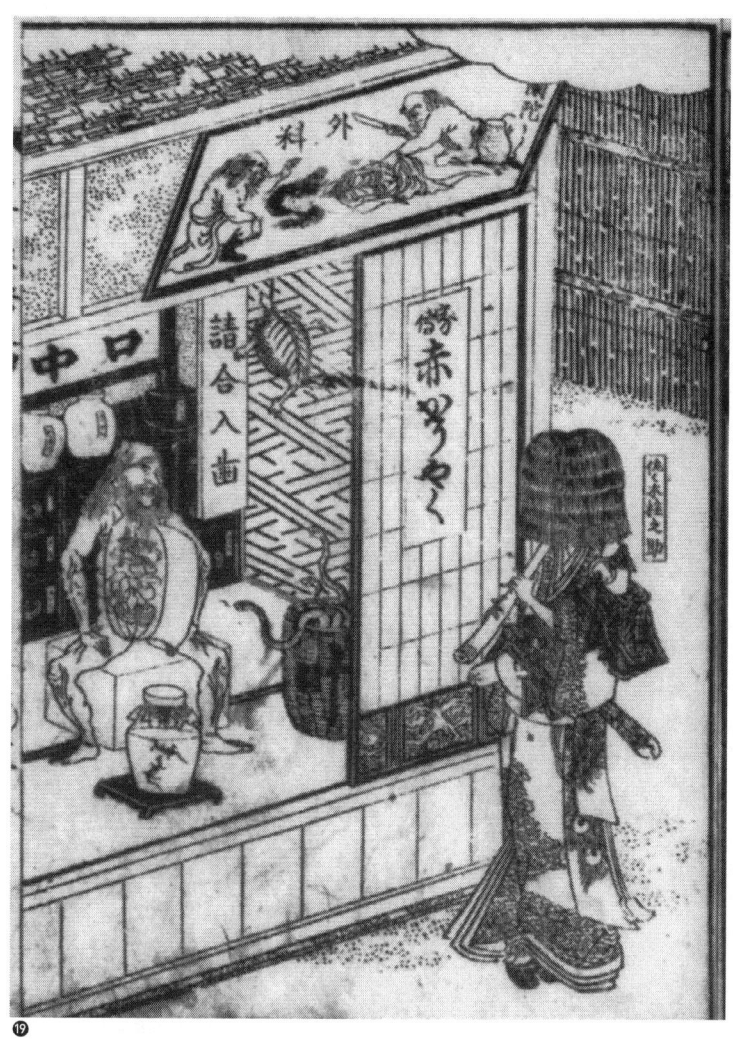

그림 19 '아란타 외과 가게'의 기이하고 색다른 안과 밖. 산토 교덴(山東京傳)이 잇큐 소준(一休宗純)의 생애를 쓴 합권 『옛날 이야기 이나즈마뵤시』(1806)에 우타가와 도요쿠니가 넣은 삽화다. 간판에는 무시무시한 작업을 하고 있는 난의 모습이 그려져 있고 가게 안에는 배를 갈라서 연 구리 인형이 있으며 약으로 쓸 도롱뇽들이 헤엄치고 있다. 이 가게는 작품 중에 언뜻 나올 뿐이지만 줄거리 전개에 가장 요긴한 대목이다. 도요쿠니는 한때 구니요시에게 배운 적이 있다.

게' 주인은 귀머거리이므로 가쓰라노스케는 몰래 가게 안에 숨어 들었다. 다시 한번 포리가 되돌아오자 가쓰라노스케는 할복을 위장한다. 장지문이 닫힌다. 외과 가게이므로 인간 신체에 관계된 물품은 뭐든 있다. 즉시 가게에서 가장 잘 팔리는 '아카코야쿠'를 집어서 장지문에 던진다. 붉은 액체가 장지문 종이에 번지는 것을 보고 포리는 가쓰라노스케가 할복할 때 나온 피보라라고 멋대로 생각하고 사라진다.

몇 가지 재미있는 점에 주목해 보자. 우선 문제의 외과 가게를 운영하는 난의를 귀머거리로 여기는 점이다. 물론 이야기 진행상 가쓰라노스케가 몰래 숨어 들려면 이 편이 사정에 부합하기 때문이다. 그러나 좀더 깊이 읽어 보자. 한방의라면 직업상 귀가 들릴 필요가 있지만 (병상을 물으려면 말을 주고받는 일은 필수다), 난의는 그럴 필요가 없다. 보기만 하면 된다. 다음으로 가게 내의 약은 마치 피와 똑같았기 때문에 포리도 속아 넘어간다. 난의는 인간 체액을 적심으로써 고치고 혈액을 채취함으로써 치료한다. 셋째로, 외견상으로 또 결과적으로 '아란타 외과'가 하는 일도 (적어도 이야기 속에서는) 이것과 똑같지 않느냐는 뉘앙스도 있다.

교덴의 이 소설에는 (이 장르의 예에서 벗어나지 않고) 수는 적지만 풍속화가로서 이름 높았던 우타가와 도요쿠니(歌川豊國)가 그린 삽화가 실려 있다. 이 가게 자체에 대해서도 여러 가지로 재미있는데 입구 위에 걸린 간판을 주목할 만하다. '아란타 외과'라는 글자와 일하고 있는 의사 그림은 모골이 송연하다. 외과의사는 떼어낸다는 느낌으로 환자의 피부나 조직을 잘라내고 있다. 의사가 손에 쥔 도구는 정교한 외과도구 세트의 날붙이가 아니라 고기를 써는 커다란 칼이며, 넓적다리 사이에는 인간의 부스러기 고기를 쑤셔 넣은 큰 항아리가 있다. 또

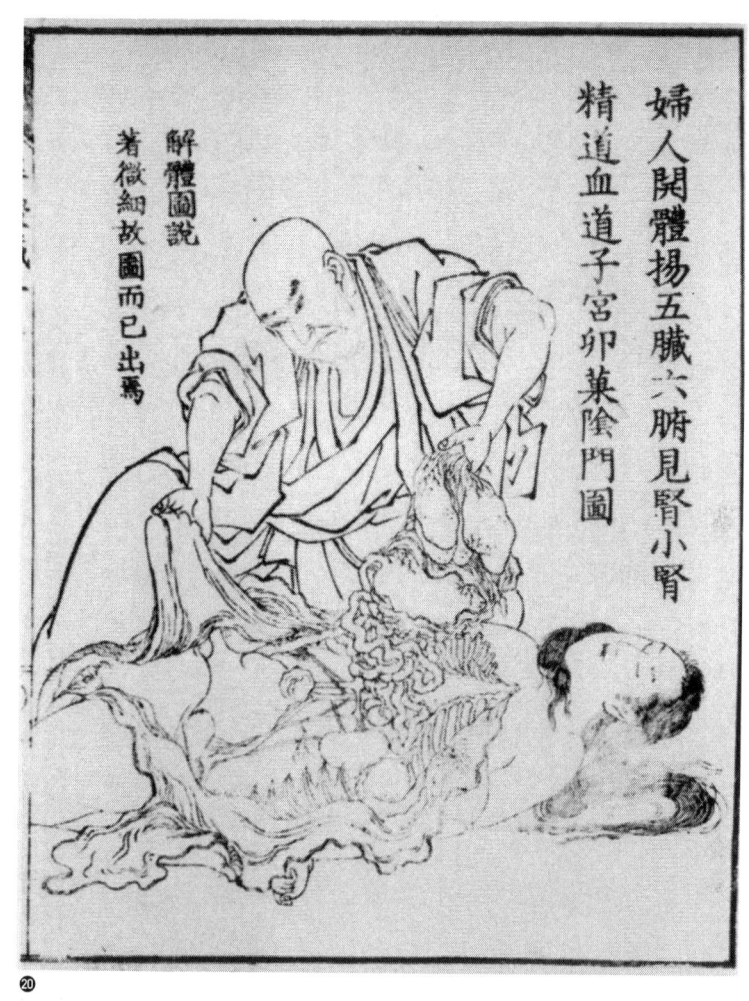

그림 20 가코 료젠의 『해체침요』(연도 미상)에 셋사이 즈이바가 그린 그림. 료젠은 아와한의 의사였다. 즈이바의 그림은 해부 현장에 실제 입회하여 검사한 것, 다른 책에서 베낀 것 그리고 상상이 뒤죽박죽 섞여 있다.

한 사람은 조수인 듯싶다.

도요쿠니가 이 그림 속 의사는 환자를 낫게 하려 한다고 생각했으리라고는 보기 힘들다. 이런 식으로 한 수술이 정말로 치료가 되었을까? 더욱이 이 그림을 광고로서 가게에 내걸다니! 무슨 일이 일어나는지 알고 있는지 아닌지는 별 문제로 하고, 독자에게는 '아란타 외과'란 피투성이가 되어 보기조차 두려운 것이며 '아란타 외과 가게'가 에도판 로키 호러 쇼라는 인식만은 확실하게 가능했을 게다.

어쨌거나 도요쿠니가 그린 간판은 가공이며, 무언가를 가르치기보다는 독자를 벌벌 떨게 하기만 하면 되었다. 글을 읽으면서 그림도 감상하는 상대에게 시각을 통해 전율을 주면 될 뿐이지, 사실을 보고할 필요는 없었다. 피도 얼어 붙는 삽화는 공포와 죽음과 네덜란드를 뒤섞은 걸쭉한 스튜다. 오로지 독자의 먹새에 알랑대기만 하면 되지 난의의 문을 두드리려는 낌새를 보이지 않는다.

그건 그렇다 하더라도 도요쿠니의 이 그림은 어디에서 유래했을까? 분명히 순수한 상상력의 소산이 아닐 터이며, 적어도 일부는 진짜 의학 그림을 모델로 했고, 그것도 외과 그림이 아니라 해부학 그림이 아니었을까 추정된다. 개인적인 견해로는, 가코 료겐(加古良玄)의 (간행일자 기재는 없지만 분명히 출판되었고 간단하게 입수할 수 있던)『해체침요』(解體鍼要)에 셋사이 즈이바(雪齋隨馬)가 그린 그림 중 한 점이 바탕이 되었으리라 추정한다. 그림 속에 돌아다니는 사람은 료겐 그 사람일 것이다. 상대인 환자는 죽어 있는 것이 다행이다. 난의가 신체 내부에 들어가기 위해서는 상대가 산 자보다 사체 쪽이 좋았을 터임은 말할 필요도 없다.

드러나는 신체

3장

에도 시대에 일가견을 가진 사람이라면 외과 난방(蘭方)이 기존의 의술에 근본적으로 어떠한 동요를 가져왔는지 분별하지 못할 리가 없다. 18세기 후반이 되면, 의사가 직접 환자의 몸 속을 보아야 한다는 소리는 이제 무시하지 못할 만큼 커졌다. 난방이 의학사를 근원부터 다시 쓰게 하리라는 인식은 이제 확실해졌다.

　그러나 외과가 살아 있는 인간을 상대로 한 직업인 만큼 공포의 아우라(aura)는 여전히 존재해서 두려움을 불식하지는 못했다. 외과 의사들은 사람의 신체를 무심하게, 혹은 너무 가학적으로 다루기 때문에 허약한 사람, 병든 사람은 접근해서는 안 된다는 분위기였다. 자진해서 외과술을 받아 보려고 생각하는 사람은 물론 거의 없었다.

　그런데 살을 찢고 신체 내부를 들쑤시는 작업이 외과 의사의 영역에서 해부학의 영역으로 옮겨가자 사태는 조금 달라졌다. 사체를 상대로 하면 특별히 치료할 필요가 없었다. 어떻게 다루든 제 마음대로였다. 고통도 상관없었다. 사체를 대상으로 난의는 자기 하고 싶은 대로 실지 검증을 했다. 병리해부학은 외과술을 뒷받침하는 학문이니 사체를 절단해도 치료라는 큰 목적을 거스를 염려도 일절 없었다.

　오쓰키 겐타쿠는 『난설변혹』에 서양에서는 의사들이 우선 사체에 입회해서 검사하는 일부터 시작하고 기술을 익힌 후에 살아 있는 환자로 옮겨간다고 적었다.[1] 이에 반해 일본 의학은 역사적으로 외과술을 경시했기 때문에 자연히 해부학도 멸시했다. 캠퍼는 일본의 외과에 절망했으며, 다른 서양인 의사들도 그 연장선에 있는 해부학에 대한 무관심에 기막혀했다. 예를 들어 툰베리는 (유명한 『해체신서』 출간 2년 후인) 1776년에 일본에 와서 "일본인은 해부학에 대해 전혀 아는 바가 없다"고 적을 정도였다.[2] 난의들은 이 낙후를 어떻게든 만회하려고 애를 태웠다.

실제로 해부를 하려면 우선 사체가 필요하다. 한방의에게는 사체가 필요 없었으므로 이를 수요로 하는 전통이 없었다. 그러니 사체를 공급 받을 경로가 있을 턱이 없었다. 초기 난의들에게는 사체를 제공하는 제도가 없었다. 새 방식의 의사들이 사체를 손에 넣으려 하면 온갖 장애에 부딪혀야 했다. 이 상황은 바쿠후 말기까지 변하지 않는다. 메이지 의학의 아버지이자 네덜란드의 탁월한 해군 군의(軍醫), 준남작 폼페(Pompe van Meerdervoort)가 일본에서는 교습용 사체가 손에 들어오지 않는다고 장탄식을 한 때가 놀랍게도 1859년일 정도다.[3] 인간 신체의 내부를 보지 않으면 안 된다는 말은 무성했지만 일본에서 해부가 행해지는 일은 거의 없었다. 의사가 실제로 솜씨를 발휘하여 실증 데이터를 수집하는 일 따위는 일단 할 수가 없었다.

사체 입수에 장애가 많았던 데는 사체에 대한 강한 문화적 배려가 있었다. 사망 시각을 명료한 단락으로 보는지 아닌지 여부의 문제라고 하면 훨씬 정확하다. 물론 어떤 의미에서는 살아 있는 신체와 사체의 차이가 분명하다. 그렇지만 에도 시대에는 이 차이가 그다지 확실하지 않았다. 사체는 분명 물리적으로는 완전히 생명력을 잃었지만, 문화적으로는 죽은 자의 인성은 사멸하지 않고 죽게 한 물질의 주위에 여전히 잔류했다. 사체를 바르게 다루는지는 가족의 소관이었지만 사체는 그대로 흙으로 돌아가야 한다고 여겼다. 친척들은 '시신 기증'을 허락하지 않았다. 감정적으로 말하면 사체는 여전히 누군가이기 때문이다.

서양에서도 사정은 그리 다르지 않았다. 유럽에서도 사체를 입수하기 어렵기는 마찬가지였다. 그렇기 때문에 19세기의 묘지에는 매장한 지 얼마 되지 않은 새 무덤을 파헤쳐 도굴한 사체를 의료기관에 흘려보내는 '소생업자'(蘇生業者)가 날뛰었다. 그러나 서양에서는 범죄인이나 광인의 사체를 해부 대상으로 제공해 문제를 해결했다. 렘브란트의 「툴프 박사의 해부학 강의」에 나오는 사체는 살인죄로 처형된 아리스 킨트라는 인물이다. 킨트가 만일 하늘을 우러러 한 점 부끄러움 없을 무고한 시민이었다면 툴프 박사의 손에 시신이 칼질을 당하는 일도, 렘브란트에게 그려지는 일도 없었을 것이다.

에도 시대의 일본에서는 죽음의 찰나가 확실하게 경계 지어지지 않았기 때문에 설령 죄인이라 하더라도 사체를 입수할 수 있는 것은 아니었다. 형벌의 일부로 사체를 손상한 경우도 있었지만 당국이 특별한 명령을 내리지 않는 한 불가능했다. 예를 들어 어떤 종류의 범죄는 죄인 생전에 처벌하는 것은 물론이거니와 사후에도 일정한 제재를 받았다. 요컨대 법 권력은 살아 있는 죄인에 대해서와 마찬가지로 사체 위에도 미치는지라 의사 따위가 끼어들 문제가 아니었다. 생전의 형량과 사후의 처벌에는 본질적으로 차이가 없었다. 지카마쓰 몬자에몬(近松門左衛門)의 조루리 걸작 「신주 텐노아미지마」(心中天の網島, 1720)에서도 가미야 지베와 동반자살하려는 창녀 고하루를 단념시키려고 하는 사무라이는 그런 일을 하면 지베 가족에게 원한을 살 뿐 아니라 "죽은 얼굴을 만인에게 드러내어 수치"[4]가 된다고 충고한다.

사후의 제재(보통은 효시梟示 혹은 능지처참)는 '사체 효수'라고 알려져 있다. 죽은 자의 신원을 밝혀서 욕보이려는 목적이므로 해부와는 전혀 다르지만, 결과로 보면 서로 비슷해서 해부는 사체 효수에 가까운, 몹시 거북한 일로 자리매김했다. 한편은 의사가 해체하고 다른 한편은 형 집행관이 한다고 해서(양자 모두 바쿠후나 혹은 한藩에 고용된 사람들이었다[5]) 얼마나 다르겠는가? 바쿠후는 1758년 남편을 살해한 대죄를 지은 여인에게 처형 후 그 시신을 의사들에게 주어도 좋다는 조건 아래 책형*에서 참수형으로 판결을 바꾸어 내려 어느 사이엔가 해부는 곧 사체 효수라는 연상에 근거를 주었다.[6] 생전의 벌보다 더 무거운 사후의 벌로 교환해서 생전의 벌이 경감되었다고 말해도 될까?

해부라는 기획에는 극복해야 할 여러 큰 윤리와 종교 문제가 있었다. 1870년대부터 메이지 시대까지 종교적으로 딱 잘라 말할 수 없는 경향이 강했다. 결국 (오늘날 도쿄 아타치구의) 세이료지(淸亮寺)에 '해부인의 묘'가 세워져 해부된 열한 명의 보살을 공양한다는 식이었다.[7]

인간은 하나의 프로세스

18세기 후반 일본에서 행해진 해부를 기록한 그림의 사체에는 대체로 머리가 없다. 아무래도 해부용 사체가 형장에서 반출된 탓이다. 18세기 사람들의 눈에는 매장되지 않은, 혹은 효수되었다는(그 장소가 언덕이든 저잣거리의 문이든 의사의 테이블 위이든) 사실 그 자체가 죄인이라는 증거였다. "형을 받고 죽은 자의 시체"로 불렸다.

당국이 죽은 죄인의 머리를 벨 때는 그 곁에 방을 세워 범죄자의

---

* 죄인을 기둥에 묶어 놓고 창으로 찔러 죽이는 옛 형벌의 하나.

이름과 범행을 자세히 전하고 통행인에게 '경계'로 삼았다. 해부용 사체도 아주 비슷하게 취급했다. (2장에서 서술한) 다치바나 난케이가 지휘해서 「헤이지로 장도」라는 두루마리 그림으로 남은 해부가 그랬듯이, 해부된 인간은 이름으로 불렸다. 이 관습은 고대 중국까지 거슬러 올라간다. 어떤 사체를 말하더라도 이름을 밝히는 것은 의사의 학문적 신뢰성에 관계된 일이었지만 모든 사체가 다 같지는 않았다. 이러한 상황을 생각해 보면 해부 자체가 일종의 사체 효수일 뿐 아니라 (분명히 누구라고 알려진 사체를 공적으로 자르고 공적으로 효수한다) 그 후에 이어지는 학문적 논의나 의견을 기록한 출판물에도 그 사체는 명확히 이름을 알림으로써 후세까지 전해지는 견디기 힘든 치욕을 맞게 된다. 헤이지로처럼 시각적인 검시(檢屍)의 기록이 만들어지면 사체의 실제 모습이 이름과 더불어 후대까지 알려지고, 물론 현실에서 효수된 박진감에는 미치지 못한다 하더라도 형을 받고 죽은 신산스러운 시체를 아주 오랜 기간 대중의 눈에 '효수하는' 효과를 낳는다. 그림이란 오랫동안 소멸하지 않기 때문이다. 이탈리아 르네상스의 '치욕화' 제작의 전통을 떠올리게 한다. 육체가 소멸한 후에도 치욕을 쭉 연장시키려고 죽은 자의 모습을 붙박아 두는 무참한 그림이다.[8] 이 가운데에서도 특출한 경우가 네덜란드에서 처형된 코르넬리우스 데 비트(Cornelius de Witt)와 요한 데 비트(Johann de Witt)의 그림이다. 1671년 암스테르담은 이 형제의 배신으로 까닥하면 프랑스군에게 점령될 뻔했던 것이다.

「헤이지로 장도」와 나란히 이 시대에 가장 유명한 해부도는 1796년에 제작된 「산노스케 해부도」(三之助解剖圖)와, 그 2년 후에 그려진 「세야쿠인 해남체장도」(施藥院解男體臟圖)일 것이다. 뒤의 것은 제목

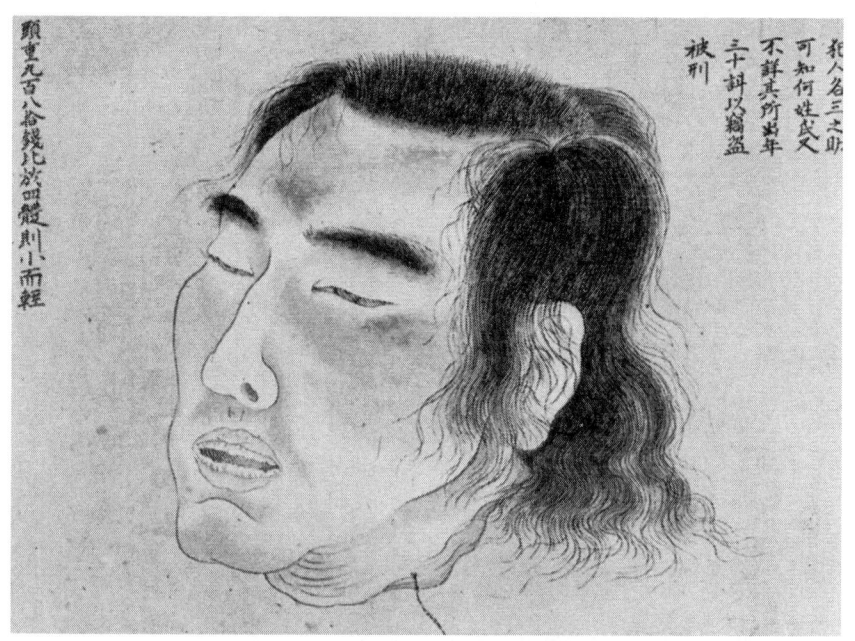

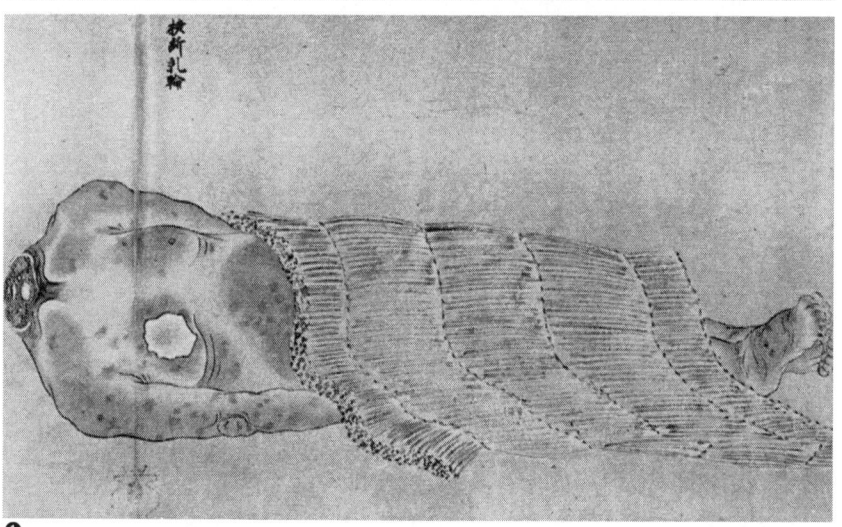

❶

그림 1 작가 미상, 「산노스케 해부도」에서. 시모우사 이노한의 의사이던 미야자키 와쿠(宮崎或)가 오사카에서 '산노스케'라고 알려진 사체를 해부한 일의 기록이다.

에 죽은 자의 이름을 들지 않았지만('세야쿠인'은 해부를 지휘한 의사 미쿠모 간젠三雲環善의 호다), 본문에는 죽은 이의 이름이 '사헤'라고 밝혀졌다. 이렇게 해서 그의 치욕은 헤이지로, 산노스케의 치욕과 함께 (지금까지도) 벌써 2세기 동안 전해졌고, 필자마저 알았으니 이제는 유럽인의 귀에도 들어가게 되었다.

실지 검시는 일본에서는 드문 일이었기 때문에 직접 사체를 접하지 못하는 전문가를 위해서 그림으로 기록하는 일이 보통이었다. 해부라는 작업의 무참함을 생각하면 고약한 냄새가 피어나는 듯한 내키지 않는 이런 그림 제작에 기꺼이 손을 대는 화가는 당연히 뭔가를 제쳐놓고라도 서양 사정에 정통하고자 한 사람들일 수밖에 없었다. 예를 들어 다치바나 난케이나 세야쿠인을 위해 헤이지로나 사헤의 장기를 그린 화가 그룹을 이끈 사람은 교토의 고명한 화가 요시무라 란슈(吉村蘭洲)로 서양화에 조예가 깊었다(이름에 '란蘭' 자를 넣은 것만 봐도 알 수 있다°). 란슈는 헤이지로를 해부할 때 무라카미 다이도(村上大道), 마키노 슈조(槇野周藏) 그리고 아들 란료(蘭陵)의 손을 빌었고, 사헤를 부검할 즈음에는 당시 가장 명판이 높던 화가로 마루야마 오쿄(圓山應擧)의 셋째 아들 오주(應受)를 조수로 삼았다. (아마 전형적이었을) 이러한 경우에 화가들은 현장에 입회하여 무시무시한 해부 과정을 눈으로 보고 부지런히 움직이는 의사 옆에서 스케치를 하고 그리고 뒷날 손을 봐서 선명한 두루마리 그림으로 마무리했다.[10] 의학 도해에는 수요가 있었기 때문에 세간에서 말하는 '보통'의 화가들이 해부도와 관계를 맺게 되었다. 그러한 관계가 생긴 것은 이것이 최초였다.

란슈는 가노파(狩野派)"의 흐름을 이어받은 쓰루사와파(鶴澤派)의 기법을 교토의 이시다 유테이(石田幽汀)에게 배운 1760년대에 마루야마 오쿄를 사형(師兄)으로 만났을지도 모른다. 오쿄보다 6살 연상이었지만 그 무렵에는 두 사람 다 20대 젊은이였다. 스승이던 유테이는 '사생'에 관심은 가지면서도(그렇긴 하지만 작품은 거의 알려지지 않았다) 해부에는 통 흥미가 없던 듯한데, 오쿄는 1767년 비와호 호반에 있는 엔만인(圓滿院)의 주지로 그의 후원자이며 제자이기도 했던 유조(祐常)에게 그림을 잘 그리고 싶다면 해부학서를 연구해야 한다고 전대미문의 충고를 한다.

> (널리 읽혀 잘 알려져 있는) 『삼재도회』와 『만보전서』(1718년 익명으로 출간된 예술 책), 그리고 그와 비슷한 화보들에는 사람의 뼈와 관상학에 관한 유용한 논의가 담겨 있네. 이 가운데 가장 좋은 것은 『삼재도회』에서 뼈를 다루고 있는 부분 그리고 도다 슈마(戶田數馬)와 도래한 외과 책 중에 나오는 그림 부분이라네.[11]

오쿄 자신은 아마 검시를 목격한 적이 없었지만, (그의 자식들과 같은) 후속 세대의 화가, 특히 서양화파 화가들은 갖가지 의학 프로젝트에 참가하는 기회를 얻을 터였다. 그림 기법을 연마하려면 해부학의 조예는 필수라고, 어느 집단에서는 당연하게 생각하게 되었다. 이 생각을 1787년에 확실히 문자화한 사람은 바쿠후의 관의인 가쓰라가와 호슈의 동생 모리시마 나카라로, 네덜란드에 대해 써서 광범위하게 읽힌 백과 『홍모잡화』(紅毛雜話)에 서양에서는 해부학을 그림의 기본으

---

* 가노 마사노부(狩野正信)를 시조로 하는 화가의 가계. 한화(漢畵) 양식을 기조로 한 일본화 중 최대의 유파. 아즈치 모모야마(安土桃山) 시대 · 에도 시대를 통해 쇼군가의 어용 화가로서 회화계의 주류를 이루었다.

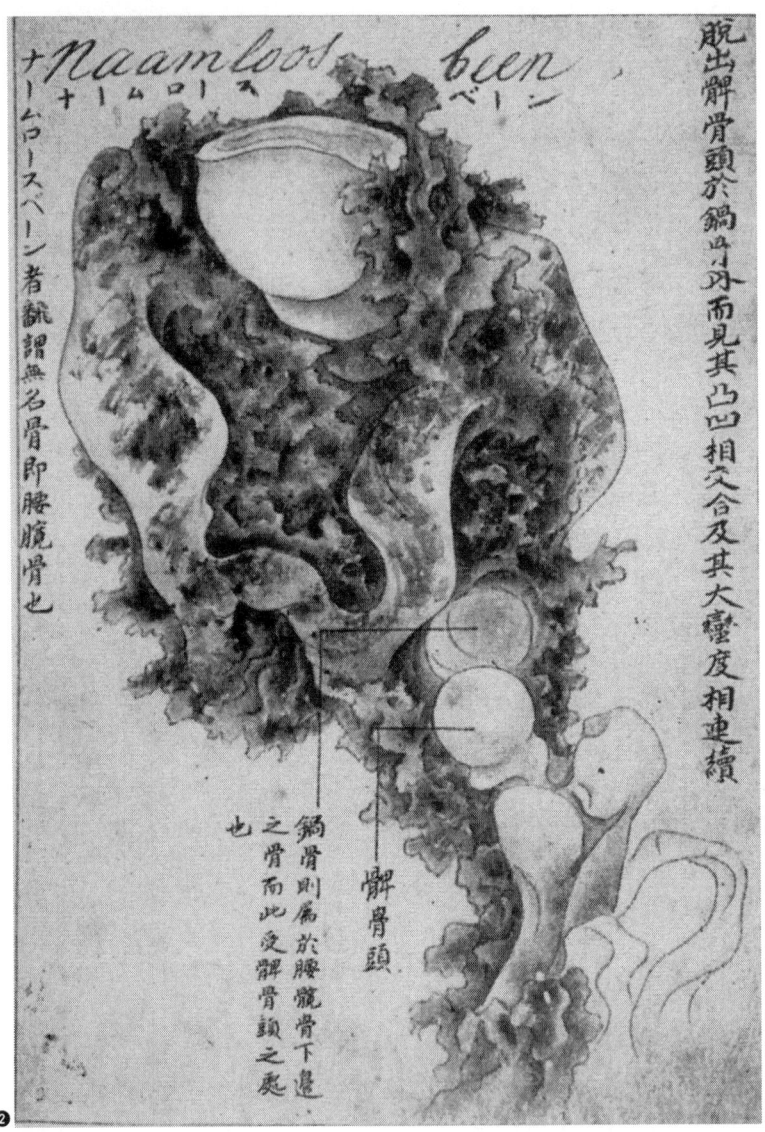

그림 2 미쿠모 간젠의 「세야쿠인 해남체장도」에 요시무라 란슈와 다른 화가들이 넣은 삽화. 해부는 1798년 교토의 고이시 겐슌(小石元俊)의 지휘로 시행됐고, 네덜란드어, 한자, 가타카나로 된 설명은 하시모토 소키치(橋本宗吉)가 붙였다. 일본산 도해(圖解) 해부서로서는 가장 잘된 축에 속한다.

로 생각한다고 적었다.

> 홍모의 그림은 더할 나위 없이 자세하다. 무릇 이 도(道)를 배우는 자는 처음에 남녀의 골절에 정통하고, 그리고 전라(全裸)의 인물을 익히며 그리고 나서 의복을 꿰뚫는 바를 그리기에 이른다.[12]

이렇게 해서 신체의 절개와 그림이 결부되고 육체의 그림은 마치 네덜란드식 정물화처럼 되었다.

그런데 헤이지로나 산노스케를 그린 일본의 해부도는 (그림 위에 외래어를 곁들인 사혜의 경우에도) 서양의 어떤 그림과도 다른 특수성을 띠었다. 우선 두루마리 그림이 많다. 늘 그런 것은 아니며 제작 후에 다른 형식으로 바꾸는 경우도 있었지만(헤이지로의 두루마리 그림은 후에 란료의 손을 거쳐 서책 형태가 되었다), 기본적으로는 두루마리였다. 이 양식은 진행상 특징이 있다. 쭉 펴나가면 머리부터 엉덩이로 쭉 풀면서 이어진다. 불가피하게 하나의 이야기가 생겨난다. 실제로 일본의 해부학서에 실린 그림은 그림에 의한 이야기로서 만들어지고 해부 사상(事象)의 시간적 계기(繼起)를 뒤따른다. 한 인간의 신체 내부가 객관적으로 어떻게 보이는지보다 1회뿐인 사건이 어떤 식으로 전개되는가, 즉 묘사되는 신체가 어떤 식으로 잘려 나가는지를 보여준다. 그림을 보는 독자는 이러한 두루마리를 연속적 사상(事象)의 일과성 기록이라 이해한다. 확립된 사실을 시원하게 기록한 것이 아니라 몇몇 정해진 순간에 결정적 행위를 단면(斷面)한 것이다. 의학 정보를 얻으려고 사체가 잘리고 벗겨지고 발기발기 찢어지고 뿔뿔이 해체되는 과정을 전개하는 박력 있는 시각의 세계다. 손으로 그린 그림에 빨

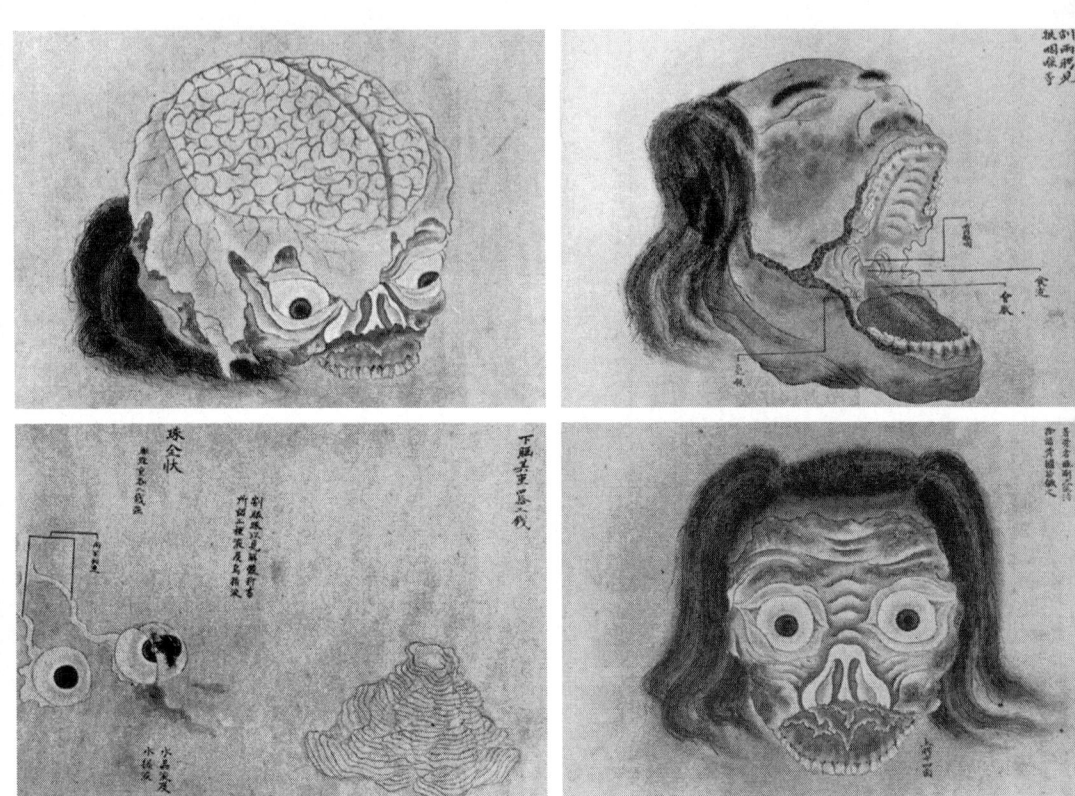

그림 3 「산노스케 해부도」에서.

강, 노랑과 같이 선명하고 강렬한 색이 칠해져서 광경의 통절함은 한결 더해진다.

　이런 타입의 해부도는 한방의의 부검도와 좋은 대조를 이룬다. 해부학 따위는 한번 슬쩍 쳐다보지도 않았을 한방의들에게도 신체 내부가 어떤 상태인지를 보여주는 그림은 있었다. 그런데 그러한 그림은 추상적이며, 또한 누군가의 그림이라는 식으로는 생각하지 않았기 때문에 이름도 붙어 있지 않다. 신체의 그림이라기보다는 도해(圖解), 약표(略表)와 같은 꼴이다. 신체 위상의 기하라 할 만한 구조다.

　한방의 그림은 바깥의 피부 부분을 하나의 선으로 윤곽을 치고 내부를 그린다. 중요하다고 생각하는 것은 빠짐없이 그려 넣으려고 하는데, 무엇이 어디에 위치하는지는 대수로운 문제가 아니다. 신체란 오장육부를 넣은 하나의 주머니였다. 그것을 하나의 전체로 생각하는 한방의에게 여러 장기의 형태, 크기, 상호 위치관계, 즉 중요한 데이터 일체가 갖추어지면 되지 시작적으로야 아무래도 괜찮다는 식으로 취급되었다.

　초기에 해부학 필요론은 한방의 부검도에 대한 비판 가운데 나타났다. 오랫동안 본초가(本草家)로서 시마즈한의 영주를 섬긴 무사 사토 주료(佐藤中陵)는 『주료만록』(中陵漫錄)의 '양도오장'(量度五藏) 항에서 "의사가 오장을 설명할 때마다 고서(古書)를 비난하며 말하기를 옛 사람이 직접 오장을 잘 보지 못했기 때문에 잘못이 많고 넌지시 그 이치를 궁리할 뿐이었다고 한다. 이는 옛 사람을 비난하는 일을 알고 고서를 읽는 일은 알지 못했다고 할 만하다"[13]라고 썼다. 한방의는 무엇이든 잘 보려고 하지 않는다는 말이다. 스기타 겐파쿠도 『난학사시』에서 마찬가지로 말한다.

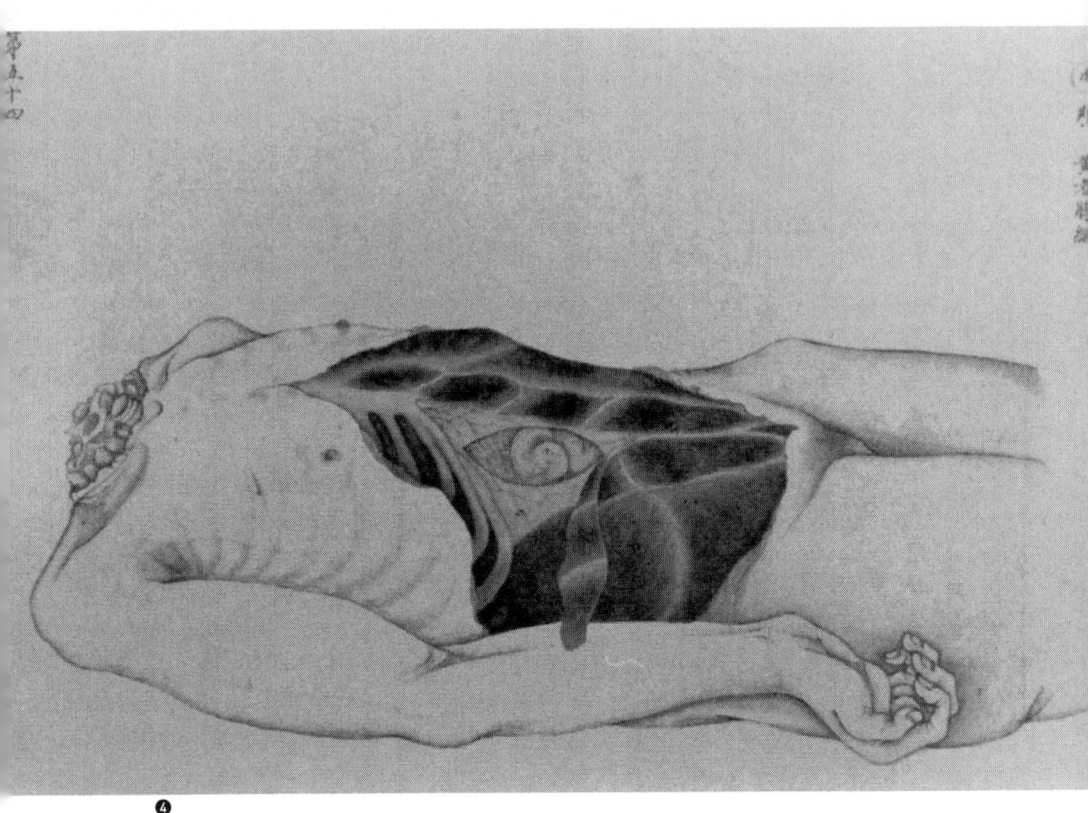

❹

그림 4 미나가키 야스카즈가 쓰고 그림을 그린 『해부존진도』(解剖存眞圖, 1819)에서. 이것은 에도 시대를 통해 가장 학술적으로 완성된 작품이라 생각되었다. 작자 미나가키는 가쓰라가와 호슈(桂川甫周)를 사사하고 요도한의 의사가 되었다. 그는 이 작업을 위해 40회 이상 해부에 입회했으므로 자부심을 담아 '존진도'라 이름 붙였다. 그는 그림 몇 장에는 작업중인 자신의 손을 그려 넣기까지 했다. 사체에는 당연히 머리가 없다. 일본의 해부도가 사형자의 사체를 다룬 경우의 전형이다. 그림은 다리 부분에서 차차 흐려지고 한쪽 팔은 경직되어 있다. 몸통 내부에 갈비뼈와 기관(器官)이 보인다. 그 한가운데 뚫린 타원형 구멍을 통해 더 안쪽으로 들어간다.

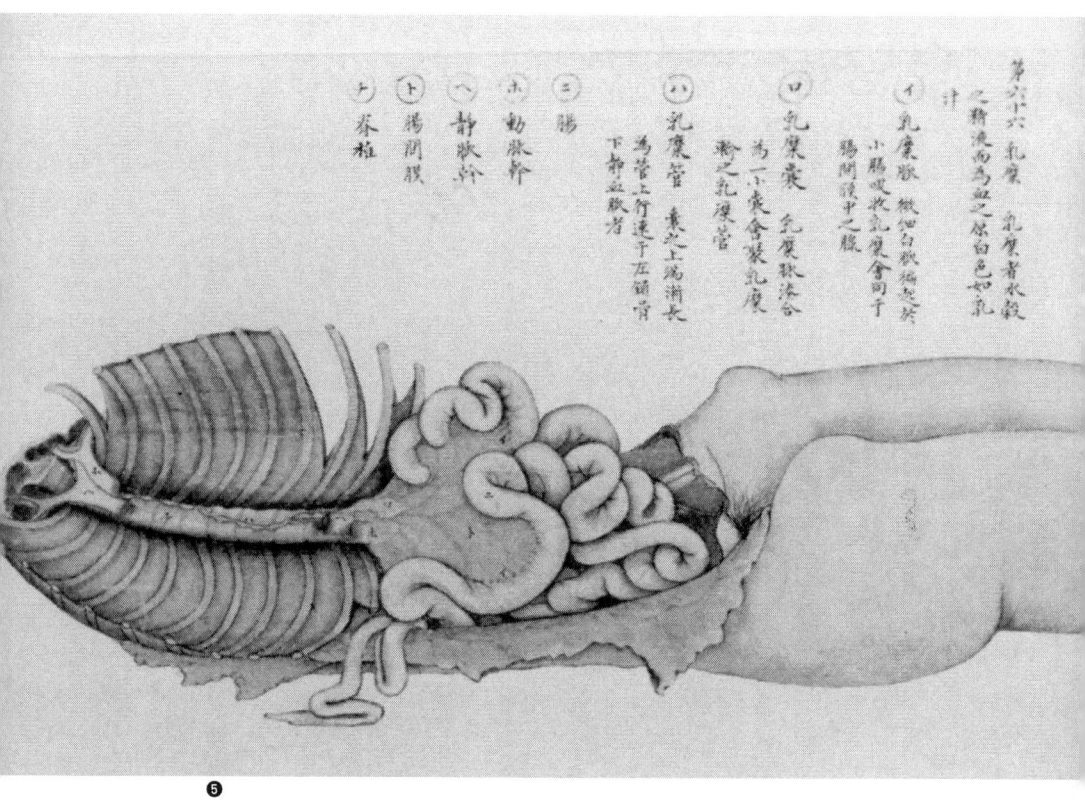

그림 5 『해부존진도』에서. 같은 사체로 좀더 해체를 진행한 단계다. 몸통이 전부 열리고 장기가 나와 있다. 어디가 중요한 부위인지 한문으로 주의 깊게 설명을 달았다.

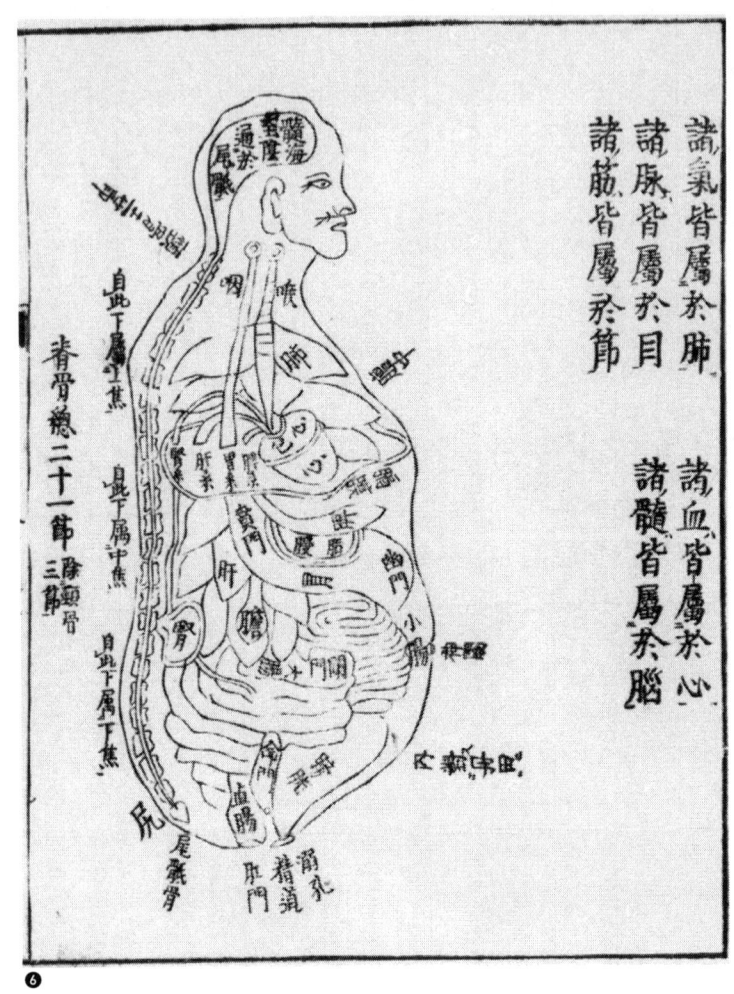

그림 6 신체 내부에 대해 가장 널리 받아들여지던 한방식 해석이 『화한삼재도회』의 주석에 보인다. 중국 최고(最古)의 의학서 『황제내경』(黃帝內經)을 본떠 그렸다.

(……) 고자에몬이 진귀한 책 한 권을 꺼내 보였다. "이것은 지난 해 처음 들여온 하이스터의 슈르제인〔外科治術〕이라는 책이다. 내가 간절히 바라서 술 20통과 맞바꾸었다"고 말했다. 펼쳐 보니 글자는 1자 1행도 읽을 수 없었지만 여러 그림들을 보니 일본이나 중국의 책들과는 취지가 크게 다르고, 그림의 정밀한 점을 보더라도 마음을 열 만한 데도 있다.[14]

그래서 그 책을 '빌려'서 '하다못해 그림만이라도 본떠 두어야 하겠다'고 겐파쿠는 생각한다. 그리고 실제로 해부에 입회하고 "료타쿠와 함께 휴대하고 가서 오란다 그림과 맞춰 보니 하나도 그 그림과 다른 데가 없다"라고 감탄해 마지 않았다. 직접 눈으로 보니 "예로부터 의경(醫經)에서 설명하는 바 폐 6엽(葉)·양이(兩耳), 간 좌삼엽(左三葉)·우삼엽(右三葉)이라고 하는 구별도 없고 위장의 위치·형상도 옛 설과 달랐음"[15]을 알았다.

들여다볼 필요를 부정한 한방의들은 절개도 부정했다. 인간의 몸통을 그린 한방의 표준 그림을, 예를 들어 헤이지로 해체를 그렸던 난방의 그림과 비교하면 사정은 역연하다. 눈에는 보이지 않는 신체 외부는 절단 부분을 얼버무리기 위해 소매나 소맷부리로 은폐한 듯하다. 거기서 상태가 끝나는 것이 자연스럽다는 느낌이다. 또 하나는 문자를 그림 위에도 겹치는 방법을 써서 신체의 가장자리 부분을 알지 못하게 된다. 내장과 같은 신체 내부의 부분을 하나하나 별개로 그릴 때는 퍼즐 조각처럼 신체에서 떼어냈다는 느낌을 주고 그것이 모여 하나로 완결된 물체라는 식이다. 관(管)도 변(弁)도 뭔가 다른 것과 연결되었다는 느낌은 주지 않는다. 마치 호스나 다른 뭔가와 같아서 도저히 잘라

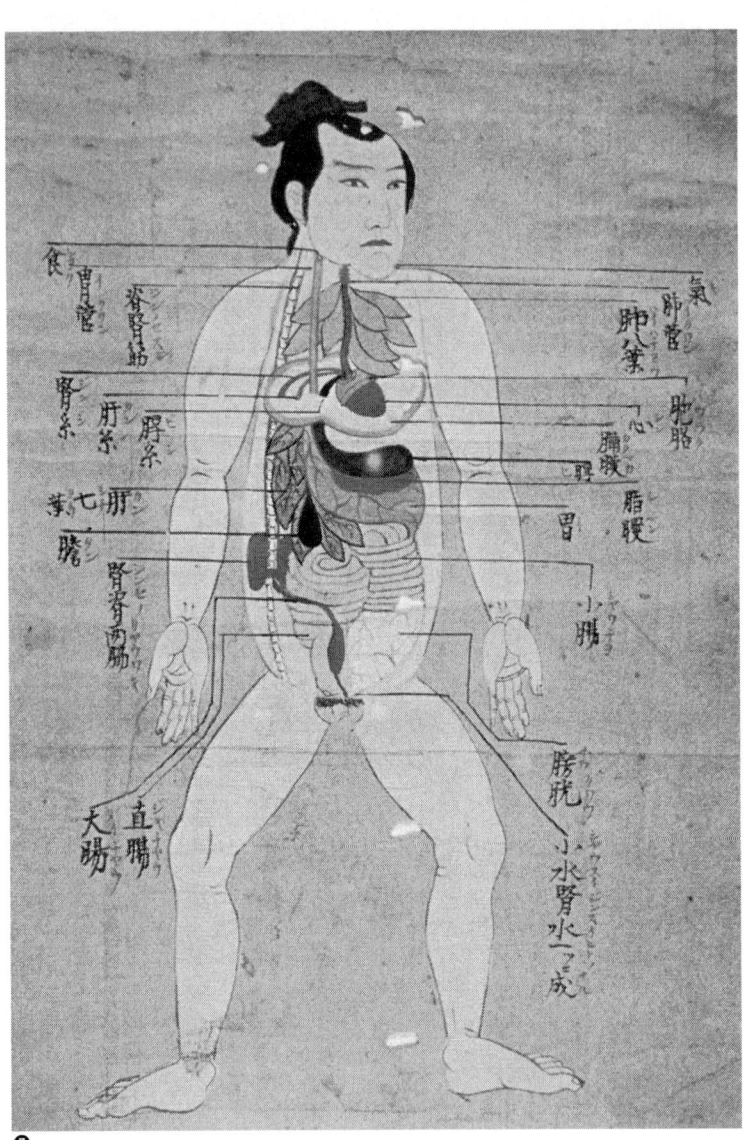

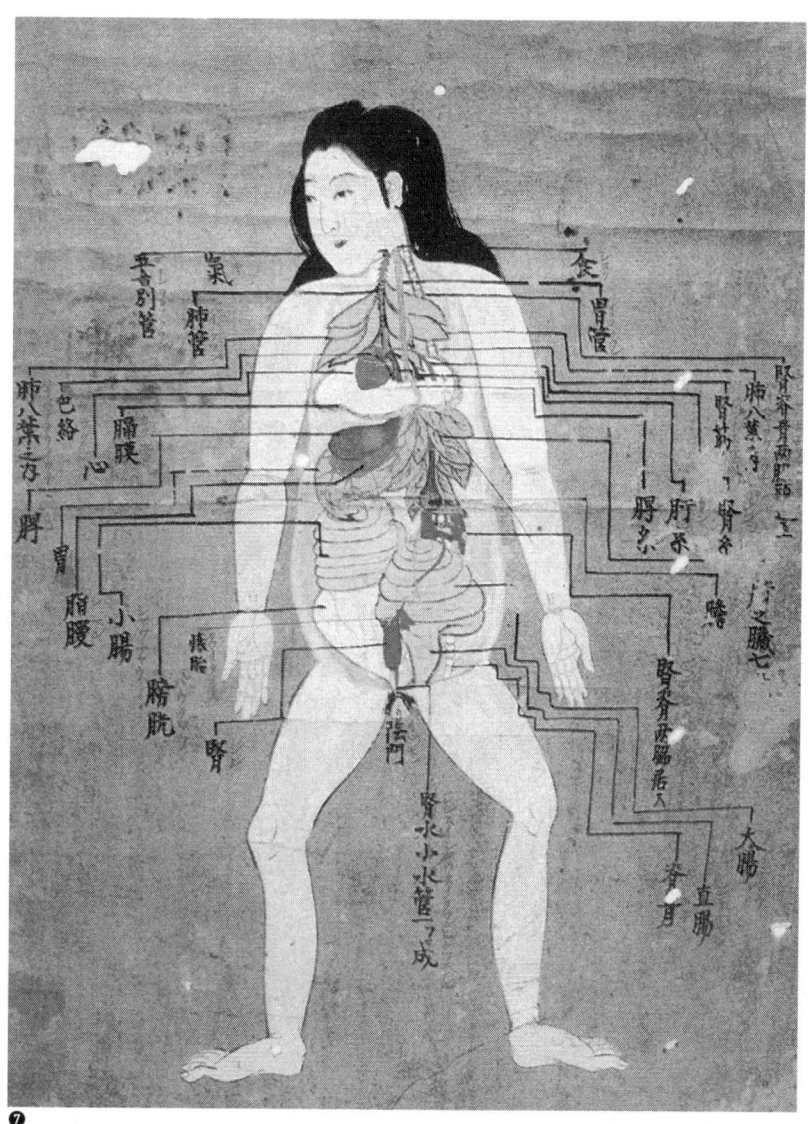

❼

그림 7 작가 미상, 「겐로쿠 해부도」(元祿解剖圖), 1702년 무렵. 한방에서는 성 차이가 남녀 공통의 장기류까지 미친다. 위치만 봐도 좌우대칭으로 그렸는데 이는 음·양의 조화에 대응하는 것이다.

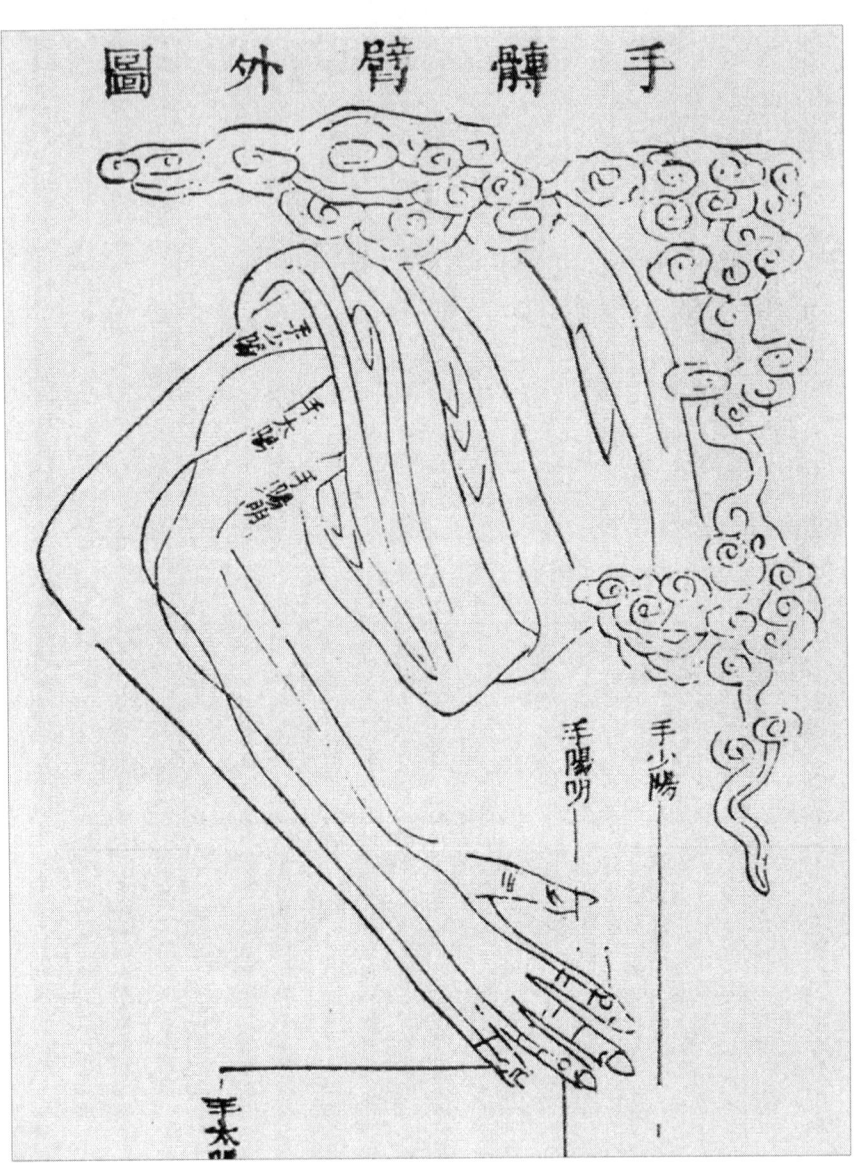

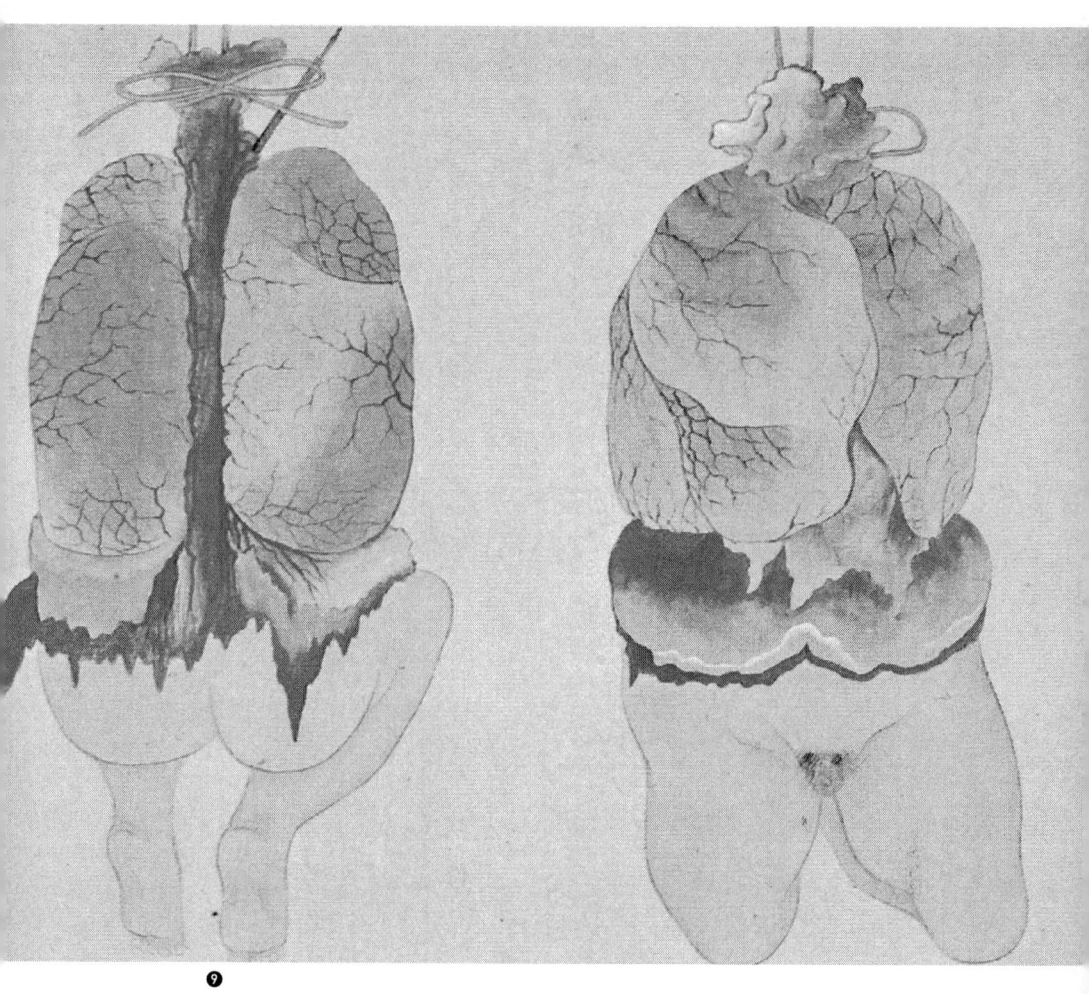

그림 8 『황제내경』을 토대로 18세기 중국에서 나온 책에서.
그림 9 나카이 란코(中井藍江), 「발편장도」(發鞭臟圖, 1790)에서. 란코는 오사카의 유명한 화가 시토미 간게쓰(蔀關月)의 제자였다(간게쓰는 이듬해 법교法橋에 임명된 뒤 사망했다). 란코는 폭넓은 소재를 다루었는데 특히 인물화에 뛰어났다.

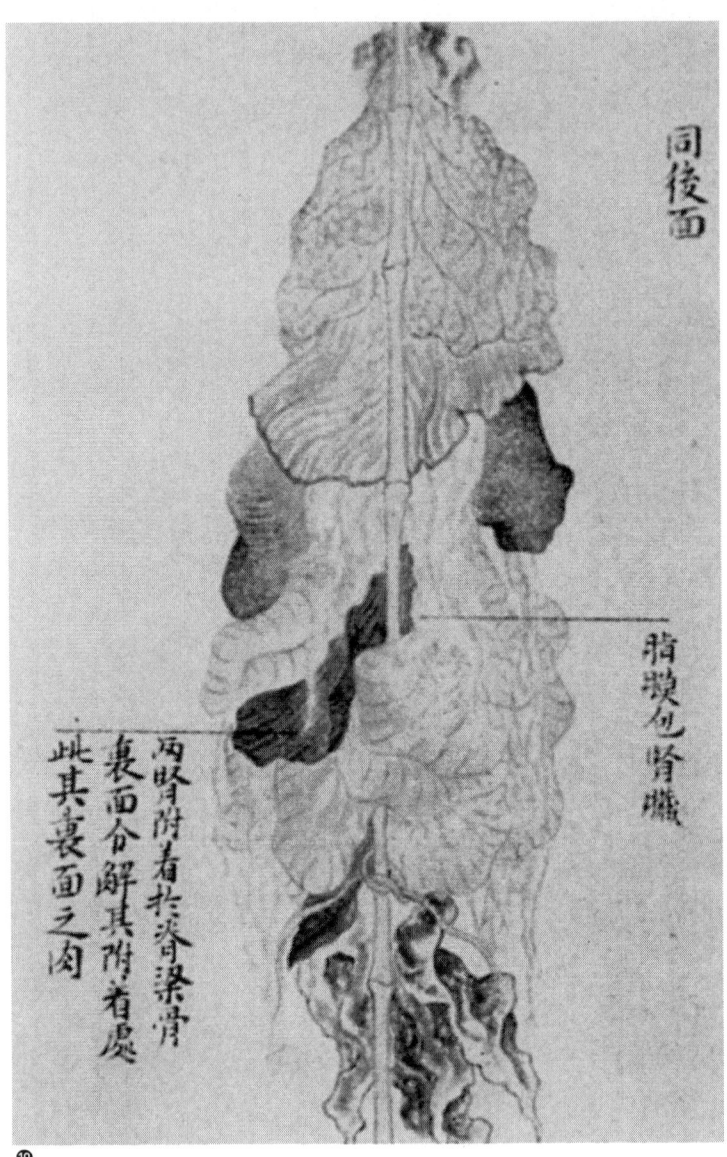

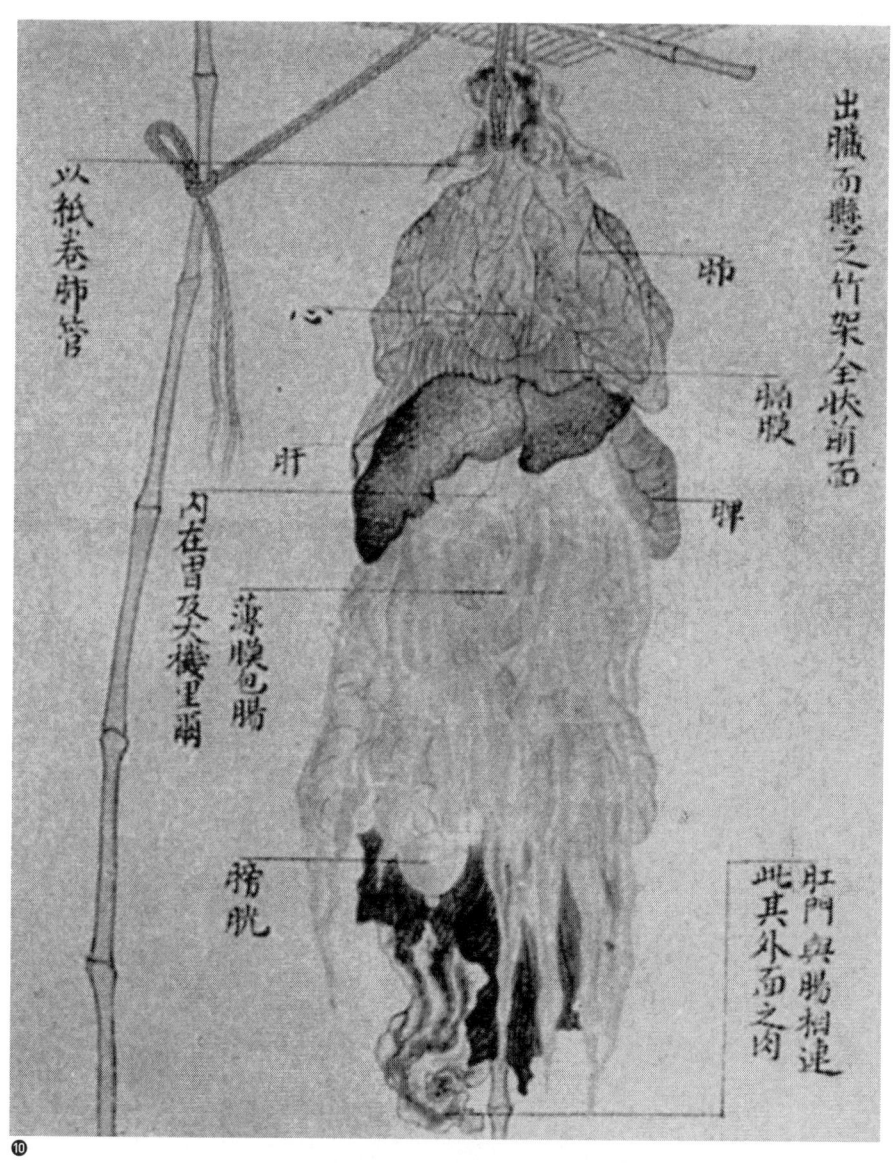

그림 10 요시무라 란슈「헤이지로 장도」. 1783년 다치바나 난케이의 지휘로 후시미에서 시행된 해부 기록이다. 사체의 고인(故人)을 '헤이지로'라 이름 붙였다.

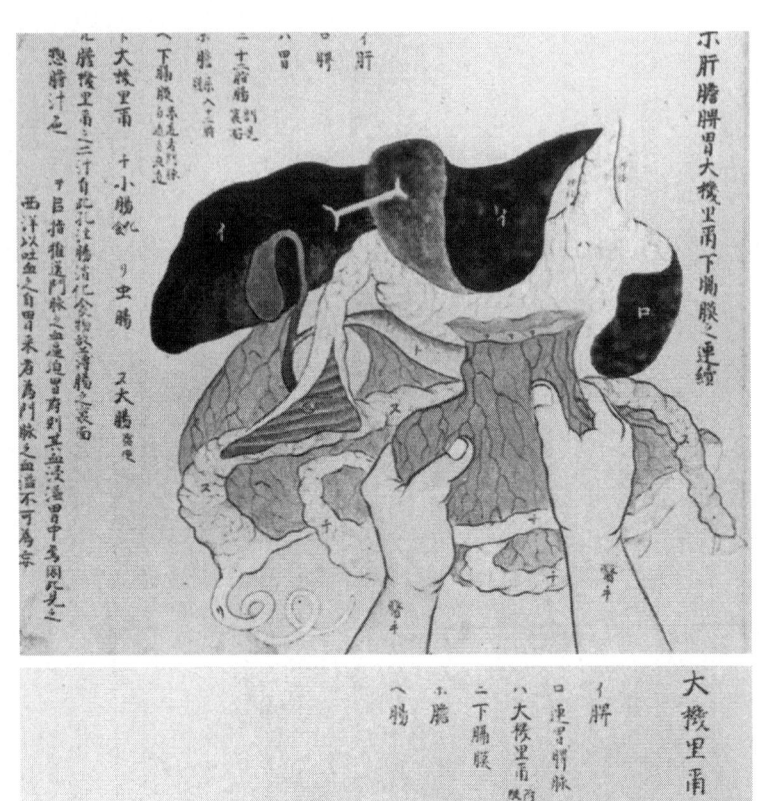

肝膵胃大機里甫下腸膜之連続

イ 肝
ロ 膵
ハ 胃
ニ 十二指腸幽門
ホ 胆嚢
ヘ 牲臓へ之脈
ト 下腸膜亲處有門脈之枝
チ 大機里甫 千小腸ニ
リ 虫腸 又大腸始使
膵機里甫ニ三汁自此注腸消化合物送達腸之装有
曰猪推進門脈之血盛達胃再有其盈浸潤胃中多因氾之
西洋以吐血人自胃来有為門脈之血溢不可為安
恐膵汁巴

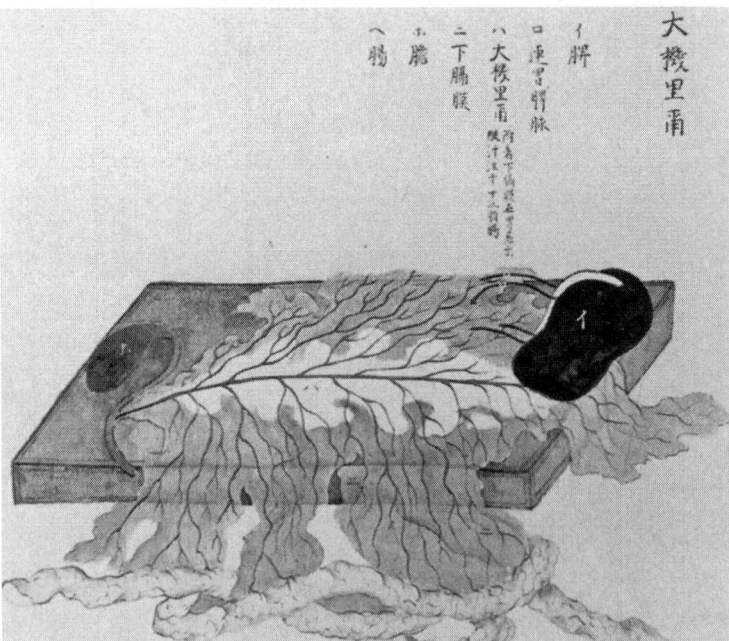

大機里甫

イ 肝
ロ 運胃門脈
ハ 大機里甫 内有下腸膜在也其也
ニ 下腸膜   腺汁是十二指腸
ホ 膵
ヘ 腸

낸 물체라고는 보이지 않는다.

확실한 연결을 갖지 않고 무엇인가로부터 떼어낼 필요도 없는 하나의 주머니인 신체라는 관념에 거북함을 느낀 사람은 특히 실증파 난의들만은 아니었을 것이다. 누구든지 자신의 몸은 한방의의 말보다는 좀더 총체적이라 느꼈을 것이다. 이러한 해석을 소재로 해서 유쾌하게 읊은 센류가 있다. 걸작이다.

그때 오장에 헤매는 남창의 방귀[16]

남창은 방귀를 뀌고 싶었지만 바로 그때 그를 산 손님에게 항문이 막혀 있다. 좌선하는 달마와 마찬가지다('달마와 남창 방귀를 뀌어도 소리가 없다'). 그림이 우스워서 그저 아하하 하고 웃어 버리면 좋겠지만 정규 의학에서 보면 몸 밖으로 배출하기 위한 구멍이, 남성 간 항문 성교의 그림에서 보면 들어오는 구멍이라는 점에 재미가 있다. 한방 이론에는 사람은 언제 어디서 어떻게 인체의 내부에 틈입하는가와 같은 문제에 이러쿵저러쿵 말하는 배려는 없고, 구멍에는 막대기가 자유자재로 드나든다. 그래서 남창 소년의 항문은 뭔가를 내보지 않고 뭔가를 넣어서 여느 때라면 나오는 것(방귀)이 더욱 안으로 들어간다. 그러나 그 안에는 도대체 무엇이 있는가? 몸을 파는 소년의 신체는 관이나 혈관이 서로 연결되어 내부의 전체를 채우는 장이라고는 여기지 않는다. (아마 몹시 향기로울) 한바탕 부는 바람('wind' 에는 방귀라는 의미

그림 11 가가미 분켄(各務文獻)이 쓰고 그린 『부인내경지약도』(婦人內景之略圖, 1800년 무렵)에서 본떠서 그린 그림. 오사카 요시지마 사형장에서 후세야 소테키(伏屋素狄)가 해부한 여성 사체다. 난방(蘭方)에서는 장기를 손이나 나이프의 힘으로 잘라서 신체에서 떼어놓았다.

가 있다)이 '오장'을 둘러싼 허무한 공간을 불어가는 구멍 뚫린 허공일 신체 내부다. 난방의 신체에는 그러한 내부의 허공 따위는 없다.

 난방의는 신체 내부가 꽉 차 있으며 그런 까닭에 간단히 잘라서 각 부분으로 나누지 못함을 잘 안다. 하나의 전체로서 성립되고 상호 연결하는 힘이 굉장할 뿐 아니라 그런 까닭에 그리 쉽게 조각조각 분해해서 꺼낼 수 없다. 신체에서 떼어낸 부분의 활동에 대해 한방이 운운하는 경우 그것은 '장부(臟腑) 가름'이라 칭하였는데, 문제가 된 부위에 다다르면 쓸데없는 다른 데를 '잘라' 버려도 조금도 괘념치 않는다는 느낌을 잘 알려주는 호칭이다. 난방의들은 그들의 활동을 장부 가름이라는 말로는 표현할 수 없다고 느꼈다. 이렇게 해서 근대적인 '해부'라는 말이 만들어졌다. 만사 자신이 혁신의 초창자가 되고 싶어하는 스기타 겐파쿠는 이 대목에서도 이 말의 발명자가 자신이라고 말한다. 그때까지 '서번(西番)의 학문'이라거나 '(남)만학 (南蠻學)'이라 부르던 학문을 '난학'이라 부르기 시작한 것은 '누구라고 할 것 없는'데, '무릇 에도에서 이 학문을 창업하고 장부 가름이라 하는 옛 것을 새롭게 해체라고 역명(譯名)한'[17] 사람이 본인이라고 말하고 싶은 듯하다.

서양의 충격

대체로 '오장도'(五臟圖)라고 불리던 외래의 어느 그림도 예전부터 내려온 오장육부도와는 일치하지 않았다. 그만큼 충격은 컸다. 『오란다 이야기』의 고토 리슌은 네덜란드의 '오장도'는 훌륭하지만 애석하게도 팔지 않는다고 말했다("이 그림의 제공製工은 몹시 상세하여 그 나라의 의사가 가지고 오긴 하지만 사고 파는 물건은 아니다"[18]). 그러나 반드시 그렇지만은 않았다. 툰베리는 에도에 왔을 때 만난 난방의들에게 "다른 책과 함께 몽테스키외의 『기술식물학』(記述植物學)의 정말로 훌륭한 판본을 판" 듯하다. 툰베리는 에도의 의사들이 "네덜란드인들에게 구입한" 하이스터나 그 밖의 책을 이미 가지고 있었다고 기록했다. 원래 "네덜란드어로 된 여러 과학 서적은 (공식적으로는) 팔지 않았고 통역들과의 사이에서 교환되는 일이 많아서 대단히 이로웠다"라고도 적었다.

이 그림들은 대부분 의학서에 실린 그림이지 한 장짜리 인쇄물이 아니었다. 많이 모으면 유럽 과학이 이해하고 있던 내장 각 부위의 전체 모양을 알 수 있었다.

겐파쿠, 호슈와 1774년에 『해체신서』를 낸 그들의 동료는 자신들이 참조한 외래서의 목록을 들었다.

이 책에 실린 그림과 설은 모두 화란의 해체서 여러 책을 비교하면서 읽고 가장 명료한 바를 취하여 베끼고 환히 알기 쉽게 한 것이다. 그림을 가져온 책 제목은 『톰뮤스 해체서』(東米私解體書), 관의 가쓰라가와 법안 소장. 『프란칼 해체서』(武蘭加兒解體書), 소장자 상동. 『가스팔 해체서』(加私巴兒解體書), 겐파쿠 소장. 『코이텔 해체서』(故意的爾解體書), 소장자 상동, 라틴어. 『안부르 외과서 해체편』(安武兒外科書解體篇), 나카쓰(中津) 시의(侍醫)인 마에노 료타쿠(前野良澤) 소장.
이론을 취한 책 체목은 『가스팔 해체서』(加私巴兒解體書), 가쓰라가와 법안 소장, 라틴어. 『헤스링키스 해체서』(苛私林牛私解體書), 관의 야마와키(山脇) 법안 소장. 『프란칼 해체서 이본』(武蘭加兒解

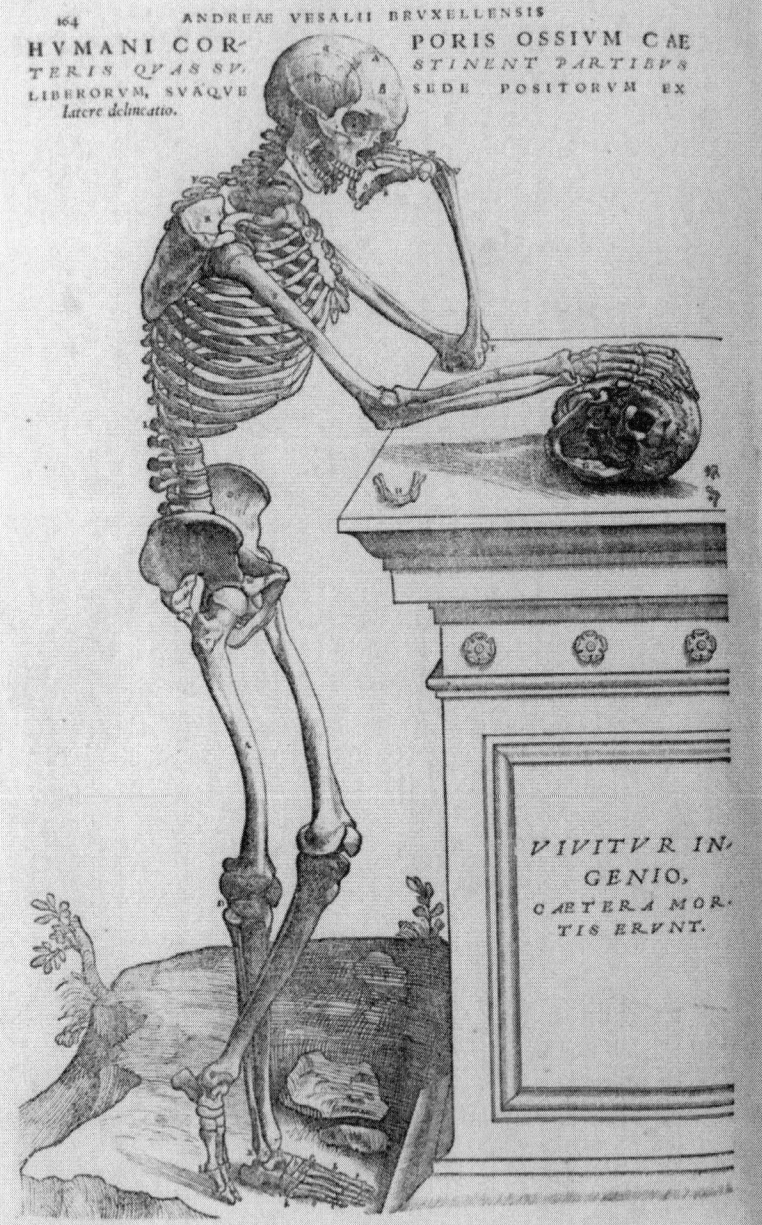

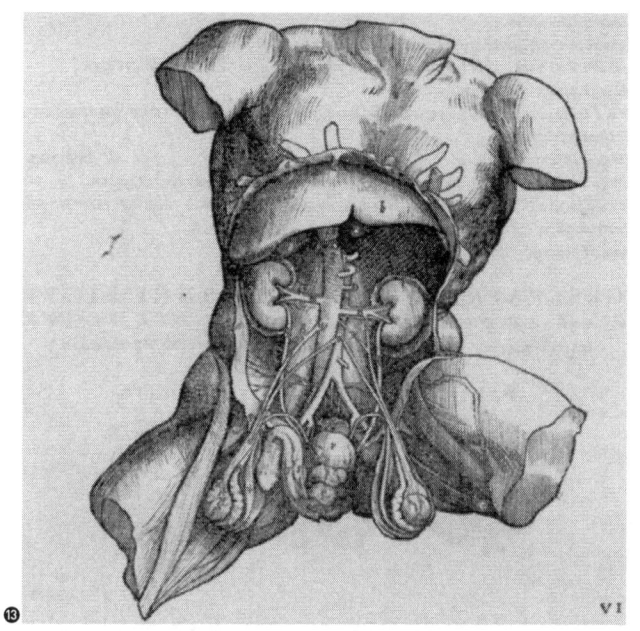

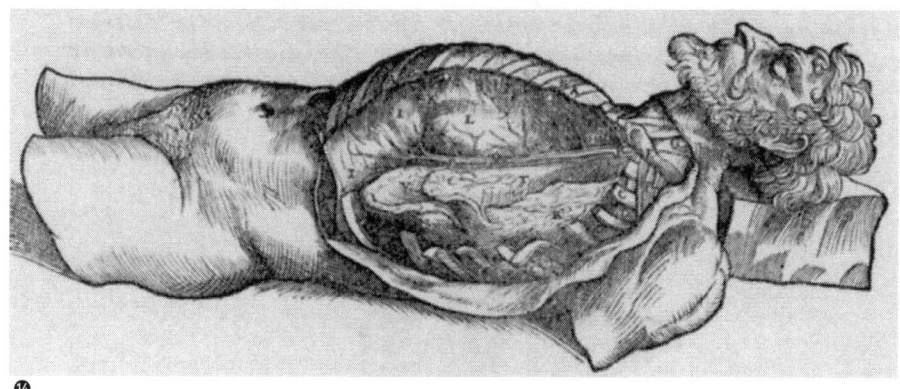

그림 12 안드레아스 베살리우스, 『인체 구조에 대하여』(1543)에서.
그림 13 같은 책. 부서진 그리스 로마 조각의 일부처럼 보이는 해부 인물상.
그림 14 같은 책. 해부대 위에 있어도 웬일인지 돌조각처럼 보이도록 한 듯한 인물상.

그림 15 후앙 발베르데 데 아무스코가 그의 책 『인물구조론』(1556)을 쥐고 있다. 스페인인 발베르데는 오늘날 거의 잊혀졌지만 해부학에 끼친 그의 공헌은 크다. 다만 그의 책에 나오는 그림은 대부분은 베살리우스의 『인체 구조에 대하여』에서 취했는데 베살리우스의 그림을 그대로 본떠 새겼기 때문에 인쇄해 보니 원본과 좌우가 역전되고 말았다.
그림 16 『인체 구조에 대하여』에서. 베살리우스의 그림은 명확함과 아름다움으로 유명해서 발베르데뿐 아니라 유럽에서 널리 복제되었다.

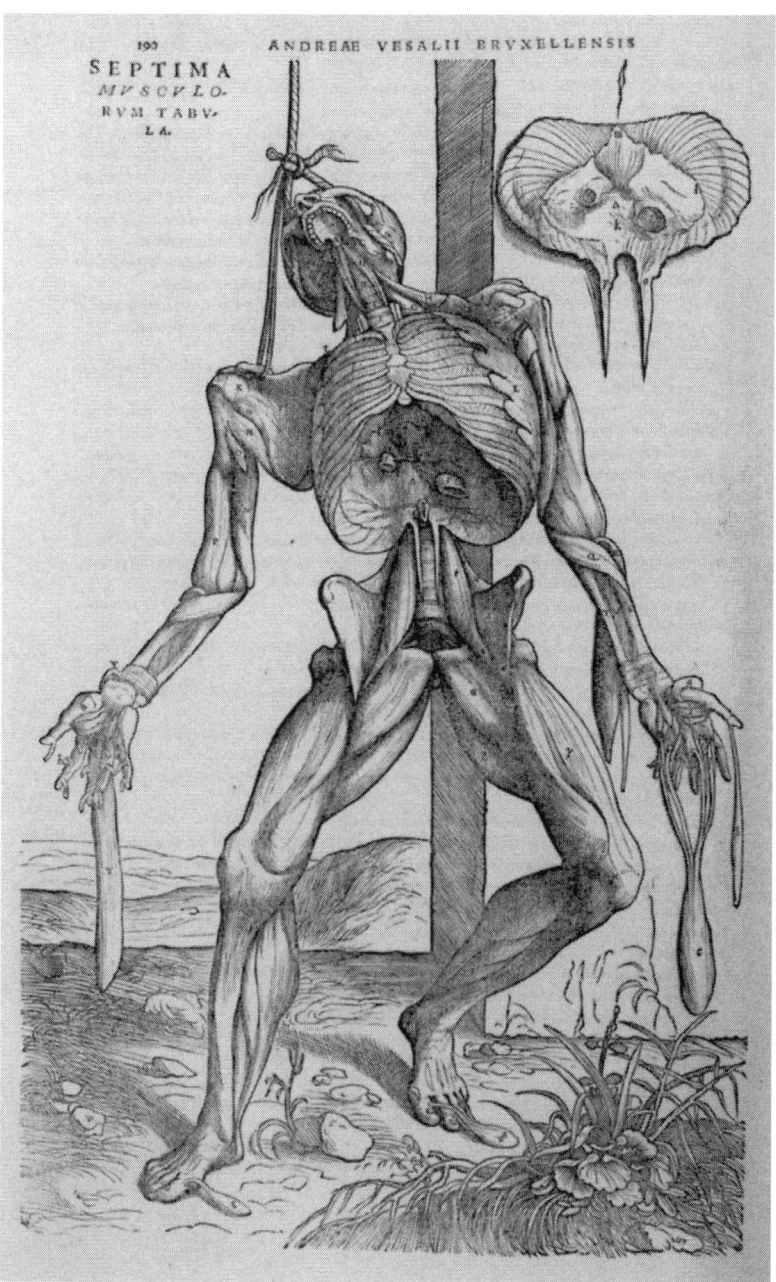

體書異本), 나카쓰 시의 마에노 료타쿠 소장. 『팔헤인 해체서』(巴爾靴員解體書), 우리 번의 시의 나카가와 준안 소장. 『발시토스 해체서』(拔爾詩都私解體書), 소장자 상동. 『미스켈 해체서』(米私計爾解體書), 처사(處士) 이시카와 겐조(石川玄常) 소장, 아르마니아국의 책.

지금 그림을 취한 책 제목 위에 부인(符印)을 적은 것은 읽는 사람이 비춰 보기에 편리하도록 한 바이다.[19]

톰뮤스는 덴마크인 토마스 바르톨린(Thomas Bartholin), 프란칼은 네덜란드인 스테판 블란카르트, 가스팔은 덴마크인 카스파르 바르톨린(Caspar Bartholin), 코이테르는 네덜란드인 코이테르(Volcher Coiter), 안부르는 프랑스인 앙브루아즈 파레(Ambroise Paré), 헤스링키스는 독일인 요한 베슬링(Johann Vesling), 팔헤인은 벨기에인 얀 팔페인(Jean Palfyn). 발시토스는 확실하지 않다. 네덜란드인 블라시우스(Gerardus Blasius)를 말하는 것인가. 미스켈은 전혀 알 수 없다.

이것도 일부만 정리한 목록이다. 완성된 책에 포함된 그림에는 이들과는 출전이 다른 것이 여러 가지 있기 때문이다. 『해체신서』의 속표지 그림은 1556년에 스페인인 발베르데 데 아무스코(Juan Valverde de Hamusco)가 쓴 (베살리우스 이후) 유럽 해부서의 제2베스트셀러라 지목하는 『인체구조론』(Historia de la composicion del cuerpo humano)에서 취했다.[20] 어디서 취했는가 하면 서양의 의사들 자신이 서로의 그림을 도용, 차용했으므로, 『해체신서』에 실린 그림에는 중간적인 여러 그림을 더듬어서 결국 베살리우스까지 다다른 것도 있다.

그 해부서들은 서로 달랐으며 유럽의 각각 다른 나라에서 몇십 년

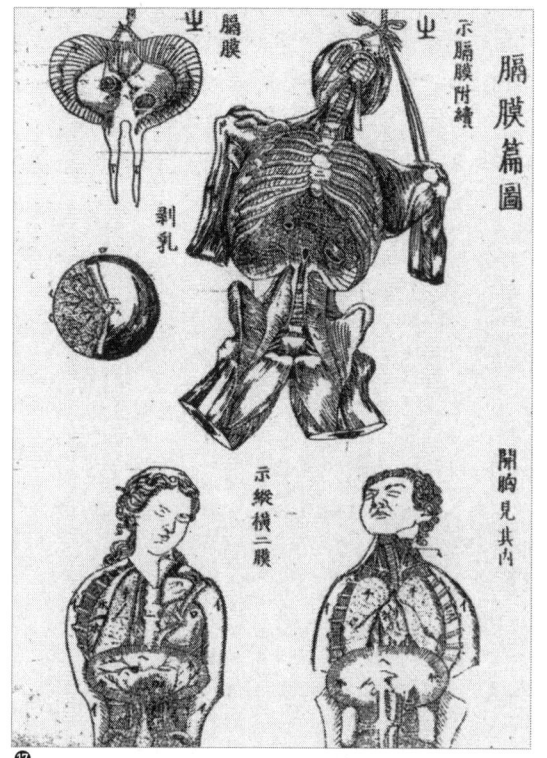 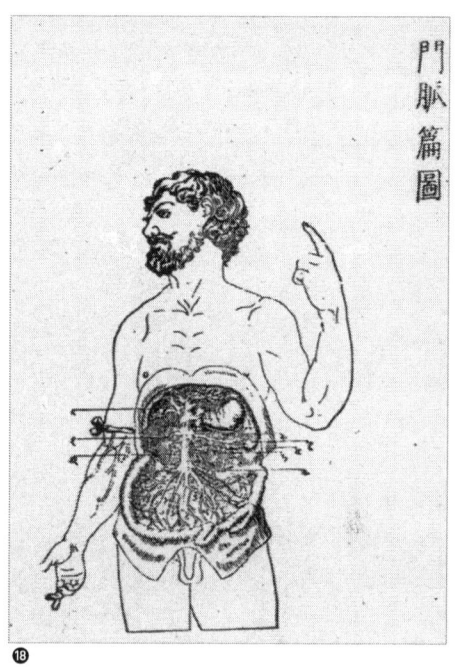

그림 17 오다노 나오타케(小田野直武)가 스기타 겐파쿠 등의 『해체신서』(1774)에 넣은 그림. 『해체신서』의 그림은 대부분 쿨무스나 다른 책에서 취했다. 베살리우스는 『해체신서』의 인용원으로 이름을 들지 않았고 몸통 부분만으로 되어 있거나 좌우가 역전된 점을 보아 그 사이에 뭔가 다른 책이 있었다는 느낌이 든다.

그림 18 『해체신서』는 해부도의 새로운 경향에 편승하기 위해 '살아 있는 신체' 그림을 하나 담았다. 이는 또한 쿨무스 중 유일한 '살아 있는 신체' 그림이기도 하다.

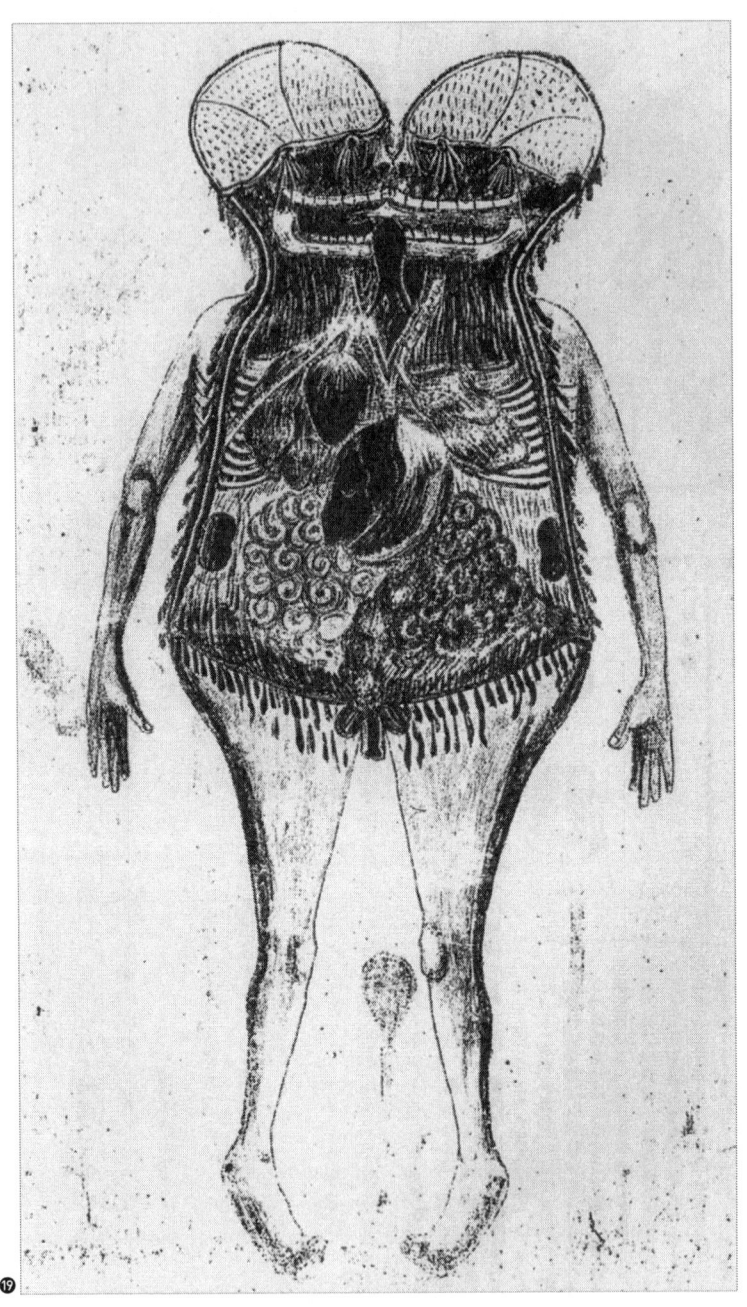

그림 19 존 아던의 『내과 외과술에 대하여』(1412 무렵)에서. 정도를 벗어난 이 이미지(정면에서 본 것과 뒷면에서 본 것)는 현실의 신체내부도로서는 불가능하다. 인간 신체를 마치 굴껍데기나 다른 무언가처럼 앞뒤로 연 것처럼 그렸다. 오래된 고본(稿本)이므로 신체를 그리는 아주 옛날 시대의 방식을 알 수 있다. 15세기 초 이후에는 보이지 않는다.

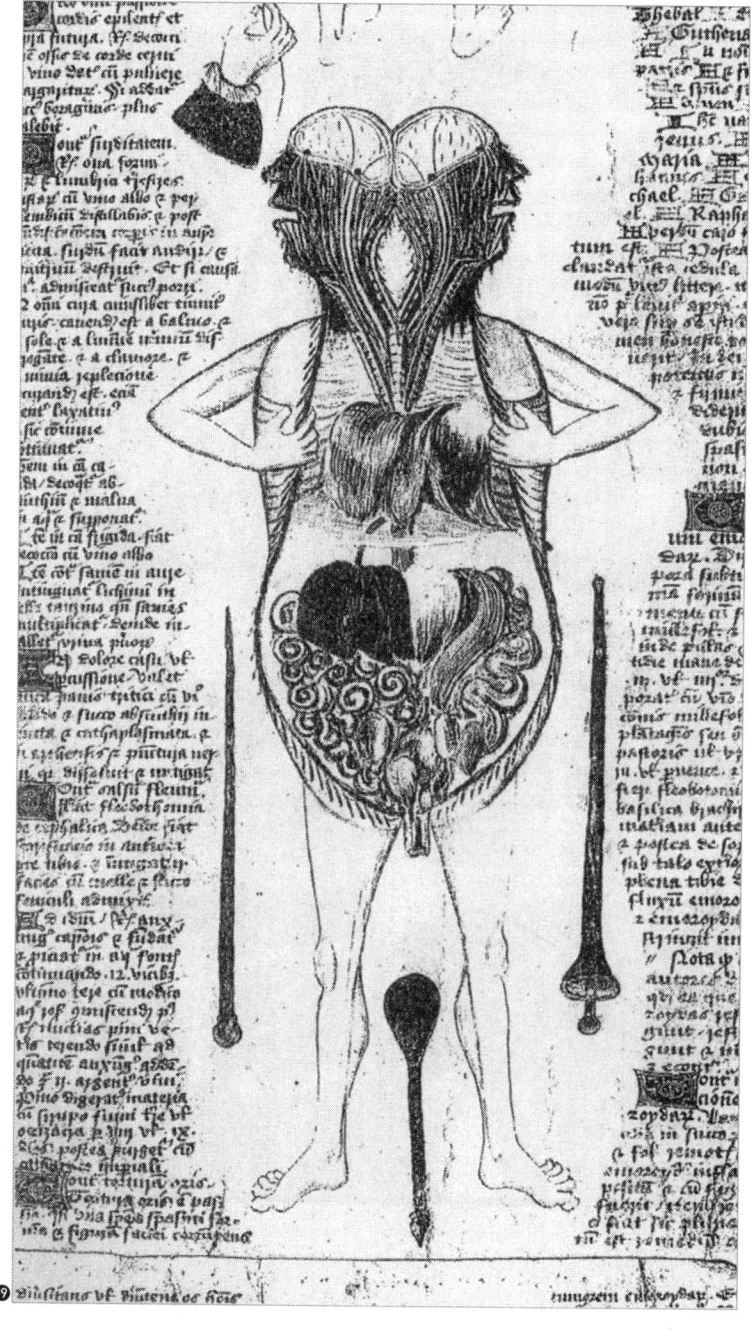

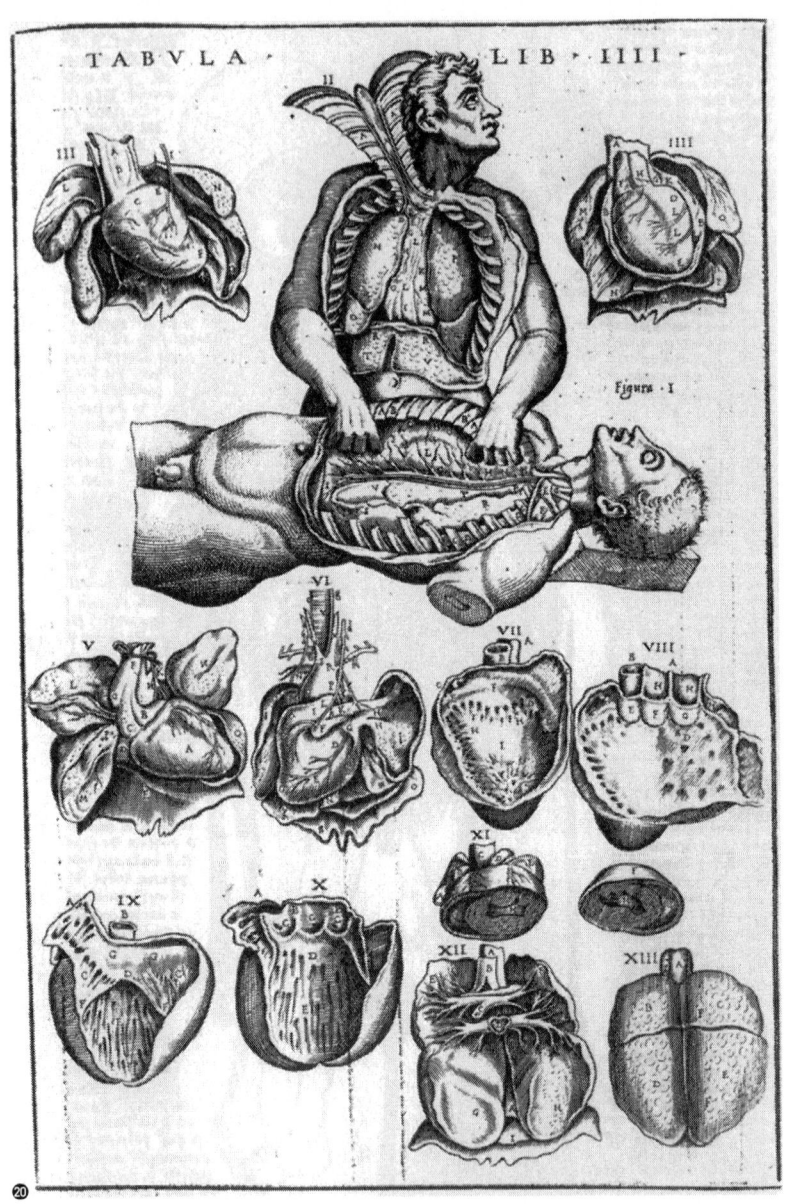

그림 20 스스로를 열어 보이는 해부 인물들. 발베르데의 『인체구조론』에서.

그림 21 스피겔리우스(Spiegelius)의 『인간 신체 구조에 대하여』(1627)에서. '자기 해부' 유형 가운데 꽤 걸작이다. 배경은 아름다운 강가 풍경이므로 이 인물이 좀 전까지 헤엄치던 강에서 올라와 수건으로 신체를 닦는 중으로도 보인다. 힘 있는 상징 표현이지만 해부도로서는 상당히 부정확하다.

TAB. PRIMERA DEL LIB. TERZERO

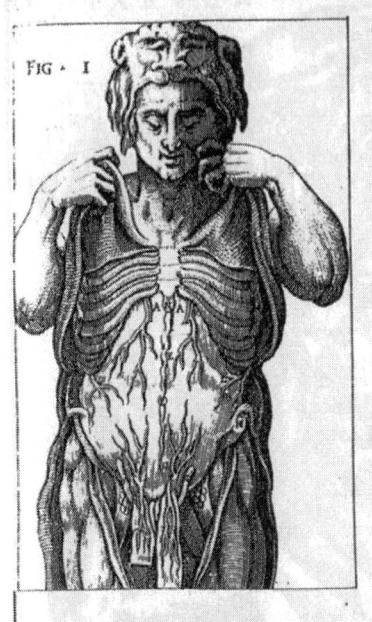

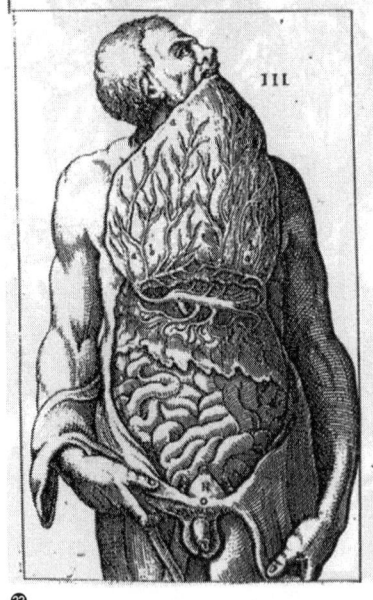

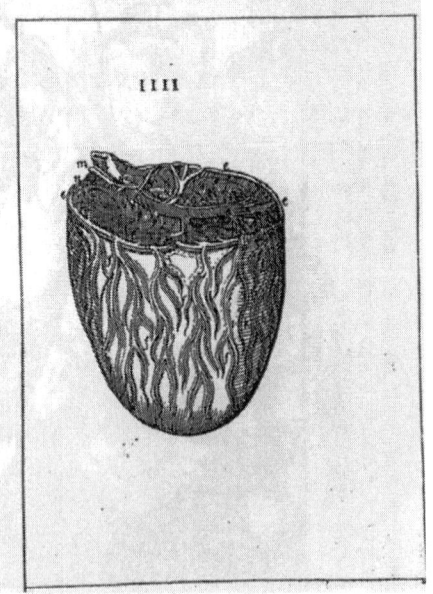

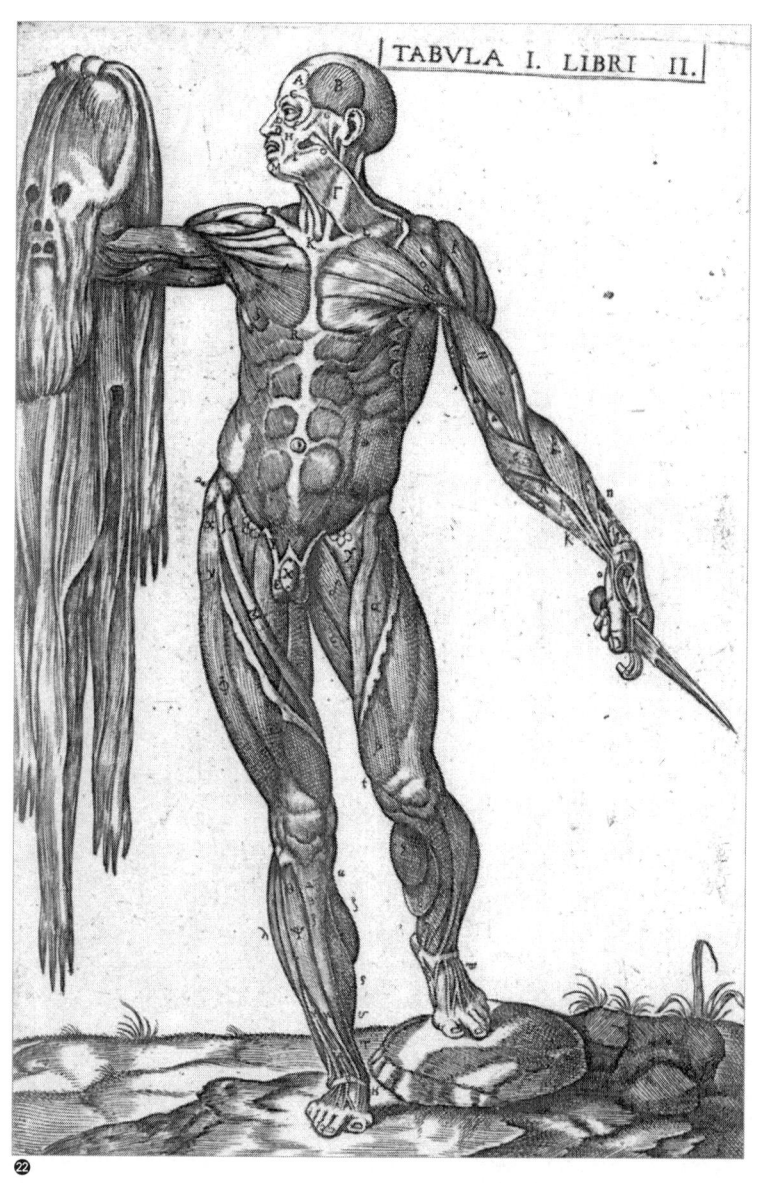

그림 22 발베르데의 『인체구조론』에서. 스스로를 벗겨 보이는 해부 인체(에코르셰écorché라 부른다).

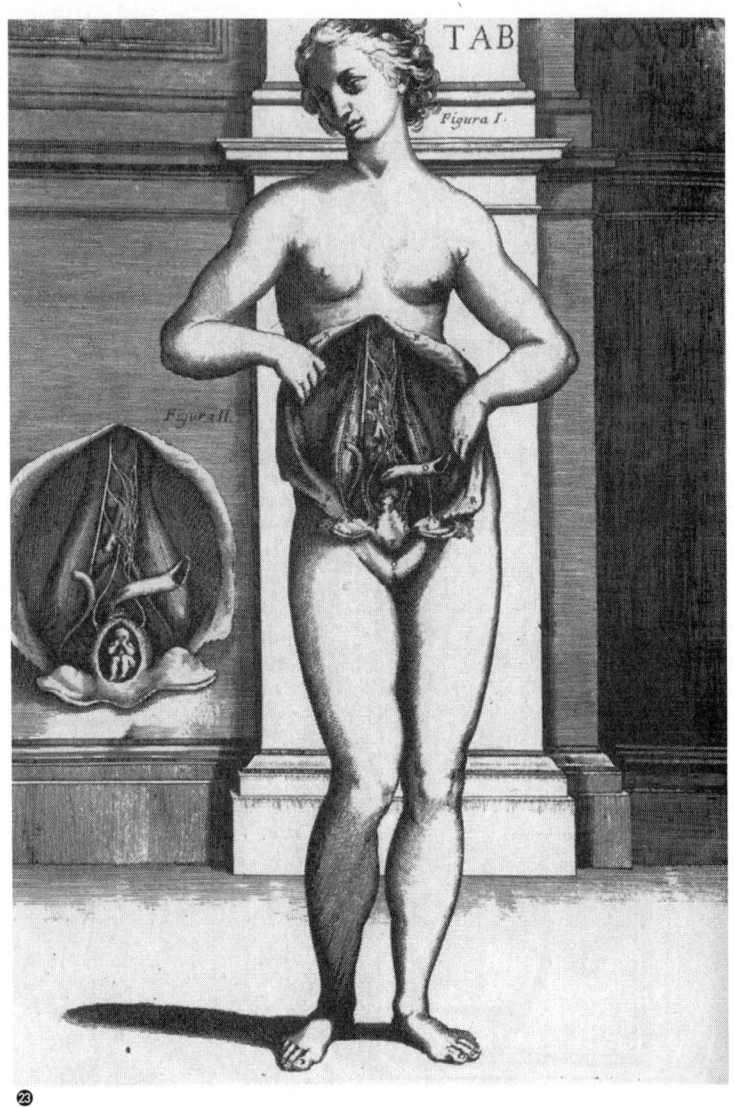

그림 23 이 책은 1741년에 사르데냐 왕을 위해 만들었는데, 저자 가에타노 페트리올리(Gaetano Petrioli)는 약삭빠르게도 선례인 피에트로 베레티니의 해부도를 도용했다. 이 여성은 자신의 신체를 스스로 열어서 속을 보이는데, 충분하지 않은 부분은 그 옆에 마치 벽에 뚫린 구멍과 같은 느낌으로 다시 내부를 그렸다(자궁에 태아가 있다).

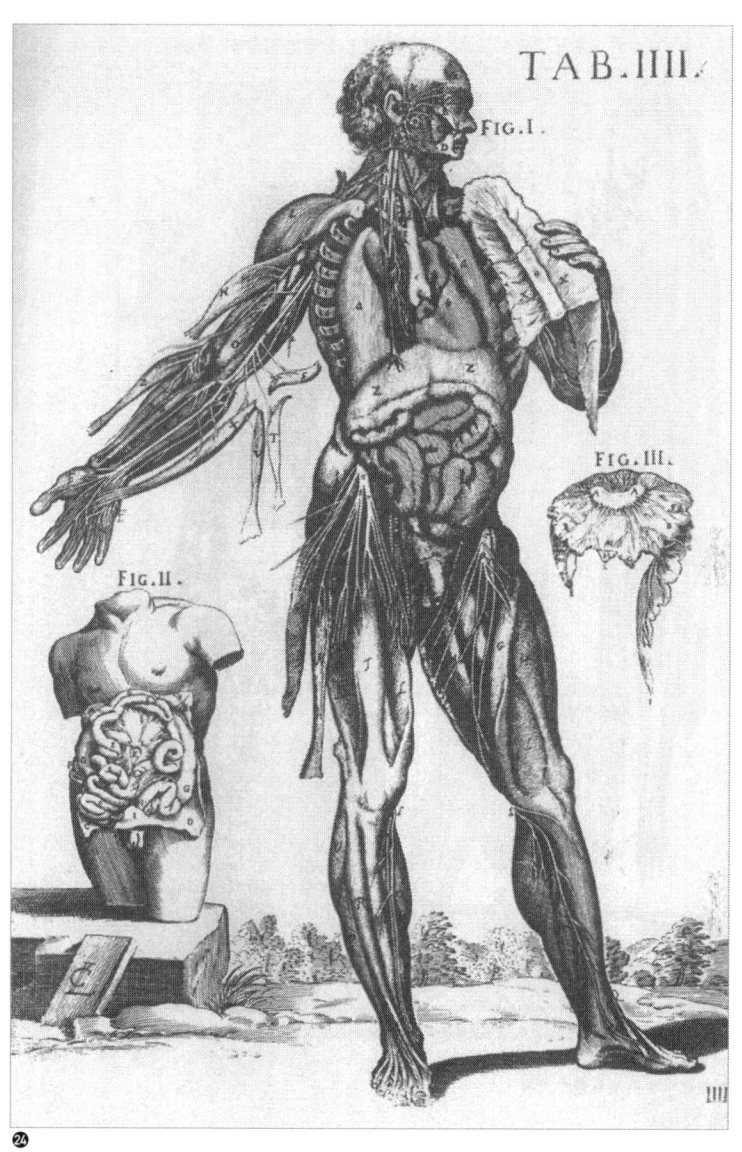

그림 24 피에트로 베레티니 다 코르토나(Pietro Berrettini da Cortona)의 「해부 20도(圖)」에서. 1618년 무렵 그려졌다고 여긴다. 살아 있는 인간처럼 보이거나 고전 조각처럼 보이거나 어느 쪽인가. 부위에 따라서는 공중에 떠 있다.

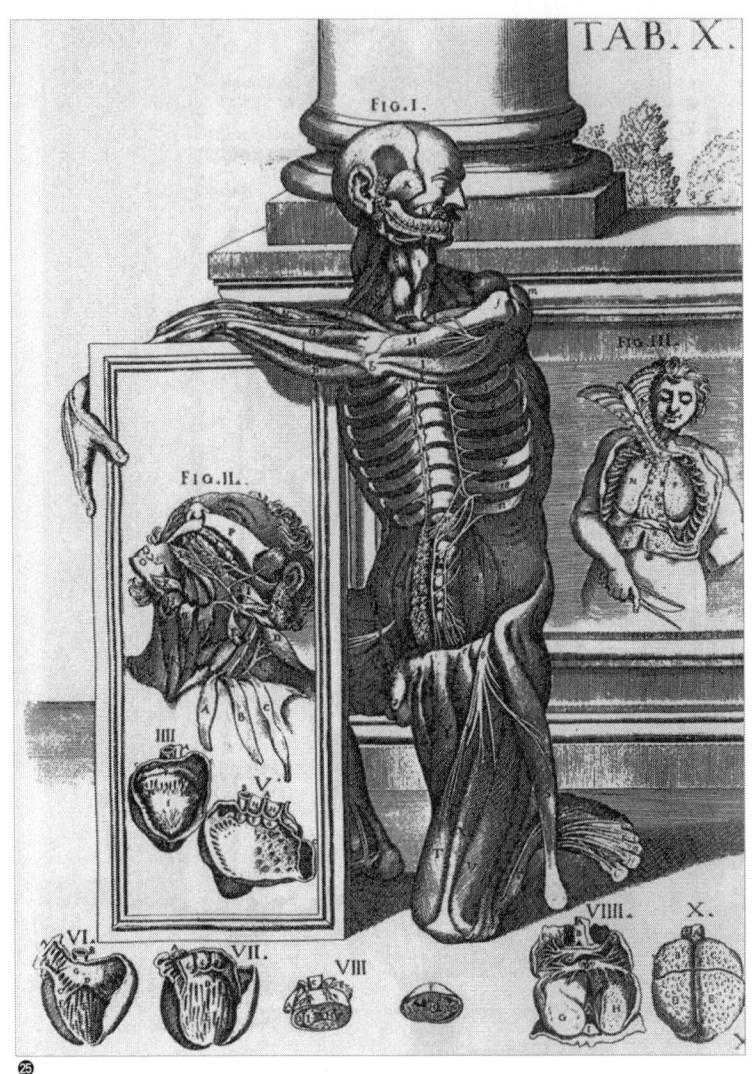

그림 25 피에트로 베레티니의 「해부 20도」에서. 이것도 자신을 열어 보이는 자기 개시형 이미지다. 이 인물은 나이프를 가진 다른 사람을 어깨 너머로 뒤돌아 보는데 왠지 벽의 패널에 비친 자기 자신을 보는 듯도 하다. 인물이 손에 감싸 쥔 액자도 한 면의 커다란 거울과 같다. 다만 그것은 그림을 보는 우리 쪽을 향한다.

그림 26 같은 책. 꽤 기이하고 이상야릇한 그림으로서 신체는 신체 각 부위를 장식한 두 개의 블록 위에 앉아 격식을 차린 초상화를 들고 있다. 다만 해부된 인물을 그렸다는 점이 다르다. 명가의 당당한 혈통을 해부라는 은유법을 통해 바라본다는 취향인 셈이다.

에 걸쳐서 출판된 것이었다. 그러나 이 책들의 그림은 공통점이 많았고, 모두 일본 해부학자들의 일과 실로 대조적이었다.

서양에서는 인간의 사체가 각각 다르다고는 추호도 생각하지 않았기 때문에 관찰된 사체에 이름을 붙일 필요가 없었다. 따라서 사체는 어디의 누구라고 특정한 적이 없었다. 게다가 해부에 오랜 역사가 있기 때문에 개개의 해부를 하나하나 기록할 필요도 없었다. 따라서 유럽의 해부도는 여러 검시를 합성한 것이었다. 그려진 사체는 결코 이 세상 사람의 이미지가 아니었다. 그 그림들은 곧바로 해부 실천의 입문이 될 만하기 때문에 어떤 의사든지 책을 쓰고 삽화를 넣으려고 한다면 자신의 눈과 손으로 해부 현장을 체험해야 했지만 해부도는 개별 해부의 사상(事象)을 그린 것은 아니었다. 그림은 확립된 사실을 이론적으로 그림풀이하는 것으로, 의학상의 식견을 과부족 없이 개념화된 신체를 통해 구현했다.

의학 그림에서 개체의 몰개성화는 한 개인이 가진 편차에 사로잡히지 않으므로 서양에서는 아주 좋다고 여겼다. 이로써 일반화된 지식이라는 형태로 내보일 수 있었다. 그렇기 때문에 화가들은 특징적 요소를 남김없이 그려 넣을 수 있었다. 아무리 해도 잘 자르기도 하고 잘못 자르기도 했을 어느 해부보다도 그와 같은 특징적 요소가 많이 그려졌다. 사체가 이상화된 것은 첫째로 학문상의 논쟁 탓이다. 또 하나 아무리 보아도 처참한 장르이기 때문에 감상자를 그나마 배려한 점도 있었으리라. 화가들은 손상된 육체에서 불쾌한 부분을 씻어냈다. 해부 과정을 애매하게 하고 오로지 몰개성화한 지식만을 예증하는 도구가 그림이었다. 남성이라면 모두 울룩불룩 튀어나온 근육질 가슴이었으며 여성이라면 우아한 허벅지의 소유자여야 했다. 어떤 신체에도 멍이나

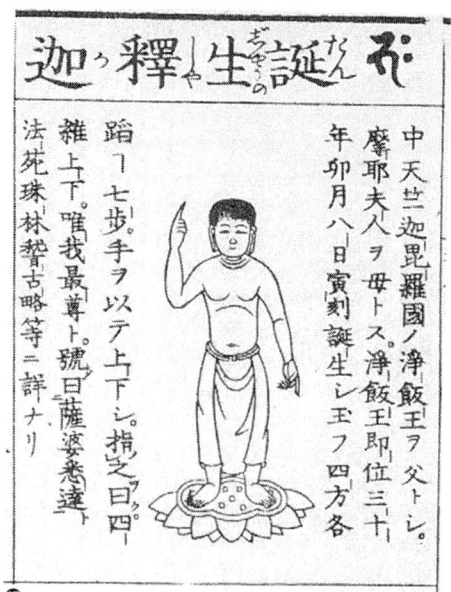

기미는 있을 수 없었다.

예술적 미화로 인해 진짜 인간의 신체는 지금 막 절개되어 간다는 감각에서 멀어진다. 예를 들어 약간 보존 상태가 좋지 않은 그리스 조각상에 비긴 묘사법이 사용되면 고대 그리스에서 확립된 황금비율에 현대의 식견을 접목할 수 있다. 다른 방법으로는, 모델을 살아 있는 남녀로서 그리면서도 태연하게 일절 고통의 기색도 보이지 않고 자신의 내부를 열어서 독자의 응시에 드러내는 것이다. 마치 "너 자신을 알라"라고 한 고대 그리스 철학의 요구에 이렇게 유쾌하게 답한다는 의미도 있는 듯하다.

예를 들어 서양 의서를 번안한 『해체신서』는 이러한 도해 시스템을 일본산 판목에 가져온 것인데, 원래 이 장르는 일본의 해부도와는 너무 달랐다. 실제 사상(事象)의 기록이 아니어서 서양식 그림은 일본 그림과는 닮지 않았다. 그러나 『해체신서』에 철학적(이라고 할까, 더욱 서양해부도 류의 종교적이기조차 한) 의미가 스치는 순간이 있다. 석가 탄생의 '천상천하유아독존'의 몸짓을 보이는 이미지가 확 나오는 것

그림 27 쿨무스에게 '살아 있는 신체' 그림은 생명이라는 신의 기적을 보여주면서, 인간 신체의 내부를 보여주는 것이었다. 일본의 맥락에서 보자면 이 모습은 '탄생불'과 닮았다. 부처의 네 고전적 도상 중 하나다. 도사 히데노부(土佐秀信), 「증보 제종불상도회」(增補諸宗佛像圖彙, 1783)에서.

3장 드러나는 신체　165

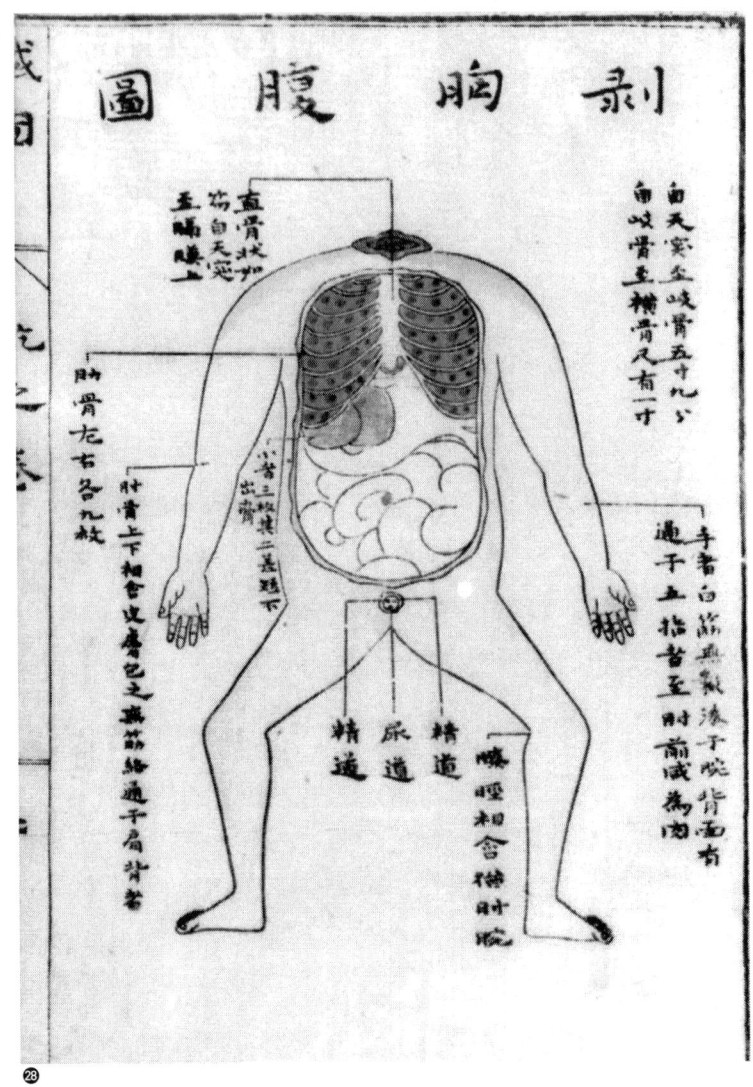

그림 28 야마와키 도요가 쓴 『장지』(1759)는 필요한 그림을 모두 갖춘 것으로서는 일본 최초의 해부도록이다. 그중 그림 9장은 1754년 교토에서 도요가 직접 행한 해부의 산물이다. 교토쇼시다이(京都所司代, 에도 시대 교토의 경비, 조정 및 귀족의 감찰, 마치부교의 관리 및 긴키 지역의 소송 재결, 규슈 지역 영주의 감찰 등을 맡았던 부서) 의사도 입회했다.

이다. 에도 사람들을 위해 실제라는 느낌을 약간 완화하려 했을까? 아니면 어쩌다 그렇게 되었을까?

객관성과 이상화를 지향하는 것이 서양 그림의 특징이라면, 일본 그림은 언제 누가라는 데 쏟는 관심이 특징이었다. 서양의 독자는 의학 정보가 완전히 교육적인 논리에 따라 시각적으로 개시되는 것을 보았으므로, 책의 형태를 띤 해부학서는 필요한 부분을 보여주면 되지, 실제 해부의 진행을 단계별로 덧쓸 필요는 없었다. 이와 반대로 에도의 독자는 실제 해부를 최초부터 최후까지 좇았기 때문에 두루마리를 풀어가는 대로 하나의 해부 과정에 입회하게 된다. 그것은 마지막 그림을 다 보고 나면 비로소 끝나는 종이 위 해부의 불가사의한 시공(時空)이었다.

그들은 정말로 베었던 것일까

난방의 책에서 널리 사용되었던 글의 초산(初産) 가운데 하나가 교토의 의사 야마와키 도요(山脇東洋)가 쓴 『장지』(藏志, 1759)다. 이 책은 실증파의 해부 기운을 돋우었다. 도요는 이른바 고의방(古醫方, 고방파 古方派, 고방가古方家라고도 한다) 의사에 속한다. 실증파이므로 고의방이라는 이름은 웬지 잘못 붙인 듯하지만 고대 중국 의술의 복고를 지향했다. 실제로 어느 정도 해부를 했지만, 문하생 아사누마 사에이(淺沼佐盈)에게 그리게 한 그림을 보면 그다지 주의를 기울인 해부였다고는 생각되지 않는다. 후발 난방의 중에는 도요를 비난하며 애당초 그가 해부를 했다는 사실조차 의심하는 자가 적지 않았다. 자른 것은 분명하지만 정말로 잘 보았을까? 사토 주료는 앞에서 인용한 '양도오장'(量度五藏) 뒤에 이어서 신체 내부를 확실하게 보지 않은 점은 고대인뿐 아니라 해부학의 초기 세대 또한 그랬다고 비난하고, "그런데 근세『장지』의 그림은 비웃을 만하다. 해체의 글자를 내린다"²¹라고 일갈했다. 자르기만 할 뿐 보지 않으면 어떤 이로움이 있는가라는 말이다. 바로 이런 비판에 대응하기 위해 18세기 후반 일본에서 쓰인 해부에 해당하는 보통의 말은 '관장'(觀臟)이었다. '장'(臟)기를 '보는'(觀) 것이다. 겐파쿠는 '해부'라는 '새 말'을 만든 뒤에도 이 '관장'이라는 말을 썼다.²²

그렇기는 하지만 '보는' 것과 그림의 관계는 명쾌하지 않다. 명쾌하다고 생각하고 싶어하는 경향도 있었지만 그리 썩 명쾌하지 않다. 『해체신서』는 의학적 해부를 실행하는 가치를 역설한다. "생각컨대 해체는 양과(瘍科)의 요체로서, 이를 알지 않으면 안 된다. 여러 증좌가 있는 곳, 이것 외에 알아야 할 것이 없다. 네덜란드인이 정교함을 다하는 것도 또한 여기에서 시작된다. 그러므로 만약 의술로 잘 나아가려는 자가 여기에 연원하지 않는다면 결코 잘할 수 없다."²³ 그렇지만 실행할 수 있던 사람은 거의 없었다. 실행한 사람들조차 절개하고 나서 미궁과 같은 장기를 앞에 두고 당혹했음이 분명하다. 실제로『해체신서』의 서문은 햇병아리 해부학자에게 세 가지 필요한 것이 있는데, 그것은 좋은 스승, 좋은 도구(1장의 논의를 상기하자) 그리고 그림이 들어간 책이라고 솔직한 충고를 한다. 요컨대 자기 눈으로 직접 보기 전에 우선 그 '보는' 법을 그림으로 제어할 필요가 있다는 말이다.『해체신서』번역자들은 자기들이 번역하는 책이 그러한 책이라고 생각했으며, 실제의 해부 행위에 선행하는 실마리로서 사용되어야 한다고 생각하고 (다시 한번 인용하면) "이 책에 실린 그림과 설(說)은 전부 해체에 관한 화란의 여러 책을 비교 연구하여 가장 명료한 것을 채택하고 이를 베껴서 손쉽게 정통하게" 한 것이다. 그리고 다음과 같이 썼다.

> 해부학 책은 도보(圖譜)를 비교해 보며 읽는 것을 가장 중요시한다. 그러므로 각 조목에 반드시 그림이 있다. 또 부인(符印)을 적어서 관람하는 데 편리하게 했다. 독자는 적절하게 서로 비교해 보는 데 소홀함이 없게 하라.[24]

'소홀히' 해서는 안 된다, 즉 등한히 하지 말라는 말이다.

이러한 저술가들조차 실제 사체를 대상으로 한 해부의 필요를 그리 강하게 주장할 수 없었다. 그럴 기회가 거의 없었으며 사체 입수 자체도 몹시 힘들었기 때문이었다. 그런 만큼 그림에 대한 의존도가 아주 높았다. 그런 점에서 가쓰라가와 호슈는 더욱 강력한 모종의 물건을 손에 넣고 감격했다. 네덜란드상관장에게서 프랑스제 인체 두부(頭部) 입체모형을 받았던 것이다. "프랑스 수도 파리라는 곳에서 부인이 만들었다 한다. 전신(全身)도 있다 하니 또한 전부 구해서 보고 싶다. 의술에 뜻이 있는 자가 이 물건을 보면 직접 해부하지 않고도 충분히 숙지할 수 있다"라고 말했다.[25] 실증의 시각이 어찌된 일인지 완전히 전도되어 버렸다.

일본인 독자는 깔끔하게 정합된 서양 해부도를 보더라도 일본 것과 마찬가지로 실제의 해부 작업을 기록한 것이라고 믿어 버리기 때문에 눈앞에서 직접 본 검시 해부와 그림 내용이 일치하지 않는 데 줄곧 실망했다. 일본의 난의들은 서양의 의사는 정확함에 대해서는 까다로운 사람들이라 믿고 있었는데 서양에서 가져온 의학 그림은 수술 현장에서 목격한 바와 너무나도 차이가 났기 때문에 계발의 도구가 아니라 도리어 혼란거리였다. 서양 도해를 해부 실천의 지침으로 사용하려고 하면 갑자기 전혀 뜻을 알지 못하게 되었다.

예를 들어 가쓰라가와 호슈는 1768년에 겐파쿠와 함께 실제로 해부를 목격했을지도 모르는데 (아마도 10대였을 것이다) 4반세기나 지나서도 여전히 난서(蘭書)에서 말하는 대로 신체 중에서 찾지 못하면 애가 탔다. 1798년 에도에 온 네덜란드상관 의사인 헤르만 레스크 (Herman Lesk)에게 물었다.

문 의사는 공부를 어떻게 시작해야 합니까? 의학교의 저명한 스승에게 배워야 할 터인데 무엇부터 익혀야 합니까?
답 해부학부터 시작해야 합니다.
문 많은 시체를 해부해서 숙달되어야 한다는데 그렇습니까?
답 원래 그렇습니다. 그러나 유명한 의사의 강의를 듣기 전에 서로 논쟁하고 토론해야 합니다. 그리고 분명히 알았을 때에야 (절개에) 들어갈 수 있습니다.
문 해부 방법은 어떻게 합니까?
답 머리부터 자르기 시작합니다. 그 다음에는 몸통 그리고 사지를 나눕니다.
문 해부를 할 때 여러 장기를 보기가 어렵더군요. 보는 방법이 있습니까?
답 왼쪽 늑골 아래에서 집중해서 잘 확인한 다음 그 아래를 차츰 차츰 찾아나가야 합니다.[26]

난학 집단에는 보이는 것에 대한 수사가 강렬해서 난방이 말하는 주장의 무게는 대부분 그것이 실증의 자리에서 '눈에 보이게 할' 수 있다고 하는 데에 실린다. 그러나 이 주장은 네덜란드 그림에 대한 논의가 되면 갑자기 수상쩍어진다. 훈련을 쌓은 감독자도 없고 필요한 클립이나 갈고랑이나 빨아내는 펌프도 없는 곳에서 실행된 해부에서 실제로 얼마나 보았겠는가? 스기타 겐파쿠는 『난학사시』의 유명한 문장에서 서양의 도보를 보면 개복된 실물의 사체를 보는 것과 같다고 했다. 이것은 실로 어처구니없는 주장이다. 이렇게 해서는 그가 최초의 해부에 입회했던 문제의 그날의 경위를 순서에 따라 기록한 기술 자체도 신용하기 힘들다(사건 후 거의 50년이 지난 기술이라는 문제도 있다). 유명한 문장이므로 일부는 이미 보았지만 다시 한번 전체를 인용할 가치가 있다.

이렇게 해서 각각 동반해서 고쓰카하라에 설치된 관장(觀臟) 장소에 이르렀다. 그런데 해부의 일은 에타(穢多)*인 도라마쓰라는 자가 이 일에 능숙하므로 미리 약속해 두었다. 이날도 그자에게 칼을 주어야 한다고 정했는데 그날 그자가 갑자기 병을 이유로 그의 조부라고 하는 늙은 백정으로 나이 90세인 자가 대신 나왔다. 건장해 보이는 늙은이였다. 젊어서부터 내장을 가르는 일은 여러 번 손을 대어 "몇 명이나 갈랐다"고 말했다. 그전부터 해부는 에타에게 맡겼다. 그가 어떤 곳을 가리키며 "폐입니다"라고 가르치고

---

* 중세 이후 천민시한 계층. 특히 에도 시대 바쿠한 체제에서 민중 지배의 일환으로 히닌(非人)과 함께 최하층에 자리매김되었다. 갖바치, 백정, 망나니 등에 종사했다.

"이것은 간입니다. 신장입니다" 하고 잘라서 보여주었다. 그것을 가서 본 사람들이 간과하고 돌아가서 "우리는 내경(內景)을 궁구한다"라 말하기까지 했다. 원래 장부(藏府)에 이름이 쓰여 있으면 백정이 가리키는 것을 보고 낙착하는 것이 그 무렵까지의 관례였다. 그날도 그 늙은 백정이 이것저것 가리켜 보이며 심장·간·쓸개·위 외에 이름 없는 것을 가리키며 "이름은 모르지만 이 놈이 젊어서부터 몇 명을 손을 대어 배를 갈랐는데 어느 뱃속을 보아도 이곳에 이런 것이 있고 저기에 저것이 있었습니다"라고 말하며 보여주었다. 그림을 보며 생각해 보고 나중에 분명히 알았는데 동혈맥(動血脈) 두 줄기, 또 소신(小腎) 등에 해당한다. 늙은 백정이 또 말하기를 "지금까지 장을 가를 때마다 의사들에게 가리켜 보여주었지만 누구 한 사람 '어느 것은 무엇'이며 '이것은 무엇 무엇이다'라고 의심하는 분도 없었습니다"라고 했다. 료타쿠와 함께 가져간 화란도(和蘭圖)와 대조해 보니 그 그림과 조금도 다른 점이 없는 물건이다. 예로부터 의경(醫經)에서 설명하는 바 폐 6엽·양이, 간 좌삼엽·우심엽이라 하는 구별도 없고 위장의 위치·형상도 크게 옛 설과 다르다. 관의 오카다 요센(岡田養仙), 후지모토 릿센(藤本立泉) 등은 그 무렵까지 7~8회나 해부했지만 전부 천고(千古)의 설과 달랐으므로 매번 의혹이 생기고 의심이 풀리지 않아 그때마다 이상(異狀)하게 보이는 점을 그려두고 "곰곰이 생각하면 화이(華夷)의 인물이 차이가 난다"고 저술한 책에서 본 적도 있음은 이것일 터이다. 그런데 그날 해부가 끝나고 해골의 형태도 보아야 하겠기에 형장에 널린 뼈들을 주워 와서 이리저리 살펴 보니 이 역시 옛 설과 서로 다르고 오직 화란도에 틀린 부분 없음에 모두들 경탄할 뿐이었다.

그날 형을 받고 죽은 자는 쉰 살쯤 된 늙은 부인으로 큰 죄를 범했다. 본디 교토에서 태어났고 별명으로 아오차바바라 부른다.[27]

어떤 부분에는 호슈가 같이 있었다고 적으면서 뒤에는 아니, 거기에 호슈는 없었다고 적은 겐파쿠의 무책임함은 제쳐두더라도 (호슈는 젊었음에도 불구하고 매우 중요한 인물이었으므로 동석했는지 여부를 기억하지 못할 리가 없다) 겐파쿠가 이야기를 꾸미거나 혹은 적어도 많이 각색을 가한 것은 아닐까. 자기 성화(聖化)의 이야기 중심에 누가 뭐래도 자신이 있었으면 하고 바랐기 때문에 호슈뿐 아니라 그 누구의 이름이든 잊어 버렸는지도 모른다. 그를 위해 해부의 일체 준비를 해준 의사의 이름조차 잊고 그저 마치부교* 부속의 어느 의사라고 밖에 적지 않았다. 마가후치(曲淵) 가이노카미(甲斐守)의 '시의(侍醫) 아무라는 자'라는 것이다.[28] 마찬가지로 동석한 또 한 사람 중요한 인물(이라고 할까, 가장 중요한 인물이었던)의 이름도 깜박하는 식이다. 해부를 한 늙은 백정의 이름이다. 겐파쿠에게는 자신밖에 안중에 없었다.

겐파쿠는 실증 자료가 탐났을 텐데도 일부러 해부인의 설명을 구하지 않고 이름도 알지 못하는 '늙은 백정'이 "폐입니다. …… 간입니다. 신장입니다"라고 말하는 것을 듣고 있을 뿐이었다. 이 '늙은 백정'은 직접 맡아서 "젊어서부터 몇 명을 손을 대어" 왔지만 신분이 낮고 심신이 더러운 자여서 사무라이이며 와카사한의 의사인 겐파쿠가 뭔

---

* 에도 바쿠후의 직명. 에도·오사카·순푸 등지에 두고 시중의 행정·사법·소방·경찰 따위의 직무를 보았다.

가를 물으려고 생각할 상대가 아니었다. 그의 눈으로 본 인물에게 묻지 않고 겐파쿠는 '가져간 화란도와 대조해' 보았더니 '그 그림과 조금도 다른 점이 없다'고 생각한다. 이것으로 실제 해부를 보았다고는 말할 수가 없다. 그림 위의 표현만을 본 셈이다.

겐파쿠의 이야기가 엉터리임은 금세 알 수 있다. 사태는 그가 말하는 대로 일어날 리가 없었으며 서양서 중의 그림에도 그가 주장하는 것은 있을 턱이 없었다. 겐파쿠가 자신은 보았다고 우겨대는 것을 유럽의 해부도 장르에는 그리지 않았기 때문이다.

문제가 된 그림이 (캠퍼가 의학박사 학위를 취득한 도시이기도 한) 단치히의 제실(帝室) 아카데미 회원인 요한 쿨무스의 『타펠 아나토미아』에서 취한 것임은 잘 알려져 있다. 쿨무스의 책은 1722년에 출판되었는데 일본에서는 1734년에 나온 헤랄트 딕텐(Gerard Dicten)이 네덜란드어로 번역한 『도보해설부 해부서』(*Ontleedkundige tafelen*)로 알려졌다. 겐파쿠가 "이 책은 네덜란드인 요한 아탄 큐루무스가 저술한 『타펠 아나토미아』를 번역했다"고 말해서 "온트레드쿤디헤 타페렌"(*Ontleedkundige tafelen*)이라고는 말하지 않은 이유는 명확하지 않다. 지금도 유명한 것은 물론 『타펠 아나토미아』 쪽이다. 그리고 쿨무스는 '네덜란드인'이 아니고 독일인이다.

어쨌거나 쿨무스의 책은 해부 실천을 위한 길잡이가 아니었다. 해부학자를 대상으로 한 전문서도 아니며 일반 독자용 계몽서였다. 실제로 쿨무스의 도해는 자르는 문제에 대해서는 모른체한다. 머리말을 보면, '나는 각각의 논의에 도판을 넣었다. 그렇기는 해도 많이 넣지는 못했다. 그렇게 하면 경비가 껑충 뛰어서 책을 살 만한 사람들까지 달아날지도 모르기 때문이다. 그 그림들이 있으니 인간 신체의 전부를 지장 없이, 또한 매우 명쾌하게 볼 수 있으며 사체를 자기 눈으로 볼 수 없는 때조차 이것을 이용할 수 있다'라는 식으로 씌어 있다. 이 그림들과 실제 사체를 아무리 맞춰 봐도 옳은지 틀렸는지 뭐라고 말할 수 없다. 그것은 선험적으로 옳다고 여기는 데이터의 집합체인 셈이다.

해부와 권력

스기타 겐파쿠의 업적을 트집 잡으려는 것이 아니다. 그가 만들고 후세가 무조건 받아들이며, 지금도 기본적으로는 옳다고 여기는, 잘 만들어진 이야기를 조금 더 주의 깊게 다시 읽어 보고 싶을 뿐이다. 요컨대 난방과 한방(신체에 대한 해부학적인 읽기와 총체로서의 읽기)은 어느 쪽이 옳고 어느 쪽은 틀렸다는 대립항이 아니다. 지금까지 자신이 배워온 것이 '잘못' 되었다고 겐파쿠가 '발견' 한 것은 터무니없는 설, 하나의 신화다. 겐파쿠가 (몇 번이나 그렇게 한 바와 같이) 한방을 '천고의 설' 로서 배척할 때 그는 한방에는 딱한 기준을 강요하려 한다. 한방에도 그 내부에서 일관되게 '옳은' 것은 난방과 마찬가지다. 다만 이론상 양자는 서로 달라서 양립하기 어려울 뿐이다. 과학사가 토머스 쿤(Thomas Kuhn)의 유명한 말(『과학혁명의 구조』)을 빌어서 말하면, 이 양자는 바로 '통약불능'(通約不能)인 관계다.[29] 차이는 이데올로기에 초점이 모인다. 이 경우에 이데올로기는 두 가지를 경첩해서 열고 닫는 문이다. 두 가지란 응시와 절개에 대한 평가다.

따라서 한방에 반대하는 측은 신체를 열어 보이지 않는 것은 '잘못'이라고 말했지만 한방의에게는 무의미한 반대였다. 난방의들이 오장육부의 전체적인 '기' (氣)를 소홀히 여긴다고 하는 한방 측의 비판 또한 마찬가지다.

예를 들어 야마와키 도요의 『장지』는 이듬해 간행된 한방의 사노 야스사다(佐野安貞)의 『비장지』(非藏志)로부터 격렬한 공격을 받았다. 서로 자기 의견만 주장함으로써 논쟁이 유명해졌지만, 야스사다는 특별히 도요가 무능하다거나 데이터를 잘못 읽었다고 비판한 것이 아니었다. 해부 자체가 근본적으로 무의미하다고 갈파했을 뿐이었다. 『비장지』의 끝맺음 부분에 이렇게 쒀어 있다.

무릇 장(藏)이 장인 것은 형상을 이름이 아니라 기를 간직하고 있어서다. 신체가 사라져 기가 흩어지면 장은 그저 허기(虛器)일 뿐, 무엇으로써 시청 언동이 거기에 따름을 알겠는가. 또 무엇으로써 몸을 보양하는 혈기와 삼초(三焦)*의 통기(統紀)를 보겠는가. 이런 까닭에 소연하게 보는 것[視]은 명명(冥冥)한 관찰[察]만 못하다. 혁혁한 공은 혼모한 말이 된다. 이를 보고 이치를 구하는 것이 없다면 곧 동자(童子)를 시켜 보는 것과 무엇이 다르겠는가.[30]

생명이 사라지고 단순한 '허기'로 변한 내장을 해부해서 어떤 도움이 되는가? 사변(思辨)에 의해 원리에 도달하지 않고 허기만 관찰해서는 어린 아이에게 관찰하게 하는 것과 다르지 않다고 말했다. 야스사다는 자신의 일과 도요의 일은 좀처럼 '통약(通約)'하기 어렵다고 보았다.

---

* 한방에서 이르는 육부(六腑)의 하나로서 상초(上焦)·중초(中焦)·하초(下焦)의 총칭. 상초는 심장 아래에, 중초는 위 속에서, 하초는 방광 위에 있어서 수분의 배설을 맡았다고 한다.

이렇게 해서 야마와키 도요의 시도를 통째로 부정할 뿐 아니라 그 능력까지 의심하는 식의 도전은 도리어 난의와 그 지지자 집단 내부에서 생겨났다. 예를 들어 이미 앞에서 본 사토 주료의 비판 따위가 그렇다. 외부에서 온 비판이 아니다. 각기 제 주장을 굳게 내세우는 한방 대(對) 난방 실체는 의학의 권력 투쟁이었다. 어떤 자이든지 의학의 권력을 잡은 자가 국가 권력의 중심적인 장을 장악하는 것이다.

의학계 여러 기관마다 내부에서 정치 투쟁이 분명해지기 시작했다. 1765년 바쿠후의 관의인 다키 모토타카(多紀元孝)가 서양 의술에 반대하는 아성으로서 사립의학교 세이주칸(躋壽館)을 설치했다. 이것이 간세이 개혁 때 바쿠후 직할 관의 양성기관이 되어 이가쿠칸(醫學館)이라 개칭했다. 그러나 간다 사쿠마의 (사천대司天臺 옛 터의) 호화로운 환경 속에 자리 잡고 있던 이 아성도 난방을 완전히 배제하지는 못했다. 히라가 겐나이의 고명한 의학전시회(약품회)가 몇 번인가 여기서 개최되었다. 여러 제도들이 그 내부에 알력을 내포하고 있었다.

난의들은 자신들의 주장이 참신함을 잘 알았다. 고도로 관리된 에도의 지식 세계에서 너무 참신한 사상의 공표는 상당히 위험했다. 자기의 영역을 감독하는 권력 구조에 경의를 표하고, 일본이라는 배를 평안하고 무사하게 항해시키지 않으면 안 된다. 쿨무스의 책을 번역한 겐파쿠 등의 방식은 지극히 현명했다.

자신들의 책이 한 권 전체가 일본어로 번역된 최초의 책이 된다는 자각에서 (그렇긴 하지만 거의 대부분의 정보가 담긴 방대한 각주가 생략되었기 때문에 실제로는 쿨무스 원본의 반도 안 되는 분량이었다) 역자들은 더욱 더 신중했다. 바쿠후의 자존심을 손상했다가 대역죄로 문초당할까 전전긍긍하는 식이었다. 호슈의 지위 그리고 아오차바바의 검시

때에 그가 동석했는지 아닌지 애매한 데는 실은 그러한 배경이 있던 듯하다. 앞에 인용한 겐파쿠의 회고담에는 그가 동석자로서 적혀 있지 않았는데 불과 몇 쪽 뒤에는 거기에 있었다고 말하며 번역자 목록에도 당당하게 이름을 올렸다. 그는 젊었지만 부친은 바쿠후의 관의였다. 호슈도 에도 성내에서 얼굴이 통했다. 그것이 그 이름의 의미였음에 틀림없다.

완성된 번역은 전대미문의 신중한 취급을 했다. 우선 겐파쿠가 '세속에서 말하는 광고 쪽지와 같은 것'이라고 하는 전단지를 뿌려서 평판을 엿보았다. 책의 인쇄가 끝나자 일반에 나돌기 전에 바쿠후, 고산케(御三家)*, 간파쿠(關白)** 집안, 구조케(九條家), 고노에케(近衛家),*** 히로하시케(廣橋家)에 먼저 바쳤다. 고산케는 '경사스러운 고가(古歌)'로 답례했고, 히가시보조케(東坊城家)는 칠언절구로 출판을 축하했다.³¹

『해체신서』는 순수하게 의학적인 논의를 넘어선 몇몇 이유 때문에 큰 반발이 불가피한 책이었다. 따라서 실용적인 면을 깎아 내려서까지 보통의 학문 수준에서 보아도 당당한 외양을 갖출 필요가 있었다. 작품 전체가 한문인 점을 상기하자. 본격 의서에서는 당연한 일이지만 대체로 일어로 간행한 난학서의 규범에서는 벗어난다. 이것이 이 작품의 별난 점이다. 만인에게 도움이 된다고 말하면서도 『해체신서』는 대부분의 사람들이 읽지 못할 책이었다. 쿨무스의 일상어 문장이 (쿨무스는 라틴어로 쓰지 않았다) 난해하고 현학적인 한문으로 변환되

---

* 도쿠가와 쇼군의 일가인 오와리(尾張), 기이(紀伊), 미토(水戶) 세 가문의 경칭.
** 성인이 된 천황을 도와 정무를 맡았던 중직.
*** 구조케, 고노에케는 간파쿠에 임명되는 다섯 집안인 고셋케(五攝家)이다.

었다. 뛰어난 난학자였던 시바 고칸은 이 논리적 모순을 힐난했다. 상공인이던 고칸은 사무라이 계급이던 쿨무스 번역가 그룹보다는 훨씬 진지하게 일반 독자의 불편을 생각했을 터였다. 그는 『해체신서』 그리고 뒤에 우다가와 겐신(宇田川玄眞)이 저술한 『의범제강』(醫範提綱)에 대해 1810년의 『독소망언』(獨笑妄言)의 '해체접어'(解體接語) 장에서

그림 29 『해체신서』의 속표지는 이 책의 원서로서 드는 어떤 책에서도 가져 오지 않았다. 나중의 판본이나 번역본에서 속표지의 변경이 많았고, 또한 어느 책의 어느 판이 들어와 있었는지 판단하기 어렵기 때문에 어느 책에서 취했는지 알아내기가 어렵다.
그림 30 발베르데 책의 속표지도 아주 유사하다(하지만 완전히 일치하지도 않는다). 후대의 네덜란드어 번역본.

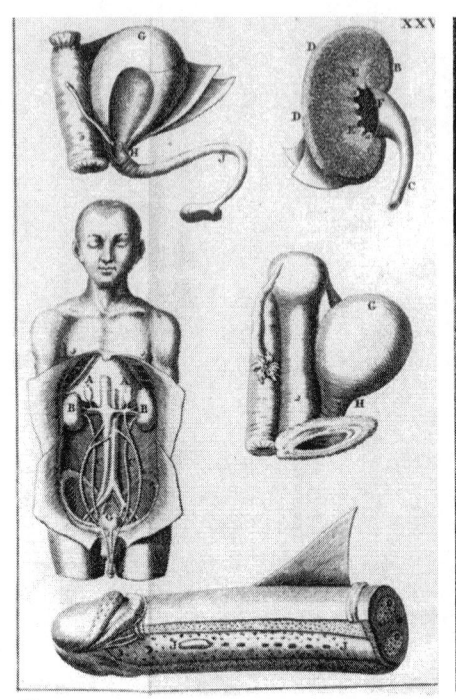
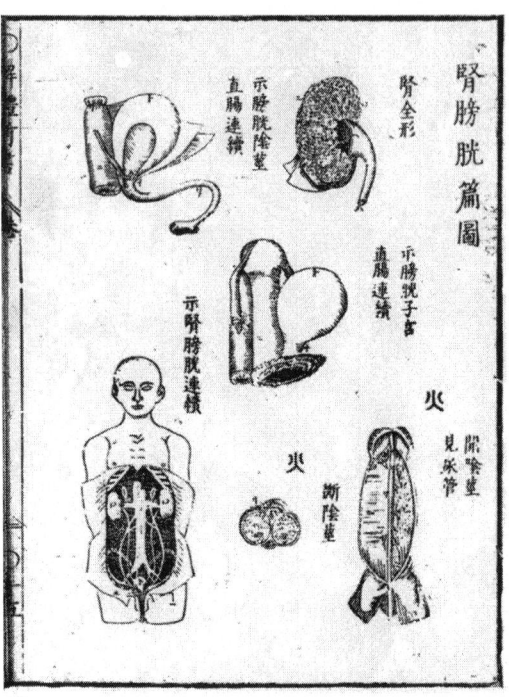

"서양의 서명에 '아나토미'란 해체로 번역한다. 스기타 선생과 우다가와 씨가 『해체신서』, 『의범제강』을 저술했다. 그런데 한문으로 되어 있어 어린아이가 이해하기 어렵고 문장을 번역하기도 어렵다. 여기에서는 속어 히라가나로 말한다"라고 썼다. 이듬해 1811년의 『춘파루필기』(春波樓筆記)에서는 "전부 중국의 문장으로 쓴 자"가 "문맹인 자를 등치는 모사(謀事)이다"라고 갈파했다.[32]

번역 그룹은 그들의 새로운 의술을 의학계 안팎이 똑같이 지지해

그림 31 쿨무스가 그린 남성 성기도.
그림 32 『해체신서』에서. 쿨무스 책 중에서 크고 확실히 알아볼 수 있는 페니스가 『해체신서』에서는 좀더 온당한 것으로 변해 버렸다.

주기를 열망하고 어디까지나 일반 독자용의 글이라고 '범례' 중에 역설했다. 평범한 사무라이를 대상 독자로 한 듯하다. 책은 많은 독자를 끌도록 성가신 문젯거리는 되도록 만들지 않았다. 주제 자체의 신기함은 어쩔 수 없지만 책의 장정에는 회석의 여지가 있었다. 따라서 쿨무스 원본의 속표지 그림(레이디 아나토미아가 손에 나이프를 쥐고 지금이라도 풍만한 여성의 사체를 해부하려는 듯한 바로크적 환상도, 18쪽 그림 7) 대신에 발베르데에서 채택한 삼각 박공 아래에 조각상처럼 아담과 이브가 서 있는, 훨씬 점잖은 도안을 빌렸다.³³ 아니, 이 그림조차 일반에 읽히려고 배려를 해서 아담의 손 위치가 바뀌어 물의를 일으킬지도 모르는, 숨겨야 할 부분을 가리는 모습이다. 아무리 해부도라고는 해도 역시 공공연히 드러내서는 안 되는 부위가 있다는 염려가 앞섰다. 쿨무스 원본의 도판은 아래쪽의 멋진 그 물건을 제외하고서야 비로소 『해체신서』에 입장할 수가 있었다. 「헤이지로 장도」, 그 밖의 해부도에도 분명히 페니스가 그려졌지만 『해체신서』의 번역자들은 중심적인 인물상에 이 정도로 노출된 성기 그림을 붙이는 것은 어떨지 고민했음에 틀림없으며 다른 출전에서 좀더 작고 애매한 그림을 가지고 와서 대체했다.

겐파쿠가 『난학사시』에서 말하는 이야기에도 의학계 밖에서 강력한 후원을 구하려는 생각이 보인다. 역사는 1815년으로 끝난다. 정말로 그랬을까? 이것도 일류를 추구하는 겐파쿠의 신화일까? 분카(文化)* 12년인 1815년은 예사 해가 아니었다. 도쿠가와 이에야스(德川家康) 사후 200주기였다. 겐파쿠가 이것을 모를 리 없었다. 세상에 널리

---

* 고카쿠(光格) 천황·닌코(仁孝) 천황 때의 연호. 1804~1818.

광고되고 광범위하게 축하하고 있었기 때문이다. 실제로 겐파쿠는 전통적인 일본 학계가 얼마나 부족한지 탄식하던 책의 말미에 이르러 갑자기 도쿠가와 치세의 충족함을 예찬하기 시작했는데 이 200주기의 일을 증거로 삼는다. 겐파쿠는 그 페이지의 문장에 대해서만은 레이아웃을 까다롭게 지시하고 송구스러운 것에 언급할 때마다 개행한다. 원래의 레이아웃으로 그 언저리를 살펴보자.

> 황송하옵게도 올해 분카 12년은
> 후타라산(男體山)의 신께서
> 돌아가신 지 200년이 됩니다. 이
> 신께서 천하태평으로 통일해 주신
> 은혜가 하찮은 노인 무리들에게까지 미치고 구석구석
> 신덕(神德)의 빛을 비춰 주시니
> 아무리 송구스럽게 우러러 보아도 지나치다고 말할 수 없는 일입니다.[34]

작품 전체의 진짜 주제를 보자면, 이 끝 부분은 전혀 걸맞지 않지만 이처럼 정중히 치켜세워서 겐파쿠가 창도하려고 하는 이론의 외국풍을 조금 누그러뜨리는 것이다. 그리고 보면 이 책의 머리 부분에서도 (그 자신이 사실에 어긋남을 알면서도) 난학이 쇼군 요시무네(吉宗)*

---

* 에도 바쿠후의 8대 쇼군. 1대 쇼군 도쿠가와 이에야스를 본보기로 삼아 바쿠후 중흥을 꾀했다. 재직 중에 무예·학문, 특히 실학의 장려, 화폐 개주(改鑄), 법령의 편찬, 식산 흥업·신전 개발의 추진 등 정권 전체에 걸친 개혁을 행하여 어느 정도 바쿠후 지배체제를 보강하는 데 성공했다. 이를 교호(亨保) 개혁이라고 한다.

그림 33 「약사여래상」. 약 1.5제곱미터 크기의 석 장 중 한 장이다. '에도코로 법교 초진'(繪所法橋調進)이라는 서명과 '데이에키'(貞易)의 낙관이 있다. 닛코 에도코로(日光繪所) 8대인 료타쿠 데이에키(了琢貞易)가 그렸다는 증거다. 이 그림들은 도쿠가와 이에야스(德川家康) 사후 100년째인 1715년에 제작되었다고 생각하지만, 후대의 에도코로 화가(이름은 확실하지 않은 경우가 많다)가 150년 제례나 200년 제례에 그렸을 가능성도 있다.

의 명을 받고 시작했다고 적었다. 겐파쿠는 좋은 백성이었다.

이에야스는 누구였던가? 도쇼다이곤겐(東照大權現)*일 뿐 아니라 그 이상인 자이기도 했다. 약사여래와 같은 존재로도 여겨져서 약사를 모시는 신사 중에 이에야스와 결부된 곳도 있다(이에야스의 유해를 닛코日光로 이장하기 전에 일단 장례 지냈던 구마노산 도쇼샤東照社). 약사는 도쇼다이곤겐의 본지불(本地佛)**이었다. 닛코 에도코로(繪所)***의 상급 화가 8대 료타쿠 데이에키(了琢貞易)가 2제곱미터 크기의 멋진 약사불 그림을 그렸다. 제작은 1715년. 겐파쿠의 역사가 이에야스 200주기에 철해졌듯이, 이것은 이에야스 100주기에 제작되었다.[35] 겐파쿠는 그의 책을 약사불과 국가 창건자에게 바쳤다.

약사여래 · 도쇼다이곤겐은 왼손에 약병을 쥐고 있다. 100년에 걸쳐서 의학은 크게 변했다. 겐파쿠나 다른 난학자들은 이 병을 메스로 바꾸고 싶어했을까? 이에야스는 무덤 저편에서도 의약의 신으로 변하여 그의 나라를 계속 지키고 있다. 국가의 병을 고치는 자인 그는 의학사상의 전개에 말려들 수밖에 없었다.

---

* 도쿠가와 이에야스의 존칭. 곤겐은 중생을 구제하기 위해 신이나 사람 등 임시 모습으로 현신한 보살을 말한다.
** 본지수적설에 의해 신의 본지라고 여기는 부처 · 보살.
*** 그림을 맡아보던 관청.

만들어지는 신체

4장

서양의 해부 관념에 따르면 신체의 절대적 내부에 다가가면 갈수록 하느님에게 다가가게 된다. 그러나 그 '절대적 내부' ─ 마음 혹은 뼈가 어디 있는지 정확하게 말한 것은 거의 없다. 신의 복사물인 이상, 인간은 현실의 신체 내부 어딘가에 궁극적인 진리에 다가설 실마리를 감추고 있을 터이다. 그런데 그것은 어디에 있는가?

만약 육신이 없었다면 사람은 목마름도 모르고, 산해진미도 맛을 알지 못하며, 이브도 에덴동산에서 뱀에게 속아 금단의 열매를 입에 대지 않았을 테고 결국에는 고개를 떨군 채 낙원에서 추방되는 일도 없었을 것이다. 육신이 없다면 인류는 죄악을 배울 일도 없었다. 정말로 육체는 양날의 칼이었다.

신학은 예수의 성육신(成肉身)이라는 단순한 교리로써 이 역설을 극복했다. 만약 육체로 말미암은 '인류의 타락'이 없었다면 예수가 왕림할 필요도, 궁극의 구원도 없을 것이라 한다. 예수는 '아버지'의 아들로서 인간의 몸으로 현신하여 이 땅에 왔다. 그래서 육체는 한편으로는 어쩔 수 없는 죄의 근원이면서 다른 한편으로는 구원을 가져올 유일한 도구이기도 했다. "모든 것은 아담에게서 죽고, 예수에게서 소생될 것이다"라고 기독교는 경건하게 설파했다.

아담의 육체도 예수의 육체도 같았다. 그러므로 육체 안으로 헤치고 들어가기란 천천히 뒤뚝거리며 죄의 물질 속을 지나가면서 동시에 신성한 실체 속을 지나가는 일이었다. 그러나 오로지 하느님과 아들을 알게 되는 방향성만이 이야기되는 운동이다.

　일본의 사정이 전혀 달랐음은 새삼 말할 필요도 없다. 불교 사상은 인간의 신체가 지닌 의미를 전혀 다르게 해석했다. 부처는 인간 모습으로 표상되지만, 불신론(佛身論)의 설명에 따르면 육신을 받은 존재가 아니다. 무언가 전혀 다른 것으로 만들어진 이 불신은 '법신'(法身)이라 불렸다. 불교 체계에서는 육체의 고통은 별로 중요하게 다뤄야 할 대상이 아니었다. 금욕 훈련에 의한 고행은 흔히 행해졌지만 그 본질은 인간 육체의 물질성에 관련된 명상이었다. 육체는 인과(因果)의 실을 헝클어뜨리고 악의 근원은 되었으나 그 자체로는 선도 악도 아니었다.

　일본 사상에는 신체 외부를 중대한 진리의 계명을 구하기 위해 깨뜨려야 할 무언가로 보는 감각이 없었다. 따라서 누군가 그렇게 하려고 했을 때 그것을 억압하려는 종교적 금지 역시 거의 없었다.

뼈 있는 이야기

살아 있는 신체의 가장 미묘하고 지극한 내부를 심장이라 말해도 좋겠지만, 그것은 마지막 장에서 논하기로 하자. 좀더 오래 갈 듯한 인간의 근원은 더 깊숙이 있는 뼈인지도 모른다. 진정한 내부가 좀처럼 확실하게 확인되지 않는 데 비해 신체 외부 쪽은 그다지 성가시지 않다. 피부라는 가장 바깥층이 신체 외부라는 데는 다른 의견이 없을 것이다. 필자는 외부에 대해 내부가 가진 상대적인 중요성을 에도 사람들이 어떻게 감지했는지, 서양 해부학이 출현하면서 겉과 속이라는 개념이 어

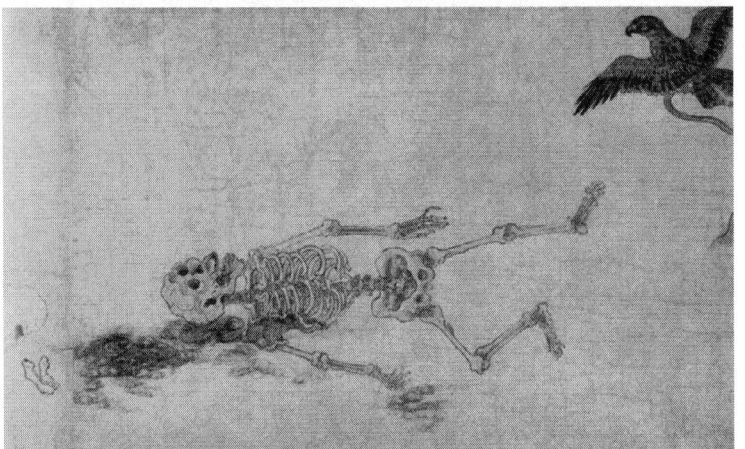

떤 영향을 받았는지를 이미 다른 글에서 논했다.¹ 여기서 그 지론을 되풀이할 생각은 없으나 다만 지나치게 수고를 아낀다면 무골이라는 비난을 면하기는 힘들 것이다. 여하튼 일본 문화에서도, 서양 문화에서도 표면의 껍질 한 장이 좀더 깊은 곳에 있는 뼈를 감추고 있다는 비유법이 자주 쓰이는 데는 변함이 없다.

중세 일본인은 뼈는 신체의 가장 깊은 곳에 있어서 눈으로 볼 수는 없지만 육체와 그리 다른 재질로 이루어지지는 않았다고 생각했다. 서양에서는 해골이란 덧없는 육신 속에 사는 영원한 실체라는 식으로 생각하는 일이 많았던 반면, 일본에서는 뼈의 전체적 구조도 육체보다 오래 가지 않을 뿐 아니라 육체와 마찬가지로 허무한 것으로 보았다. 일본인은 냉철한 눈으로 죽어서 육체가 썩고 근육이 떨어져 나가면 골격 또한 허물어지고 흩어져서 덩어리도 형상도 상실되는 것을 보았다. 서양인은 보고도 못 본 체했을 뿐이다.

뼈의 결합이란 그저 일시적이며 그런 까닭에 영속성을 표상할 수 없다는 이 감각을 보여주는 예가 일본에는 얼마든지 있다. 일본에서는 뼈까지 한갓 재로 돌아가는 것이 인간 의식의 무상함과 신체 중 가장 지속될 듯이 보이는 부분조차 실은 덧없다는 우의적 표현이 되었다. 좋은 예가 1600년 무렵 작자 미상의 『도키와노우바』(常盤の姥)라는 이야기다.

그림 1 그린이 미상, 「구상시」(九相詩). 표제는 '아홉 단계'를 의미한다. 한자로 '九相' 또는 '九想'이라고도 쓴다. 본문인 시는 여러 경문(經文)에서 모았다. 이 연작 형식은 중국에서 전래한 것으로, 선사(禪寺)에 널리 퍼져 있었다. 국사(國師) 무소 소세키(夢窓疎石)도 한 벌을 신변에 두었다고 한다. 제작 연대는 미상. 아마 13세기일 것이다. 이 시리즈에는 맨 마지막 '상'(相)이 없다.

아침이면 인생행로를 뽐내지만 저녁이면 덧없이 백골 들판을 지나갈 몸임을 알지 못하네. 붉은 물방울과 흰 물방울,* 둘이 흉중에 서린 것을 비유하니 똬리를 튼 독사나 다름없는 모습이구나. 연지 찍고 분 바르고 눈썹 그려 화장을 하니 이 젊음의 애착은, 초목에 누운 송장을 불상이 여기고 들판에서 비바람 맞고 있는 사체 사이로 가는 찰나에 흩어지네. 악업이 모습을 드러내어 검으로 몸이 찢겨지고 재빠른 칼날에 잘게 잘린다. 홍련, 홍련지옥**의 얼음 속에 갇히고 초열, 초열지옥***의 불길에 숨막히는 비애여.²

이것이 이 전통의 효시는 아니다. 이에 앞서 약 400년 전, 13세기에는 '구상시'(九相詩)가 지어졌다. '구상시'(九想詩)라고도 쓰는 이 시에는 때때로 '구상만다라'라는 그림이 붙는다. 구상시는 인생무상이라는 상투적인 주제로, 피부와 살이 쇠퇴하는 변천도를 그려낸다. '구상'이란 신체가 죽음에서 최종적으로 무(無)의 상태로 돌아가기까지 아홉 상태 내지는 아홉 순간, 또는 그것에 대한 아홉 가지의 관상(觀想)을 가리킨다.

구상이란 ①임종의 자리에 누워 있는 죽은 자(보통은 관능적으로 차려입은 미녀), ②사체가 부풀어 오르기 시작하는 창상(脹想), ③피부에 변색이나 얼룩이 나타나는 청어상(靑瘀想), ④사체가 해체되기 시

---

* 불교에서 말하는 적백이제(赤白二渧). 붉은 물방울, 즉 어머니의 정기와 흰 물방울, 즉 아버지의 정기가 만나 인신(人身)이 된다고 함.
** 불교에서 말하는 팔한(八寒) 지옥의 하나. 여기에 떨어진 자는 추위 때문에 피부가 찢어지고 피가 나서 마치 붉은 연꽃(紅蓮)같이 된다고 함.
*** 불교에서 말하는 팔열(八熱) 지옥의 하나. 살생·투도(偸盜)·음행(淫行)·음주(飮酒)·망어(妄語)의 죄를 지은 자가 가게 되는 지옥으로, 여기에 떨어지면 견디기 힘든 불길의 고통을 받는다고 함.

작하는 괴상(壞想), ⑤머리카락이 빠지고 눈이 튀어나오며 장기가 땅으로 흘러나오는 혈도상(血途想), ⑥썩어 문드러져서 마침내 뼈가 보이는 농란상(膿爛想), ⑦들개나 까마귀에게 쪼아 먹히는 산상(散想), ⑧피나 살이 없어지고 백골로만 변하는 골상(骨想) ⑨그 뼈조차 무로 돌아가 버리는 소상(燒想)이다.

요컨대 구상시와 그것을 회화로 표현한 구상만다라는 뼈가 신체의 다른 부분보다 오래 가는 것이 아니라고 말한다. 그것은 결코 생의 최후에 의지할 곳이 아니다. 그래서 유럽과는 달리 일본에서는 해골이 신체의 절대성을 나타내는 상징이 될 수 없었다.

일본에서는 해부학자가 아무리 사체 내부를 가르고 뼈를 들어내더라도 인식 면에서는 신체 표층에서 확인한 의미 이상을 찾아내기란 (물론 의학적으로 흥미로운 식견은 얻겠지만) 불가능하다고 생각했다. 구상의 관법이, 아니 불교 사상 전체가, 그리고 에도 후기의 일본 사상 일반이 뼈는 어떤 인간이 살아 있는 상태를 우의적으로 표현할 수 있을지 모르지만 그 최종 상태에 대해서는 표현할 수 없다고 가르쳤다. 신체의 최종 상태는 뼈가 흩어진 상태다. 즉 궁극적으로는 뼈가 없어진 신체가 아니라 신체 없음을 가리킨다. 그러므로 영혼의 절대에 의거하는 기독교를 거들떠보지도 않았다. 불교는 무엇 하나 고정된 실체로서의 나는 존재하지 않는다고 하는 무아(無我) 내지 '공'(空) 사상을 내세웠다.

생애를 대부분 '과객'으로서 보낸 위대한 하이쿠 작가 마쓰오 바쇼(松尾芭蕉)에게는 '촉루(髑髏)에 대한 …… 상당한 관심'이 있었다.[3] 예를 들어 1684년 길 떠나기 전에 이런 싯구를 읊었다.

조쿄(貞享)* 갑자년 가을, 강 위 허물어진 집을 나설 무렵 바람소리 하염없이 차갑구나
비바람에 뼈만 남은 해골을 마음에, 바람이 스며든 몸이여.

나그네 길의 하이쿠 성인은 인생이란 여정을 걷는 자신을 (겉은 피부와 살이 붙어 있고 속에는 골격이 있는) 완전한 신체를 가지면서도 이미 비바람에 뼈만 남은 하나의 해골로 보았다. 바쇼의 눈은 투철해서 결국은 (그것도 머지않아) 바람에 흩어져서 안개처럼 사라질 일시적인 덩어리가 자신이기 때문에 아직 죽지 않은 현재에 그러한 존재로서 자신을 파악하려 했다. "비바람에 뼈만 남은 해골을 마음에"도 죽음을 각오했다고 읽기보다는 "비바람에 뼈만 남은 해골이 된 자신의 모습을 마음에 그린다고 읽는 편이 재미있다"는 이누이 히로유키(乾裕幸)의 이견에 필자도 찬성한다. 같은 기행문의 "죽을 수도 없는 객지 잠의 끝이여, 늦가을이여"라는 구절의 설명에 "무사시노를 떠날 때 비바람에 뼈만 남은 해골을 마음에 그리며 나그네 길 떠나면"은 그러한 것은 아니었을까?

바쇼는 앞에 인용한 구절과 같은 해에 쓴 하이쿠 기행에 『노자라시 기행』(野ざらし紀行)**이라는 이름을 붙였다. 늙은 순례자는 (그는 교토, 이세를 향했다) 길가에서 무너져 그의 신체는 이미 산산히 흩어진 듯하다. 사후에 해골이 되는 것이 아니라, 비바람에 뼈만 남은 해골의 공무(空無)가 살아 있는 인간의 신체에 미리 투사되었다. 바쇼의 해골은 존재하지 않는다. 겉에 보이는 신체의 깊은 속에 그는 없다. 가루미**의 세계다.

서구의 형이상학은 더 큰 소리로 뼈에 무게를 부여했다. '죽음' 에

인간적인 차림을 부여한 클리셰(cliché)로 옷을 걸치고 큰 낫을 가진 오체만족의 남자 해골 그림을 취했다. 그 살아 있는 해골들은 바쇼의 '해골'과는 정반대다. '풀 베는 음침한 사람'이라는 이름의 이 '죽음'은 살은 없지만 해골로서의 일체성을 여전히 가지고 있다는 데 진실을 드러낸다. 그의 큰 낫은 인간의 육체를 이삭처럼 그러모으는 작업의 상징이며, 두건은 '죽음'의 음침한 작업 방식을 의미한다. 서양의 발상으로는 뼈는 결코 흙으로 돌아가는 것이 아니라 살이 소멸해도 사람의 최후 형적으로서 영원히 모습을 남긴다.

일본에서 해골이 재평가된 때는 18세기 말이다. 아마도 해부학과 해부도가 나타난 데 대한 반응이지 않았을까? 필자는 일본에서 해골은 이때 '발명' 되었다고 다른 책에서 주장했다.⁴ 난학이 성행하기 전에는 해골 일체를 그대로 그리는 시도도, 뿔뿔이 흩어진 뼈를 다시 잇는 시도도 거의 없었는데, 그 직후 격증했다.

일본에서는 『타펠 아나토미아』라는 이름으로 강력한 영향력을 발휘하게 된 요한 쿨무스의 속표지 그림(18쪽 그림 7)을 떠올려 보자. 완전하게 전신이 연결된 해골이 해부실에 서 있다. 이것은 하나의 사실이라기보다 하나의 상징으로서 존재한다. 골격에 대한 지식은 서양에서 의사들이 탁월한, 성스러운, 사제적인 인지를 갖고 있다는 표식이다. 해골은 해부학자가 가진 직능의 숭고함을 나타내는 휘장이었다.

스기타 겐파쿠는 '아오차바바'의 검시를 본 뒤 쿨무스의 골격도

---

* 레이겐(靈元) 천황·히가시야마(東山) 천황 대의 연호. 1684~1688년.
** '노자라시'(野ざらし)란 비바람을 맞아 뼈만 남은 해골을 말한다.
*** 바쇼가 만년에 지향한 하이쿠 작풍(作風)의 하나. 평범하고 비근한 사물 가운데에서 소재를 구하여 그 속에 하이쿠의 멋을 찾으려 했다.

를 보자, 그때까지 그를 포함한 어떤 의사도 느끼지 못했던 격렬한 욕망을 느꼈다. 전신의 골격을 보고 싶다! 그는 '고쓰카하라' 형장에서 뼈를 주워서 전신골격을 하나 만들 결심을 한다. 이렇게 하는 데에 쿨무스 책과 같은 그림을 틀림없이 참조했으리라.『난학사시』에는 이렇게 적혀 있다. "그런데 그날의 해부가 끝나고 해골의 형태도 보아야 하겠기에 형장에 널린 뼈들을 주워 와서 이리저리 살펴보니 이 역시 옛 설과 다르고 오직 화란도(和蘭圖)에 틀린 부분이 없음에 모두들 경탄할 뿐이었다."[5]

아마 그의 시도는 성공하지 못했을 것이다. 적어도 그의 저작 어디에도 그가 '해골'에서 완전한 하나의 골격을 재현했다는 이야기는 나오지 않는다. 뼈는 그렇게 깨끗하게 허물어지지 않는다. 따라서 정연하게 복원할 수가 없다. 바로 뼈 빠지게 힘든 일이란 이런 일이었을 것이다. 일의 성패는 제쳐 놓고, 여하튼 해골이 가진 권위를 느끼고 철학적으로, 또 의학적으로도 그것을 볼 필요를 느꼈던 겐파쿠의 참신함에는 역시 놀랄 수밖에 없다.

겐파쿠를 무로마치(室町) 시대의 위대한 승려 잇큐 소준(一休宗純)과 비교해 보면 재미있을지도 모르겠다. 잇큐는 1470년 무렵『해골』이라는 소책자를 썼다. 그는 그 책에 보통 인간이 성속(聖俗)의 생활을 하면서 해골 모습이 된 기묘한 그림을 넣었다. 잇큐가 노리는 바는 인간 자체가 얼마나 허망한지, 따라서 몸을 화려하게 꾸미는 것이 얼마나 어리석은지를 독자에게 가르치려는 데 있었다. 육체의 매력은 더 좋은 인간이 되기 위한 수단이 되지 못한다고 말하고 싶었던 것이다. 잇큐의 의도는 뼈란 인지의 실마리로서 피부보다 더 낫다고 하는 데 있지 않다. 그 반대다. 사람들은 몸이나 얼굴이 다르기 때문에 우쭐

그림 2 페트라르카의 『죽음의 승리』(*Trionfo Della Morte*)에 성명 미상의 화가가 그린 그림(1503). 서양에서는 '죽음'은 완전한 형태의 해골로 의인화된다. 이 '죽음'은 보통 큰 낫과 모래시계를 갖고 있다. 또 (반드시 그런 것은 아니지만) 옷을 입은 경우가 많다.

❸

❹

❺

그림 3 조지프 라이트(Joseph Wright), 「조상의 무덤을 파헤치는 미러번」, 1772. 이렇게 해서 해골은 삶과 죽음을 함께 나타낸다. 그것은 무덤이기도 하고 탄생이기도 했다. (영미권에서는) 부당하게 저평가되는 조셉 라이트는 일본의 난학 융성기와 딱 겹치는 시대에 해골과 무덤과 죽음에 대해 깊이 사고한 인물이다. 젊은 귀족 미러번은 조상의 무덤에 막대한 재산과 보물이 있다는 말을 듣고 무덤을 파헤쳤는데 거기서 본 것은 한 구의 해골뿐. "어리석은 자여, 여기에는 평온함이 있을 뿐인데 너는 무엇 때문에 죽은 자 가운데서 황금을 구하는가."

그림 4 같은 책, 「램프 아래의 철학자」(1769). 「해부학 연구의 철학자」라고도 불린다. 뼈가 궁극적인 진리의 원천이지만 남자는 죽음이 아니라 삶을 생각한다. 뼈를 줄로 묶어서 다시 한번 움직이려 한다. 세이쿄 법사(西行法師)도 비슷한 일을 한 듯하다. 지혜를 얻으려는 젊은이 둘이 엿보고 있다.

그림 5 같은 책, 「노인과 죽음」(1774). 『해체신서』와 같은 해 작품이다. 에도에도 알려져 있던 이솝의 『우화집』에 실려 있다. 그러나 "나타난 '죽음'을 보고 '죽기보다는 무거운 짐 쪽이 낫다'"고 깨닫는다.

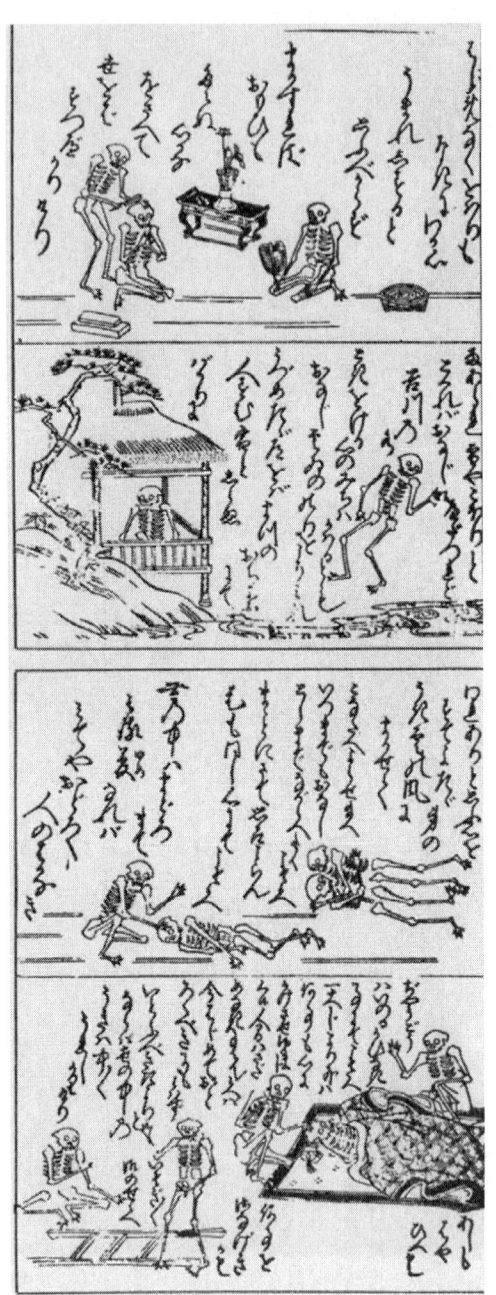

그림 6 잇큐 소준(一休宗純)의 『해골』에서. 잇큐의 작품은 복제되는 일이 많았고 에도 후기에는 잇큐 붐이 일어났다. 그는 해골을 인간 형태의 진리라고는 보지 않고 '수상쩍은' 내부 구조로 보았다.

대고 화장이나 의복과 같은 겉치장만 하는 어리석은 행동을 하는 데 비해 내부인 뼈는 모두 똑같으며 또 이를 바꿀 수도 없다. 내부에서는 모두 다 똑같다. 그러므로 신체를 아름답게 꾸민다고 해도 그건 아무 것도 아니라고 잇큐는 말한다. 그는 삶만을 말하고 죽음은 말하지 않았다. 살아 있는 뼈로서 우리는 모두 같고 살아 있는 동안은 보통의 해골 그리고 죽으면 그것조차 없다고 말한다.

난학자, 난의들은 저작을 통해 해골에 형이상학적 의미를 부여하는 근거가 아무것도 없다는 풍조에 저항하려 했다. 독서와 연찬을 거듭한 그들은 완전한 해골에는 사실적이며 영속하는 의미가 깃들어 있음을 말하기 시작했다. 뿔뿔이 흩어지지 않은 완전한 골격은 살은 소멸했지만 삶의 양상이 여전히 머물러 있기 때문에 난의들은 이것을 더 없이 중요한 의술의 '골' 법이라고 생각하기 시작했다.

내외 진위, 그건 조건 나름이다

1783년 무사이며 풍속화가인 조분사이 에이시(鳥文齋榮之)가 멋진 「앵하미인도」(櫻下美人圖)를 그렸다. 구상시 시대 이래 외면의 허망함을 말하는 그림은 반드시 아름다운 여인을 소재로서 채용했다. 지나치게 외면에 정열을 쏟은 인간이라는, 다시 말하면 보이지 않는 내면을 소홀히 하는 어리석은 자의 우의적 도상이었다.

에이시는 향기롭고 아름다운 벚꽃 아래 선 미인을 그렸다. 그의 친구이며 쇼쿠산진(蜀山人)이라는 호로 더 유명한 오타 난포(大田南畝)가 시를 덧붙였다.

진실은 거짓의 겉, 거짓은 진실의 뼈
헤매면 거짓도 진실이 되고
진실도 거짓이 된다. 거짓과 진실의
거리를 헤매어도 요시와라, 깨달아도 요시와라.
미인의 진실도 거짓도 바닷가
해변의 고운 모래만큼 많은 손님 수.

 필자의 생각에는 서구의 저술가보다도, 그들에게 배웠던 일본의 난의들보다도, 잇큐보다도 이 난포가 훨씬 철학적인 정교함을 갖추었다. 그의 입장은 해골을 '진실', 살을 '거짓'으로 보는 간편한 이원론(난학자들의 입장)의 골자를 빼는 한편, 해골을 만인의 공유물, 살을 개인적 우행이라 보는 이원론(잇큐의 견해)의 골자도 빼버린다. 뼈는 '진실'도 '거짓'도 아니다. 둘이 뒤섞인 것으로서 본다. 인지를 마음으로부터 동의하는 것이다.
 불교에서는 그림 속 미인이 '뼈만 남은 해골'이라는 궁극의 무로 돌아갈 것이라 말한다. 그러나 죽기까지는 그녀는 살갗이면서 살갗 아래의 해골이므로 그녀는 그 전체로서 갖춰졌으며 그것이 난포에게 있어서의 그녀이다. 이 결합체는 '진실'도 '거짓'도 갈마들며 내포한다. 모든 것이 조건 나름이다.
 난포가 '뼈'를 시로 읊은 배경으로 난의 집단이 해골에 관심을 가지기 시작한 데 영향을 받은 점도 들 수 있다. 난포에게는 '난벽'(蘭癖)을 가진 친구가 많이 있었다. 앞에서 언급한 에이시의 미인화는 1783년에 제작되었다. 『해체신서』 출판 9년 뒤의 일이다.
 마루야마 오쿄는 그 몇 년 후 흔히 「백골좌선도」(白骨坐禪圖)라

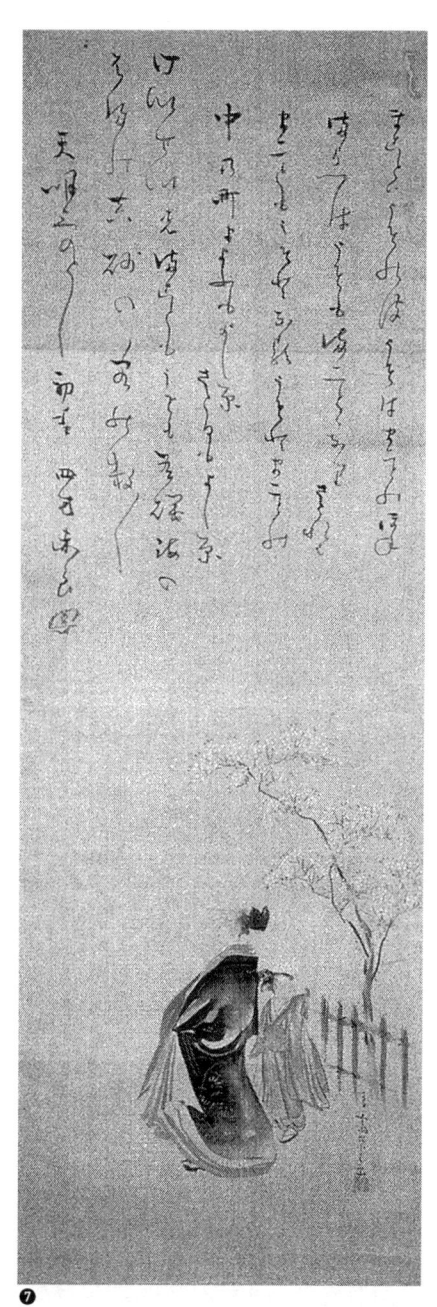

그림 7 조분사이 에이시, 「앵하미인도」, 1783. 시는 오타 난포.

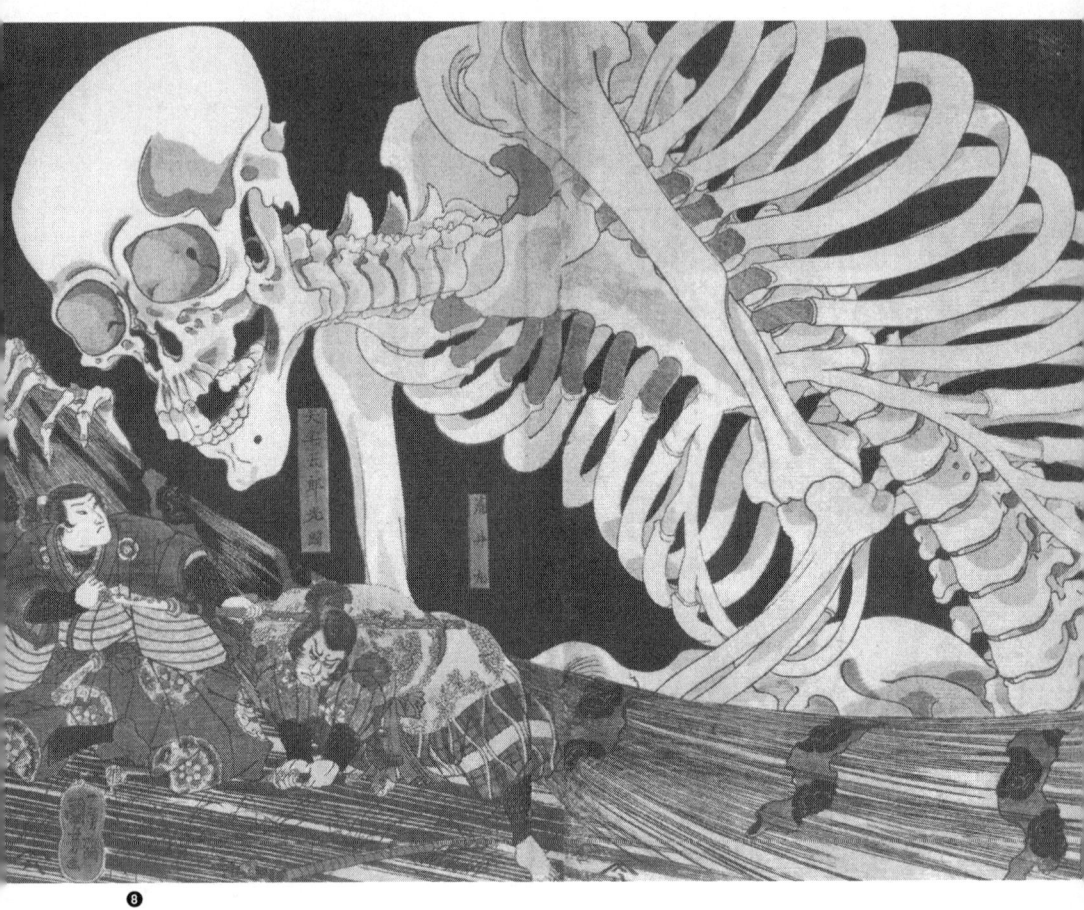

❽

그림 8 우타가와 구니요시(歌川國芳), 「소마의 옛 궁궐」(相馬の古內裏). 구니요시의 백귀야행(百鬼夜行) 센세이셔널리즘이 잘 나타난 그림이다. 지금은 다이라노 마사카도(平將門)의 딸 다키야샤 히메(瀧夜叉姬)가 사는 소마의 옛 폐허가 무대다. 미나모토 가의 무사인 오야 다로미쓰쿠니(大宅太郎光國)가 돌아가신 아버지의 원수를 갚으려 하자 히메의 음모로 저지된다. 여기서는 마사카도의 망령은 (물론 해부학적으로는 말할 수 없이 허술한) 완전한 형태의 해골로 나타난다. 이 그림은 산토 교덴이 1806년에 내고, 교덴의 친구이며 구니요시의 스승인 도요쿠니가 그림을 넣은『우토 우야스카타 충의전』(善知鳥安方忠義傳)에서 취했다.

부르는 좀 작은 그림을 그렸다. 정확한 제작연대가 판명되지 않는 작품인데, 효고현에서는 기노사키의 다이조지(大乘寺)에 소장되어 있다는 점에서 거기서 오쿄가 그림을 그린 때가 1787년이라고 알고 있으므로 그해에 그렸을 가능성이 높다.

오쿄의 눈은 모던하며 난포보다도 급진적이다. 아마 불교 사상사에서 전에 없던 그림이 아닐까? 허망한 세계에서 나와 완전하게 계몽되고 깨달은 상태다. (육취윤회六趣輪廻의 유전流轉을 상징하는) 물 위에 초자연적으로 표류하고 있다(「파상백골도」波上白骨圖라고 부르기도 한다). 살아 있는 한 인간의 깊은 곳에 있는 뼈일 수 없다. 누군가 죽은 인간의, 혹은 열반에 존재하는 뼈를 다시 결합한 것이다. 사실 「백골좌선도」라기보다는 「해골부처도」라고 불러야 할 터이다. 필자라면 '해골부처'라고 부르리라.

오쿄는 불교에서 말하는 인간이 궁극에 도달하는 곳(즉 '성불'의 경지)의 실현을, 두개골을 골똘히 바라보는 베살리우스의 해골이(148쪽 그림 12) 인간의 영혼이 지닌 권위를 이해한 찰나를 축복하는 기독교 감각으로 표현된 것과 꼭 같은 방식으로 그렸다. 양자 모두 종교적 구조를 갖춘 완전체의 해골을 통해 시각으로 전한다.

오쿄는 젊었을 때부터 열심히 외래 서적을 연구하고 제자들에게도 그렇게 하도록 권했다. 해골이 얼마나 중요한가, 그것이 사후에도 어떻게 쭉 진리를 전하는가 하는 그의 감각은 이러한 연구의 성과이며 그의 「백골좌선도」는 난의들의 활동과 관련이 있음은 확실하다. 이 그림은 어느 정도 서양 사상을 차용했음에 틀림없다. 주제가 주제인 만큼 이 해골은 분명히 일본 그림이 아니라 서양 그림에서 영감을 얻었을 것이다(어느 그림인지는 아직 알려지지 않았다). 음영을 넣는 방식

등 묘사법도 또한 완벽하게 서양화풍이다.

오쿄는 몇몇 제자에게 꼭 의학 도보를 연구해야 한다고 말했다. 그의 자식들이 해부도에 눈을 돌린 것은 아버지의 독려 덕분일 게다. 큰아들 마루야마 오즈이(圓山應瑞)는「헤이지로 장도」의 그림에서 아버지 란슈를 도왔던 요시무라 란료에게 사사했으며, 또 오쿄의 셋째 아들 오주(應受)는 1798년 란료가 미쿠모 간젠(三雲環善)의「세야쿠인 해남체장도」(施藥院解男體臟圖)에 그림을 넣는 작업을 도왔다.

그렇지만 이러한 새로운 감각을 모든 사람이 받아들였는가 하면 그건 그렇지 않다. 시간적으로는 옛것이지만 난포와 같은 입장이(안과 겉은 완전하게 서로 관계가 있으며, 죽은 자의 뼈는 결합력이 없어지면 아무런 존재론적인 힘도 갖지 않는다고 생각하는) 동시대 대부분의 사람들에게는 훨씬 납득이 갔다. 우선 해부학자들이 뼈와 살을 분리하기 어려워서 난처해하는 것 자체가 이 둘이 절묘하게 얽혀 있다는 증거가 아닌가? 하나의 완벽한 인간 골격이 깨끗하게 살로부터 분리되어 있는 오쿄나 베살리우스 그림의 기발한 발상이 거기에 담긴 주장이 널리 받아들여지는 것을 방해하지는 않았을까?

'음식물 전투'의 메타포릭스

대부분의 사람들이 경험한 바로는 신체는 완전하게 생명이 있는 하나의 다이너미즘이다. 자기 자신의 신체는 어떤 방식으로도 볼 수가 없

그림 9 마루야마 오쿄,「백골좌선도(圖)」, 1787 무렵. 오쿄는 아들을 해부학자에게 보내어 공부시켰다. 해골을 깊은 지혜를 나타내는 은유라고 생각한 최초의 인물 중 한 사람이다.

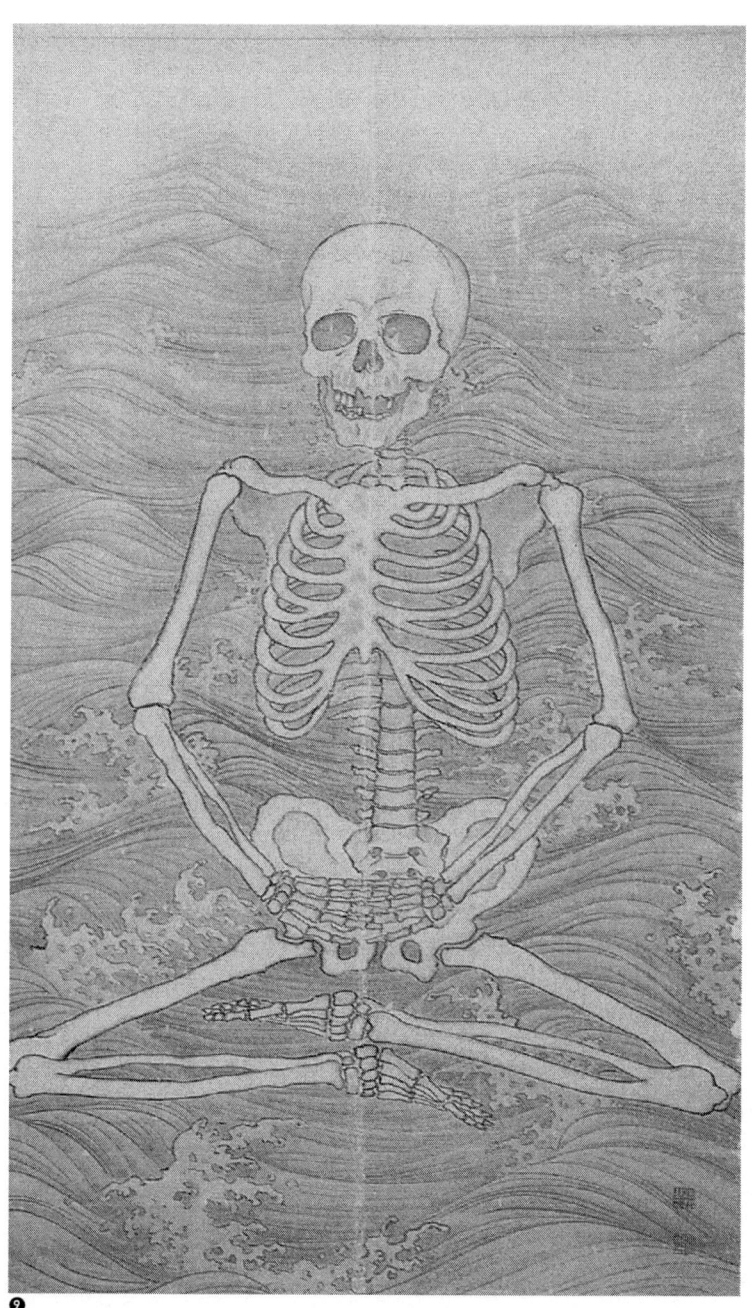

다. 자기 자신의 신체는 그저 곁에서 바라볼 뿐이다. 그러나 안팎이 서로 의존하는 것은 분명히 안다. 자신의 뼈를 볼 수 없으며, 뼈가 어떤 상태인지 다른 사람의 뼈와는 어떻게 다른지 조사할 수도 없다. 그렇지만 모든 인간이 안과 밖의 상호관계를 느끼며, 병이 어떤 사람의 내부는 덮치는데 다른 사람들의 내부를 그냥 지나치는 것을 의아해한다. 사람들의 몸 크기를 비교하면 다르고 복사뼈나 손목 치수가 다르며, 쉽게 골절되거나 그렇지 않거나 또는 간단히 접골되거나 그렇지 않거나 하는 여러 가지 점 때문에 사람마다 그 내부가 분명히 다름이 느껴진다.

그런데 뼈보다도 훨씬 확실하게 신체 내부를 경험하게 해주는 존재가 있다. 바로 보이지 않는 내부인 살의 발달과 감각이다. 사람의 몸은 각각 가장 직접적으로 만나는 음식물이라는 맥락에 각기 다른 반응을 보인다. 소화 작용은 모든 인간에게 같지 않다. 어떤 사람을 살찌우고 어떤 사람은 여위게 한다. 신체 외부에서 섭취한 음식물이 신체를 만들지만 음식물 섭취 행위가 모든 인간의 내부를 똑같이 만들지 않는다. 외부에 대해서 그리하듯이.

식사가 낳는 내부의 개인 차이는 뼈보다 살 쪽에 확실히 나타난다. 생명이 있는 유기체에만 생기는 현상이다. 죽은 것은 소비를 통해 자신의 환경과 상호 작용하는 힘을 잃어 버린다. 음식물을 소비함으로써 밖이 안의 일부로 반전하고 인간의 형태를 만든다. 즉 무엇을 먹는가에 선택의 여지가 있다.

신체의 안녕과 그 내적 건강의 구조와 지속을 의학적으로 보면 위(胃)에 무엇을 넣을 것인가(무엇을 안전하게 넣을까)라는 논의가 된다. 각종 음식물이 신체 내부에 어떻게 작용하는지에 대한 연구에 특히 열

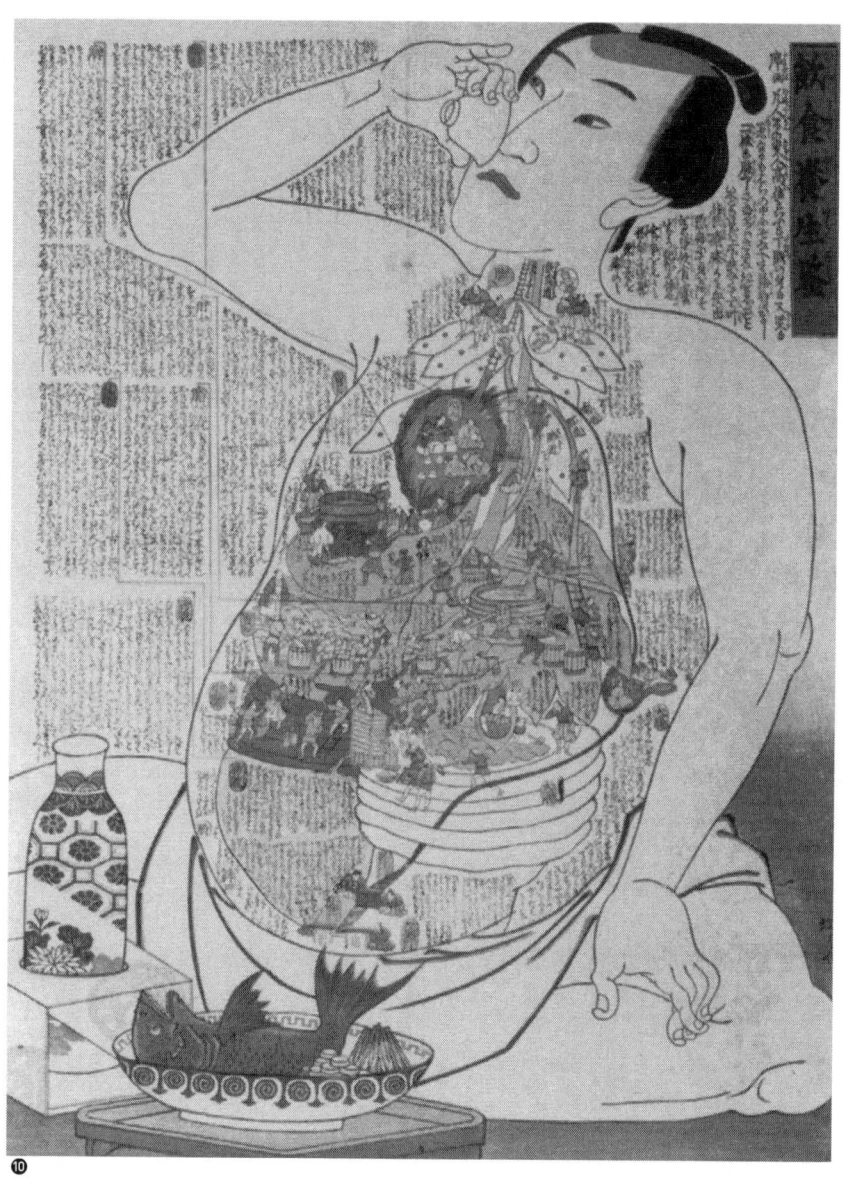

그림 10 작가 미상, 「음식양생람」(飲食養生鑒), 남성도.

그림 11 작가 미상, 「방사양생람」(房事養生鑒), 여성도.

심이던 쪽은 한방이었다. 한방은 신선하고도 다채로운 식재료를 따지는 데 그치지 않고 음식물의 열이나 향기, 색깔까지도 특정 신체 부분의 함양과 관계가 있다는 설을 세세하게 논했다. 특정 음식물이 특정의 장기에, 나아가서는 전신의 건강에 작용한다는 사실도 (난방은 알지 못했는데) 한방은 알고 있었다.

　예를 들어 한방의들은 일본의 고대 음식은 쓴맛이 모자라고 녹색이 부족했다고 논했다. 그래서 식자들이 사람들에게 녹차를 마시라고 권한 듯하다. 한방은 섭취한 음식이 어떻게 신체를 효율적으로 움직이는지 그 상관관계를 상세하게 설명했다. 인간 신체는 음식물과 음료를 분해하여 동화하는 기계라 여겼다. 그러면 다른 기계와 마찬가지로 바른 연료로 움직일 필요가 있다. 한방은 병든 신체의 치료만큼이나 적정한 음식에 의한 질병 예방에 관심을 기울였다. 확실히 난방은 그런 류의 의학은 아니다.

　신체가 음식물을 어떻게 소화하는지를 보여주는 그림이 그려졌다. 그중에는 요점을 비전문가에게 보여주는 교육적인 것이 많았다. 섭취와 소화의 전 과정을 의인화하여 훨씬 명쾌하게 제시했다. 즉 신체를 한 국가, 한 도시라고 가정하고 각 장기나 소화액을 인간에 비겨 묘사했다.

　19세기 초 일반인이라도 몸이 어떻게 움직이는지를 금세 알 수 있는 그림이 두 장 그려졌다(우타가와 도요쿠니의 작품이라 한다). 어떻게든 사람들이 사게끔 만드는 궁리가 재미있는데, 의학적 가치도 있었다. 해학적이긴 하나 화가는 한방 도해 세계의 성실하고 본격적인 하위 장르를 본보기로 했다.

　화가는 신체 내경을 그렸지만 해부학적인 이미지와는 아주 다르다. 살아 있는 신체의 활동을 그렸기 때문이다. 살의 자양 외에는 관심이 없는 그림이므로 골격은 일체 생략했다(한방 의학은 현대 의학과 달리 칼슘이나 그 밖에 뼈의 자양에 대해서는 고려하지 않았다). 문제의 그림 두 장은 신체 내부의 그림이라고 하면서도 안과 밖을 뒤섞어 그렸으며 상대의 외관 일부, 즉 얼굴이나 사회적 몸짓마저 아울러 그렸으므로 그인지 그녀인지 금세 구분이 간다. 이 그림에는 요컨대 오래 사는 데 필요한 내용 이상은 보이지는 않는다. 죽어 버리면 신체 따위는 더 이상 논할 필요가 없어진다.

　이 그림보다 더 해학적으로 그린 그림이 여럿 있었지만 대부분 무엇인가 절대적인 존재라는 신체의 느낌은 점차 없어지고 오로지 살아 있는 인간 존재의 일부로 여기는 감각이 구가된다. 그러한 그림 중 몇몇의 제작 시기는 일본에서 해부학 연구가 출발했을 때, 즉 18세기도 4분의 3이 지났을 무렵과 일치한다. 예를 들어 스루가 오지마한의 에도 저택 요우닌(用人)*이던 고이카와 하루마치는 안과 밖의 상호성이 끊어지면 어떤 일이 생기며 일일이 그 사람에게 끼치는 영향을 이야기하는 소설책을 쓰고 직접 삽화도 그렸다.

　소설 『뱃속 수도 음식물 전투』(腹京師食物合戰)에서 헤비 고에몬이라는 인물은 너무 먹은 나머지, 즉 음식물과 음료의 섭취가 적정을 초과했기 때문에, 그리고 밖이 안을 배반했기 때문에 병이 든다. 흡사 겐페이 전투(源平戰鬪)**의 양상으로, 한쪽은 시금치 아가씨의 지지자

---

* 에도 시대에 영주 밑에서 재정을 비롯한 서무 전반을 취급하던 직명.
** 일본 중세에 다이라씨(平氏)와 미나모토씨(源氏) 간에 벌어진 전투(1180~1185). 최고 권력자이던 다이라노 기요모리 사후 반란군을 이끌던 미나모토노 요리토모가 승리하여 가마쿠라 바쿠후(鎌倉幕府, 1192~1333)를 열고 무가(武家) 독재정치를 했다.

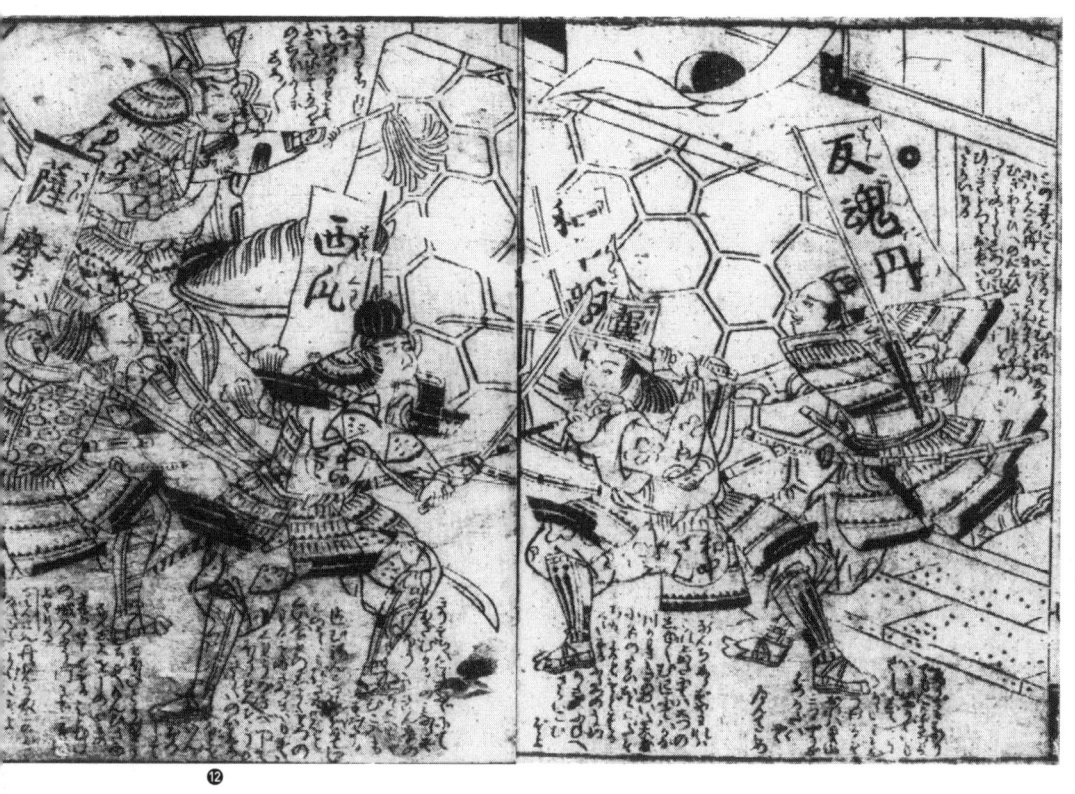

그림 12 고이카와 하루마치(戀川春町), 『뱃속 수도 음식물 전투』(1779)에서. '시금치 아가씨'의 사랑은 '자른 떡' 탓에 잘 이루어지지 않았다. 뱃속의 싸움은 아가씨의 지지자와 자른 떡 군대 사이에서 벌어진다. '고구마'(왼쪽 그림의 왼쪽 무사)와 '수박'(왼쪽 그림의 오른쪽 무사)이 '한콘탄'(오른쪽 그림의 오른쪽 무사), '와추씨'(오른쪽 그림의 왼쪽 무사)라는 약과 싸우고 있다. 중세 겐페이 전투 스타일이다.

들과 또 다른 한편은 자른 떡이라는 위험인물에게 후원을 받는 (시금치 아가씨의 전 애인) 가쓰오 하쓰노스케가 대진한다. 헤비 고에몬이 침을 놓자 찌른 침 한 대가 자른 떡을 찔러 죽인다. 에도 항간에서 평판 높은 명약(한콘탄, 와추씨)이 뱃속에 괸 것을 엉덩이에서 밀어내자 그것은 '갓사이의 물 찌꺼기'였음이 판명되었다. 하루마치는 신체 내부를 하나의 사회에 빗댔다. 실제로 그것은 어느 도시가 된다. 당시 일본의 수도 교토라는 가정이다(당시 보통 '게이시' 京師라 불렸다). 그래서 신체 내부는 '배'의 수도, 즉 '게이시'가 되는 것이다. 음식물이 균형이나 조화를 고려하지 않고 부주의하게 자꾸 들어와서 신체의 조화를 흔드는 일은 무뢰한 병사들이 수도의 대로에서 행패를 부리는 격이다. 폭력과 파괴가 시작된다. 외계의 더러움을 경계해야 할 신체의 바깥 부분(눈, 코, 그리고 특히 입술과 이)이 신체 내부를 배반한다. 문에 멍청하게 서 있던 파수병들이 병사들의 진격을 쉽게 허용한 셈이다. 신체 스스로에 대한 반역이다. 그러나 행간의 느낌으로 봐서 신체는 문화적 구조, 즉 일본국의 (지정학적) 심장부인 교토임에 틀림없다.

『뱃속 수도 음식물 전투』에는 난의학에 대해서는 아무것도 나오지 않는다. 1779년 간행이란, 『해체신서』로부터 5년 뒤의 출간이었다. 주목할 대목이다. 하루마치는 최신의 지적 유행에 깊이 휩쓸려 있었기 때문에 (난포와 마찬가지로) 시대의 신체 내부에 대한 새로운 관심을 이용하면서도 난의들과는 전혀 다른 관심을 표현하려 했다.

그로부터 14년 뒤 또 다른 소설가인 시바 젠코(芝全交)가 『열네 미인의 뱃속』(十四傾城腹之內)에서 같은 주제의 이야기를 했는데, 이쪽은 난방의 영향을 감추려 하지 않았으며 해부학과의 관련도 꽤 분명히 했다. 여기서 내부는 한 개인을 나타낸다. 젠코가 붙인 제목은 인체에는 14 '경'(經), 근맥(筋脈)이 있다고 하는 한방의 관념과 연관시킨 익살, 여기에 고급 창기를 의미하는 '경성'(傾城)이 걸려 있다. 안과 밖이 서로 다르고 안과 밖의 적정한 관계에 마음을 쓰지 않는 대표격으로 창기를 빼놓을 수 없다. 창기는 과도한 음주를 일삼아서 그 내부는 미쳐 날뛰는 상태다. 그녀들이 건강하지 못한 생활 태도를 보였음에는 틀림이 없다.

젠코는 도덕적인 내용도 의도한다. 즉 신체 내부는 실제로는 외부 세계에 대해 닫혀 있지 않다. 내부의 균형을 유지하려면 올바른 음식물을 섭취해야 하듯이, 지적으로도 안에 담을 것을 두루 살피지 않으면 안 된다고 말한다. 더구나 젠코는 나쁜 부분을 자르고 거기를 열어서 내부의 이상을 파헤칠 학문으로서 해부학에 호소하려 한다.

이야기 속의 창기(실제로는 열네 명이 아니라 단 한 명)가 병을 앓는다. 그러자 체내 각 부위를 나타내는 작은 인간 닮은 것들이 모여서 상담을 시작한다. '오장'(五臟)들이 기업의 관리인인 체하는 '간장'에게 제각기 의견을 말한다. 재미있으므로 조금 들여다보자.

심장 다음은 간장이다. 간장은 형태가 푸르고 나무를 본떴다. 심장은 뱃속의 우두머리로서 전체의 선생이다. 간장은 심장의 하인으로서 만사만단 뱃속의 일은 전부 간장에게서 삼가 받들어서 행하니 뱃속의 실권자다. 그래서 아침저녁 세 번의 식사 출입, 오늘은 차를 몇 잔 마셨는지, 술은 몇 번, 소변은 몇 번, 대변은 몇 번, 재채기는 몇 번 했는지, 간식으로는 고구마 두 개와 막과자 세 개를 먹었다든지, 담이 얼마나 기급을 했는지, 콧대가 쾅 부딪혔고 눈 속으로 파리매가 날아들었다는 것까지 장부에 적는다. 또 몸이

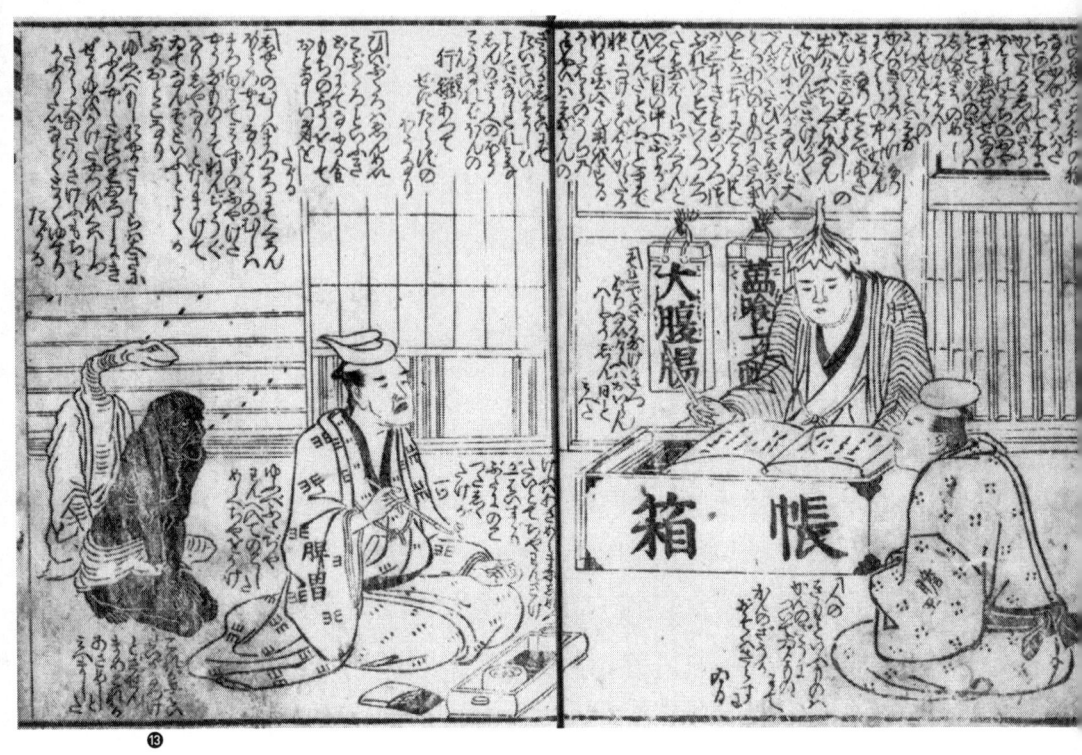

⓭

잠자리에 들면 출입 계산을 하기 때문에 뱃속의 패들은 모두 간장의 지배를 받아서 대개 바쁜 일은 없다.[6]

이들 전부 한방의 관념과 일치하지만 '뱃속의 무리' 중 한 사람으로, 장기가 아닌 '울화통'만이 다른 색깔을 띤다. 젠코는 "울화통은 새까매서 흑인과 같다"라고 적었다. 이 인물은 벌레와 같은 풍채를 하고 있지만 그것만이 아니다. 외국인으로서, 특히 네덜란드동인도회사에 고용된 인도네시아인 하인으로, 나가사키에 여행한 적이 있는 사람이라면 본 적이 있을 '흑인'과 같다고 여겼다.

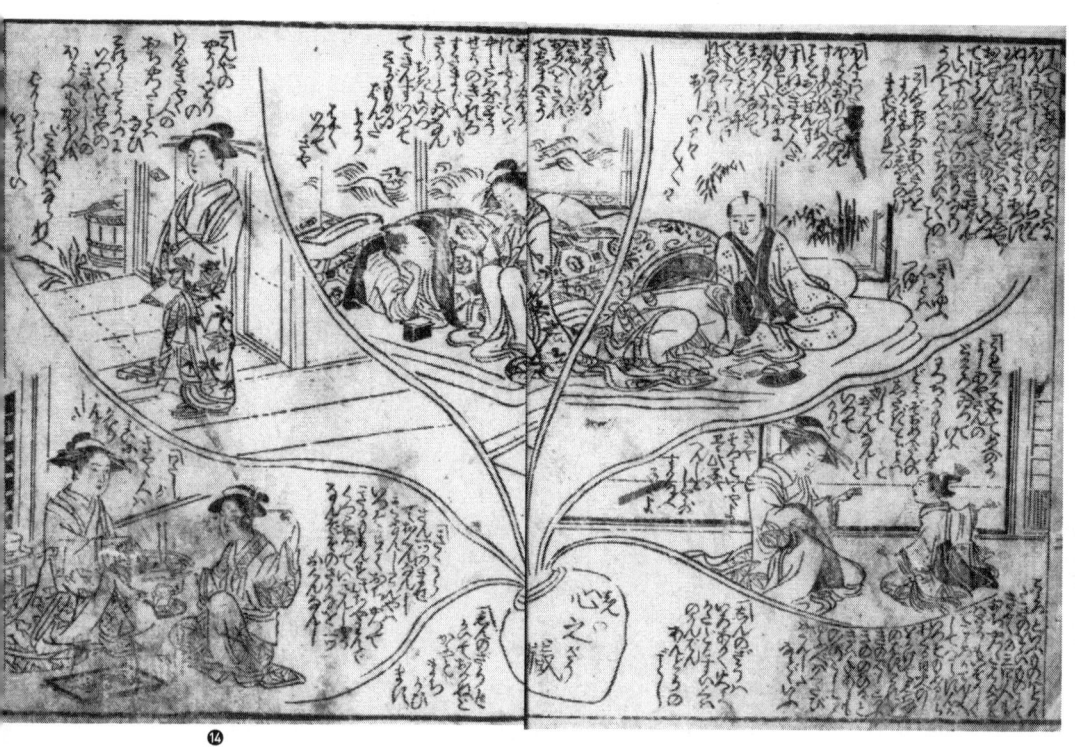

⑭

신체에 대한 이야기에 이렇게 '이방인'이라는 요소가 들어감으로써 일련의 문제, 특히 난방의 해부술, 외과술과 관련된 문제가 부상된다. 다른 요소가 위에 들어가 아주 성가신 일을 일으킨다. 젠코의 해학은 우선 한방 의학을 패러디함으로써 성립되었는데(속표지로 보나 제목 자체로 보나 오카모토 잇포岡本一包가 즐겨 읽던 1693년 간행의 번역서 『십사경락발휘화해』十四經絡發揮和解의 패러디다), 그와 동시에 이

그림 13 시바 젠코(芝全交)의 『열네 미인의 뱃속』(十四傾城腹之內, 1793)에 기타오 시게마사(北尾重政)가 삽입한 그림. 신체 각 부가 심장의 지시로 모였다.
그림 14 『열네 미인의 뱃속』에서.

작품에는 그 환자의 은유적 질병(거짓말과 기만)이 파헤쳐지면서 그녀의 심장이 해부되어 신체 밖으로 나와서 관찰의 대상이 되는 등 흡사 해부대 위와 같은 기묘한 이미지도 담겨 있다. 절개와 응시가 그녀의 잘못을 파헤쳐낸다.

네덜란드 요리, 잘리고 쪼개지는 식재료

젠코의 음식물 소설에 검은 이방인이 등장함으로써 또 다른 문제가 부상한다. 외양이 인종에 따라 이렇게나 다르다고 하면, 그러면 내부는 국경을 넘어 같은 양상을 하고 있는가 아니면 그렇지 않은가? 이방인들은 일본인과 다른 음식물을 먹는데, 일본의 식사와 달리 일본인이 몸에 나쁘다고 생각하는 음식물을 먹고 어떻게 몸을 기르는가? 다른 인종의 다른 외양이 요리 탓이라고 한다면 다른 나라 음식을 먹으면 결국에는 이방인의 신체가 되는가? 이런 물음에 대한 답은 역사적 맥락에서는 발견되지 않는다.

당시 에도나 그 밖의 장소에서 점차 중국 요리를 즐기게 되자 사람들은 음식은 특정 지역과 관련시키면서도 반드시 그렇지만은 않다고 조금씩 이해하기 시작했다. 어느 나라의 음식물을 다른 나라에서 섭취하고, 다른 장소에서 다른 나라 사람들이 먹는 것도(조금씩이긴 하지만) 가능해졌다. 그렇지만 입에 맞지 않는 타국의 음식물을 섭취하여 병이 되는 그림도 금세 상상이 된다.

그림 15 작가 미상의 나가사키 판화 「자카타라 인물」, 1840년 무렵. 강제로 징집된 인도네시아인들이 동인도회사를 위해 배와 데지마상관에서 잡일을 했다.

중국 요리보다 훨씬 일본식과 동떨어진 네덜란드 요리에 대해서는 당연히 많은 언급이 남아 있다. 서양 요리 일반이 일본인 몸에 맞지 않을 뿐 아니라, 특히 네덜란드 음식은 객관적으로 보아 몸에 나쁘기 때문에 네덜란드 본국 사람들의 건강도 해친다고 논한 자도 있었다. 요컨대 서구인은 일본인이 생각하는 것처럼 신체 내외를 잘 통제하는 시스템을 가지고 있지 않다는 주장이다.

서구의 육식 습관과 비교하여 일본 음식의 좋은 점을 선전하는 경우가 가장 많았다. 나가사키에 가본 사람은 누구든지 네덜란드인이 육식을 좋아하는 데 놀랐다. 데지마상관은 좁은 장소인데도 가축 수가 많았고, 가축들을 우리에 넣거나 섬 주위에 방목했다. 네덜란드동인도회사는 일본에 식용으로 돼지나 양을 데리고 들어왔다. 이른바 걸어 다니는 고기 저장고와 함께 온 격이다. 고기는 매일 밤 동물의 신체 일부에서 네덜란드인의 신체 일부로 이전되었다. 내부라는 것은 이전 가능한 것이었다.

히로카와 가이는 의사였으며 대체로 유럽식 생활 방식을 바람직하다고 생각하던 인물이지만 네덜란드인이 고기를 지나치게 먹는 것이 빨리 죽는 원인이라고 말했다. 『나가사키견문록』에는 네덜란드인은 노인이 적고 평균 수명이 낮다고 적었다. 가이가 일본에서 본 동인도회사 사람은 모두 젊었기 때문에 (그는) 이렇게 납득했다. '만인 질병에 대해'에서는 이렇게 정리했다.

그림 16 작가 미상의 『한양 나가사키 거류도』(漢洋長崎居留圖)에서. 네덜란드인은 잡아먹을 짐승과 함께 살았다.
그림 17 가와하라 게이가(川原慶賀), 『난관 그림두루마리』(蘭館繪卷) 가운데 '동물원' 부분. 네덜란드인들의 '살아 있는 식료 창고'다.

4장 만들어지는 신체 219

홍모인에게 질병이 있을 때는 그곳에도 충분히 약을 쓴다. 그곳의 의학서에 폐결핵, 부종, 가래, 기침 등 여러 잡병의 복약을 논한 내용이 있다. 다만 홍모의 풍속에서는 변비를 두려워한다. 이는 그들이 평소 오로지 육식을 하기 때문에 자칫하면 오장육부에 열을 일으키기 때문이다. 열이 많으면 대장이 열을 받아 변비가 되는 일이 많아진다. 이 때문에 그 병으로 십중팔구는 악성 종기나 부스럼을 앓는 자가 많다.[7]

일본에 온 유럽인이 대개 젊었던 것은 사실이지만(일본에 왔을 때 툰베리는 32세, 시볼트는 28세였다), 그 이유는 가이가 생각한 바와는 달랐다. 통계를 들어 말하기는 어렵지만 18세기 중산층 네덜란드인의 평균 수명은 동시대 일본인과 그리 다르지 않았다. 젊은 사람이 일본에 온 것은 건강하기 때문에 먼 길을 오는 도중에 사망하는 비율이 낮고, 또 모험심으로 가득 차 있었기 때문일 터이다.

음식물과 이방인의 신체 내부에 대한 논의도 그 외양에 대한 논의와 마찬가지로 난벽에 빠진 것이 많았시만 매우 재미있다. 사토 주료는 이방인 혐오의 신화를 다른 책에서 늘어 놓았다(『주료만록』).

아란타인의 수명은 일본과 같다. 백살까지 사는 사람도 있다. 다만 일본에 온 선주(船主) 무리들은 단명한다. 이를 전해 듣고 그 사람들이 단명한다고 한다. 그 선주들은 바다를 건너 여러 나라의 풍토를 겪기 때문이다. 5년이나 7년이나 일본에 오래 살아서 일본의 기후에 익숙해질 때쯤에는 지병이 저절로 나아서 살도 붙고 몸이 튼튼해진다 한다. 왜냐하면 일본은 바다 가운데 있는 섬이며

그림 18 작가 미상의 나가사키 판화, 발행소는 도요시마야. 「네덜란드인 회식도」. 돼지고기를 먹고 있다.

사계절의 변화가 뚜렷한 아주 좋은 나라이기 때문이라고 한다.(『가비단의 영화』加比丹の齡話)⁸

여기서 중요한 것은 건강을 해치지 않고 어느 정도 양의 육식 섭취를 허용되는가라는 논의뿐 아니라 어떻게 해서 먹는가라는 논의다. 가축이라면 한 마리의 처리도 쉽지 않다. 우선 기른다. 그리고 도살하고 자르고 요리하고 그리고 다시 한번 잘라야 한다. 데지마상관 생활을 그린 그림을 보면 동물이 도살되고 요리되고 사람들의 입으로 들어가는 양상을 알 수 있다. 최초의 영·일 사전을 만든 존슨(Johnson) 박사는 어떤 인간이든 쇠고기를 먹을 수 없을 정도라면 소 한 마리 죽이는 편이 낫다고 생각할 것이라고 말했다. 소 한 마리 죽이는 것이 얼마나 많은 문제를 포함했는지는 이 그림을 보고 있으면 알 수 있다.

다시 『주료만록』을 보면, 소나 돼지를 도살하는 방법을 제법 예리하게 관찰하고 중국의 방식을 소개했다.

중국 사람은 양을 죽이는 것을 꺼린다. 양은 영혼이 있다고 한다. 돼지의 고환은 먹지만 양은 먹지 않는다. 돼지를 죽일 때는 목구멍에 약간 칼집을 낸 다음 걸상과 같은 물건 위에 올려놓고 배를 문질러서 칼집에서 피를 내어 그릇에 받는다. 피가 다 나오면 돼지는 죽는다. 이를 절해(切解)라고 한다. 그 피는 하룻밤 두면 응고되어 양의 간처럼 된다. 이를 날로 젓가락으로 잘라서 먹는다. 또는 여러 가지 삶는 음식에 넣는데 아주 맛있다고 한다. 떡 등에는 기른 돼지는 반드시 쓰지 않는다고 한다.⁹

약간 사변적인 사항이긴 하지만 꽤 중요하다고 생각하는 점을 한 가지 덧붙이면, 육식은 음식물 연쇄를 내부에 갖는 장치였다는 점이다. 네덜란드인이 철저한 내부광인 점을 생각하면 조금 고려해야 할 점인지도 모른다. 육식은 어떤 동물의 내부가 다른 동물의 내부가 되는 것이기 때문에 외부는 전혀 보여주지 않는다. 육식자는 먹기 전에 벗긴다. 벗겨서 바깥 부분은 모두 버린다. 채식자는 전혀 다르다. 먹는 상대를 씻어서 (혹은 기껏해야 껍질을 벗겨서) 외양을 남긴다.

데지마라는 좁은 세계에서 네덜란드인들은 자기들이 먹는 가축과 친근했을 터이다. 애완동물이거나 이름을 붙이기조차 했으며 한 마리 한 마리의 성격이나 천성까지도 알고 있지는 않았을까? 현대인은 이런 것을 싫어하는 경향이 있어서 익명의 고기를 먹으려 한다. 그러나 이전 사람들은 도살되는 동물이 먹을 사람 가까이에 있었기에 안심하고 뱃속에 넣었다. 믿고 인간에게 사육에서 도살까지 맡기는 잘 아는 동물을 먹는 것이다.

채소를 주로 한 식사에서는 반대의 일이 일어난다. 채소는 외부인 껍질 부분에 가장 자양분이 많다. 채식자는 닫혀 있는 것을 먹는다. 식재료에 무언가 들어가는 일은 바람직하지 않으며, 무릇 채소 요리란 식재료 전체 혹은 외부까지도 통째로 뱃속에 넣는 것이 최고다. 일본 요리는 이 점에서 아주 탁월하다. 복잡한 기술이 필요하지만 사람 손으로 요리한다라기보다 정돈한다. 식재료를 원래 상태대로 먹는다. 눈에 보이는 외부를 먹는 것이다.

(시볼트의 삽화를 담당했던) 가와하라 게이가(川原慶賀)가 그린 「네덜란드상관 주방도」를 일본의 부엌 그림과 비교해 보면 흥미롭다. 예를 들어 17세기 말에 히시카와 모로노부(菱川師宣)가 그린 「요시와

라 풍속도권」(吉原風俗圖卷)에 그려진 부엌을 보자.

두 장소 사이에는 한쪽은 서고 다른 한쪽은 앉아서 작업한다는 작은 문화적 차이도 있지만, 더 중요한 차이도 있다. 양쪽 모두 식재료를 분해함으로써 요리를 시작하기 때문에 날붙이가 등장한다. 그런데 네덜란드인들은 고기를 절개하고 내부를 꺼내어 보이지 않는 부분을 속속들이 드러내는 인공적인 방식으로 날붙이를 쓰는데, 일본의 요리사들은 자연 그대로의 선에 따라 자른다. 육식에서는 가축이 살아 있을 때의 형태 따위는 고려되지 않으며 고기 내부에 있는 봉합선을 따라 자르지 않는다. 해부술과 아주 비슷한 과정이다. 오늘날에는 고기라고 하면 스테이크지만, 18세기에는 내장을 맛있는 음식으로 귀하게 여겼으므로 서구의 요리사는 내장을 노리고 무신경하게 칼을 넣었다. 요리사는 헤쳐서 찾아낸 심장, 간장, 신장 등을 접시 위에 올려 놓는다. 흡사 해부 시술 광경이다.

모로노부가 그린 부엌에서는 고기가 아니라 생선 요리를 한다. 피가 흐르지 않으며 생선을 부분으로 나누는 데 그리 큰 힘을 요하지도 않는다. 요리사는 자연스러운 분할선을 따라 잘라서 나누고, 생선은 고기와 달리 깨끗하게 부분으로 나뉜다. 이것도 (중국의 생선 요리, 유럽의 생선 요리와는 달리) 일본 요리의 진수일 터이다. 그래서 생선을 되도록 원형에 가까운 형태로 먹는다.

그림 19 히시카와 모로노부(菱川師宣)의 「요시와라 풍속도권」(吉原風俗圖卷)에서. 생선 요리와 고기 요리의 차이를 아주 확실히 알려준다.
그림 20 아키사토 리토(秋里籬島)의 오사카 안내서 『셋쓰 명소도회』(攝津名所圖會, 1796~1798)에 다케하라 슌초사이(竹原春朝齋)가 넣은 그림. 오사카의 유명한 닭집 거리를 그린 그림을 보면, 육식을 한다 해도 자르기는 파는 쪽의 일이지, 사는 쪽은 아무것도 하지 않았다.

그림 21 「난관 풍속도권」에서 '조리실' 부분. 유럽인 외에 인도네시아인 그리고 일본인도 한 명 있다.

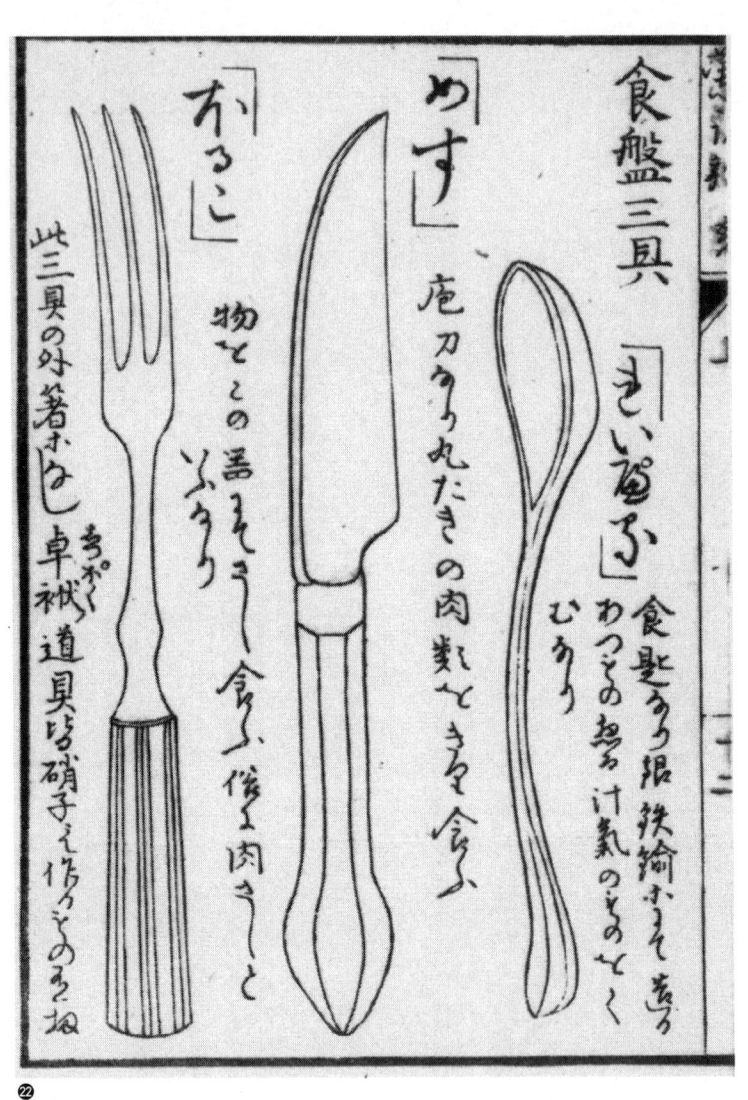

그림 22 『난설변혹』에서 '식반(食盤) 세 도구'

육식의 주방에서는 껍질을 벗기고 내장까지 칼을 넣어 먹게 한다. 생선 요리사가 하는 일은 이와 반대다. 생선 껍질을 떼내어 매끄럽게 하지만 흠집을 내지 않도록 신경을 쓴다. 도려내고 버리는 것은 생선 뱃속에서 제거한 내장뿐이며 외형은 손대지 않은 채로 둔다. '내장이 제거' 되는 것이다. 뱃속에는 아무것도 남아 있지 않는다. 때로는 뼈를 발라내도 껍질은 그대로 둔 채로 잘리기도 한다. 이에 반해 고기 요리는 껍질은 버리면서 뼈는 붙여둔다. 그쪽이 입맛을 돋운다.

생선을 먹는 사람은 일체가 외부인 것을 (최소한의 내부와 뼈를 함께) 먹는다. 고기를 먹는 인간은 외부가 없는 모든 내부를 먹는다.

요리가 주방을 나온 후에도 육식자에게는 절개 작업이 이어진다. 서양에서는 식탁에서 나이프를 사용해서 또 자른다. 서양인은 나이프와 포크를 써서 먹지만, 동아시아에서는 부엌에서 날붙이가 쓰이는 일은 있어도 식탁에는 없다. 난학의 저술가들도 이에 대해 꾸준히 이야기했다. 오쓰키 겐타쿠의 『난설변혹』에는 그가 '식반(食盤)의 세 도구'라 부르는 나이프, 포크의 그림이 실려 있다.

그러나 요리의 역사를 보면 이 시점에서 포크는 아직 필수 도구가 아니고, 특별히 형식을 갖춘 때를 제외하면 서양인들은 고기를 나이프째로 푹 찔러서 입으로 옮겼다. 먹는 행위에 동물을 죽인다는 느낌이 남아 있다. 한 가지 덧붙이면, 형식을 갖춘 영국식 (지금은 제법 오래된) 식습관 중에는 생선의 외면성과 생선살이 잘 부서짐을 감안하여 생선용 나이프를 사용하지 않고 (생선용 나이프 사용은 대륙식 식사법이라 생각했다) 고기를 썰 때는 두 개의 포크를 쓰는 방식이 있다. 그러나 육식이 중심이기 때문에 이 습관 역시 중심은 자르는 행위였음을 새삼 떠올리게 할 뿐이다.

서양에서는 '세 도구'를 쓴다. 태국에서는 식탁에 나이프가 없고 스푼을 사용한다. 동아시아에서는 물론 젓가락을 쓴다. 젓가락에 해당하는 영어 'chopstick'은 보통 생각하듯이 'chop'(팍팍 찍다)에서 나온 단어가 아니라, 턱이나 구강을 가리키는 명사 'chops'에서 생긴 말이다.

현대 프랑스의 비평가 롤랑 바르트(Roland Barthes)는 일본을 방문했을 때 젓가락을 만났다. 훗날 그는 『기호의 제국』(*L'empire des signes*)에 이렇게 썼다.

> (……) 이 도구는 베고 가르고 절단하지 않는다. 결코 상처 주지 않고 다만 선택하고 뒤집고 바꿀 뿐이다. 왜냐하면 젓가락은 (……) 분할하려 하고 분리하고 나누고 풀어 헤치는 것이지 우리가 쓰는 도구처럼 자르고 찌르지 않는다. 그것은 식재료에 폭력을 휘두르지 않는다. (대상이 채소라면) 천천히 풀거나 (생선이나 장어처럼) 가볍게 쿡쿡 찔러서 부분으로 나누거나 한다. 그렇게 해서 물질이 잘린 자연스러운 자국을 떠오르게 한다.[10]

거꾸로 서양 쪽에 관찰의 눈을 돌렸던 사토 주료는 네덜란드인은 고기뿐 아니라 채소도 자르고 해체한다고 놀라워하며, 대상에 상관없이 풀어 헤치기보다는 자르기를 좋아한다고 말했다. 주료는 네덜란드인은 동물을 잘라 나누기와 채소를 잘라 나누기를 구별하지 않은 듯하다고도 했다.

나가사키에 온 중국 사람은 돼지와 닭, 오리를 죽이기를 일삼는다. 이를 물으니 무, 우엉 자르기나 같다고 한다. 그렇지만 사람에 따라서 크게 견디지 못하는 자가 있다(『살생』).[11]

오쓰키 겐타쿠가 1794년 11월(서양의 달력으로 치면 1795년 설날)에 개최한 '네덜란드 정월'을 떠올려 보자. 그가 그 축하 잔치를 어떻게 구성했는지는 상당히 재미있으므로 이치카와 가쿠산이 그린 이때의 잔치 풍경(110쪽 그림 15)을 떠올려 보자. 겐타쿠는 이미 몇 사람이나 논했던 이야깃거리이기도 해서 무엇을 어떻게 하면 본격적인 네덜란드 요리가 되는지는 충분히 알았을 터이다. 모리시마 나카라(森島中良)도 이 잔치에 동석했는데(오른쪽 위에 교메이狂名인 '만쇼' 萬象 글자와 '나카라' 中良 도장 옆에 있는 번들번들한 머리가 그다), 이에 앞서 7년 전 『홍모잡화』 1권에는 네덜란드 요리의 정식 코스를 이렇게 소개했다.

지난날 겐타쿠가 사키요에 유학했을 때 네덜란드인의 식탁에서 식사하게 되었는데 그때의 식단을 아래에 적는다.
바스테이소프닭고기 다져서 뭉친 것, 버섯, 곤약, 잘 저은 계란, 파로 맑은 장국처럼 소금 간을 함, 코쿠트히스구운 생선, 하쿠트히스기름에 튀긴 생선, 로스톨히스소금구이한 도미, 후라트할코돼지 넓적다리 통구이, 칼마나치이돼지고기를 얇게 썰어서 소금, 후추에 문질러 구운 것, 코테렛닭고기, 후추, 육두구 꽃, 파를 잘 다져서 홍모紅毛 종이에 싸서 구운 것, 라그닭고기를 다져서 둥그렇게 만들고 표고버섯, 파로 맑은 장국의 간을 한 것, 겔보톨당근을 기름으로 튀겨서 간장으로 조림, 스페난채소를 잘게 다져서 유락乳酪에 대충 튀겨 접시에 담고 계란을 4등분하여 그 위에 얹음, 브라톨보크들소 넓적다리 구이, 하트베이스트사슴 넓적다리 구이에 겨자초를 끼얹음, 브라톨엔트호겔오리 통찜, 케레히

트소프새우 재료

과자 카스테이라 블로드하나카스테라, □□□□종이로 구운 카스테라. 홍모 종이를 상자에 접어 넣고 카스테라 재료를 담고 달군 냄비 속에 나란히 늘어 놓고 굽는다, 스페렛계란, 밀가루를 물에 섞어 반죽하고 쭉 늘어뜨려 새끼줄처럼 꼬아서 기름에 튀긴 과자, 포플치스과자 이름, 탈타과자 이름, 오페리이꽃 모양으로 만든 카스테라. 크기가 투구의 머리 덮는 부분만 하다, 스위트앗플밀감, 이상 21종('요리의 메뉴')[12]

정말로 다채롭고 호화로운 메뉴여서 에도에서는 극히 일부를 본떠 간단히 흉내만 냈을 터였다. 표류민이었던 다이코쿠야 고다유(大黑屋光太夫)도 동석했다. 나카라의 오른쪽에 앉아 러시아식 깃털 펜으로 'ianuari Daikoo'라고 쓴 것이 그다. '정월, 다이코쿠야 고다유'라는 뜻이다. 몇 년에 걸쳐 러시아에 있었던 고다유도 그곳 요리에 대해 운운하며 이것저것 아는 체를 했을지도 모른다. 그런데 젠타쿠에게 본고장의 네덜란드 요리를 차려 보이려는 기색은 보이지 않는다. 자세한 메뉴는 기록되지 않았고 가쿠산의 그림으로는 통 알 수가 없다. 네덜란드 요리라기보다는 일본 요리라는 느낌밖에 들지 않는다.

네덜란드 음식을 차리지 않은 네덜란드 요리란 넌센스라고 말해야 할지도 모르겠다. 그렇지만 젠타쿠나 그 일당은 그렇게 생각하지 않는 듯한 풍경이다. 지금 자신들은 네덜란드를 먹고 있다는 기분은 네덜란드 식재료를 입에 넣는 데서 나오는 것은 아니었다. 그들에게 '난'(蘭)은 무엇을 먹는지가 아니라 어떻게 먹는지에 있었다. 그들은 일본 음식을 자르는 도구를 손에 쥐고 맛보았던 것이다. 전원에게 골고루 줄 나이프가 없었으므로 어떤 사람은 포크만, 혹은 중국식 숟가락만 가졌지만, 중요한 것은 음식이 아니라 그것을 먹는 방식만은 확실하게 했다. 서양 음식이 없는 네덜란드식 식사는 가능해도 자르는 것이 없는 네덜란드식 식사는 절대 불가능했다.

속에 신체가 생기다

동물을 도살하고 그 내부로 잘라 들어가는 이 네덜란드적 쾌락에도 분명하게 하나의 예외가 있었다. 네덜란드인도 새끼를 밴 가축에게는 칼날을 들이대지 않았다. 『주료만록』에 이렇게 적혀 있다.

> 요시오 고에몬(吉雄幸右衛門)이 어느 날 네덜란드인 아무개를 위해 토끼 요리를 했다. 손님이 이 토끼 뱃속에서 새끼가 나오자 보고 말하기를, "일본인은 자비심이 없다. 우리 네덜란드에서는 새끼를 밴 때는 사냥하지 않는다"라고 했다. 내가 생각하기에 "이 사람 아무개는 매우 어질고 학자답다. 이 때문에 군자는 주방을 멀리하는 마음이 있다. 오랑캐라도 모두 못된 자는 아니다. 그 사람에게 달려 있다.(「새끼 밴 토끼」)[13]

새끼를 밴 동물은 머지않아 어미를 대신할 것을 만들고 있으므로 그것을 죽이는 행위는 장래의 식량 줄을 끊는 어리석은 짓이다. 그러나 새끼를 밴 가축을 죽이지 않는다는 것에는 좀더 다른 감정이 있지는 않았을까? 여기에는 내부와 외부에 관련된 상징적인 이유가 있다.

일본에서는 물고기 알을 즐긴다. 이른바 '알배기'는 귀중하게 여긴다. 앞에서 일본에서는 음식물을 외부라 보는 듯하다고 서술했는데, 어미의 뱃속에서 새끼가 발견되면 요리사는 (거의 경사라도 난 것처럼)

그 배를 가르고 안에서 새로운 하나의 완전한 겉을 찾아내게 된다. 물고기 알 내지는 태아는 외벽에 감싸였기 때문에 어미의 속 일부이기도 하면서 완벽한 겉이기도 하다. 이리하여 그것을 먹어서는 안 된다는 심리기제는 완화된다. 반대로 서양인은 뭔가 내부인 것밖에 먹으려 하지 않기 때문에 동물이나 물고기의 신체를 잘라서 그 내부에 또 다른 겉을 보는 것을 견디지 못했다. 일본에서 '알배기'를 먹어도 된다고 하는 것과 같은 이유 때문에 서양에서는 안 된다고 여겼다. 알조차 (외부에 떨어뜨려 놓고 그것 자체가 버젓한 겉을 갖춘, 즉 자르거나 쪼개어서 여는 대상이 되지 않는 한) 서양에서는 보통 입에 대지 않았다. 예외는 캐비어였다. 입수하기 어려웠을 뿐 아니라 진귀한 대상이기 때문에 귀하게 여겼다.

  서양인들은 자궁을 가르는 일을 무엇보다도 꺼렸다. 표류민이었던 쓰다유라는 인물이 1794년 러시아 배에 구조되어 상트페테르부르크까지 끌려 갔고 거기서 러시아 황제를 만났다. 다이코쿠야 고다유에 비하면 그다지 유명하지 않지만 재미는 오히려 쓰다유의 견문록 쪽에 있다(세계일주를 한 최초의 일본인이다). 쓰다유는 귀국하자 오쓰키 겐타쿠에게 표류 사정에 관한 청문을 받았다. (40일이나 계속된) 이때의 청취 기록이 1807년에 정리된 『환해이문』(環海異聞)이다. '무스카무리'에 연행된 대목에 "여러 나라의 산물 중 진기하다고 할 만한 물건들을 저장해 둔 곳"이 있는데, 총서『멜라빌리아』의 독자에게 이미 잘 알려진 경이박물관(驚異博物館)이었다. "이는 예로부터 만방 세계 중의 진기하고 이상한 물품을 손에 넣는 대로 저장하는 부고(府庫)로 보인다. 고증할 수 없는 진기한 물건, 수천 종류의 보고 싶은 물품일 것이다"라고 해서 아주 재미있으므로 조금 인용해 보자.

그 안으로 들어가 보니, 일반에 공개하는 영보장(靈寶場)처럼 빙빙 돌려서 보도록 장치가 되어 있고 한 줄 한 줄마다 난간이 있다. 하나하나 다 보지 못하고 또 본다 해도 무슨 물건인지 분별이 안 간다. 그 물건에 벽보, 붙임표도 있었지만 글자를 알지 못하니 읽고 이해할 수도 없다. 수천 수백의 기이한 물건이 눈을 놀라게 할 따름이다. 날짐승, 벌레, 물고기류는 약수에 채우고 약주에 담갔다. 또 상자에 담고 항아리에 담은 물건도 많았는데 그중에서 눈에 띄어 기억나는 물건은 이러하다.

코끼리 해골 1구(具). 마른 뼈이므로 관절과 관절을 서로 연결해서 완전하게 구비했다.

박제된 개. 뱃속에는 충전물을 넣어 완전한 꼴을 갖췄다. 또 눈에는 구슬로 눈알을 넣어 그 형상이 마치 살아 있는 듯하다. 국왕의 애견이 죽자 이렇게 만들어 그 형태를 남겼다고 한다.

약수에 담근 배태(胚胎)의 전신. 탯줄이 마치 긴 뱀띠처럼 휘감긴 것. 이것이 무엇이냐고 물으니, 몹시 난산을 하다가 끝내 죽음에 이른 부인이 있었는데 그 배를 갈랐더니 이와 같은 태(胎)가 있었다 한다. 괴물이었으므로 꺼내어 뒷날의 이해를 돕기 위해 이처럼 해 두었다 한다.

큰 대나무. 이것은 이 지방에서 나지 않으므로 진기한 물건이라 하여 보관해 두었다고 여겨진다. 그 지방에는 큰 대나무가 전혀 자라지 않는다.

기러기 비슷한 큰 까마귀를 금으로 장식하고 날개를 움직이도록 만든 것. 날개가 움직이는 것이 마치 살아 있는 듯했다.

이것을 올려 놓은 선반 아래엔 금으로 만든 닭이 있다. 어떤 장치

인지 몰라도 시각을 알려 준다. 또 그 옆에는 올빼미가 있는데 이 것은 눈알이 빙글빙글 돌도록 만들었다. 그 아래에 메뚜기처럼 만든 것이 있는데 뛰는 모습이 마치 살아 있는 메뚜기나 다름없다.
　남녀의 성기. 둘 다 7~8치 정도의 크기로 각각 플라스크에 넣어 약수에 담가 두었다. 이는 변종으로 이처럼 지나치게 큰 성기를 가진 자가 있었으므로 죽은 뒤에 잘라내어 이와 같이 저장해 두었다고 한다.[14]

　'배태'가 어떤 식이었는지 상세히 기술하지 않았다(아마도 보존약에 담겨 있었을 것이다). 쓰다유는 약도도 남기지 않았다. 다른 진열대에도 이런 부류의 갖가지 물건이 있었다. 어두침침하고 침울한 풍경으로, 놀라서 어안이 벙벙하게 하는 것이 노리는 바여서 일반의 눈에는 드러내지 않았다. 출생의 신성함을 계산해서 빈정거리려는 것이다.
　알기 위해서 무엇이든지 열었던 서양 문화이긴 했지만 이 부분만은 (창조의 신비가 깃든 부분만은) 손대지 않고 내버려 두었다. 이것은 음식에 대해서도 (그 정도까지는 아니라 해도) 해부에 대해서도 말할 수 있는 것이어서 자궁 절개의 해부도 수는 열 손가락을 못 채울 정도다. 쿨무스 책의 전체 그림 중에 임신한 여성의 그림은 한 장도 없기 때문에 『해체신서』에도 그런 그림은 하나도 싣지 않았다. 자궁이 연구할 가치가 있는 신체의 영역이었음은 분명했으나 연구되지 않았다. 모태에서 성장 중인 태아는 완전히 캄캄한 신비의 어둠에 갇혀 있었다.

그림 23 액체에 담근 표본들, 유럽의 경이(驚異)박물관. 네덜란드인 빈센트 레빈『자연이라는 경이(驚異)의 극장』(1706)에서.

쿨무스의 책에 그려진 태아의 그림조차 그것이 태아로 보이지 않도록 갖은 수를 다했다. 마치 따로 분리된 자율적인 존재라도 되는 듯 탯줄도 뒤로 돌려놓아 탯줄이라 알기 어렵게 되어 있다. 무엇보다도 해골로 (즉 가장 깊숙한 내부로) 그려서 독립된 한 개인이라고도 해도 될 만큼 두 발로 단단히 서 있다. 『해체신서』 번역자들은 이것으로 아주 골머리를 썩인 끝에 결국 이 그림을 싣지 않았다. 『해체신서』에 나오는 태아의 그림은 쿨무스의 책이 아니라 스테판 블란카르트가 1687년에 출판한 『개혁된 해부』(Anatomia reformata)의 (실제로는 거의 같은) 그림에서 채용했다.

이에 반해 한방의 도보는 자궁에 눈을 돌리는 것을 마다하지 않았다.[15] 필자가 보기에는 이러한 그림이 자유롭게 그려진 것은 내부에 있는 아이의 모습을, 즉 내부인 하나의 전체가 지금 막 내부에서 나와 스스로 외부가 되려고 하는 찰나의 전체물을 그렸기 때문이다. 하나의 새로운 전체물 창생의 순간을 그린 셈이다.

회임 기간 중 자궁 내부에서 진행되는 태아의 발달은 겉에 나타나는 크고 작은 움직임을 보거나 안에서 나오는 소리를 듣고 알 수도 있다. 18세기 일본에서 어떤 기교가 연구되었다. 일반인들이 잘 받아 들였으며 (당시 수준으로 봐도 제법) 정확하게 자궁의 기능을 직접 볼 수 있었다. 몇 가지 명칭이 있지만 보통 '시월'이란 이름으로 알려져 있다. 정확하게 언제 발명되었는지 자세하지 않지만 오사카 도톤보리의 명물인 다케다 오미(竹田近江)의 '가라쿠리 극장' 부근이 발단인지 모르겠다. 에도에서 공연하기에 앞서 1758년에 나온 다케다 오미의 팸플릿을 보면 그림 한 장이 들어 있다. 이런 소개문이 손님의 마음을 설레게 했다.

이 세공은 60년 이전 원조 다케다 오미가 만든 기교. 맨 먼저 우선 아이 씨가 내려와서 자궁으로 들어가고, 첫 달은 부동명왕이 석장(錫杖)의 형태로 받아줘고 그로부터 해산달은 아미타여래가 받기까지 매달의 형태를 나타내는 기교다. 5개월째부터 손발이 생겨난다.

이 기교는 물론 현대의 감각과 일치하지 않지만 당시에는 사람들을 충분히 납득시켰다. '시월'은 대성공이었던 듯했다. 1771년 난학자 히라가 겐나이는 한 세대 전 시대를 돌아보고 풍자문 『방비론』(放屁論)에서 사람들이 특별히 보려고 몰려간 천막극장의 구경거리가 료코쿠바시에 다섯 군데 정도 있었으며 "당시 사방에 평판이 나 있던 물건들은 거룩한 보물, 진귀한 물건, 시월의 태내(胎內), 천리차, 머리가 둘 달린 사슴 그리고 원숭이에 곡마가 있다"[16]라고 적었다.

한방의는 신체를 구성하는 모든 기관에는 고유한 움직임이 있으나 각각의 위치는 엄밀하게는 정해지지 않았다고 생각했다. 반면에 서양의 의사에게는 각 기관이 우선 정해진 위치에 있어야 했다. 차례로 잘라가서 대상을 발견하려는 이상 서양의 해부학자는 무엇이 어디에 있는지를 꼭 정확하게 알아둘 필요가 있었다.

그런데 그런 서양 의학에서 신체 내부에 유일하게 정해진 위치를 갖지 않는 것, 그것이 자궁이었다(이 생각은 18세기가 되어서도 여전히 완전하게 구축되지 않았다). 서양 의학 한가운데에 일종의 한방적인 상태를 취해서 위치보다는 기능이 중요했다. 자궁만 그랬다. 이는 물론 남성우월주의 감각이다. 여성에게만 있는 신체 부위는 남성에게 적용할 수 있는 해부학 연구의 적용 범위 밖이라고 여긴 탓이다. 하여간 어

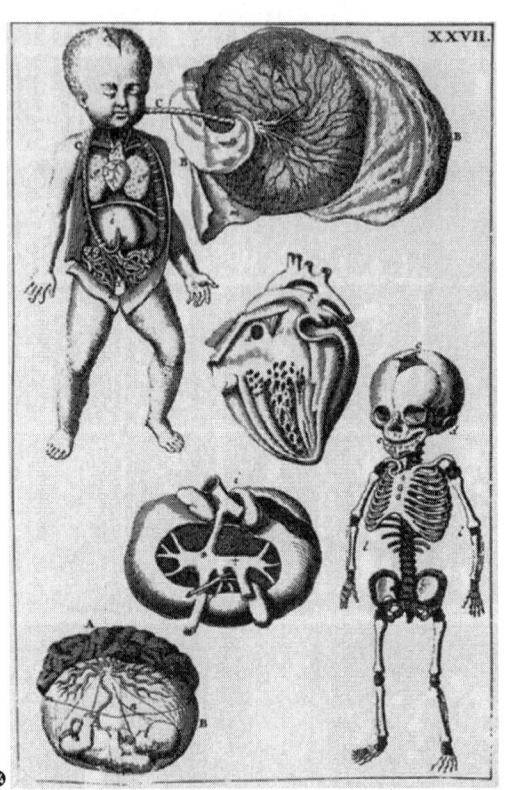

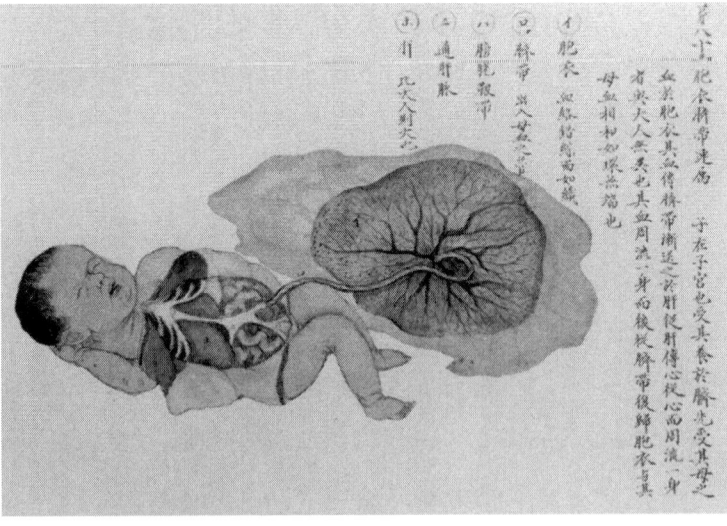

第八十五 胞衣膊带死胎两 子在子宫也受其养者於脐上受其变

血荣胞衣其盆得脐带输送之淡肝很肝传心视心而周流一身

者兴大人无异也其血周流一身白复从脐带复归胞衣乃其

母血相和保养胎也

甲 胞衣 如纱幼觉高雨如袋

乙 脐带 出入母胎之子

丙 脂肪根带

丁 通背脉

戊 目 比大人特大也

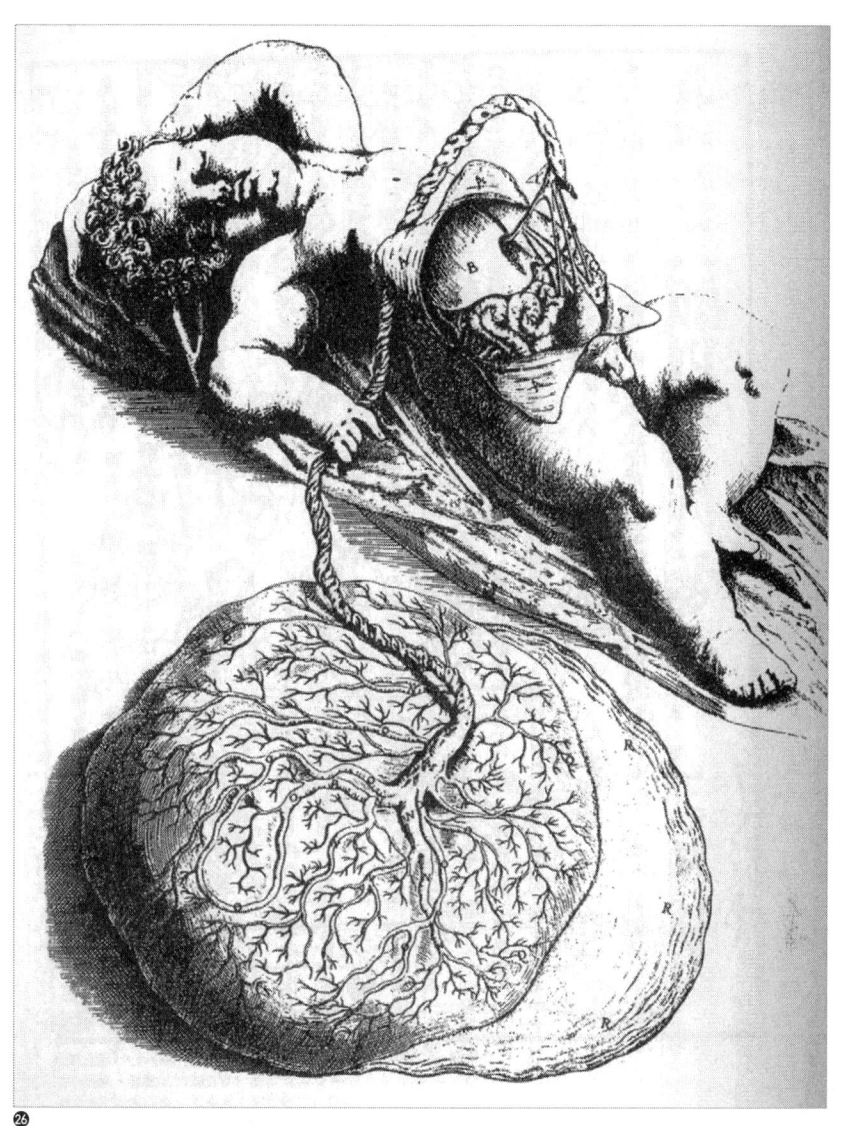

그림 24 쿨무스의 『타펠 아나토미아』에서 태아와 그 골격.
그림 25 『해부존진도』(解剖存眞圖) 중에서 자궁과 태아의 해부도만은 실사(實寫)가 아니고 서구의 책에서 빌렸다. 적당한 임신부의 사체가 조달되지 않았는지도 모른다. 그림 26과 아주 유사하다.
그림 26 스피겔리우스의 『태아형성론』(1626)에서.

그림 27 니시무라 시게나가(西村重長)가 쓴 『다이카라쿠리에쓰쿠시』(大からくり繪盡, 1743)에 붙인 작가 미상의 그림. 기계 장치의 임신-모형은 다케다오미 극장의 히트작이었다. 이 가라쿠리는 18세기 말까지도 아주 유명했다.

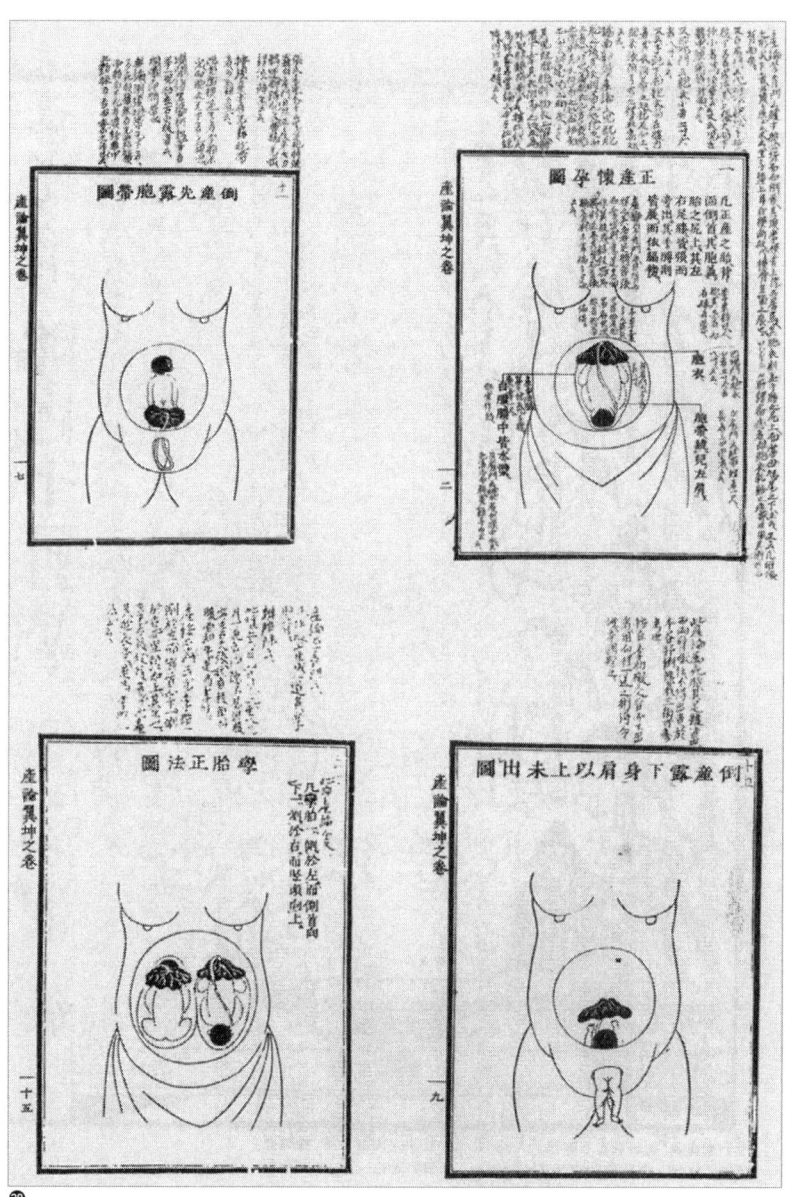

그림 28 가가와 시케이(賀川子啓)의 『산론익 보유』(産論翼補遺). 그림이 들어가지 않은 형태로 1765년에 간행되었다가 10년 후에 그림을 넣은 증보판이 나왔다. 『해체신서』 출간 다음해의 일이다.

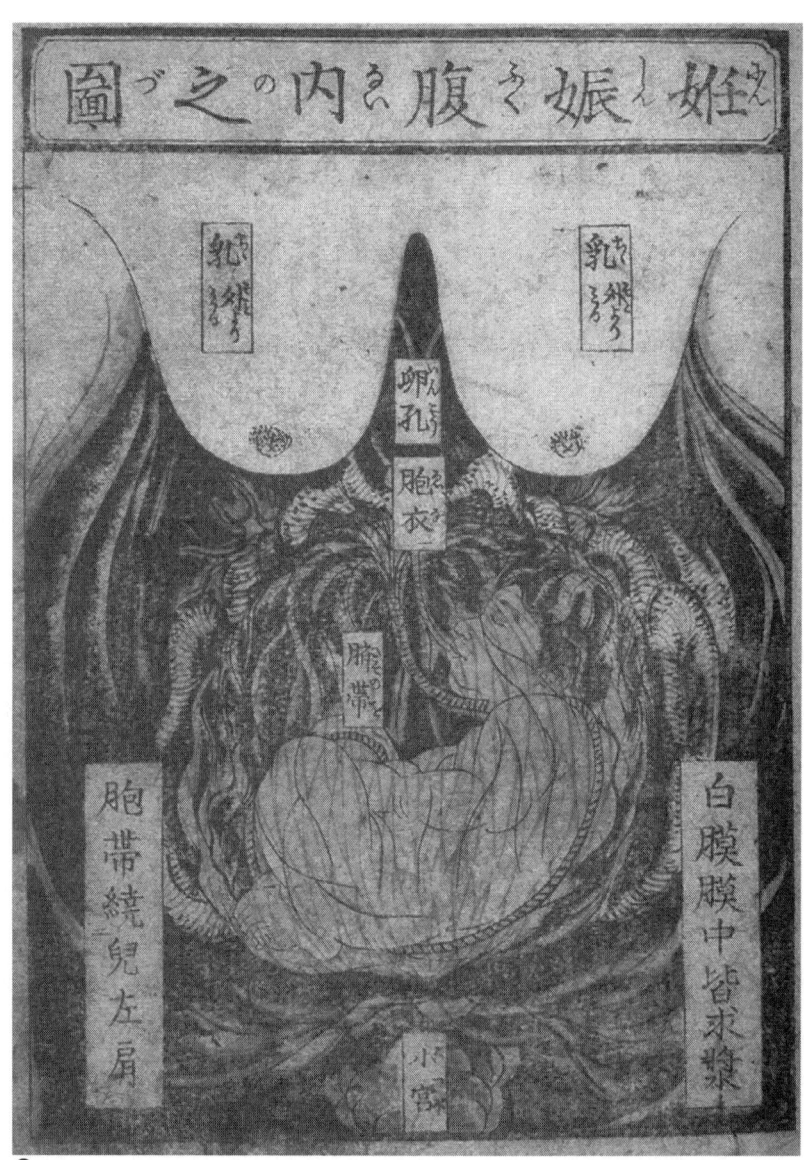

그림 29, 30, 31 에이센(英泉)의 춘화 시리즈 『마쿠라문고』(枕文庫, 1822년 무렵)의 이미지들. 대부분 노골적인 포르노그래피인데 이 석 점은 진지하게 의학적인 체하는 점에 색다른 재미가 있다. 마치 진짜 해부도처럼 이름표가 붙어 있을 뿐 아니라 '해체신서를 모방하여 베끼다'라고 태연스럽게 우겨대기까지 한다.

떠한 이유에서건 자궁을 둘러싼 고색창연한 해석과 신화는 여전히 오래 살아 있었다. 일본에서는 습관적으로 체내에 배치해서 그리는 유일한 신체 내부의 부위였던 자궁이 서양에서는 유일하게 그리지 않는 내부였다.

필자가 자궁을 '한방적인 상태'라 부른 것은 고대부터 계속되어 온 자궁이동설에 유래한다. 자궁은 일정한 위치를 갖지 못하고 신체 중에 여기저기 표류한다. 자궁이 위치를 바꾸면 여자들은 병 들기 때문에 실제로 늘 병을 앓는다고 믿었다. 그리고 자궁이 머리 쪽으로 돌면 여자를 '히스테리컬' 하게 만든다.[17] 히스테리의 어원은 '휴스테라', 즉 '자궁'이다. 남자가 이 병을 앓지 않는 것은 신체 부위 전부가 정해진 위치에 머물러 있기 때문이라고 생각했다. 서양 의학에서는 자궁만이 신체 중 유일하게 독립된 완전체였기 때문에 그것은 이물질로 취급되었고 그리고 그것을 가지고 있는 자 — 즉 여성은 위험한 범주로 다루었다.

그림 32 구니토시(國利), 「몹시 더운 여름 임신부의 장난」. 보기에는 다섯 명밖에 없지만 (한가운데 여성이 쥔 부채에 '5두頭'라 적혀 있다) 실제로는 열 명이다. 각 여성이 성장 단계가 다른 태아를 뱃속에 잉태한 모습을, 복대를 했는데도 볼 수 있다. 임신 10개월 10일의 그림이다. 오른쪽 끝의 임신부가 읽는 것은 출산의 주의사항에 관한 책일까?

五月目に至つて口に称へ陰へ耳集り祝言心の鏡全く備はれども赤き血の気なし

六月目の時勝手血を運びとんの緒を含む変化あり七月目手足指爪耳目鼻などの如沢も生ず男女の画別ぞたつく筋骨を固むる事を始むるが婦人の子宮に上下まはり子後ふ入て離れども暫あらい寒ぎわの

八月九月目の間に居る大きくなるとやがて姙り十月に満ちて安産誕生する婚あの斗かいり十月に満ちて安産誕生する天地自然の理なりさて婦人産の苦を胎門の思を経産その苦脇を胎門の思を経産その苦脇を祝のために斬る必らず金の斗形をつくりにても身と見ても文やうに替に見しふめ玩父母をつかうて孝形をつけ君とし不孝の淵名と後世に残り不孝の淵名と後世にのこるとまちれとやきむり少女の

此の婦女五人の訳そ

件子兄を

妊婦炎暑戯　一名　五頭十脚の図

世の中の商ひだとても子育ほど
ひろく猿まねむ地あるも
実に子ろうぢあつたら
あるまじきと年〜
最俯なしく女と好たる男と
若〜夫婦も間〜賀嬢と
安心と付ける素肝暑る
○先子種四る同人婦人の
徳骨の表卵の葛卵巣
に男子の精核にかかと袖化して
大きくなりて盛悔の如く髪絹をめご
むじむ二月目の怪と見とうえんじ
其の揃かがよゆえ煙の足にならふ

豊斎　國利戯筆

신체와 국가

5장

이 책의 머리말에서 인간의 손이 해부에서 하는 역할과 그것이 얼마나 중요했는지 조금 언급했다.[1] 무릇 손은 인간의 생활을 가능하게 해주었고, 서양에서는 신의 힘을 나타내는 상징이었다. 렘브란트의 그림에서 툴프 박사는 아리스 킨트의 팔과 손을 해부하는 모습으로 그려졌다(20쪽 그림 8). 실제 해부와 비교해 보면 전혀 앞뒤가 맞지 않는 작품이긴 하지만, 인간이 신의 능력과 관련을 갖는 증거가 곧 손임을 보여주는 그림이다.

해부학이 손을 연구하기 시작하는 데는 시간이 걸렸다. 르네상스의 위대한 해부학자 안드레아스 베살리우스(Andreas Vesalius)가 렘브란트의 그림보다 더 의학에 가까운 맥락에서 인간의 팔에 대한 새로운 식견을 보여주려는 그림을 1543년 간행한 그의 주저 『인체 구조에 대하여』(De corporis human fabrica)에 실었다. 베살리우스는 우리 쪽으로 얼굴을 향한 채 도전하듯이 응시하면서 두 손으로 사체의 손과 팔을 붙잡고 있다. 죽은 자의 손이 산 자의 손에 의해 되살아나고 의사의 치유하는 손(전개 중인 인문주의 과학의 표징)이 앉은뱅이에 닿고 팔뚝을 절개한다. 베살리우스의 오른손(왼손보다 민활하고도 재주도 많다)이 죽은 자의 손가락(자연 중에서 가장 솜씨 있는 부위)을 움직인다.

시스티나 성당 천정에 미켈란젤로가 그린 「천지창조」에 아담과 접촉하여 생명을 주는 아버지 하느님과 의사인 베살리우스의 모습을

그림 1 작가 미상의 베살리우스 초상. 『인체 구조에 대하여』의 속표지에 사용된 그림. 신체의 해부는 손의 연구에서 시작한다.

비교해 보자. 그림의 완성은 1508년. 베살리우스가 탄생하기 불과 6년 전이다. 하느님이 창조한 아담은 타락하여 총애를 잃지만 베살리우스는 그의 신체 내부 구조가 하느님과 같음을 밝혀 '낙원을 회복' 한다.

손을 써서 도구를 다루다

쿨무스의 『타펠 아나토미아』를 번역했던 난학자들은 최초로 서양 해부도의 전모를 광범위한 일본인 독자층에게 전했다. 그들은 쿨무스의 글과 함께 그림도 전부 채택하려 했다. 그런데 때로 그림을 추가할 필요를 느낀 듯싶다. 『해체신서』를 완성하기까지 편집 공정을 자세히 말해 주는 자료는 없지만 번역자들이 쿨무스 번역본에다 다른 데서 가지고 온 삽화를 삽입해야겠다고 생각했음에는 의심할 여지가 없다.

『해체신서』의 도판은 (본문 중간중간에 삽입되지 않고) 권말에 일괄로 수록되는데, 그 말미에 쿨무스의 원서에는 없는 그림이 추가되어 네 장 가득 실려 있다. 일본인 화가가 페이지 오른쪽 상단의 범례에 원전 대조를 위해 표시를 한 덕분에 이 그림들이 1592년에 앙브루아즈 파레가 지은 『외과술』에서 가져온 것임을 알 수 있다. 『외과술』(아마 1694년 간행된 네덜란드어 번역판)은 관의인 가쓰라가와 호슈이 한 권을 소장했다(가쓰라가와 호슈의 아버지). 그런데 실제로는 파레의 책 어디를 보아도 이 그림들은 나오지 않는다. 참고문헌이 잘못 표시된 것이다. 실은 훨씬 뒤에 나왔으며 이 책과는 아무런 관계도 없는 네덜란

그림 2 『해체신서』에서. 쿨무스는 손발에는 아무런 관심도 갖지 않았기 때문에 『해체신서』의 역자들이 넣었다. 『해체신서』의 '범례'를 보면, 마에노 료타쿠(前野良澤)가 소장한 파레의 『외과술』 '해체' 편에서 취했다고 되어 있지만 실은 그 어느 쪽을 보지도 않았다.

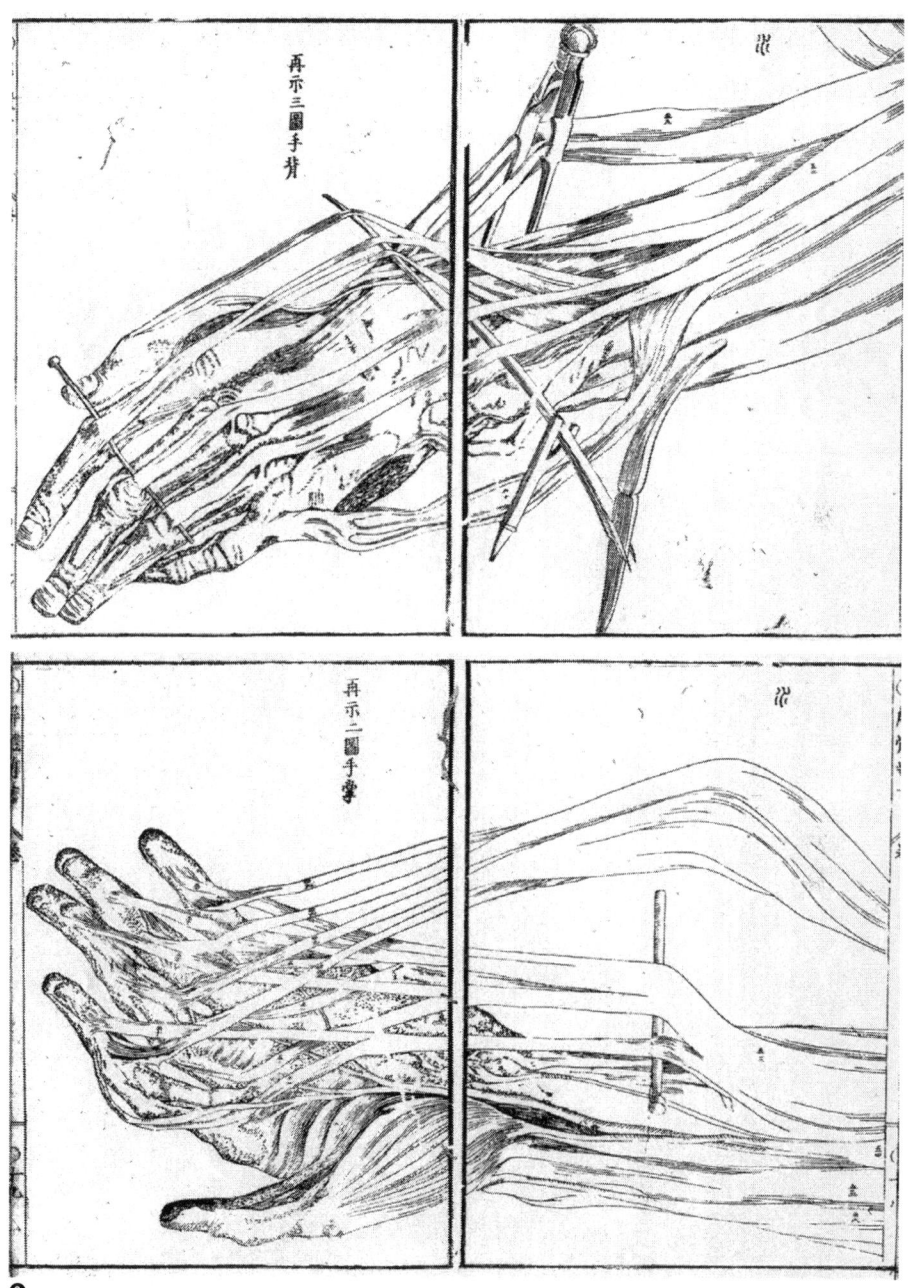

드 출신의 의사 고베르트 비들루(Govard Bidloo)의 『인체구조론』(Ontleding de menschelyken Lichaams, 1685)에 실린 그림이다. 이 책은 해부학 책으로, 이 번역 그룹이 『해체신서』 중에 그 원용을 설명한 도서목록에는 거론되지 않았다.

비들루의 책은 대단히 호화로운 책으로 36세의 젊은 나이이던 저자 스스로 이것을 빛나는 홍업(鴻業)이라 여기고, 머리말에서 유럽 의학을 "방자하고도 우매한 중국이나 인도의 의학 관념"과는 다르게 하는 데 "일조할지어다"라고 자찬했다. 그러나 세간의 평판은 반반이었다. 대형 미술서스러운 장점에도 불구하고(라고 해야 할지, 그런 까닭에 그렇다고 말해야 할지) 삽화가 너무 예술적이어서 의학적인 계발이라는 점이 등한시되었다는 목소리가 많았다. 나무랄 데 없이 아름답기는 하지만 진정한 과학성에 방해가 되어서는 좀 그렇지 않냐는 의견이었다. 의사들은 대부분 비들루가 미의 함정에 빠져 버렸다고 생각했다.

이 그림을 그린 사람은 베살리우스의 출생지 브뤼셀에서 그리 멀지 않은 곳에서 태어나 프랑스 바로크 양식을 따르던 화가 헤라르트 데 라이레세(Gérarde de Lairesse)다. 비들루는 도판에 대해서도 기고만장했다. "이 그림들은 거장 G. 데 라이레세가 진품을 묘사하고 다수의 사람들이 조판했다"라고 칭송했다. 그러나 여러 면에서 라이레세는 해부도에는 적합하지 않은 화가였다. 그에게 맡기면 지나치게 아름답게 그릴 징조는 애초부터 엿보였다. 라이레세는 평소 모든 그림 소재의 미화(美化)를 입에 달고 살았다. 그는 '평범'하게만 보이는 그림 소

그림 3 고베르트 비들루의 『인체구조론』(1685) 표지. 비들루는 네덜란드의 병원 총사찰관(總察官)이었으며 1694년부터는 영국 왕 윌리엄 3세의 어의였다.

재를 혐오하고 사물의 실태보다는 미적인 쪽을 더 높이 평가했다. 1707년 간행된 그의 『대화법론』(大畵法論, *Het Groot Schilderboeuck*)을 보면, 화가인 자는 진짜 인간 신체를 잘 관찰해야 하지만 "미야말로 회화의 가장 가치 있는 부분인 이상 그것이 우리가 하는 일의 목표가 되지 않으면 안 된다"고 단언했다. 요컨대 그리스 조각이 실제 인체보다 마음에 든다는 인물이었다. "인체상(人體像)을 이 (그리스식의) 치수로써 다루는 자가 일을 잘 해나갈 것임에는 의심할 바 없다. 특히 조상(彫像)을 우아하고 아름답게 마무리하고자 한다면 반드시 그렇다"라고 말했다. 이러니 애시당초 라이레세의 작품이 과학에 이바지한다고는 생각하기 힘들었다.

19세기의 위대한 의학사가(醫學史家) 루트비히 슐란은 그의 『해부도보사』(解剖圖譜史)에서 라이레세의 그림은 "전혀 필요없는 문자가 새겨짐으로써 엉망이 되었으며 …… 자연의 미에는 없는 아름다운 체하는 미를 따르며 …… 정확한 해부학의 식견을 〔결여했으며〕" '때때로 부정확' 하다고 격렬하게 비판했다. 17세기 사람들이 이미 깨닫고 있었듯이, 이 책은 진문가에게는 너무 부정확했으며 초심자에게는 너무 비싸고, 게다가 근육의 구조가 극히 일부밖에 나오지 않았기 때문에 과학자들에게는 도움이 되지 않았다.

『해체신서』에 그림을 넣은 사람은 아키타한의 젊은 무사 오다노 나오타케(小田野直武)다. 그는 라이레세의 그림을 주의를 기울여 세밀

그림 4, 그림 5, 그림 6 『해체신서』의 손의 출처는 고베르트 비들루의 『인체구조론』(1685)에 헤라르트 데 라이레세가 넣은 그림이다. 12년 후 윌리엄 쿠퍼가 『인체해부론』이라는 해적판을 내자 비들루는 격노했다. 그의 책은 다루기 곤란한 둘로 접는 대형 화첩이었으니 일본에 온 것은 해적판이 아니었을까?

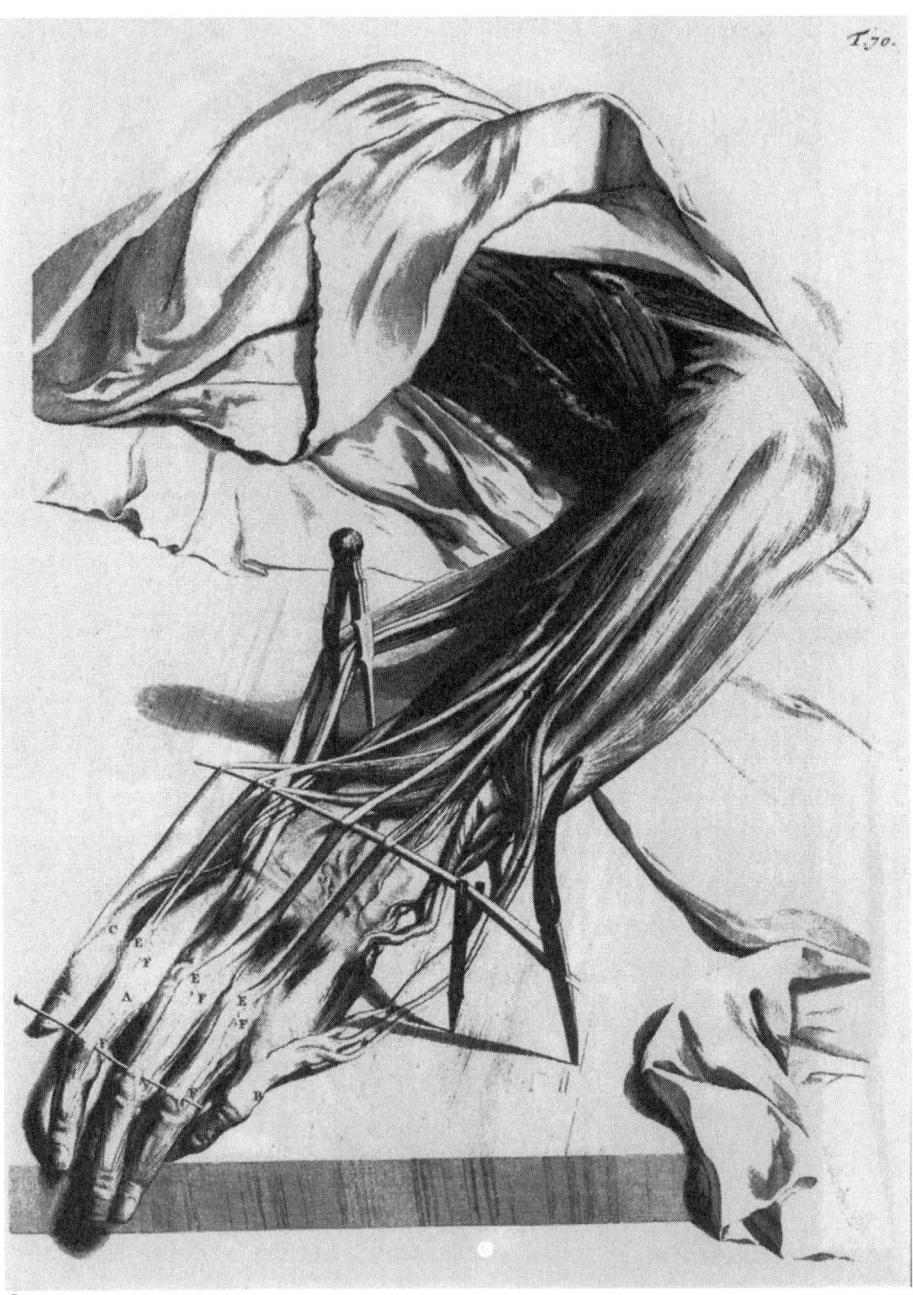

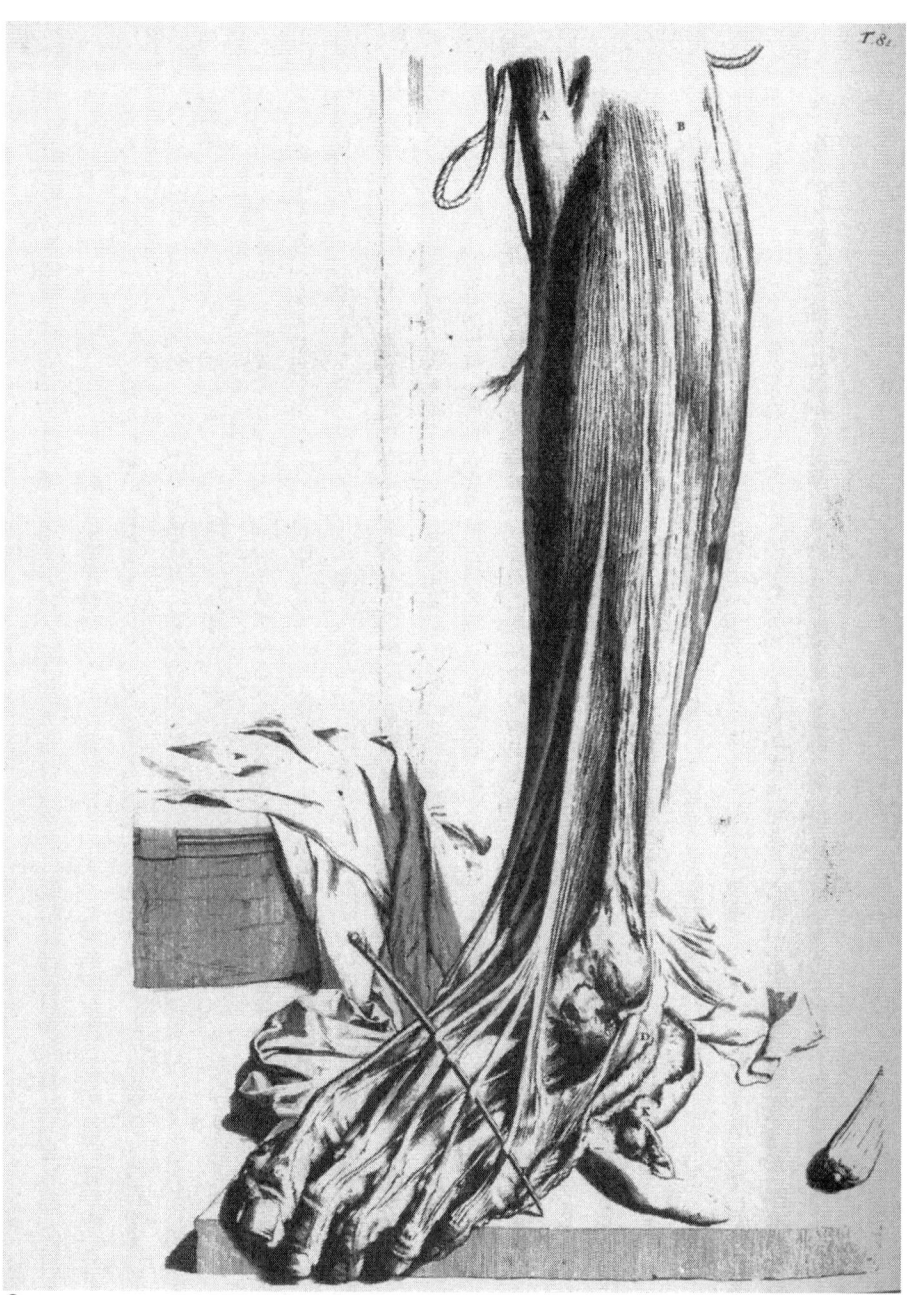

하게 모사했다. 동판이라는 원래 매체를 목판으로 옮기는 어려운 작업이었다. 다른 출전의 어느 그림보다도 선이 미묘했으며 조밀했다. 우선 라이레세의 대형 그림(세로 60센티미터)을 10분의 1 정도로 축소해야 했다. 『해체신서』의 그림 수준에 자신을 갖지 못한 나오타케는 "내 친구 스기타 겐파쿠가 번역하여 『해체신서』가 되었다. 나에게 이 책의 그림을 베끼게 했다. 그것이 홍모의 그림에 이르겠는가. 나같이 무능한 인간이 감히 손을 뻗칠 바가 아니다. 그렇지만 또한 그리지 않으면 안 된다고 말하니 원망이 친구에게 미친다. 아아, 원망을 친구에게 사기보다는 오히려 구린내를 후세에 남기지 않겠는가. 사방의 군자는 다행히 이를 용서하라"[2]라고 썼다. '손을 뻗칠' 수 없고 발돋움해도 닿지 않지만 그렇다고 해서 친구에게 의리를 지키지 않을 수도 없는 화가의 고충이 사무치게 전해 오지 않는가.

그런데 라이레세의 그림이 『해체신서』 말미에 보충된 까닭은 도대체 무엇일까? 어째서 거기에 있을까? 『해체신서』에는 쿨무스의 책 외에도 다른 책의 그림도 채택되었는데 페이지 전체가 쿨무스 이외에서 채택한 곳은 여기뿐이다. 필자가 생각하기에는 손의 그림이기 때문이다. 마찬가지로 또 하나의 신체 말단인 발 그림이기 때문이다.

쿨무스 책의 삽화는 신체의 말단인 손, 발을 제대로 다루지 않고 해골 형태로밖에 그리지 않았다. 초보자에게 의학 식견을 전하려고 한 쿨무스는 이러한 부위는 별로 주목할 가치가 있다는 생각은 하지 않은 듯하다. 이와 대조적으로 비둘루는 이러한 부위를 한층 더 미적이며 상징화 색채가 강한 책에서 상세하게 다루었다. 『해체신서』 번역자들도 자신들의 일이 획기적이며 상징성도 띠고 있음을 잘 알았기 때문에 손을 취급할 필요를 느꼈다.

스베틀라나 앨퍼스는 저서 『렘브란트』에서 화가로서 렘브란트가 얼마나 인간의 손 묘사에 몰두했는지 논한 바 있다.[3] 라이레세는 1660년대 말 몇 년간 렘브란트 아래에서 (최후에는 렘브란트를 부정했지만) 그림을 그렸다. 의사에게도 화가에게도 손이 요체라는 렘브란트의 감각이 라이레세에게도 옮아갔는지도 모른다.[4] 발이 얼마나 중요한지는 나중에 국가의 형성과 여행의 유행을 논할 때 저절로 밝혀질 것이다 (발은 운동의 매체로서 공간을 이동하는 인간의 힘을 나타내는 도상圖像이다). 그러나 우선은 손이다. 손 없이는 어떠한 생업도 있을 수 없다.

쿨무스 책의 속표지에는 '해부'를 상징적으로 표현하는 여성상 ('레이디 아나토미아'라고 불러두자)이 그려져 있는데, 그녀는 손에 메스를 쥐고 지금 막 해부를 시작하려 하고 있다(18쪽 그림 7). 그녀 앞에는 각종 기구가 정연하게 놓여 있다. 우선 이 기구들을 손에 잡고(꼭 쥐고) 나서 모든 과정이 시작된다. 메스나 가위가 선택되고 이 기구들 덕분에 신체 내부를 볼 수 있다. 손이 시작한 작업에 손과 눈이 협동해서 열매를 맺는다. 기구의 손잡이 위치 탓에 레이디 아나토미아가 기구를 쓰는지 독자가 쥐는 꼴이 되는지 애매하다.

해부학자의 기구는 외과의사의 기구이기도 하기 때문에 난의에게 손이 얼마나 중요한지는 분명했다. '외과술'(surgery)이라는 서구어를 새로운 일본어 단어로 번역할 필요가 생겼을 때 '수'술(手術)이라는 말이 발명된다. 의학적 시술의 실태를 이 이상 멋지게 요약하는 말이 또 있을까? 의사는 메스를 잡은 손을 절개구에 찔러 넣고, 열린 신체 내부에 자유자재로 '수'배(manipulate의 원뜻은 'manus[손]로 취급하다')하는 것이니.

앞에서 서술한 바와 같이 쿨무스 책의 속표지 그림은 『해체신서』

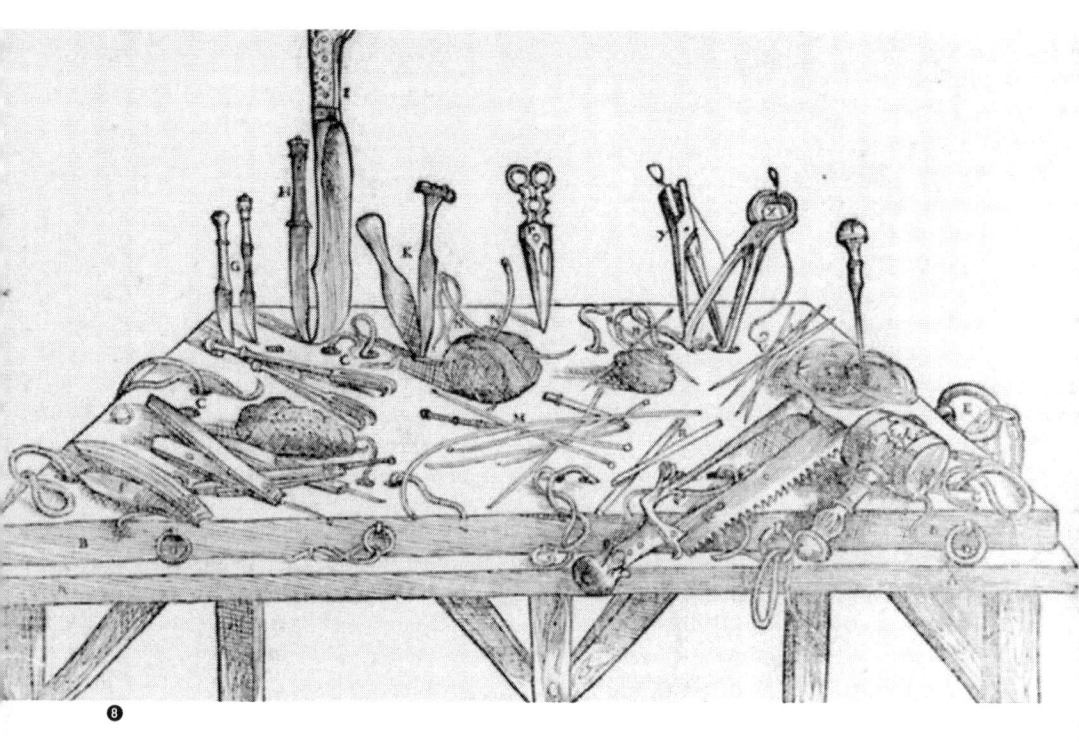
❽

그림 7 오쓰키 겐타쿠가 개정한 『중정 해체신서』에 미나가키 야스카즈가 붙인 속표지 그림. 책은 아마 1798년에 마무리되었을 텐데 간행은 1826년에 되었다. 1774년판 『해체신서』에서 삭제되었던 쿨무스 원본의 속표지 그림이 모사(模寫)되어 부활했다. 다소 변경되어서 현미경이 보태지거나 해골의 샤벨이 삭제되었다. 도구를 얹은 탁자가 기독교 제단으로 보이지 않도록 했다.
그림 8 베살리우스의 『인체 구조에 대하여』에서. 해부학자의 기구를 그림으로 그리는 전통은 베살리우스까지 거슬러 올라간다.

에서는 사용되지 않았다. 1826년 출판한 『중정(重訂) 해체신서』에서 비로소 부활했다. 그렇다고 해서 쿨무스의 그림이 그때까지 전혀 알려지지 않았던 것은 아니다. 필자가 본 바로는 에도의 상공인이자 난학자 시바 고칸은 그것을 보아서 알고 있었다.

1794년 시바 고칸은 아틀리에의 화가 모습을 묘사한 그림을 그렸다. 다수의 외래 서적에서 갖가지 요소를 취해 짜깁기한 듯해서 아마도 독창적인 도안은 아닌 듯싶다. 그렇지만 분명히 고칸 자신의 정신이 창조했다고도 말할 수가 있다. 어딘가 엠블럼과 같은 정취가 있는 것은 이젤을 향해 제작 중인 그림 속의 인물이 바로 레이디 아나토미아가 그녀의 직능을 대표하는 존재인 것과도 비슷하며, 누군가 한 사람의 화가라기보다 고칸의 직종을 대표하는 화가 일반이라고도 말하려는 느낌이 들기 때문이다. 방은 이쪽도 해당 직종에 걸맞는 도구가 (충만하다고까지는 말할 수 없지만) 잘 완비되어 있다. 좌우의 뒤쪽에는 인쇄기가 한 대씩 있어서 일본에 전해진 서양 과학도보의 절반 이상을 동판 인쇄로 인쇄하려는 태세다. 서양에서 온 신기계를 조작하기 위한 조수들도 있다.

일본 목판 인쇄의 역사는 오래 전까지 거슬러 올라가지만 동판은 겨우 18세기 말도 중반에 접어들었을 무렵에 나타난 새로운 기술이었다. 처음으로 그 기술을 유럽에서 이입하는 성공한 사람이 고칸이다. 1783년 고칸은 일본 최초의 동판화를 제작했다. 문제의 작품은 그로부터 11년 뒤의 작품이지만 '일본 창제(創製)'를 득의만면하게 칭송한다. 저쪽에 비쳐 보이는 풍경은 분명히 네덜란드풍이며 그림 속 화가는 정밀하고 참다운 과학도보의 매체를 일본에서 유일하게 다룰 수 있는 인간, 바로 시바 고칸의 모습이라고 보아도 좋을 것이다.

❾

그림 9 시바 고칸, 「화실도」(畵室圖), 1794. 아래쪽에 자랑스럽게 쓴 '일본 창제'는 동판화 기술에 대한 것이다. 동판을 자르는 것도 신체의 절개나 마찬가지로 도구로 가득 찬 테이블 위에서 시작된다.

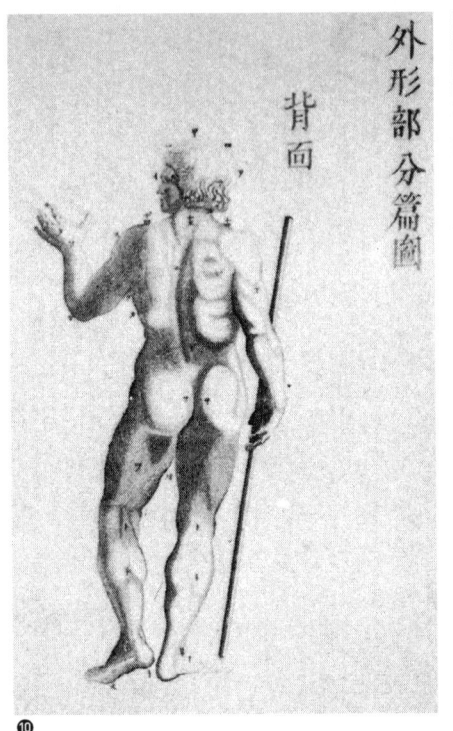

동판화 제작은 새기고 잉크를 바르고 문지르는 목판화보다 공정이 많다. 우선 동판에 납을 바른다. 거기에 디자인을 새긴다. 부드러운 재질이므로 새기기는 간단하다. 거기에 강한 초산을 뿌리면 새겨서 납이 벗겨진 부분은 동이 부식을 시작하고 납의 피막이 있는 부분은 그대로 있다. 에칭 기법이다.

마치 의사가 해부, 즉 '수술'을 '손'을 써서 행하는 인간듯이, 동판화가도 좋은 '수' 배를 필요로 하는 매체를 상대로 해서 손을 크게 움직인다. 문인화 화가는 별다른 도구를 필요로 하지 않았다. 화필로 쓰는 붓 하나면 충분하며 나머지는 시적 영감이라는, 손 작업을 초월한 화조(畫藻)가 추구된다. 그런데 고칸은 문제의 그림 속 화가를 물건이 너절하게 어질러진 방에서 일하는 모습으로 그렸다. 그 도구들은 쿨무스 책의 속표지 그림과 거의 비슷하게 인물들과 그것을 바라보는 독자 사이에 나뒹군다. 도구를 얹은 선반 짜임새는 논리적인 것과는 좀 멀고 쿨무스 책 속의 테이블처럼 정연하지 않지만 어쨌든 도구들이 그림 속 인물과 우리 사이에 어지러이 흩어져 있으므로 우리의 시선은 그림 속 인물을 포착하기 전에 이러한 도구 위를 더듬어 갈 수밖에 없다. 그림 속 주인공들은 과장된 손놀림으로 일을 하는 중이다.

그림 10 의학서에 보통 동판화를 사용하게 되었다. 선이 멋지게 잘 나오기 때문에 이 재료는 많은 컨텍스트에 적합했다. 『중정 해체신서』는 목판화를 넣을 예정으로 미나가키 야스카즈가 준비하고 있었는데 오사카의 난학자 사이토 호사쿠(齋藤方策)가 조각가 나카이 사부로(中伊三郞)를 겐타쿠에게 소개함으로써 계획이 변경되어 동판화로 인쇄했다.
그림 11 나카이 사부로가 동판화로 제작한 『팔헤인 해부도보』의 표지.
그림 12 모든 도판을 전부 동판화로 삽입한 최초의 해부학서 우다가와 겐신(宇田川玄眞)이 번역한 『의범제강』(醫範提綱). 1805년에 완성되었고, 그림은 마쓰다이라 사다노부(松平定信)의 마음에 드는 화가인 아오도 덴젠(亞歐堂田善)이 1808년에 가담했다. 1823년에 나온 2판은 덴젠의 그림 대신에 나카이 사부로의 작품으로 대치했다.

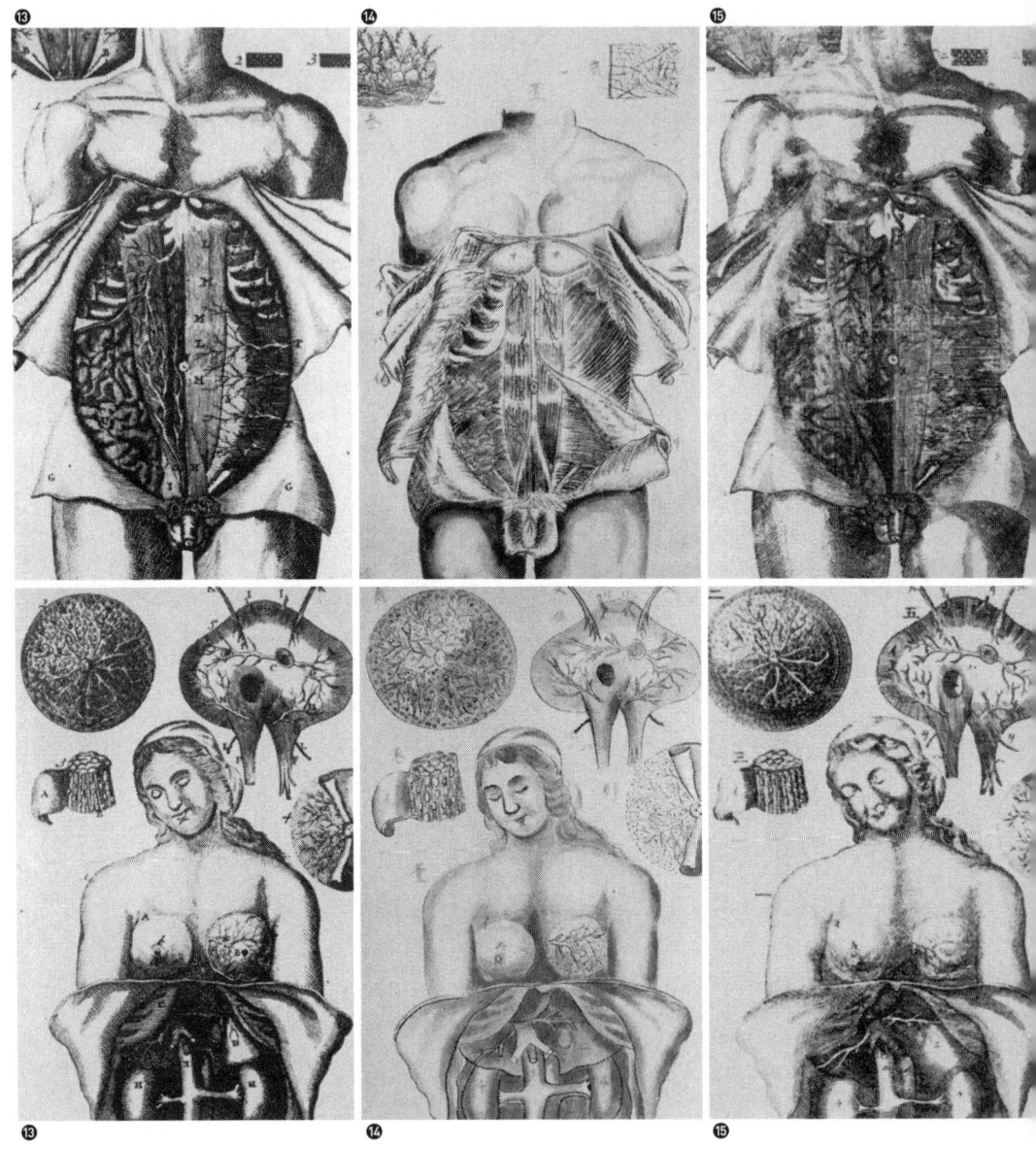

그림 13 팔페인의 『외과해부학』(1733)에서.
그림 14 나카이 사부로는 곧바로 『중정 해체신서』에 착수할 수 없었다. 왜냐하면 그때 호사쿠가(사이토 주칸齋藤中環과 공동 작업한) 얀 팔페인의 책을 일역한 『팔헤인 해부도보』(把爾倉湮解剖圖譜, 1822)를 위한 작업을 하고 있었기 때문이다.
그림 15 사부로의 그림은 최종적으로 책으로 만들기 위해 그가 직접 에칭했다.

그림 16 히로카와 가이가 옮긴 『난료방』(1804)에서. 일본 의학서 최초의 동판화 삽화다. 하지만 본문에는 목판화를 넣었다.

고칸에게 손을 써서 도구를 다루는 아티스트는 '동판화' 제작자다. 동판은 많은 도구를 필요로 할 뿐 아니라 아티스트와 자르는 행위의 특별한 관계도 낳는다. 대상이 나무든 구리든, 판화는 자르는 행위의 예술이다. 이미지가 드러나게 하려면 재질은 얇게 저며야 한다. 난방과 같이 여기에서도 자르지 않으면 진보는 없다. 그래서 고칸의 예술 원리에서 아티스트는 자르는 회화 제작자인 셈이다.

그건 그렇다 치더라도 동판인 점이 특히 의미 깊은 것은 일본의 (풍속화가나 그 밖의) 목판화가가 보통 디자인을 새기는 일을 다른 직인에게 맡기는 데 비해 초기 동판화가들은 그렇지 않았기 때문이다. 목판화 제작 공정에서는 '화가'와 '조각사'가 다른 사람이지만 에칭에서는 한 사람이 양쪽을 다 했다. 예를 들어 1765년 스즈키 하루노부(鈴木春信)의 그림 달력「축시의 신사참배」(丑時詣り)를 보면 그림을 그린 하루노부와 조각을 한 세키네 가에이(關根柯影)의 이름이 똑같이 실려서 두 사람의 협동작임을 알 수 있다. 고칸의 동판화는 그가 혼자서 만든 작품이므로 모든 책임은 혼자서 짊어진다. 그림 속에서 이리저리 왔다 갔다 하는 조수들은 어디까지나 소수지, 동판에 바른 납에 칼집을 넣은 사람이 아니다. 동판화 제작자인 그 혼자서만 자른다.[5]

해부학자도 이상적으로는 혼자서 자른다. 아오차바바를 해부한 스기타 겐파쿠는 그 작업을 늙은 백정에게 맡기는 수밖에 없었지만, 렘브란트의「툴프 박사의 해부학 강의」에서 말하고자 한 바나 또 쿨무스 책의 속표지 그림이 밝힌 바와 같이 해부학자는 본래 혼자서 메스를 다루어서 잘라 나가야 한다. 동판화가와 해부학자가 교차한다. 비들루가 말했듯이, 라이레세는 그의 해부서에 실은 그림을 자신이 그리고 또한 직접 팠다. 서양에서도 동판화가는 직접 파지 않는 것이 보통이었지만 이 라이레세라는 사람은 직접 팠다. 화가가 직접 에칭에 '손'을 대고 직접 파야 한다는 그의 방식은 유럽에서 유명해졌고 그의 작품에 매우 비싼 값이 붙은 이유도 이것이었다.

고칸이 일본 최초의 동판화를 제작하고 일단 이 기술이 더 널리 이해되기 시작하자 여기에 손을 대는 사람들이 나왔다. 그 초기의 한 사람이 히로카와 가이로, 1804년 출간한 그의 책 『난료방』 속표지에 한 장의 동판화를 사용했다. 이 책은 앞서 2장에서 가이가 메스류를 포함하여 서양의 외과기구에 얼마나 큰 관심을 가졌었는지 언급하며 서술했다. 난방이 얼마나 효과적으로 신체 내부를 깊숙이 '자르는지' 열띤 어조로 설명한 책이, 동시에 동판화를 속표지에 실은 일본 최초의 저작(라고 할까 일본 최초의 의학서)이기도 했음은 우연이 아니다. 문제의 그림을 보면 어딘지 애매하며 알 수 없는 장소인데 앞바다에는 동인도회사의 배가 한 척 정박했다. 판석을 쫙 깐 테라스에는 조정의 신하들이 늘어서고 뒤에 병풍을 두르고 앉은 사람에게 공손하게 예를 표하고 있다. 어디를 봐도 자르는 것과 관련이 있는 행위는 눈에 띄지 않는다. 하지만 생각해 보면 그럴 필요가 없다. 이 그림 자체가 자르는 행위의 소산이기 때문이다. 이 그림을 벽두에 내건 책은 이하 신체를 자르는 데 필요한 도구를 논한다. 화가/외과의사의 양손이 그러한 도구를 쥐고 열려는 기도(企圖) 전체를 스스로 떠맡으려 한다.

『난료방』에 삽화를 그린 사람은 야마구치 소켄(山口素絢)이다. 이듬해 간행된 가이의 다음 책 『난료약해』(蘭療藥解)에 사용한 여덟 장의 동판 삽화에 서명을 한 후지 자쿠시(藤若子)도 어쩌면 소켄일 게다. 『난료약해』는 본문에 삽입된 도판으로 동판화를 사용한 최초의 의학서다(하지만 그 그림은 한 장으로서 해부도는 아니다). 가이는 그 이전

출판물에서도 소켄을 기용했으며 이 두 권의 의학서보다 4년 먼저 나온 『나가사키 견문록』에 그림을 그린 사람도 소켄이었다. 가이는 당연히 중국과 서양에 관련된 진기하고 이색적인 문물의 견문 체험에 지면을 할애했다. 가이는 난서 번역가인 요시오 고사쿠를 만나 하룻밤 이야기를 나누었는데 고사쿠의 관심사가 가이와 마찬가지로 주로 의학이었기 때문에 두 사람이 유럽의 새로운 외과와 해부학에 대해 언급하지 않았다고는 생각하기 어렵다.

나가사키에 머무는 동안 히로카와 가이는 그가 '아란타 외과상자'라 부르는 상당히 재미있는 물건을 목격한다. 그것은 가쓰라가와 호슈가 툰베리에게서 받았거나 시볼트가 선물로 남긴 기구를 전부 수납한 도구 한 벌과는 달랐다. 병이나 약을 수납하는 공간은 있지만 메스류를 넣어 둘 곳은 없었다. 이 상자는 책상이 되었다가 간편하게 접히는 교묘한 구조를 하고 있어서 어디라도 무리 없이 옮겨갈 수가 있었다. 펼치면 뭔가를 쓰기에 적당한 대가 된다. 소켄은 이 상자 그림을 몇 장이나 그렸다. 접었을 때 모습 그리고 폈을 때 모습.

어떤 의사라도 이런 상자가 있으면 얼마나 편리할까 하고 생각했을 것이다. 하지만 아무리 봐도 '아란타 외과'를 위한 상자였다고 하는 것이 딱 맞는 이야기인 듯하다. 책상을 접으면 상자는 깔끔하게 닫힌다. 서랍을 앞쪽으로 꺼내어도 뚜껑을 뒤로나 앞으로 열어도 역시 잘 들어가는 이 모양은 외과술을 하기 위해 신체를 열려고 하는 네덜란드 의사의 행동거지 그 자체가 아닐까? 의사는 인간의 신체 속에 손

그림 17 히로카와 가이가 쓴 『나가사키 견문록』(1800)에 야마구치 소켄이 넣은 「네덜란드 외과상자의 그림」. 교묘하게 열리고 닫히는 외과상자 내부에는 약이나 병뿐 아니라 무언가 쓸 수 있는 책상과 시계도 있다.

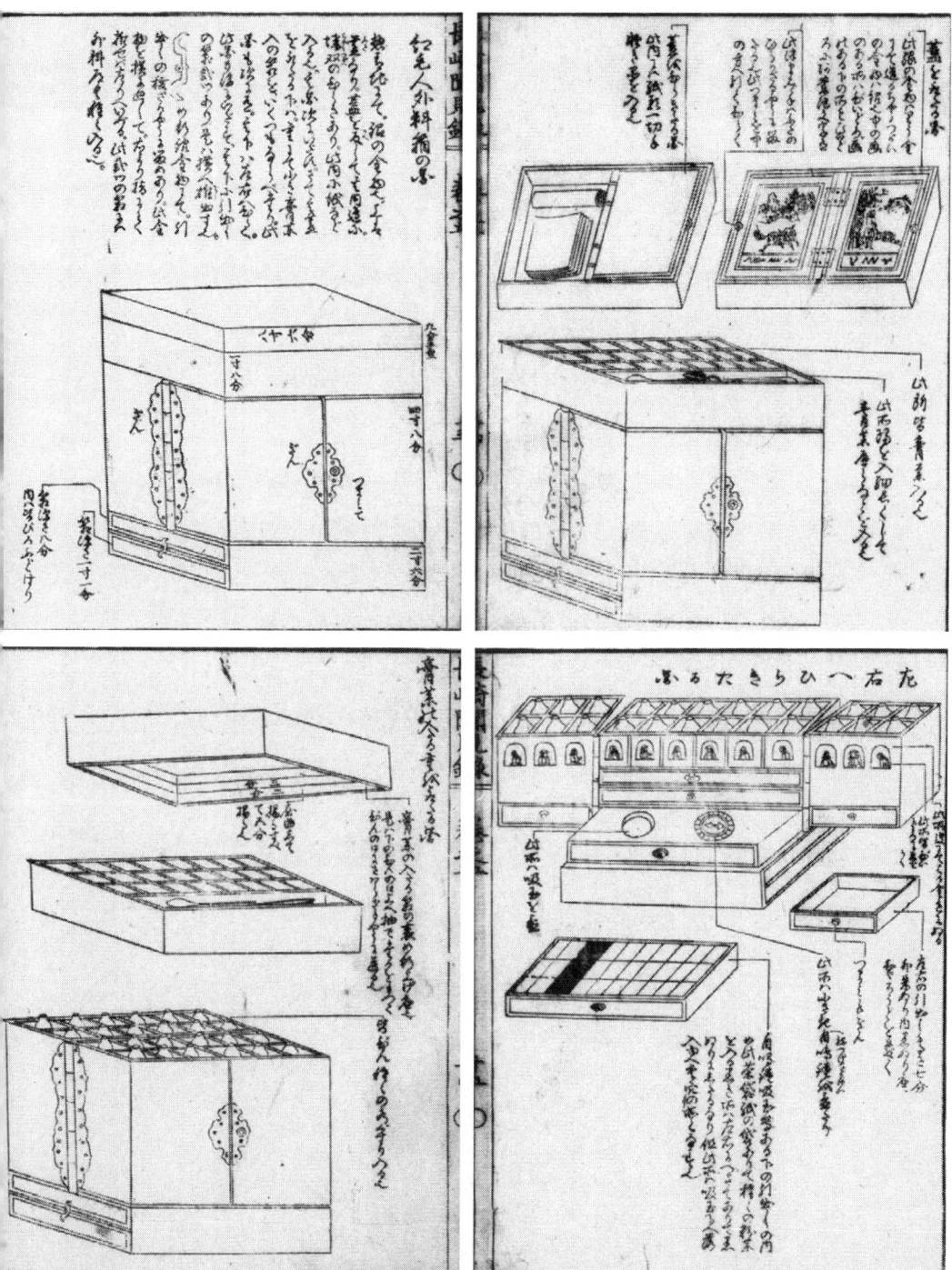

을 뻗칠 수 있도록 책상 내부에 손을 넣어 틈막이를 한 작은 부분에 몸을 기울이고 손가락을 복잡하게 움직인다. 그의 손은 주의 깊고 신중하게 책상 위를 움직인다. 그렇다, 쓰는 것 또한 일종의 수술, '손'의 '술'(術)인 것이다. 열린 책상 한편에는 소형 시계가 인간의 심장 박동을 정확하게 째깍째깍 세고 있다. 약간 왼쪽에 치우쳐 있는 것이 바로 인간 신체 중의 심장 위치와 비슷하다. 책상 반대쪽에는 잉크병이 있어서 두 곳 사이를 글을 쓰는 의사의 손이 움직인다. 글을 쓰는 인간에게 혈액인 잉크를 담은 병에서 박동을 재는 시계로.

　글을 쓰는 대 위에 열두 명의 초상화가 옆으로 늘어서 있다. 판화가 아니라 (장소가 장소인 만큼 종이로는 금세 스쳐서 찢어진다) 훨씬 오래 가는 유리 그림이다. 이 열두 명은 누구이며 도대체 무엇을 나타내는지 가이 자신은 아무것도 쓰지 않았다. 소켄의 그림도 분명하지 않기 때문에 단정하기는 힘들지만 성 루카, 히포크라테스, 갈레노스, 베살리우스 등과 같은 서양 의학의 원조들임에 틀림없다. 근대 해부외과를 낳은 사람들의 계보, 자르는 것의 지식을 낳아서 기른 이들 군상이 아닐까? 외과의는 무언가를 기록하면서 이 사람들의 얼굴을 언제든지 언뜻 언뜻 볼 수 있다. 깃털 펜 끝이 마르면 잉크에 담근다. 끝이 무뎌지면 접이식 나이프를 꺼낸다(접이식 소형 나이프를 펜과 별로 관계없는데도 '펜나이프'라 부르는 데서 원래 그것으로 깃털 펜을 깎았다는 기원이 엿보인다). 그리고 그것으로 깎으면 펜 끝은 다시 뾰족해진다.

그림 18 베르날드 지크프리트 알비누스, 『인체골격·근육 도보』(1747)에서. 알비누스는 피부가 벗겨진 이 인간을 어둡고 폐쇄된 풍경에 배치했다. 나뭇가지와 잎사귀의 라깃드한 느낌은 이 인물의 벗겨진 신체의 형태나 질감과 절묘하게 호응한다. 머리 부분이 광원에 가까워서 마치 천상에 있는 정신은 명석한데도 신체는 동굴처럼 축축한 장소에 사로잡혀 있다고 말하려는 듯하다.

신체지리학

시바 고칸이 작업 중인 화가를 그린 그림을 보면 화가의 도구를 마치 해부학자의 도구와 같은 느낌으로 그렸다. 그러나 이 두 직능이 사용하는 도구는 '마치'라고 말할 수는 있지만 그렇다고 같지는 않다. 고칸은 다양한 도구를 그려 넣었는데 그중에 특히 지리 측정기구, 지구의, 해도(海圖) 그리고 컴퍼스 등이 눈에 띈다.

고칸은 오늘날 화가로서 유명하지만 동시대 사람에게는 지리학자로서 훨씬 더 이름이 높았다. 일본 최초의 동판 세계도 「여지전도」(輿地全圖)를 간행하고 『지구전도약설』(地球全圖略說), 『코펠 천문도해』(刻白爾天文圖解)에서 코페르니쿠스 지동설을 소개한 인물로서 알려졌고, 또 고칸 자신도 스스로 그렇게 자리매김했음에는 의심할 여지가 없다. 고칸의 편지에는 지리학 연구에 관한 화제로 가득 차 있다. (아마도 이론상 대립에 계급 투쟁의 요소가 더해져) 난학파들이 고칸과 『해체신서』 번역집단으로 나뉘어 대립했을 때 고칸은 스기타 겐파쿠 등 사무라이 계급이 난학을 독점하려는 처사를 비판하며 두 가지 방식으로 필주(筆誅)를 가했다. 하나는 『해체신서』의 번역에 대한 비판이며, 또 하나는 오쓰키 겐타쿠에게는 지리학 지식이 없다는 내용이었다. 1783년에 (겐타쿠의 친구) 호리우치 린테쓰(堀內林哲) 앞으로 보낸 편지를 보면 고칸의 『지구전도약설』에 한문으로 서문을 쓴 겐타쿠에 대해 "그런데 오쓰키 씨는 지리에 어두운 사람으로 곤란할 따름입니다"라고 적었다.[6]

주된 인물이 의학과 지리학 양쪽에 얽혀 있었기 때문에 한쪽에서 벌어진 알력은 곧바로 다른 한쪽에도 전파되었다. 이 두 분야는 한 쌍을 이루며 성립했다.

서양 사상에는 오랫동안 인간 신체를 소우주(microcosm)로 보고 대우주(macrocosm)인 우주와 서로 대응한다는 감각이 계속되었다. 두 '우주'의 본질에는 어떠한 차이도 없다고 본다. 일본에 가져온 유명의 『소우주도보』의 표제에도 이 점이 분명히 나타난다(27쪽 그림 13). '인체'라고 해야 마땅한데도 '소우주'라고만 되어 있다. 영어로 해부도 책을 마치 지도책처럼 '아틀라스'라 부르는 것도 같은 식이다. 지금도 '아나토미컬 아틀라스'라고 사용한다.

서구 의사들의 염두에 있던 이 두 가지 닮음 관계를 난의들도 알았음에 틀림없다. 베살리우스는 늘 멋진 풍경을 배경으로 해서 인간 신체를 그렸다. 그렇게 해서 인물이 생기를 띨 뿐 아니라 인간 신체를 풍경 속에, 풍경 위에 자리매김한 것이다.

이와 같은 관념이 일본 사상과 중국 사상에도 있었다. 일본에서 해부학이 연구되기 시작했을 무렵에 흥미롭게도 심학(心學)*이라는 절충식 서민 교학의 움직임이 일어난다. 그 위대한 도화자(道話者) 가운데 나카자와 도니(中澤道二)가 있다. 도니가 교토에서 태어났을 때 야마와키 도요 등에 의한 초기 의학 실험이 시작되었다(도요의 『장지』가 간행된 1754년에 도니는 30세였다).

나카자와 도니는 1779년 에도로 가서 도화(道話)를 들려주는 산젠샤(參前舍)라는 강사(講舍)를 창설했다. 심학의 기본 이념은 사람의 마음이 인생에서 큰 역할을 하며 그 방식〔道〕은 서로 일치해야 하고

---

* 에도 시대 신도·유교·불교를 융합해서 평이한 언어와 통속적인 비유로 도덕적 실천을 설파한 일종의 서민 교육 사상. 수련을 위해서는 정좌(靜坐)를 중시하고 사회 교화에는 도화(道話)를 사용했다. 이시다 바이간(石田梅岩)을 시조로 하여 나카자와 도니·데지마 도안(手島堵庵) 등이 이어 받아 전국에 보급했다.

만인이 '진정'한 경지에서 살아가야 한다는 데 있다. 난의나 그 밖의 의사들이 도니와 직접 관련을 가진 적은 없었지만 여하튼 아주 유명인사여서 에도의 의사는 도니 옹의 동향을 무시할 수는 없었다. 도니는 인간 신체에서 대우주에 '순응하는' 소우주를 보았다. 도화라는 설득 형식의 묘를 맛볼 수 있는 놀라운 대목이 있다.

이 마음은 평등하다. 공자도, 석가도, 구마사카 조한(熊坂長範)'도 모두 각자 연극을 보고 슬픈 장면에서는 슬픈데 그 슬픔은 이편에는 없다. 응하면 깨달으리라. 또 기쁜 일을 보면 기쁜데 그 기쁨은 이편에는 없다. 응하면 깨달으리라. 또 꽃을 보고 꽃은 누가 꽃이라 보았는가. 꽃을 보기 전에 나는 없다. 순응하면 깨달으리라. 이 도리를 수긍한 것을 불가에서는 성불이라 한다. 이를 도라고도 한다. 도란 순응하면 깨달으리라. 거(去)함으로써 사람은 하나의 작은 천지(天地), 천지 외에 도는 없다. 사람은 하늘을 마음으로 하고, 꼴은 흙이다. 태우면 재, 메우면 흙. 천황도 영주도 우리들도 기지도 천민도 모두 만물일체. 개도 고양이도 곰도 물고기도 새도, 초목은 말할 것도 없이 모두 하늘이 변한 것이다. 남김없이 모두 흙이 변한 것이다. 흙에 둘은 없다. 아가씨의 흙이라도 침향의 향기도 나지 않고 하인의 흙이라도 옷자락도 걷어지르지 않는다. 평등하나 흙에 차별은 없다. 시테키(紫笛) 옹의 노래에, "사이교(西行)"도 소도 산도 무엇이든 흙이 변한 그대로 있는 가도(街道), 이 세상이 있는 한 마음은 그대로 있는 가도". 이 자리에 죽 앉아 계시는 여러분들도 남김없이 흙이다.⁷

별반 색다른 교설은 아니었다(도니의 가르침은 대부분 진부하고 상투적이다). 인기를 독차지한 동아시아 지역의 도덕가들만이 인간 신체에서 '소우주'를 본 것이 아니라 의사들도 또한 그랬다. 특히 한방 의학은 인간 신체를 우주론적으로 읽었다.

지금은 없어진 중국의 비석에서 떠낸 탁본(283쪽 그림 19)을 하나 자세히 논해 보자. 만든 시기는 확실하지 않으나 아마도 17세기 비석이다. 대단히 유명한 그림이어서 1세기 이상 모사되곤 했다.[8] 인간 신체가 하나의 완전한 풍경화 —— 일종의 산수화가 되고 그 이미지는 동시에 한방의 도보(圖譜)와 풍경화의 골격에 따랐다. 인간의 지적 구조는 구체적으로 지나가는 식의 지도 제작에는 적합치 않지만, 신체 쪽은 명쾌히 표현할 수 있다. 한방 이론가들은 인체 '지도'를 만들어냈다.

문제의 탁본을 보면 전형적인 한방의 신체도임을 알 수 있다. 몸통부(라고 할까, 오장육부를 수용하는 부분)만을 그렸다. 그리고 그 위에 간결 명쾌한 지세도가 겹쳐 있다. 이 내경(內景, 또는 內經)도를 보면, 아홉 단계로 된 일종의 구상만다라다. 그러나 그렇다고 해서 죽음부터 쇠멸에 이르는 경과를 그린 것이 아니라 건강한 삶을 뒷받침하는 여러 과정인데 대략 이렇게 요약된다.

①제일 아래 부분 미려혈. 거기에 있는 수문은 신장과 관련이 있다. 부모와 아동이 수차를 돌려 생명의 물(기)을 독맥(督脈)**을 통해

---

* 헤이안 후기의 도적.
** 1118~1190. 헤이안 후기의 가인(歌人). 전통이나 형식에 얽매이지 않고 불교의 세계관을 기초로 하면서 외롭게 홀로 떠도는 인생과 자연 관조를 자기의 생활 체험에 근거하여 노래해 독자적인 서정 가풍(歌風)을 확립했다.
*** 한방에서 말하는 인체의 각 기관의 활동을 연락·조절·통제하는 작용을 하는 여덟 경락, 즉 기경팔맥(奇經八脈) 가운데 하나다.

역류시킨다. ②기가 화로에서 달구어진다. 그것은 생식기관이다. 네 태극의 상징이 위에서 관리한다. ③뽕나무 숲이 독맥 중의 중관(中關)을 지킨다. 여성은 칠석전설의 직녀. 그녀가 사랑하는 견우는 아래 부근에서 밭에 가래질을 하고 있다. ④상관(上關). ⑤머리 꼭대기에는 성스러운 태구(台丘)와 구봉산(九峯山). ⑥노인이 독맥에 따르던 기의 흐름을 정돈한다. ⑦젊은이가 독맥을 따르던 주류가 수평으로 흐르는 흐름과 융합하는 것을 본다. ⑧기의 바다. 입이다. 목구멍이 12층탑으로 되어 있다. ⑨진사(辰砂) 밭(단전)에 선 신생아로서 묘사된 불사자(不死者), 즉 선인(仙人)을 낳고 순환을 마친다. 아동은 북두칠성 꼴을 한 돈꾼을 가지고 놀고 있다.

감춰지고 뒤섞인 인간 내부(內景 또는 內經)를 간단히 눈으로 볼 수 있는 산, 강 그리고 들과 같은 외경(外景)과 대응해서 이해할 수 있다. "내장의 풍경은 이렇게 산수의 풍경으로 아주 손쉽게 변환되는"(나카노 미요코中野美代子, 「내장의 풍경」)⁹데, 신체는 기가 그 속을 떠돌고 때로는 헤매기도 하는 그 무엇인가로 생각된다. 마치 좋은 농부에게 논밭과 들판처럼 신체도 거기에 씨를 뿌리고 손질을 하면 반드시 좋은 생육의 장이 된다.

이러한 개념을 앞서서 주장한 것은 의학이었지만, '신체=풍경'이라는 관념은 중국 문인들이 거론하여 크게 현창했다. 1644년 명이 망하고 많은 고급 관료들이 전원으로 떠나간 시대에 문인들은 특히 달변이 되었다. 처음 전원에서 살게 된 그들은 암담한 가슴속을 달래 주는 힘을 자연에서 찾아냈다고 노래함으로써 그럭저럭 견뎌냈다.

그림 19 인체 주요 부분을 나타낸 17세기 중국의 탁본(원 비석은 없어짐). 이 「무극내경도」(無極內經圖)의 신체는 풍요로운 자연 풍경으로서 표현되어 있다.

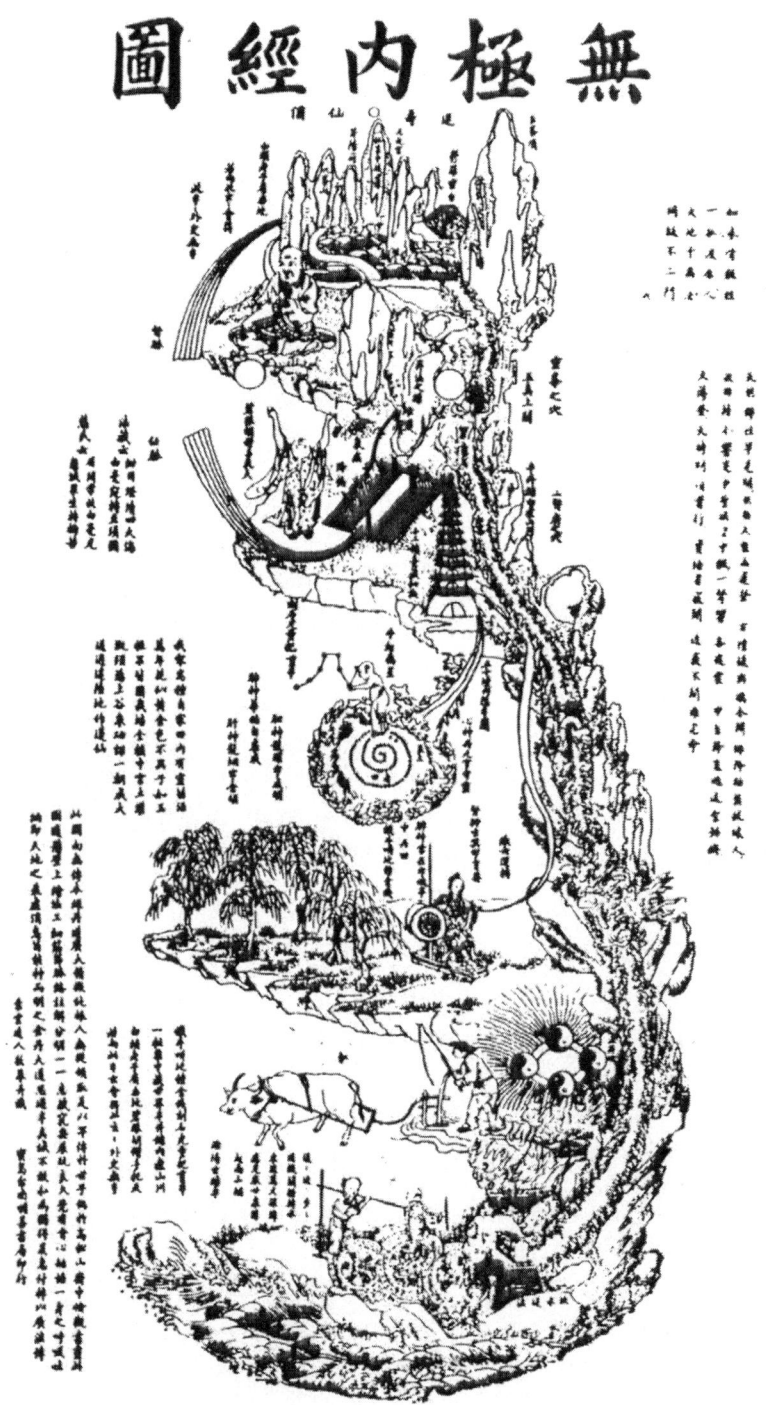

중국 배후지에 있는 광대한 산맥이나 하천은, 그들 명나라 유민이 흉중에 품었던 격렬한 생각과 도도히 흘러 억제할 수 없는 위력 면에서 상통했다. 이어지는 청조의 신지배계급으로 출사를 거부한 그들의 처지는 콸콸 쏟아 내리는 폭포의 급류가 그 흐름을 바꾸지 않고, 산이 태연하게 서서 움직이지 않는 바와 똑같았다.

진정 문인인 자는 그것을 투덜투덜 푸념하지 않고 시화(詩畵)로서 표현했다. 그 결과 풍경이 부동(不動)의 주제가 되었는데, 모든 경우에 풍경은 화가나 시인의 심경을 은유로써 나타냈다. 문인들에게 그림 속 산천은 어느새 산천 그 자체가 아니라 신비적인 '전질(至質) 변화'를 겪어 화가의 심경을 나타냈다. 특히 청 초기의 위대한 화가 장펑(張風)은 이 '사의(寫意)'의 표현으로 유명하다.

문인 사상은 몇 세대인가 걸려서 일본에도 들어왔고 18세기 말에는 이케 다이가(池大雅), 요사 부손(與謝蕪村) 등 문인화가들의 이름이 알려졌다. 문인의 대(大) 성행기는 해부 실험의 개시 시기와도 꼭 겹친다.『장지』가 나온 1754년은 부손이 교토에서 단고로 떠난 해이며, 다

그림 20 장펑,「앙관벽 부청류천 산수도」(仰觀壁俯聽流泉山水圖), 1651~1660 무렵. 자연의 경색이 아니라 '흉중(胸中) 산수도'다. 표준적인 문인들의 태도였다.

이가가 초 즈이즈(張瑞圖)의 명화 「추경산수도」(秋景山水圖)에 발문을 쓴 해이기도 하다. 『해체신서』가 나온 1774년은 부손이 「사계산수도」(四季山水圖)를 그린 해이며, 나중에 시조파(四條派)**의 시조인 고 슌(吳春)이 부손에게 시화를 배우기 시작한 해이기도 하다. 또한 우라카미 교쿠도(浦上玉堂)의 그림이 에도 사람들에게 충격을 안겨 준 해이기도 했다.

과연 시대는 같았다. 그러나 개념으로는 (중첩되는 부분이 있다고는 해도) 같지 않았다. 문인들이 의학에 무언가 친근감을 가지긴 했지만 그것은 아마 한방의 사변(思辨)에 대해서였을 것이다. 문인들에게 신체 내부는 정의(情意)로서 경험되어야 하는 것이지 잘라서, 손가락을 집어넣는 대상 따위는 아니었다. 그럼에도 문인화가 문인들의 마음의 내경(內景)을 그린 이상 그 그림이 만들어내는 이미지는 해부도보와 같았다. 실제로 문인은 자신의 그림을 '흉중(胸中) 산수도'라 불렀다. 문인화가 야마구치 셋케이(山口雪溪)의 낙관에는 '심재산수중'(心在山水中)이라는 것도 있다. 가메다 보사이(龜田鵬齋)라는 지식인이 『흉중산』(胸中山)이라는 화첩을 낸 때가 1809년이다. 같은 무렵 해부학 연구의 분야에서는 아오도 덴젠이 우다가와 겐신의 『의범제강』(醫範提綱)에 삽입할 동판화를 완성했다.[10]

보사이는 자신의 심장 내부를 (보편적인 심장이 아니라 어디까지나 그 개인의 심장을) 그렸는데 이것은 헤이지로, 산노스케, 사헤의 묘사법과 통하는 점이 있다. 묘사 방식은 정반대이며 의식이 개재하는 문

---

* 그림에서 사물의 형태보다도 대상의 내용과 정신을 그려내는 데 치중하는 화법.
** 일본화의 한 유파. 교토 시조 거리에 살던 고 슌을 시조로 하며 에도 말기부터 메이지 시대에 걸쳐 교토 일대 일본 화단의 중심 세력이 되었다.

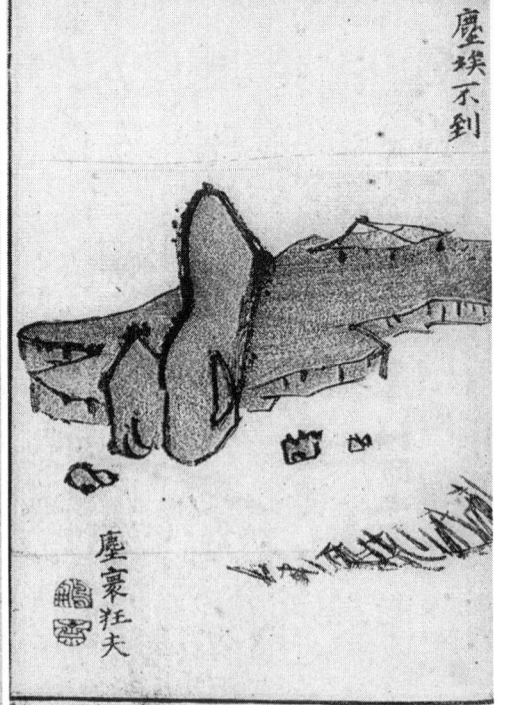

인화는 난의의 실험주의와 동떨어졌지만 한 개인의 내부를 그린다는 감각은 공통된다. 바쿠후가 후원하는 화단 밖에서 문인은 시국에서 소외되고 시류로부터 분리되었다는 생각을 품었는데 난방은 분리를 바탕으로 사고를 진척시키는 세계였다.

문인화는 서화에 가깝다. 채색보다도 먹의 세련된 용법에 마음을 쓴다. 오랜 옛날부터 서예 이론은 먹이 산이나 강의 힘과 다름없으며 또한 인간 몸속의 혈액과도 같다고 설명했다. 문인이 먹을 써서 그리는 것은 이러한 연계를 갖고 싶기 때문이다. 다치바나 난케이가 서예가를 칭송하고자 『북창쇄담』(北窓瑣談)에 "진사이(仁齋) 선생 역시 기운(氣韻)이 있다. 도가이(東涯) 선생의 서재(書材)는 여유가 있고 취향도 또한 나쁘지 않다. 마음속에 먹이 있기 때문일 것이다"라고 썼다. 난케이가 헤이지로의 심장 절개를 지휘하고 나서 15년 정도 지났을 때의 글이다.[11] 고대 말기부터 문인의 비유법은 해부학과는 관계없었다. 그 무렵에는 해부가 존재하지 않았을 터이지만 둘은 같은 한 인간이 말하는 것, 쓰는 것 속에서 융합된다. 난케이가 먹을 논했을 때 그의 동료이며 한방의 출신인 난방의 히로카와 가이가 네덜란드상관 의사의 접이식 책상 내부에 담겨진 잉크를 논한 것과 통하는 부분이 있어서 재미있다.

문인이 인체 내경과 풍경이 같다고 말한 것은 대개 일반론이다. 요컨대 그들의 심장이 어딘가 특정한 산이나 강과 닮았다는 것이 아니라 산 일반, 강 일반과 닮은 것이다. 따라서 그들의 그림도 현실의 경치

그림 21 가메다 보사이의 작은 화첩 『흥중산』(1809)에서. 노인이 언덕 위에서 절경을 바라보고 있다. 화첩의 다른 모든 그림과 마찬가지로 앞선 화가의 작품에서 모티브를 따랐다.

그림 22 시바 고칸, 「가나야에서 부악경」(富嶽景), 1812. 에도 후기 전형적인 '진경'(眞景) 양식의 한 폭. 장소는 명소로 확립되었지만, 그림의 처리는 경험에 근거해 있다.

를 그리려고 하지 않았다.

문인의 풍경 감각은 현실 지리와의 대응으로 말하면 무책임하기 짝이 없다. 그려진 풍경이 지리학적으로 납득되는지, 지리학적으로 정확한지 어떤지 따위는 거의 고려하지 않는다. 18세기도 끝나갈 무렵이 되면 (그리고 중국보다도 일본에서는) 실제 경치를 묘사하는 문인이 나오게 되고 '진경'(眞景) 개념이 부활했다(그렇지만 '진경도 眞景圖'라는 말은 새로운 말인 듯하다). 그러나 진경은 오히려 다른 화파, 즉 서양화와 훨씬 더 밀접한 개념으로써 '사진'이라 불리는 경우가 많았다. 이미 살펴본 바와 같이 이 화파를 대표하는 한 사람, 시바 고칸은 이렇게 썼다.

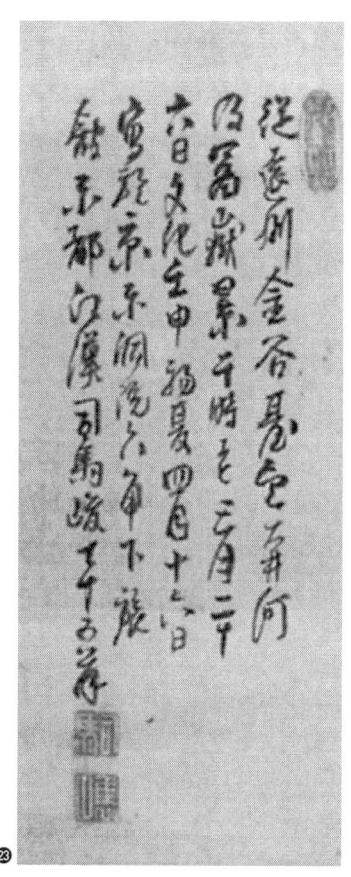

그림 23 그림 22의 글씨 부분.

교토에서는 후지산을 본 자는 드물다. 그러므로 나는 후지산을 많이 그린다. 지난 겨울 돌아오는 길에 후지산을 잘 봤는데, 정말로 한 점 구름도 없이 전체를 잘 보았다. 순푸에서 나와서부터 시종 보았고 이를 그렸다. 이번에 화란의 진기한 책을 교토 산조 거리의 후지노코지 서쪽 입구에 있는 요시다 신베 발행소에서 냈다. 그중에 일본의 절경 후지산을 전부 난법(蘭法)의 사진 기법으로 묘사했다. 일본에서 처음 시작된 일이며 전에 없던 화법이다.[12]

서양화의 묘사법을 쓰는 화가에게는 풍경을 '진짜'처럼 보이도록 묘사하는 일은 취미의 문제가 아니었다. 필수 요건이었다. 난화가에게 표상은 실제 지각(知覺)과 완전하게 겹친다.

난학이 일본에 갖가지 변화를 일으켰는지 (필자는 이쪽이라 생각하지만), 갖가지 변화가 있었던 결과로서 난학이 출현했는지 알 수 없다. 어찌 되었거나 '진경'에 대한 태도가 18세기 말에 바뀌었다. 일본 역사가들이 전부터 지적한 바와 같다. 일반적으로 장소에 대한 관심이 커지고 실제로 그곳에 가려고까지 한다. 사람들은 전에 없던 가벼운 차림으로, 전에 없던 횟수로 나다니기 시작했고 명소나 옛 유적지는 물론이고 전에는 아무런 가치조차 없다고 여기던 장소에도 활발하게 다녔다.

여행자는 풍경의 해부학자가 된다. 이름이 알려진 장소에도 갈 뿐 아니라 생각치 못한 발견에 이끌려 옆길로 새기도 했다. 히로카와 가이도, 다치바나 난케이도 이러한 여행 감각으로 일본 곳곳에 발을 뻗쳤다. 명소(마쓰시마, 교토, 단노우라, 나가사키)를 지나치는 일은 없지만 미지의 장소에도 빈틈없이 눈을 돌렸다. 오장을 찾으면서도 길 위의 새로운 식견에도 가슴을 뛰게 한 그들의 신체절개술과 완전히 같은 행위는 아니었을까?

이것은 중세 일본의 우타마쿠라(歌枕)*처럼 명소만 도는 운동과는 다르다. 기행문이 오로지 명소만 도는 여정을 말하는 것은(『오쿠노 호소미치』奧の細道에서 마쓰오 바쇼의 문장이 열기를 띤 것은 명소로 이름을 얻은 장소를 지날 때다) 한방이 신체를 오장육부에 대해서만 분석한

---

* 와카(和歌)로 읊어서 유명해진 각지의 명소나 옛 유적.

것과 같다. 에도 후기에는 훨씬 더 다양한 곳으로 여행을 했다. 난의가 어디든지 자르려 하는 것과 마찬가지였다.

해부와 여행

문인은 심원고매한 풍경 속에서 노니는 것이지 상세한 지리 따위는 고려하지 않는다. 그림을 그려도 '흉중 산수'를 그리며 순수하게 마음속에만 존재하는 풍경 속의 '흉중 여행'을 즐긴다. 문인화에는 좀처럼 길이 교차하지 않으며 무엇보다도 그려진 세계 속에서 어떻게 움직일지를 논리적으로 보여주려는 생각은 더욱 없다. 현실의 여행자라면 더 명확한 안내서를 필요로 했을 터이다. 의사가 해부서를 보면서 시술하듯이(렘브란트의 「툴프 박사의 해부학 강의」에서 인물 한 사람이 그렇게 한다), 여행자도 안내서를 읽으면서 여행을 한다. 앞에서도 말했지만 적어도 영어에서는 해부서도 지리서도 똑같이 '아틀라스'다.

일본어에는 지리서와 의학서를 동시에 가리키는 말이 없지만 둘은 분명히 서로 겹친다. 1803년 통속문학 작가 산토 교덴은 해학 장르에 속하는 『분해도 흉중 쌍륙』(分解道胸中雙六)이라는 단편에서 바로 그 점을 보여주었다. 알기 쉽게 말하면, 이 제목은 '쌍륙 놀이'와 아주 비슷하다. 가장 밖에 있는 에도에서 시작해 한가운데에 있는 교토를 향해 나선의 여정을 더듬어가며 '올라간다'. 제일 먼저 교토에 도착하면 이긴다. 짓펜샤 잇쿠(十返舍一九)가 쓴 『세상 도보 여행』(世道中膝栗毛) 초편이 그 전해에 출판되어서(『도카이도 도보 여행』東海道中膝栗毛라 불리는 때는 나중이다) 크게 화제가 되었기 때문에 그것을 본떠 덕을 보려는 속셈도 있었다. 그렇지만 교덴의 제목이 훨씬 깊은 맛이 있

그림 24 아키사토 리토(秋里籬島)가 쓴 『습유 미야코 명소도회』(拾遺都名所圖會, 1787)에 다케하라 슌초사이(竹原春朝齋)가 넣은 그림. 세타(瀬田)의 가이드는 안내서를 들고 있다. 에도 후기 관광여행의 실태를 보여준다.

다. 현실의 지리에서 여행은 나카센도(中山道)를 이용하고 더 흔히 도카이도를 이용하는데, 교덴은 도카이도를 떼고 그것을 '분해도', 즉 '해부의 길'로 바꿨다. 그리고 그것을 문인적인 '교추'(胸中)라는, 더구나 '도추'(道中)와 발음이 비슷한 신소리를 붙였다. 교덴의 작품은 여행안내서, '도중기'(道中記)의 성질과 해부서의 성질을 아우른다. 바로 '아틀라스' 그것이다. 해부는 바쿠후의 오가도(五街道)* 시스템의 정치 공간에 따라 신체를 둘러싼 여정으로 변하고 신체 내부가 일본의 정치 지도 위에 오버랩된다. 이렇게 해서 교토, 이 국가의 심장에 다다르고 말이 날밭으로 접어든다.

이 책에 수록된 그림들은 심장을 충실히 반영하는 방법을 담고 있다. 마치 몸 속에서 움직이는 쌍륙의 말과 같은데, 어두운 구석구석에 들어가 그곳을 환히 밝혀준다. 혹은 이는 그럴듯한 명소 안내기 같기도 하다. 이 책은 바로 이런 식으로 쓰인다.[13]

여행안내서의 목적으로서는 꽤 유쾌한 사고방식이다. 도중의 중요한 사상(事象)에 대해서 가르치기보다는 그리 대단하지 않아서 안내서가 간과했음직한 사항을 가르쳐 주는 셈이다. 이 안내서를 휴대한 여행자는 아오차바바의 신체를 조사하기 위해 쿨무스의 책을 숙독하는 스기타 겐파쿠와 통한다. 이 책이 없으면 아무리 실증적인 증거가 눈앞에 있다고 해도 자신이 무엇을 보고 있는지 전혀 알지 못한다. 이

---

* 에도 시대 에도를 기점으로 한 다섯 주요 육상 교통로. 도카이도(東海道)·나카센도(中山道)·오슈카이도·(州街道)·닛코카이도(日光街道)·고슈카이도(甲州街道)를 말한다.

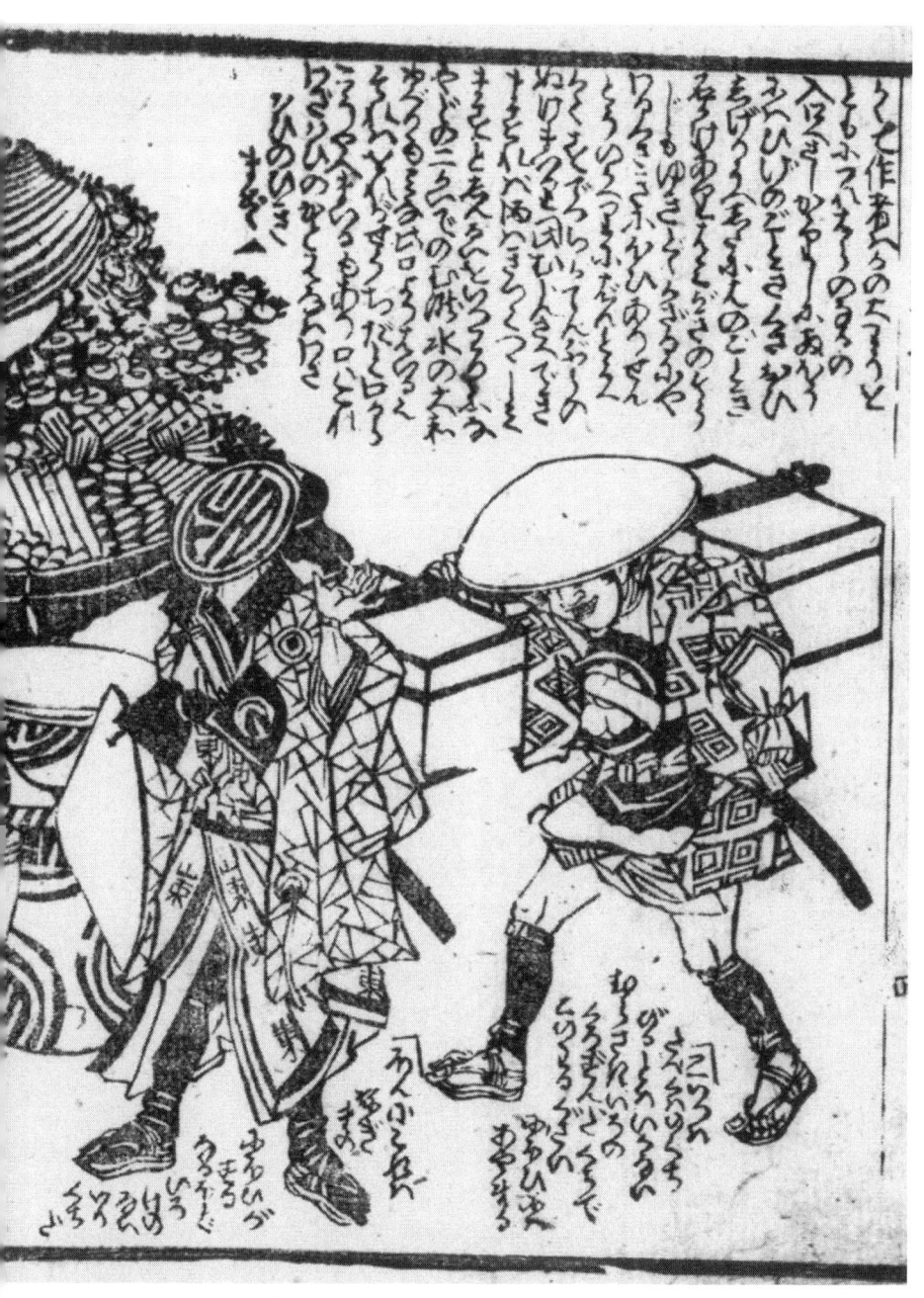

그림 25 산토 교덴이 쓴 (산토 교잔 증보)『복중 명소도회』(腹中名所圖會, 1818)에 우타가와 구니나오(歌川國直)가 넣은 삽화. 주인공은 교덴(혹은 교덴의 도장을 가진 남자)으로서 '쓰와모노 대황'(大黃, 한방의 시조인 황제를 포함하는 뜻도 있는 듯하다)을 도와 '뱃속 입구'에서 위장으로 들어가려 한다.

전의 여행자/의사는 이것을 지나면서 그것이 중요하다고 믿었다. 옛 시인이 명소를 정한 것과 같은 솜씨다.

그 무렵 일어난 '명소 도회'(名所圖會)*라는 통속 지리책 간행 붐도 주목할 만하다. 교토의 상공인 요시노야 다메하치(吉野屋爲八)가 아이디어를 내서 다량의 삽화에 노래나 구(句)를 붙인 형태의 지리책 『미야코 명소도회』(都名所圖會, 1780), 『습유 미야코 명소도회』(拾遺都名所圖會, 1787), 『미야코 임천 명소도회』(都林泉名所圖會, 1799) 등이 속속 간행되어 많은 추종자를 내었고 『모로코시 명승도회』(唐土名勝圖會)에 하세가와 셋탄(長谷川雪旦)의 그림이 멋진 『에도 명소도회』(江戶名所圖會)의 7권 27책으로 정점에 달했다(1843).

이 책들에는 '명소 도회'라는 반향이 연상시키는 것 이상의 무엇인가가 있었다. '기행문' 풍으로 명소를 기록하는 것이 아니다. 목록이 늘어나자 책은 환원 작용을 했다. 즉 이전에는 웬지 모르게 유명했던 장소가 이 책들에 도입되면서 부동의 '명소'로 변한다. 요시노야 다메하치가 간행한 『미야코 명소도회』를 편집한 하이쿠 작자 아키사토 리토(秋里籬島)가 이런 류의 일을 하는 데 1인자였고 많은 모방자가 뒤를 이었다.

1794년 산토 교덴은 구니나오와 협력해서 발음이 비슷한 『복중**명소도회』(腹中名所圖會)라는 작품을 저술하여 이러한 출판 동향 전체를 비웃었다. 이 이야기는 나중에 1818년 교덴의 동생 교잔(京山)이 다시 보완해서 세상에 내놓았다. 교덴이 책상에 엎드려 자는데 본초(本草) 책 속에서 의약의 신 신농이 나타난다. 교덴은 '용사 다이오(大

---

* 각지의 명소·고적·신사·사찰의 유래·전설·명물 등을 삽화를 넣어 설명한 책.
** 복중(腹中)의 일본어 발음은 '후쿠추'로 여행 도중을 의미하는 '도추'(道中)와 발음이 비슷하다.

黃)'를 승려로 해서 오장육부 순회 여행을 하러 내려간다. '배 입구'에서 '혀 세 치 길', '가래 관문'을 지나간다. 신체 내부는 희망과 욕망의 장소로, '욕망의 강'이 중심에 있고 '돈으로 된 연꽃'이 피었으며 인간의 얼굴과 손을 가진 게, '이이무시, 일명 헤이키카니'가 있다.

 유럽에서 자기 발로 세상을 보고 걷는 여행이 널리 유행하기 시작한 이유 중에 의학 연수가 있었다. 이른바 의학 여행이다. 다른 어떤 학문 분야보다 의사의 훈련은 여러 나라에 흩어진 대학들 사이를 오가는 이동을 더욱 필요로 했다. 물론 일본의 사정은 달랐지만, 대(大)여행가와 대(大)의학자가 궤를 같이해서 배출된 점은 역시 우연은 아닌 듯하다. 많은 인간이 움직이면서 신지식과 지방의 식습관이나 출산 풍속, 그 밖의 것을 추구했다. 더 넓은 지방의 풍속이나 이야기에 대해서 배웠다. 보통 여행은 일본 전통 지식의 심장부인 교토나 외래 지식의 중심인 나가사키에서 '끝났다'. 결국은 난방의가 인간 신체를 열어서 속을 들여다보는 방식은, 풍경 속을 나아가는 여정을 이 같은 사람들이 어떻게 생각했는지와 다르지 않았다.

순환과 심장

안내서는 사상(事象)을 드러내고, 재미있을 법한 장소를 간과해서는 안 된다고 말한다. 그렇게 해서 무엇을 볼 것인지 제어하고 관리한다. 안내서가 아무리 상세하다고 해봤자 모든 장소를 포함하는 목록은 없기 때문에 어디어디 가서 이러저러하게 보도록 권하는 일은 바로 상실(喪失) 계수가 될 수밖에 없다. 그 이외 장소의 그 이외의 것은 보지 못하기 때문이다. 현대의 여행자라면 안내서란 발견의 기쁨을 죽여 버릴

지 모르는 것임을 모두 알고 있다. 너무나 많은 것을 가르쳐서 도리어 현장 체험을 경시하게 만든다. 당시에 다음처럼 읊은 센류가 있다.

  상세 지도보다 정확한 지와마리

안내서('상세 지도')는 적정하게 사용하면 도움이 되지만 현장에서 직접 겪는 체험을 저해해서는 안 된다. 이 풍자시는 '상세 지도'를 나쁘게 말한다기보다는 다만 사용법에 주의하라고 하는 정도다. '지마와리'란 요시와라 근처에 사는 직인이나 건달들로, 유곽에 들어가서 돈을 내고 노는 것이 아니라 손님을 기다리는 유녀들을 희롱하며 눈요기나 하는 패거리들이다. 유곽에 대해서는「요시와라 안내서」의 내용보다도 쫙 꿰고 있다. "지마와리가 와서 즉석의 독을 말한다"라는 일은 얼마든지 가능했다. 에도 후기의 여행자는 해부학자와 마찬가지로 자신의 눈으로 모든 것을 보도록 노력해야 했다. 중심으로 향하는 도중에 무엇이든 간과해서는 안 되었다. '지마와리'는 그야말로 같은 곳을 무수하게 돌아다니기 때문에 보고 또 봐서, 그 근처는 다 알게 된다. 같은 길을 몇 번씩이나 돌아다녀서 정보를 얻는 '지마와리'는 숙달된 해부학자와 다르지 않다.

  먹은 문인에게 의(意)와 경(景)을 이어주는 혈액이었다. 난방의는 만일 풍경이 신체와 같다고 한다면 길은 혈관과 같고 여행자는 혈관 속을 순환하는 혈액과 같다고 말할 수 있지 않을까 생각했다. '피 돌기'가 정지되면 영양분이 주변 말초부에 돌지 못하고 나라 전체가 고갈된다. '안내서'는 집에서도 읽을 수 있지만 '지마와리'는 영원히 '돌기'를 계속한다.

생각해 보면, 혈액순환 이론이 의학계에서 처음 도마 위에 오른 때가 이 무렵이다. 최초로 혈액순환 이론을 주장한 윌리엄 하비(William Harvey)가 1628년에 「동물의 심장 운동과 혈액에 관한 소론」이라는 논문을 발표했다(1653년에 『해부학 실천』이라는 단행본으로 간행). 이 책은 일본에서는 알려져 있지 않았다. 이 하비를 능가한 사람이 이른바 쿠퍼씨선〔球狀尿道腺〕 발견으로 이름을 남긴 영국의 외과의사 윌리엄 쿠퍼(William Cowper)다. 그가 1739년 라틴어로 펴낸 『인체해부록』(*Anatomia corporun humanorum*)은 대단히 유명해서 (많은 의학서의 예에 빠지지 않고) 유럽 여러 나라에 유포되고 즐겨 읽혔다. 쿠퍼의 책은 일본에도 전래되었다. 『해체신서』에는 혈류 맥관(脈管)의 네트워크 그림이 실려 있다. 그리고 본문에는

> 그 혈맥은 약해서 움직이지 않는다. 몸의 동맥이 다하는 곳에서 일어난다. 그 일어남이 미세하다. 그러므로 동맥의 미세한 데서 만나서 피를 받는다. 그 끝나는 곳은 두 큰 줄기〔상·하 대정맥〕이다. 그 피가 크게 만나 심장의 오른쪽으로 보낸다. 대개 동맥은 순행하고 혈맥〔정맥〕은 역행한다.[14]

라고 되어 있다. 일반 독자는 뭐가 뭔지 모를 문장이지만 난방의 집단에서는 쿠퍼의 책을 숙독했다. 오쓰기 겐타쿠가 서양 사정을 계몽한 『난학계제』(1783)에는 직접 지명되어 인용례로 나온다. (아직 일역되지 않았으므로) 빨리 번역되어야 할 책 중 하나로서 '코펠'〔쿠퍼〕을 들었다.

왕왕 여러 집에서 외래의 많은 서적을 비장하고 있다. 우리들이 이미 목격한 것이 수십 부에 달한다. 근래 우리들이 번역업을 시작할 때 사정하여 얻어냈는데 각 집에 소장한 것이 역시 적지 않았다. 지금 그중 두셋을 들어 아래에 적는다. (……) 아나토미아 지체(肢體) 해부서. 코펠, 큐루무스, 브란칼츠, 가스팔 등이 찬한 것이 수십 부 있다.[15]

혈액이 지장 없이 원활하게 흐르려면 신체 내의 모든 동맥, 정맥이 깨끗해야 한다. 마찬가지로 나라가 통일 상태를 유지하려면 모든 길이 자유자재로 통해야 한다. 일본에는 오랜 전통이 있어서 지도는 정치적 분할('구니'라는 오래된 경계선)뿐 아니라 주요한 길도 나타냈다(뜻밖으로 서양 지도는 그렇지 않았다). 나라 시대에 활동한 전도(傳道) 승려 교키(行基)의 이름에 기인하여 교키도(行基國回圖), 교키형 일본도라 불렸던 고대와 중세의 일본 지도(308쪽 그림 30)는 「도선일본도」(道線日本圖)라는 별명처럼 야마시로에서 여러 구니에 이르는 경로를 분명하게 약도(略圖)했다.[16]

일본의 국내 여행의 범위는 드디어 도카이도나 나카센도, 나아가서는 옛 오가도 네트워크를 훨씬 넘어가기 시작했다. 통상 에도나 기나이의 도시권에서 떠나는 여행자들이 국내의 가장 주변부인 사쓰마, 도사, 데와 등으로 마치 피가 손발의 말초부로 흘러가듯이 발걸음을 뻗치기 시작했다. 그런 여행은 이전에는 거의 있을 수 없었다. 처음으

그림 26 윌리엄 쿠퍼의 『인체해부론』(1698)에서. 쿠퍼는 인간의 동맥을 완전한 고속도로 체계처럼 그렸으며, '처럼'이 아니라 어떤 의미에서는 실제로 그러한 것이다. 머리 부분은 특별히 자세하게 그렸으며 맥관(脈管)류는 단면으로 보여주는데 전신을 빈틈없이 묘사했다.

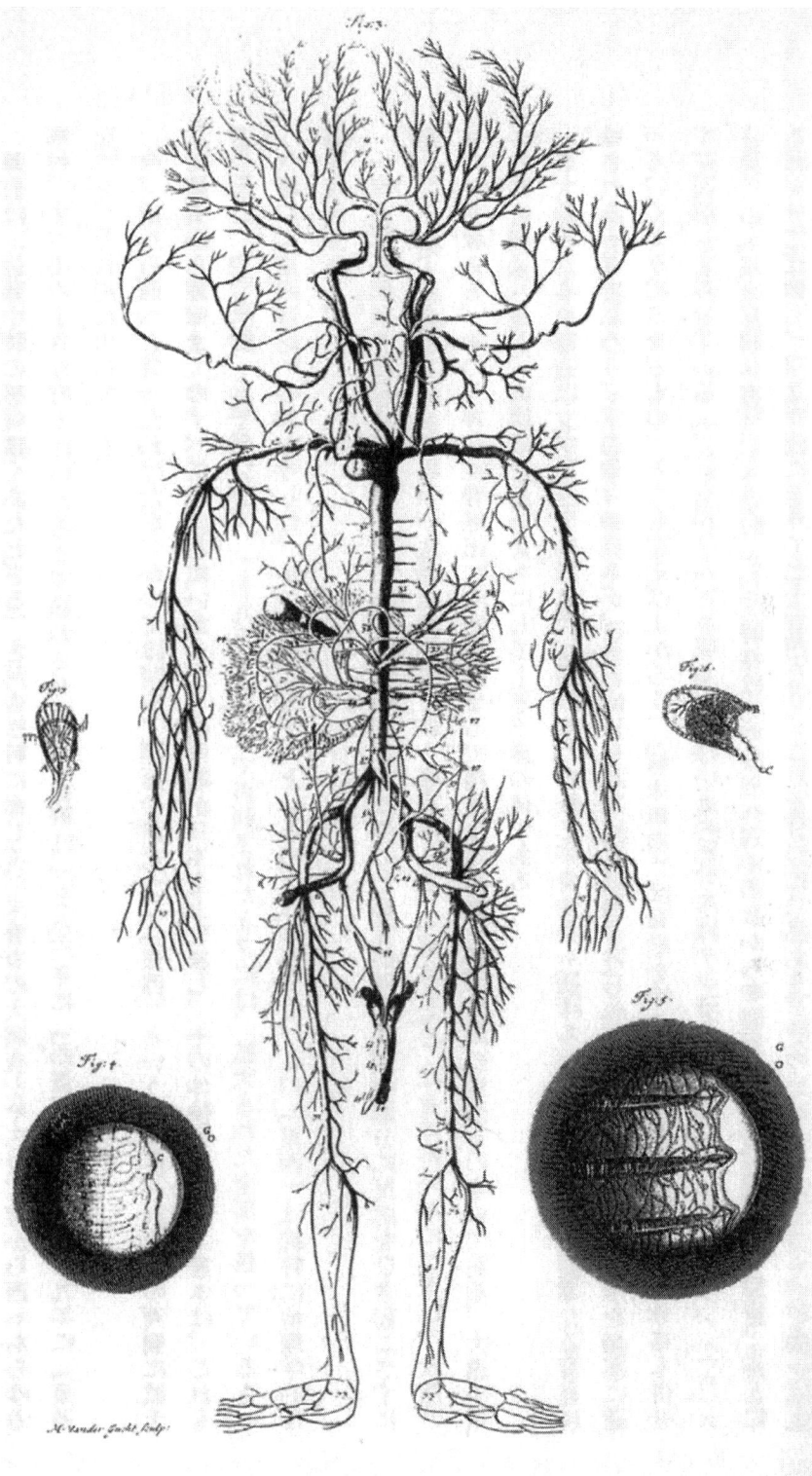

로 에조*에도 탐색의 손이 뻗쳤다.

　바쿠후는 (사토 주료가 감탄해 마지않는17) 후루카와 고쇼켄(古河古松軒)에게 명하여 전대미문의 대조사를 하게 하고 동에서 서로, 모든 벽촌과 작은 마을들까지 샅샅이 방문하게 했다. 고쇼켄은 1783년에 『서유기』(西遊記)를, 1789년에 『동유기』(東遊記)를 각각 출간했다.

　지금 동에서 서로라고 말했지만, 이전에는 간토(關東)·간사이(關西)**라는 '동서' 개념이 각각의 양측으로 확대되어 에조에서 사쓰마까지 전역을 포함하기에 이르렀다. 다치바나 난케이가 일본 전토를 여행하고 그 체험을 기록한 두 권의 책도 『동유기』, 『서유기』라 제목을 붙였는데 1795년에 합본으로 재간행되었을 때는 확대된 전부를 다루었다는 뜻으로 『동서유기』라고 제목을 달았다. 이전의 '천하'와는 달리 이 '동서'는 순수하게 지리학적인 국가 정의(定義)다.

　한 나라 전체가 그물 모양의 섬유 네트워크로, 그 어딘가에 일어난 감각 반응은 다른 부분에 반응을 초래했다. 도회는 신체 신경계의 주요한 결절점이다. 『해체신서』는 신체가 어떻게 이러한 상태인지를 가르친다. '신경종척추출'(神經從脊椎出)의 밀도(密圖)는 마치 정밀한 도로망을 가진 나라의 지도와 같다. 큰 길, 작은 길이 장애물 없이 사통팔달하고 말단에도 금세 상의하달하는 상태다.

　최대 간선인 도카이도는 대동맥에 비유되며 신체를 통일하는 또 하나의 결합 요소인 척추에 비유될 만하다. 도카이도는 신경계가, 지

---

* 메이지 시대 이전, 홋카이도·가라후토·치시마의 총칭. 특히 홋카이도의 옛 이름.
** '간'(關)은 세키쇼(關所), 즉 관문을 뜻한다. 기준이 되는 세키쇼는 시대마다 조금씩 다른데, 에도 시대에는 아시가라·하코네·우스이의 3관문을 기준으로 삼았다. 이 세 곳을 경계로 동쪽을 간토, 서쪽을 간사이라 불렀다.

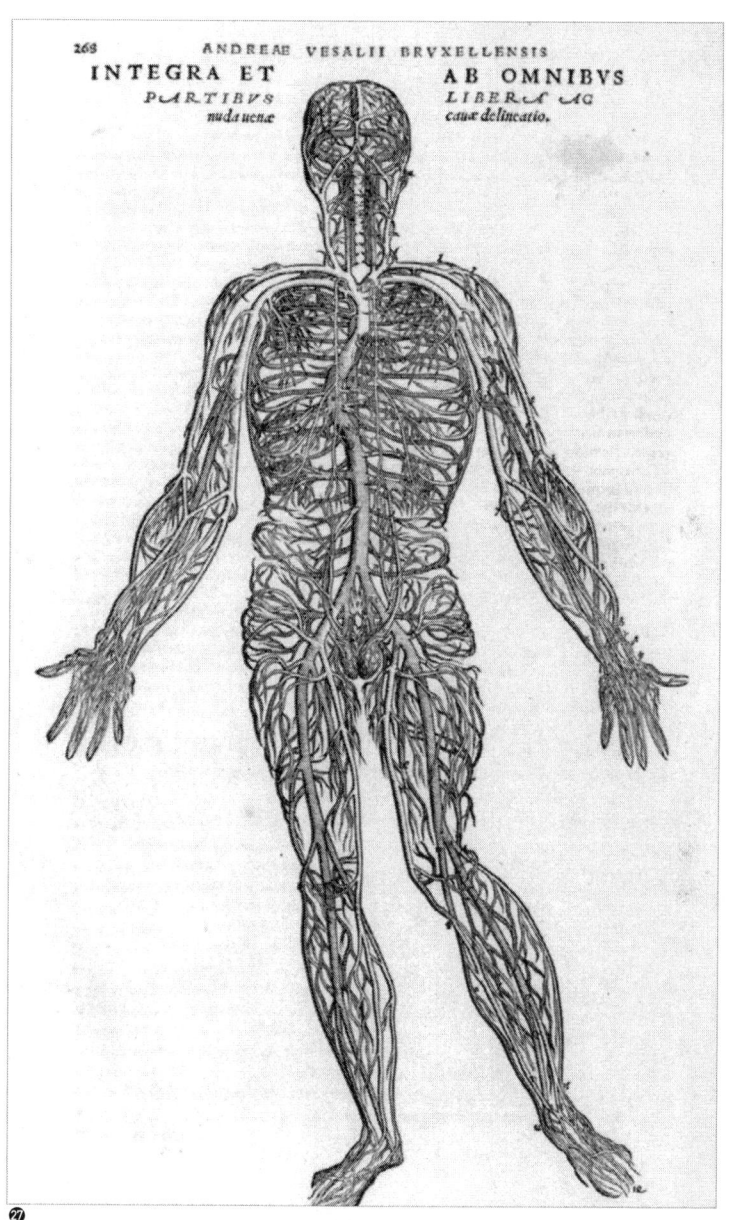

그림 27 베살리우스의 『인체 구조에 대하여』에서. 정맥 그림이 대체로 동맥 그림보다 정밀한 것은 서구에서 사혈술(瀉血術)이 발달했기 때문이다. 베살리우스는 정맥계를 입체로 표현하는 데 성공했다. 그 결과 도로 시스템이라기보다 혹성 궤도를 보여주는 3차원도라는 느낌이 든다.

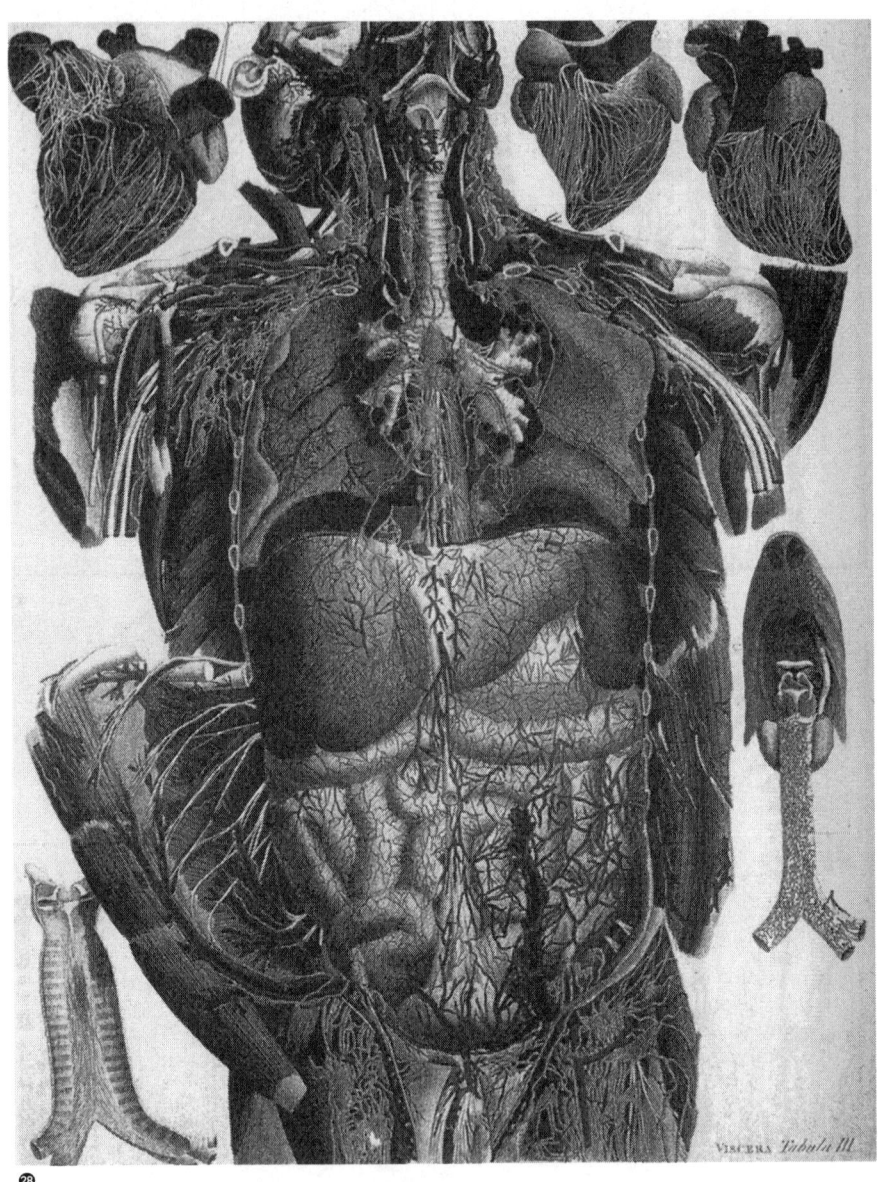

그림 28 파올리 마스카니(Paolo Mascagni)의 대작 『우주의 해부』(Anatomiae universae, 1823)에 실린 멋진 이미지. 제목 뜻으로는 '우주'의 아나토미라는 책이다. 마침내 이렇게까지 절개되고 파헤쳐진 신체는 다시 한번 하나의 전체가 되는 듯하다.

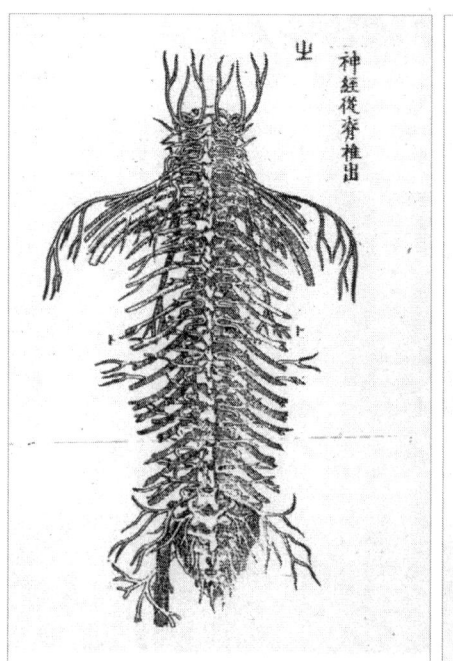
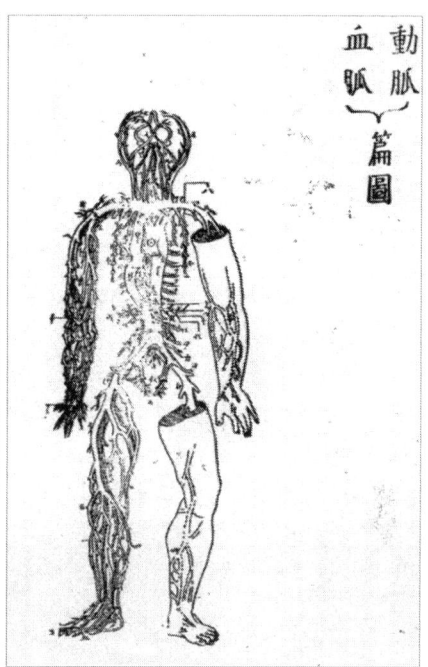
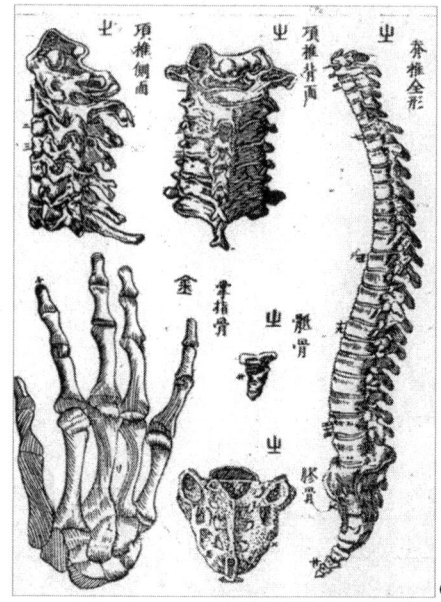

그림 29 『해체신서』에서. 신경이 신체를 연결하여 하나의 통일된 전체로 만든다.

키지 않으면 상처 입을지도 모르는 공간 가운데를 무사히 지나가게 한다. 『해체신서』는 척추를 추골(椎骨)도 포함해서 (그리고 손의 골격도 더불어) 그림으로 설명했다(어느 것은 쿨무스의 원본에는 없기 때문에 손은 덴마크인 토마스 바르톨린의 『톰뮤스해체서』東米私解體書(1656)에서, 척추는 카스파르의 책에서 차용했다). 그리고 "척추. 가늘게 이것을 나누면 곧 목덜미에서 허리에 이르러 이십사가 된다. 이것을 나누니 2품(品)이 있다. 그 하나는 체골(體骨)이라 부른다. 그 하나는 생골(生骨)이라 부른다. 대개 생골에 칠첨(七尖)이 있다"[18]라고 해설했다.

지리학자이며 화가인 고칸은 특히 척추의 중요성을 (사후 출판된) 유작 『천지이담』(天地理譚, 1816)에서 논했다. 먼저 세계를 두르는 띠가 적도임을 논하고 ("세계의 지도로써 생각컨대, 세계의 중앙은 적도다. 그 선 아래는 더운 나라인데 더운 나라는 늘 어리석고 완고하다. 구라파는 50도 밖으로 추운 나라. 그렇지만 개벽된 지 오래되고 치평治平도 역시 오래되어 문명이 화려하고 타고난 재능과 재주가 뛰어난 자를 낳는다. 지나와 일본은 이에 이어진다") 그러고 나서 '해체의 설'로 돌려 말한다.

'아나토미'라는 서양어를 일본어로는 해체라 번역한다. 사람이 살아서 움직이고 사물을 보고 듣고 마음이 있어서 의식한다. 머릿속에 신기(神氣)가 있어서 이를 주로 하는 이것을 뇌라고 한다. 그 뇌는 수골(髓骨) ─ 등에 있는 골이다 ─ 인데 2련(連)이다. 골고루 전체에 그물처럼 널리 꽉 차 있는데 이를 화란어로 '세이뉴포크'라 하고 번역하여 신경이라 한다.[19]

이렇게 해서 하나의 신체가 생장하고, 하나의 국가가 된다.

신체는 세계에 열린다

손은 도구를 다루고 구사한다. 발은 여행자를 나라 끝까지 옮긴다. (한방에서는 계속 무시한) 신체의 말초 부분이 생존의 단서가 되기 시작했다. 그 중심에 심장이 있음을 부정하는 사람은 없다. 중심에 있는 펌프 기관이 오체에 필요한 순환을 담당함을 난방이 보여주었다. 그때부터 20세기 말까지 심장의 기능 정지가 죽음의 정의(定義)가 되었다.

다시 한번 앞에서 예를 들었던 「교키국회도」에 눈을 돌리자. 이 책에 소개한 이미지 가운데 가장 오래된 그림이다. 연대는 미상이지만 원래는 『습개초』(拾芥抄, 1291)에 연원하는 형식의 지도다. 매우 표준적인 지도로서, 비슷한 것이 18세기 동안 죽 나돌았다. 고대의 '구니'(國)*와 그것들을 이어주는 도로 체계가 보인다. 모든 도로가 야마시로구니(山城國)**에서 출발하여 야마시로구니로 들어간다. 교토다. 교토가 지도의 중심에 있지만 지도 상으로는 오류다. 우리의 지리 감각에서 보면 조금 위편에 치우쳐 있다. 그렇다고 해서 잘못되어 있는가 하면, 교토를 겉보기에도 중심에 두고 싶다는 기분이 작용해서 그렇게 되었다고 보면 된다. 교토를 중심·심장으로 한 것은 지도 제작자의 계산속이리라.

그런데 더 자세히 보면 이것이 단순한 지리상의 중심인 데에 그치지 않음을 깨닫게 된다. 야마시로의 영역이 심장 모양으로 그려져 있다. 야마시로의 실제 경계와 형태가 일치한다 또는 일치하지 않는다기보다는 한방의가 사람의 심장 모양이라고 가르치고 있던 형태에 이 구

---

* 율령제에 근거하여 설치되었던 일본의 지방 행정 구분. 나라 시대부터 메이지 시대 초기까지 일본 지리 구분의 기본 단위였다.
** 지금의 교토시를 포함한 교토부 남부 지역의 옛 이름.

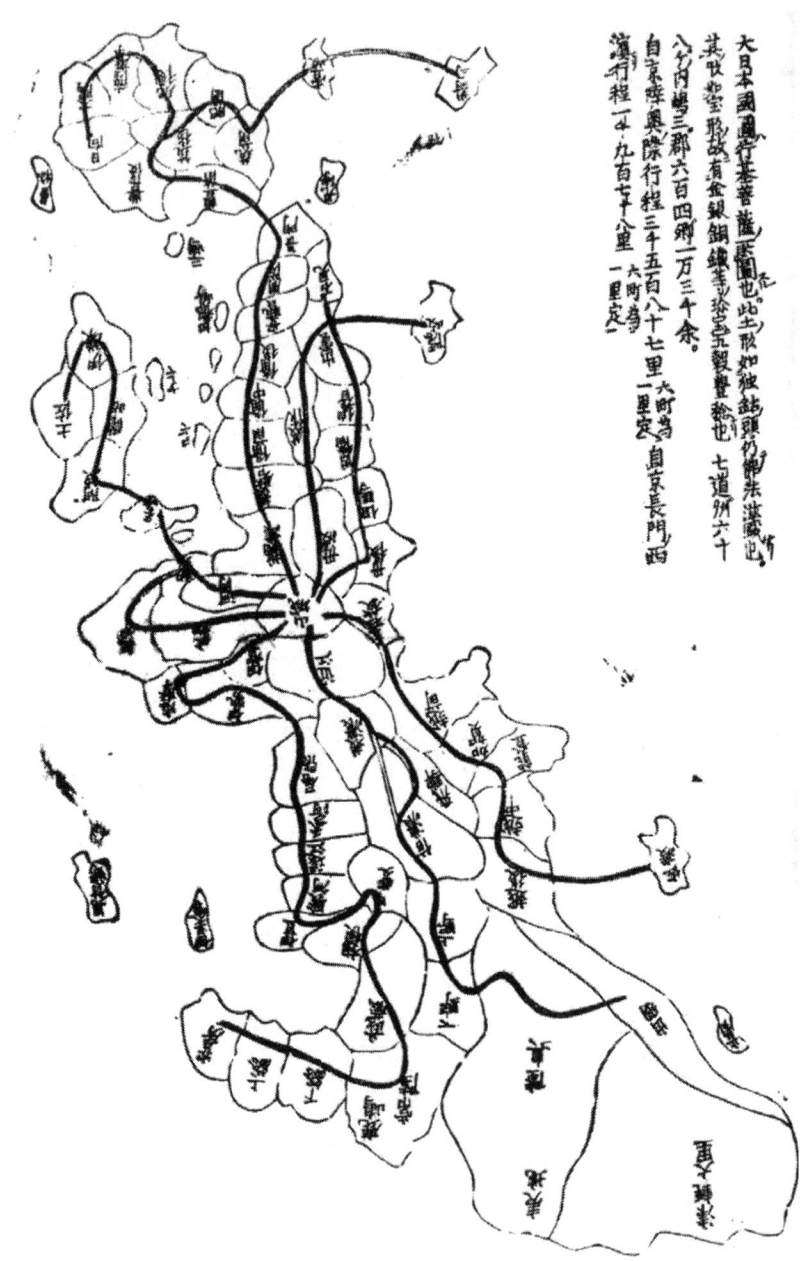

그림 30 연대 미상, 「교키국회도」. 1291년의 『습개초』(拾芥抄)의 그림에서 나왔다.

니를 일치시키지는 않았을까?

산토 교덴의 소설 『분해도 흉중 쌍륙』에서 독자는 도카이도의 각 역참을 따라 읽어간다. 출발점은 니혼바시 그리고 시나가와로. 이러한 역참이 '풍속화'라는 정확하고 극히 모던한 지지경관도(地誌景觀圖)에 시각 언어로서 묘사해 간다. 사각 그림 옆에 지명이 적힌 풍속화다. '아틀라스'를 사용하는 자는 (그것이 지리 아틀라스라면) 자기의 구니를, (해부도의 아틀라스라면) 자기 자신을 알 수 있다. 이렇게 해서 지명과 사람을 나타내는 표기가 일체화하는 호흡은 이들 풍속화에 재미있게 쓴 글과 같다. 사무라이는 '니혼자시'(二本差し), 이것은 물론 니혼바시(日本橋)에, 가라시노스케가 '시나다마'(곡예사)가 되어 시나가와(品川)에, 각각 교묘하게 겹친다. 더 말한다면, 이 그림들 바로 '흉중'을 투영한다는 발상으로, 인물들의 가슴 위에 있다. 교덴은 서문에서 이 작품이 해부서·여행서일 뿐 아니라 '마음의 거울'이기도 하다고 말했다. 전작(前作)인 『가나데혼 무네노카가미』(假名手本胸之鏡)에 나타난 취향의 재탕인데 어찌 되었거나 이 이야기에서 탐색되는 신체는 독자 그 사람의 신체를 절묘하게 반영한 장치가 된다. 어떠한 자아이건 독자의 자아가 투영·자조(自照)된다. 햄릿의 명대사는 아니지만 독자를 향해 거울을 내미는 구조다.

마지막 장에 지면 가득 쌍륙의 그림이 그려졌는데, 실제로는 '교양 습득의 길인 이 여정의 최후 '날밭'은 교토다. 중심인 '교토'는 누구든 가장 깊은 곳에 있는 자아였다. 어째서일까? 이미 그 무렵 교토는 일본의 역사적·정신적인 자아로 간주되었다. 쌍륙의 중심에 교덴은 물론 '교'(敎)에 '교'(京)를 엇걸어서 썼다.

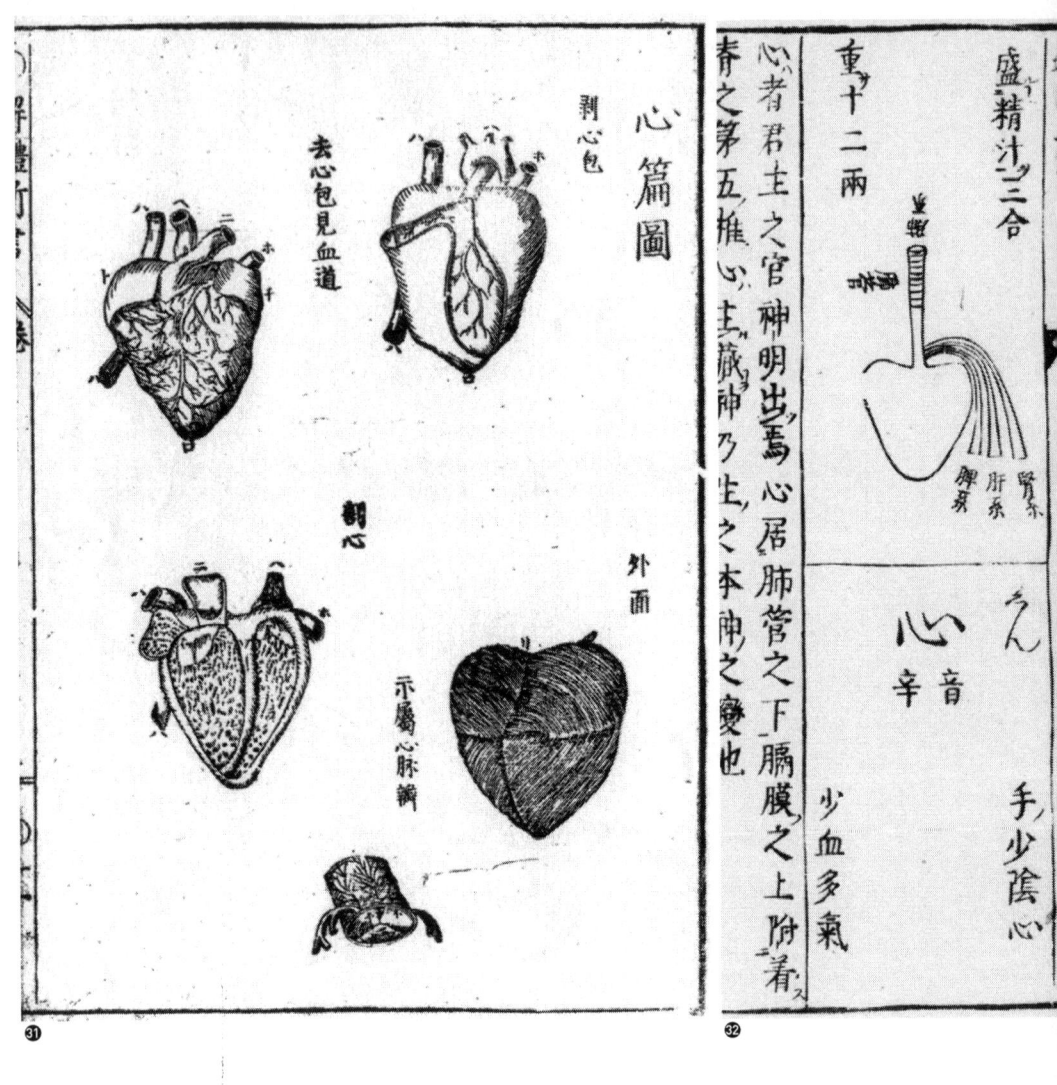

그림 31 『해체신서』에서.
그림 32 『화한삼재도회』에서.

교(敎)

도카이도 도중에 쉰다섯 역참으로 바뀌지만 교(京)로 올라가는 길은 한 줄기다. 신유불(神儒佛)의 세 도는 여럿으로 나뉘지만 올라가는 길은 오직 교(敎)를 향한 길뿐이다. 주인의 교(敎), 부모의 교, 경(卿)의 교, 이 세 교를 비슷하게 만들면 안 된다.[20]

이와 같은 교토관(京都觀)은 문제를 내포했다. 과연 교토는 일본 고대문화의 중심이라는 점에서는 에도보다 낫지만, 그렇게 말하면 교토보다 더 오래된 도시는 나라를 비롯하여 얼마든지 있었다. 게다가 옛 교토는 센코쿠 시대에 전란으로 없어지고, 1788년의 큰불로 교토의 오래된 건조물은 거의 전부 불타 없어졌다(남은 것은 산주산켄도 등 겨우 몇몇 건물뿐. 타다 남은 대불전은 1798년의 화재로 타서 무너졌다).

무릇 일본인에게 교토가 규범과 규정을 주는 그 무언가가 된 것은 오히려 그 불가시(不可視)의 역사 때문이었다. 때마침 일본의 국학자들은 일본사를 재규정하며 헤이안의 유물을 에도, 가마쿠라, 무로마치의 것으로 바꾸려고 시도하고 있었다. '나라의 중심'은 집합체여서 결국에는 육안으로 보이는 물건이 많이 보존되어 있는지 아닌지는 관계가 없었다.

서양의 상황과 비교해 보면, 재미있을지도 모르겠다. 사토 주료가 잡찬(雜纂)한 『주료만록』에는 네덜란드인은 심장을 한 국민의 집합성이 아니라 자아의 개체를 표현하는 비유로서 사용한다고 적혀 있다. 주료는 네덜란드인이 인간의 심장 형태를 한 종이에 이름을 써서 명함으로 사용하는 모습을 이렇게 적었다.

그림 33 산토 교덴의 『분해도 흥중 쌍륙』(1803)에 기타오 시게마사가 넣은 그림. 작가가 이야기를 상상하고 있다. 사무라이의 흥중은 도카이도(東海道) 출발점인 '니혼바시'인 듯한데 물론 '큰 칼 작은 칼 두 자루'를 차고 성장을 했다.

發端

東海道五十三つぎの
うちのやきものとてすぐ
につきそのでうらく
ひとつにゆびをおつてい
ふなりとてもなやらん
ふさにとやぎやらん
とらといふがたうへん
とをいふにあらずや
けしきうつるこ
とかつてのくやり
せとてもなし
あしようづるとは
くのぐろしを

「山うしのもいむの
うつくのやさをというで
すぐへにやすべよう
つるにとろろく
そみざきの
ふくろく
ようけい
しそきる
さとてど
たせもうる

「きうしの
めりきさう
せさぢ
つけの
せさぢ

「きうしも
こせそやがいうた
ないねう

新刻鮮道陶中ざゞ工、上中下

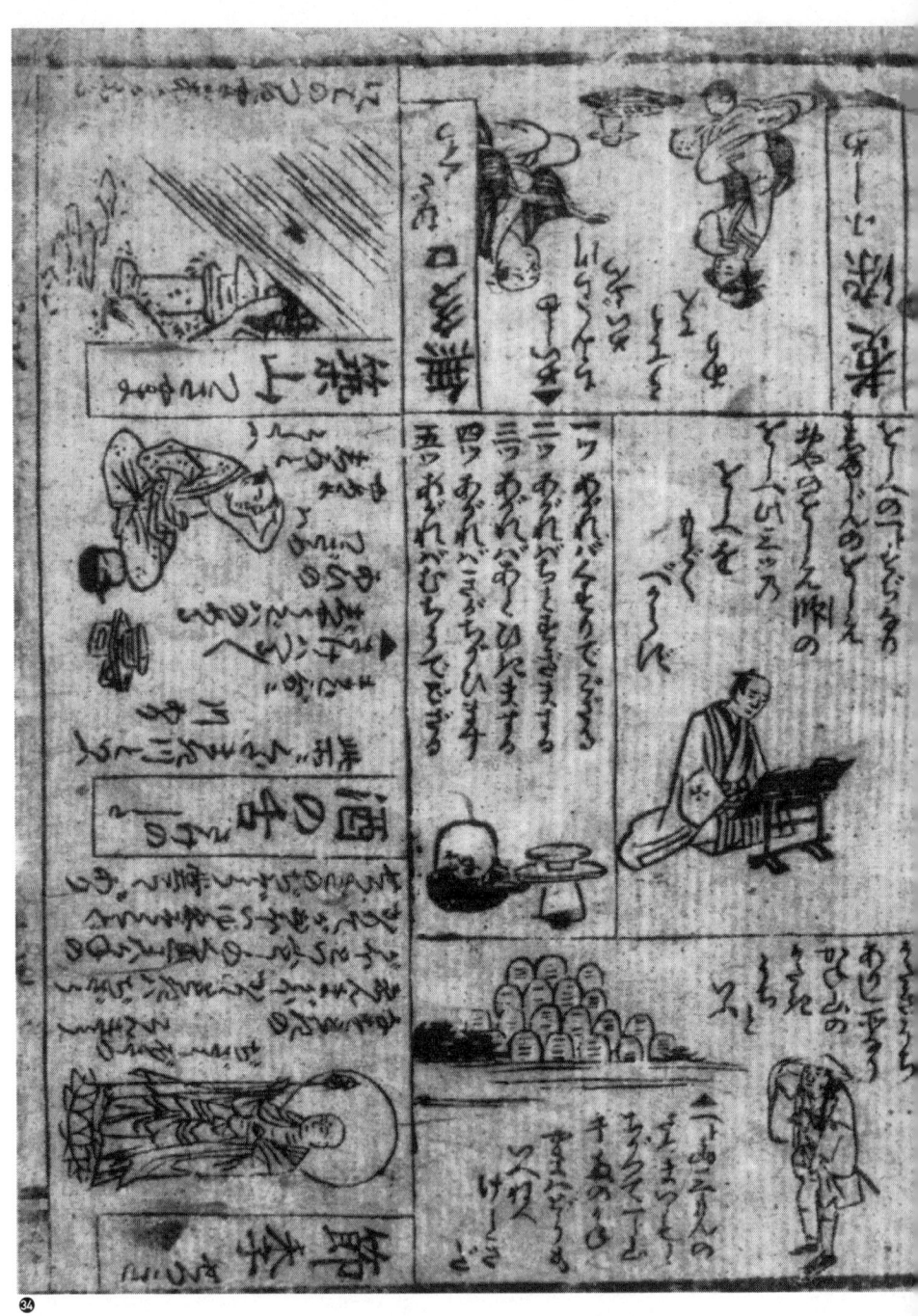

그림 34 『분해도 흉중 쌍륙』에서. 상상 속의 신체 쌍륙.

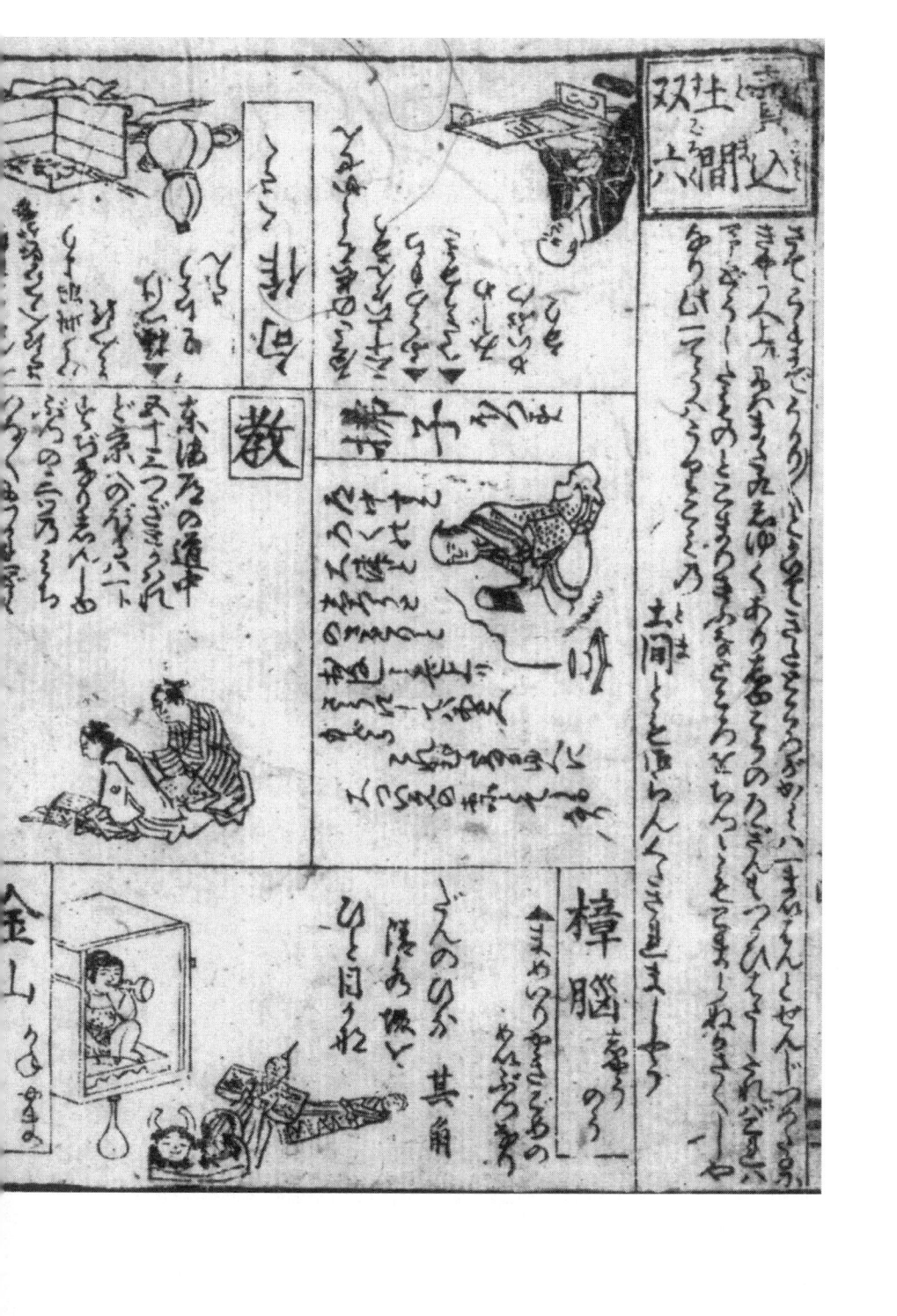

㉟ 그림 35 소설책 기뵤시(黃表紙)는 대체로 신년에 간행되었다. 그것은 전통적으로 쌍륙을 하며 노는 때이기도 했다. 스즈키 하루노부(鈴木春信), 「풍류강팔경(風流江八景)·진유산모설도(眞乳山暮雪圖)」, 1769년 무렵. 땅 위에 쌓인 눈을 봐서 새해 풍경임을 알 수 있다.

그림 36 『분해도 흉중 쌍륙』에서. 시나가와는 '시나다마'(공던지기 곡예)로, 가나세키는 '가바야키'(장어구이)로, 가나가와는 '하나가오'(코 얼굴)라는 식으로 도카이도를 나아간다.

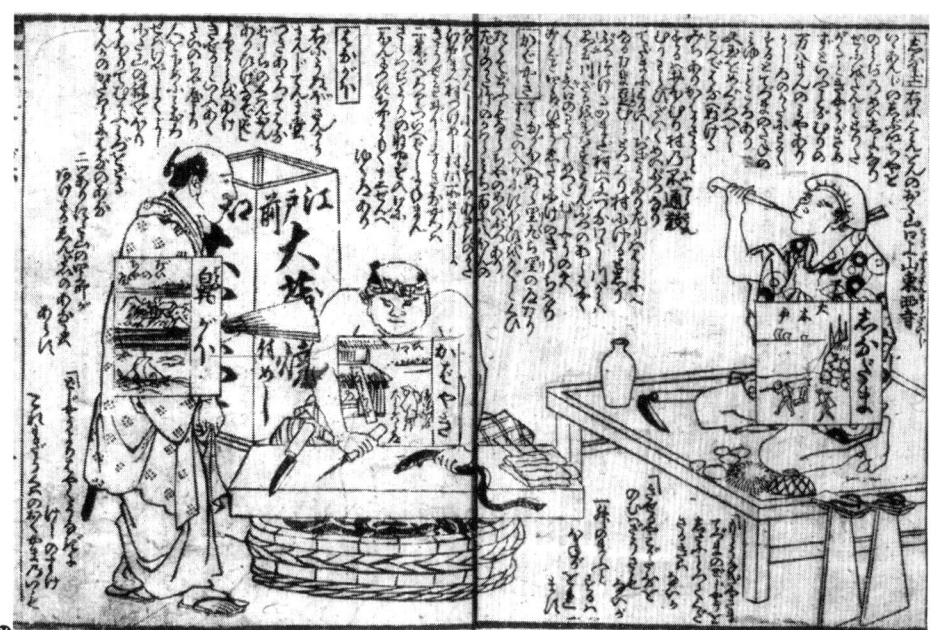

그림 37 교덴의 인물들 흉중 풍경은 우키에(浮繪)의 그것과 아주 유사하다. 우키에의 제목은 그림에 방해가 되지 않도록 보통 옆에 씌어 있다. 원경이 잘 다루어졌다. 우타가와 도요하루(歌川豊春)는 일본의 풍경, 세계의 다른 부분의 풍경을 잘 그렸다. 그것이 「우키에·홍모(네덜란드) 프란카이의 주만리종향도(湊萬里鐘響圖)」(1770 무렵). 현실적으로는 베네치아 풍경이며 카나렛 그림의 판화에서 취한 것이다.

아란타 명함

아란타에서도 일본처럼 명함에 이름을 적어서 연시 및 평상시에 준비했다가 다른 사람을 방문했을 때 그 사람이 없으면 명함을 두고 돌아온다. 그 명함을 '히시트부리히'라고 하고 그 꼴을 '하르트'라고 한다. '하르트'란 심장을 말한다. 그러므로 이름을 본떠서 만든다. 즉 아란타의 면종이에 이 그림의 크기로 해서 성명을 가로로 적고 그 종이의 뒷면도 전부 붉고 작은 꽃 모양으로 누른다. 이 가운데 글자를 적고 손자국은 모두 멋지게 보인다. 외국의 글자에도 잘 쓰고 못 쓰는 글씨체가 있으니 잘 쓰는 사람에게 부탁해서 쓰게 한다.[21]

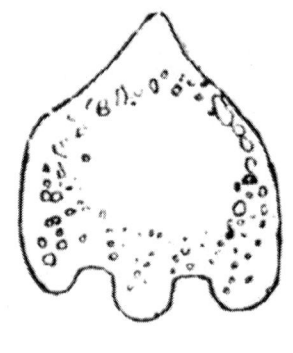

그림 38 사토 주료는 18세기 후반 규슈에서 일했다. 『주료만록』(1826)에 어떻게 해서 네덜란드인이 심장 모양 명함을 사용했는지를 적었다.

'야마시로'라는 역사적 지명을 씀으로써 교토가 집합체의 심장인 것처럼, 이들 네덜란드인의 '명함'도 누구나 같은 형태이면서 누군가 한 개인의 이름을 가짐으로써 '개인'적인 것으로 변한다. 심장이 국가도 역사도 아니며 한 개체로서 인간이 된다고도 할 법이다.

18세기라는 시대에 여행은 많은 사람에게 국내여행을 지칭했지만, 국외여행이 가능하다는 것도 여러 가지로 화제가 되기 시작했다. 국경을 넘어가는 여행자들 이야기를 쓴 픽션이 차례차례 나타났고 아사히나 요시히데(朝比奈義榮)*라든가 미나모토 요시쓰네(源義經)**와 같은 전설의 대여행자가 많은 이야기 속에 되살아났다. 18세기 말에는 아사히나와 요시쓰네가 건너갔다고 전하는 에조에 실제 여행가들도 건너갔다. 이곳과 저쪽 사이에 가로 놓인 변경의 땅인 것이다. 다이코쿠야 고다유, 이소키치(磯吉), 쓰다유처럼 러시아에 건너갔다가 돌아온 표류자의 소문도 인구에 회자되었다. 신체가 지도라고 하면 그것은 구니의 그림지도였는가, 일본 전도(全圖)였던가, 아니면 만국도(萬國圖)였던가.

조분사이 에이시(鳥文齋榮之), 즉 호소다 에이시(細田榮之)가 그린 그림에 오타 난포가 시를 지은 작품을 떠올려 보자(201쪽 그림 7). 1814년 두 사람은 오랜 교제 끝에 만년에 다시 한번 협동 작품을 만들었다. 그때 난포는 65세로, 여생이 9년밖에 남지 않았다. 에이시는 58세, 하타모토(旗本)*라는 출신이 유별난 이 풍속화가가 난포의 초상을 그렸다. 모델인 난포는 옆으로 향하고 정장 차림인데 유유자적하는 분위기다. 손에 잔을 들고 먹과 붓을 앞에 둔 채 두루마리 종이와 부채에 뭔가 쓰기 전에 술의 힘을 빌려 영감이 샘솟기를 기다린다. 에이시는 개성을 매우 중시하는 필치로서 난포를 그려서 모델의 개성이 보는 사람 앞에 펼쳐진다. 재미있는 것은 난포 자신이 써 넣은 시다. 노령이지만 눈부신 기상은 눈부시다. 요모노 아카라(四方赤良), 쇼쿠산진(蜀山

---

* 1176~?, 가라쿠라 시대의 무장. 1213년 와다씨(和田氏)의 난 때 패하여 아와(安房, 도쿄 동남쪽 치바현 남부)로 달아났다. 그의 무용담에 대해 여러 가지 전설이 있고 소설·연극의 소재가 되었다.
** 1159~1189. 헤이안 말기의 무장. 1159년 헤이지(平治)의 난 후 쿠라마데라에 맡겨졌다가 이어서 일본 북부의 강력한 영주 후지와라 히데히라(藤原秀衡)의 보호를 받았다. 1180년 형 요리토모(賴朝)의 거병에 부응하여 다이라씨(平氏) 타도에 나섰다. 그러나 요리토모와 불화를 일으켜 각지를 유랑하다가 다시 히데히라에게 의탁했으나 그의 아들에게 습격을 받고 자결했다. 비극적인 생애가 전설이나 문학 작품의 소재가 되었다.
*** 에도 시대, 쇼군 직속의 가신 중에 녹봉 1만 석 이하로, 직접 쇼군을 배알할 수 있는 오메미에(御目見) 이상의 격식을 가지는 자.

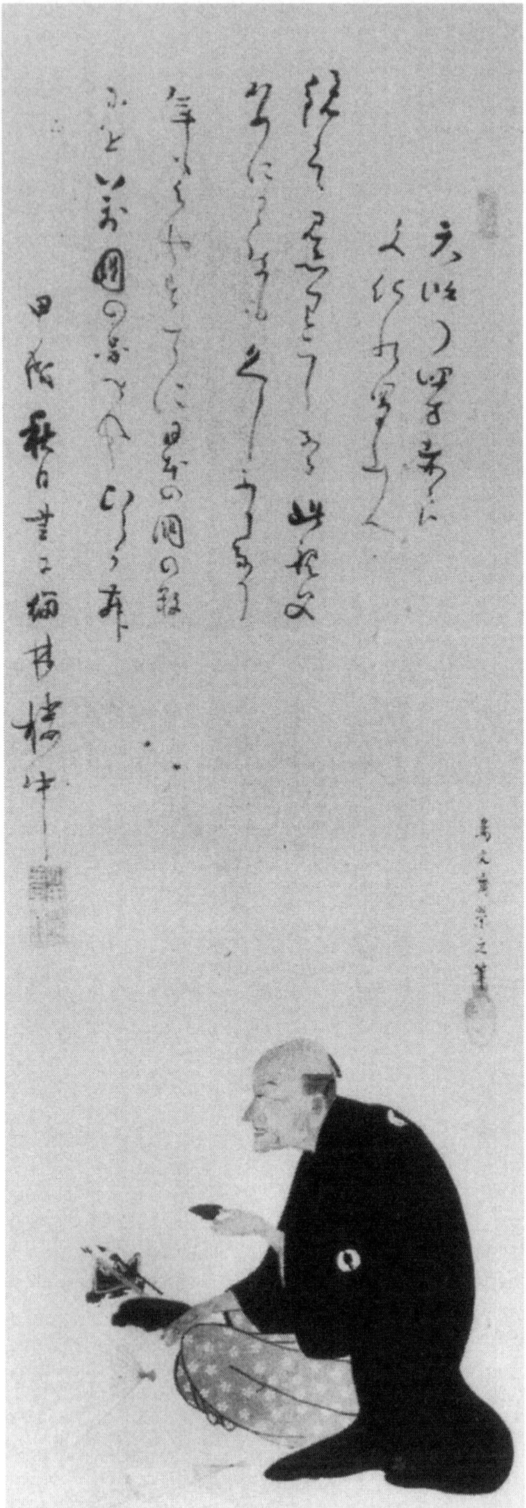

えいの里も家にに
人にわかれて
又にうさはふ
年又らもにことに
此松や
かと笑う園の象やで
田螺
鶯ぞ書つ梅咲く
橋中

人)은 모두 난포의 다른 이름이다.

> 덴메이(天明) 시대엔 요모노 아카라
> 분카(文化) 시대엔 쇼쿠산진
> 거울 너머 안면 있는 이 영감
> 만나 뵌 지도 오랜만
> 나이는 이제 벌써 일본의 구니(國) 수만큼 많으니
> 더욱이 만국의 지도를 열고 싶구나

나라에 관해서 말한다면 우리는 모두 다르며 사고방식 또한 다르다. 각자의 문화에 따라 제각기 다르게 만들어진다. 그런데 해부학은 모든 인종이 가장 깊은 곳에서는 같다고 주장한다. 그것이 난포의 연령과 겹쳐 신체 내부에 반영된다. 세계를 여행함으로써, 혹은 신체를 파들어 감으로써 너무 많은 것을 알게 되면 이제는 한 국가라는 단위로 도저히 그 모든 것을 묶어 두지 못함을 알게 된다. 국가는 그 사람들을 안에 가두려 한다. 그런데 모든 '심장'이 같기 때문에 예지 넘치는 난포의 얼굴에 '만국도'가 '펼쳐' 진다. 한 인간의 신체가 만물의 지도가 되는 셈이다.

그림 39 조분사이 에이시, 「촉산인초상」(蜀山人肖像), 1814. 오타 난포가 쓴 찬(讚)을 보면, 그 자신의 얼굴은 국회도라기보다는 만국도라 말한다.

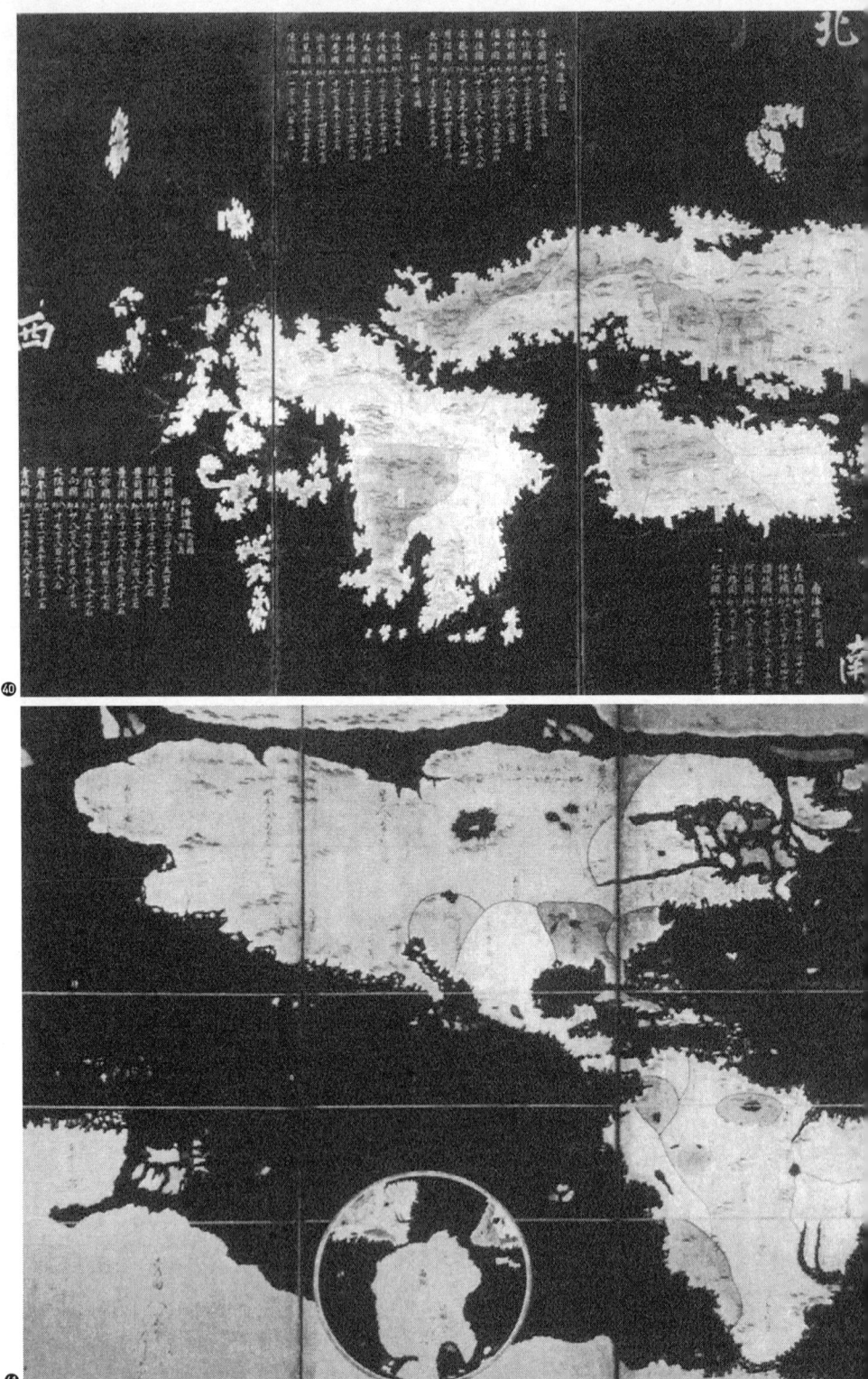

그림 40 작가 미상, 「국회도」(國繪圖), 1650 무렵. 일본의 각 지방도다. 6쪽짜리 큰 병풍 가운데 한 짝이다.

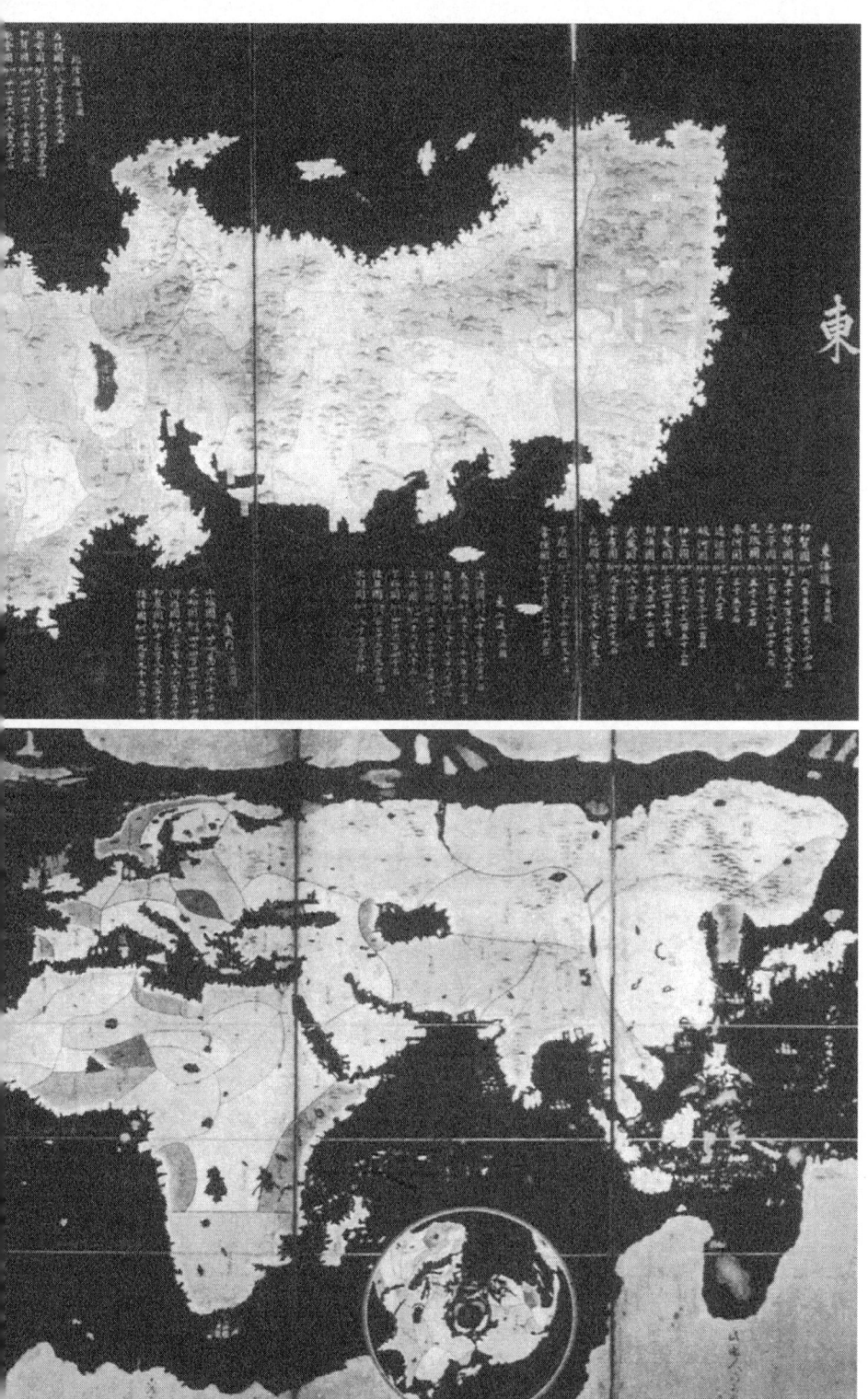

그림 41 「국회도」와 짝을 이루는 「만국도」(萬國圖).

그림 42 이시카와 다이로(石川大浪)가 본떠 그렸다고 전하는 「만국인물도」(蠻國人物圖) 중 '런던인' 부분. 세인트폴 대성당이 런던교의 왼쪽에 있기 때문에 좌우가 거꾸로다. 1666년 런던대화재 이전의 런던인데, 다이로는 1세기 훨씬 이후에 그것을 그린 셈이다.
그림 43 이시카와 다이로, 「지도 앞의 서양 부인상」. 네덜란드인 여성이 네덜란드 지도를 등 뒤에 걸어 두었다. 다이로는 무사 화가로 난학자와 친했고 겐타쿠의 초상화를 그렸다.
그림 44 다이로가 (바다 위에 있을 아버지나 연인을 생각하는) 지도 앞에 앉은 네덜란드 부인 그림을 그릴 때 영감을 얻었다고 짐작되는 야콥 오히텔펠트의 「악사들」.

양파 속 같은 내부

결론

『해체신서』에 싣기 위해 쿨무스 책의 동판화를 목판으로 옮기는 어려운 일을 떠맡은 화가는 오다노 나오타케다. 나오타케는 아키다한의 하급 무사로 이때 나이 25세. '내 친구 스기타 겐파쿠'에게 부탁받은 일이지만 "나같이 재능 없는 자가 감히 손을 댈 수 있는 일이 아니다"라고 나오타케 자신이 불안감을 느꼈음을 앞에서 보았다.

25세라고 했지만 그림 그리는 일은 그때 이미 10여 년의 경험을 쌓았는데, 출생지 가쿠노다테의 쇼안지에 있는 그의 묘지(墓誌)를 믿는다면 최초의 습작 시기는 1760년으로 12세 무렵이다. 이때 그린 걸작의 소재가 또한 기묘할 만큼 딱 맞는데 훗날 그의 흥미에 비춰 보아 우연한 주제는 아니다. 바로 중국의 의신(醫神)인 신농을 그린 것이다.¹ 어릴 때 작품이긴 하지만 어려서 받은 가노파의 영향이 역력한 필법이다.

의신이라고 해도 신농은 온갖 풀 맛에 정통한 본초의학의 신이어서 해부학과는 상관이 없다. 풀로 만든 누추한 옷을 입고 약초를 씹는 모습이 신농의 표준 이미지인데, 예로부터 기독교 도상학에서 모세에게 주어진 기묘한 도상 처리와 비슷하면서도 다만 뿔이 달려 있다는 점이 재미있다. 반쯤 동물로서 야생과 자연의 존재인 신농은 한방의 시조로 여겨진다. 신농은 자르는 일은 없었다. 손에 칼을 쥐고 있다 하더라도 약초를 캐기 위한 것이지, 신체를 베기 위한 것은 아니었다.

젊은 나오타케의 「신농상도」(神農像圖)는 아마도 의사들이 모인 자리에 걸어 두기 위한 그림이었을 것이다. 실제로 의사의 집회나 한방 교습소에는 '신농도'가 걸려 있었으므로 이 가공의 초상이 대량으로 그려졌다.

난방이 성행하자 난방의들도 자신들의 새로운 의술을 상징하는 신격의 존재를 갖고 싶어했다. 이렇게 해서 고대 그리스 코스 섬에서 태어나 기원전 4세기에 활약했던 반신(半神)적 의사 히포크라테스가 선정되었다. 서양에서도 전 시대를 통해 최고의 의학자로 여기며, 지금도 여전히 햇병아리 의사가 이제부터 무사(無私)의 인술을 행할 것을 약속하는 이른바 '히포크라테스 선서'로도 이름을 남겼는데 그 히포크라테스의 초상화가 일본에서도 많이 그려져서 아마도 '아란타 외과 가게'와 같은 시설을 장식했을 터이다.

히포크라테스는 의사들에게 더 예리하게 관찰하라고 권했지만 유감스럽게도 해부학도가 아니었기 때문에 난방의 중에는 자신들의 경이로운 새 의술을 상징하는 상대로서는 불만을 갖는 경향도 있었다. 그들은 외과의사로서 해부학자의 이미지를 탐색하기 시작했고, 그래서 죽은 지(1758) 얼마 되지 않은 동시대 독일인 의사 로렌츠 하이스터가 특별히 뽑혔다. 의사가 하이스터의 그림을 방에 걸어 둠으로써 자신이 어떤 의사인지 공공연하게 알리려는 목적으로도 그의 그림이 그려졌다. 하이스터는 특히 결석 제거로 이름을 날렸다(디포가 폭력이라 기록한 그 수술이다). 대체로 그는 대성공을 거두었고 그의 저서로는 대부분의 서구 각국어로 번역된 해부학서 『외과학교본』이 유명하다. 네덜란드어판은 1755년에 출간되었고, 일본에서는 네덜란드어판만 알려져 있다. 약 20년 뒤에 툰베리는 하이스터가 일본에서 존경을

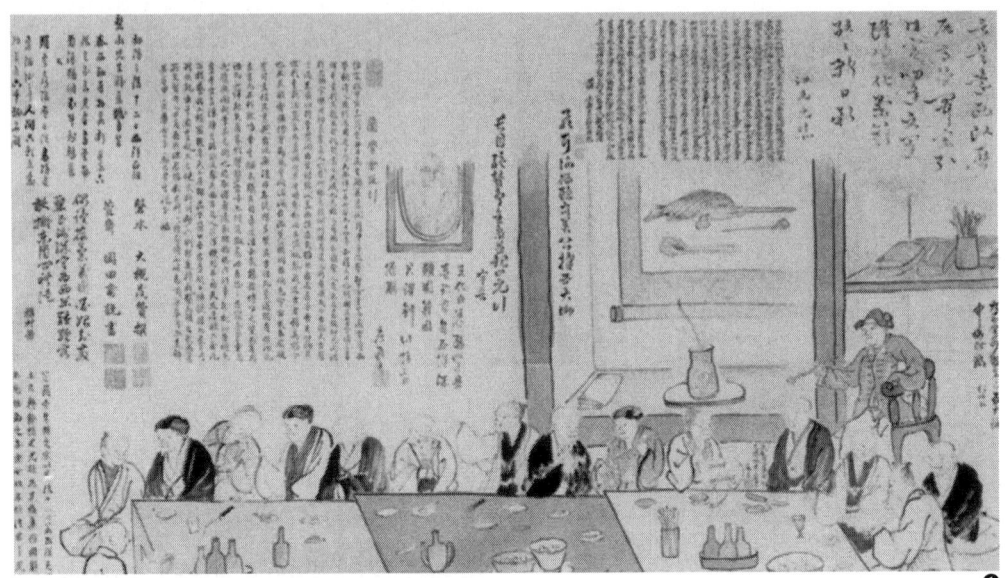

그림 1 「시란도 정월 그림」(芝蘭堂新元會圖, 부분).
그림 2 우타가와 요시후시, 「마진금기」(痲疹禁忌), 1862경. 질병 예방의 대중 광고. 신농의 그림을 보여주면서 강연을 한다. 역귀나 마귀를 쫓는 신 종규(鍾馗)의 그림도 있다.

그림 3 사카이 호이쓰(酒井抱一), 「히포크라테스 상」. 호이쓰는 난학자 그룹은 아니었지만 지적 유행에 민감하고 의학에 생겨난 새로운 변화도 잘 알았다. 화면에 적힌 제작연대는 알아보기는 힘들지만 1810년인 듯하다. 호이쓰가 50대에 그린 작품이다.

그림 4 11대 도쿠가와 이에나리(德川家齊)의 의사였던 가쓰라가와 호켄이 그린 「난의 하이스터 초상화」. 호켄은 모리시마 나카라의 형이다.

그림 5 스테판 블란카르트의 『개혁된 해부』(1687) 속표지. 중심부에 있는 저자가 독자 쪽을 보고 해부의 요령을 가르치는 중이다.
그림 6 같은 책에 실린 블란카르트 초상.
그림 7 우다가와 겐신(宇田川玄眞)이 번역한 블란카르트의 『의범제망』 가운데 최초로 그림이 실린 1805년판. 아오도 덴젠(亞歐堂田善)의 문인 아라이 레이쿄(新井隶恭)가 제작했는데 해부학 강의의 풍경 위에 블란카르트의 타원형 초상이 더해 있다(유럽의 각 판에서는 그림 5, 6처럼 서로 다른 페이지로 되어 있다).

그림 8 하이스터의 『외과종교본』(外科宗教本) 속표지.
그림 9 『양과정선도해』(瘍科精選圖解) 속표지. 2판에서는 하이스터의 초상을 지워 버렸다. 그리스의 의신(醫神) 아스클레피오스를 두 마리의 성스러운 뱀이 휘감고 있다.

⑩

그림 10 원래 아스클레피오스는 뱀 한 마리가 휘감긴 봉을 가지고 있고, 그의 처 히기에이아가 또 하나 같은 것을 가지고 있다. 그런데 시간이 흐르면서 아스클레피오스가 두 마리 뱀이 휘감긴 봉을 가진 모습으로 그려졌다. 두 사람의 딸이 파나케이아인데, 이 단어는 오늘날 만병통치약을 의미하는 단어로 남아 있다. R. 모겐이 그린 18세기 목판화.

그림 11 성스러운 뱀이 휘감긴 봉을 가진 아스클레피오스는 서양에서는 의술의 상징이었는데 이 시대의 일본 그림에서도 나타난다. 다시로 다다쿠니(田代忠國), 「이스큐레피우스 상」(「홍모동자도」紅毛童子圖로 여겼다). 다다쿠니는 아키다한의 무사 집안 양자가 되었다가 난벽 영주 사타케 요시아쓰의 가신이 된 인물이다. 헤르메스 상으로 보는 설도 있지만, 헤르메스의 지팡이는 뱀의 유무는 제쳐두고 날개가 달린 지팡이다. 헤르메스는 날 수 있어야 한다.

받았다고 적었지만, 그 전인 1766년(네덜란드어판이 간행된 지 11년 후)에 이미 요시오 고사쿠가 맛있는 술 20통과 교환한 것이 바로 이 책이다.² 고사쿠에게서 그 책을 '빌린' 스기타 겐파쿠는 그때 네덜란드어를 이해했을 리 없으므로 그가 매료된 쪽은 분명히 문구가 아니라 멋진 도해(圖解)였다. 실제로는 하이스터 초상화는 수가 많지 않은데 그것들을 보면 그의 책 네덜란드어판 표제지의 성자인 체하는 그의 이미지를 근거로 그렸다고 생각한다(333쪽 그림 8). 겐파쿠의 제자 오쓰기 겐타쿠도 하이스터 초상화를 숭배했다. 그의 학사 시란도(芝蘭堂) 벽을 장식한 그림은 언뜻 보기에 조금도 닮지 않은 하이스터 초상화다. 1794년의 「시란도 정월 그림」에 보이는 타원형 초상은 아무래도 하이스터인 듯하다.³ 또 『개혁된 해부』(Anatomia reformata)라는 라틴어 책을 쓴 네덜란드인 스테판 블란카르트(Stephan Blankaart)의 초상을 우다가와 겐신(宇田川玄眞)의 번안서 『의범제강』(醫範提綱, 1805)에 넣기 위해 아오도 덴젠(亞歐堂田善)이 그렸는데 아무리 봐도 하이스터와 닮았다고 밖에 생각되지 않는다.

서양인 의사의 초상화는 일본의 초상화 미술사에서 기묘한 하위 장르를 이루고 있다. 여기서 아오도가 그린 흥미진진한 작품 한 장을 살펴 보자. 덴젠 자체에 대해서는 잘 알지 못한다. 시라카와한의 영주 마쓰다이라 사다노부(松平定信)를 위해 일했으며, 서양화의 묘사법에 숙달했고 동판화를 잘 그렸다(『서열의범제강』西說醫範提綱에서는 이 매체를 사용했다)는 정도다.

그림 12 아오도 덴젠(亞歐堂田善)이 그린 이른바 「난의도」(蘭醫圖). 이 제목을 정당화하는 근거는 인물이 아무래도 '여는' 행위를 하고 있기 때문이지 다른 이유는 없다. 그림에 쓰여 있는 '우키시마 신사'(浮島神社)라는 곳은 어디인지 알 수 없다.

덴젠의 「난의도」(蘭醫圖)는 지름 20센티미터 정도의 작은 작품이다. 외국에서 실어온 동판화의 모작(模作)인 듯하다. 출처도 몇몇 판명되어 있다. '우키시마 신사'에 봉납되었다고 오른편에 뒷날 다른 사람 손으로 기록되었는데, 어디에 있는 신사인지 분명하지 않다.⁴ 언제부터인지 「난의도」라고 불리게 되었나 본데, 어디까지 거슬러 올라가는 호칭인지도 전혀 확실하지 않다. 하이스터나 블랑카르트와 닮지 않은 것도 아니며 의사라는 느낌도 든다. 이 인물을 의사라 단정할 확실한 근거가 없는 것도 사실이지만, 신사인 체하는 인물 전체의 분위기로 미루어 의사라고 생각해도 좋을 듯하다. 필자의 생각으로는, 좀더 깊은 근거에서 의사라고 본다. 인물의 가슴이 열려 있다.

윗도리를 벗으려 하고 있다. 물론 그의 신체를 열어 젖히지는 않았다. 이런 종류의 격식을 갖춘 초상에서 그런 묘사법은 그로테스크하다고 밖에 달리 표현이 안 된다. 그러나 여는 것에 대한 의사의 고정관념이 역시 그의 신체에 반영되어 있다. 단추가 풀리고 그 아래에 흐릿하게 흰 부분이 엿보인다. 이 무(無)의 개구부를 통해 지식이 나타날 것이다. 여기서 의사는 (있음직한) 해부 수술에 입회할 뿐 아니라 자기 탐구를 막 시작할 참이다. 발베르데의 몇몇 그림(156쪽 그림 20)에서도 이런 몸짓을 하는 인물이 묘사되었고, 『해체신서』를 보면 시체가 살아 있는 인간처럼 행동하며 자신의 몸을 열어 장기를 보여준다. 다만 이 그림에서는 자기를 스스로 파헤치는 사람이 의사다. 이쪽을 똑바로 보고 있지만 왠지 애매한 시선이다. 그의 내부에 있는 것을 무지한 인간은 볼 수 없다. 안내서나 안내자가 필요하다.

이 책에서 필자는 내부라는 것이 가질 수 있는 권위를 논했다. 내부는 직접 경험되는 일이 많지만 직접 경험이라 칭하면서도 실제로는 텍스트에 붙은 그림을 통해 겪는 경우도 많다. 내부가 눈과 손의 대상이 되면 이상적이다. 그 내부가 인간 신체의 내부라도 되면 관찰된 내부도 갑자기 불투명해질 수밖에 없다. 의학적으로도 이해하기 어려울 뿐 아니라 살아 있는 인간을 이해하기가 얼마나 어려운 일인지를 생각하게 하기 때문이다. 인간이란 무엇인가에 대한 사고방식은 일본과 서양에서는 근본부터 다르다. 해부학자들이 예전부터 해온 "너 자신을 알라"라는 말도 수월하게는 통용되지 않는다. 이 책의 서론에서 필자는 좀더 넓은 의미에서 여는 것에 대한 네덜란드의 지식에 대해 서술했는데, 문제는 그 지식이 어디까지 일본에 반영되었는가 하는 부분에 있다.

정물화에서는 사물의 외관뿐 아니라 대상을 쪼개고 뒤집고 껍질을 벗긴 부분을 보여준다.[5] 가쓰시카 호쿠사이가 이와 같은 그림을 그렸다. 서양화파와는 연고가 없으면서도 외래의 묘사법에 관심을 가지고 원근법을 쓴다거나 멀리 있는 물건을 작게 그리거나 음영법의 실험을 한 사람이며, 동판화에 대해서도 알고 있었다.

1839년 호쿠사이는 「수박도」를 그렸다. 수박은 에도 항간의 일상 과일로서 호쿠사이의 그림을 본 사람 중에 수박을 본 적이 없는 사람은 거의 없다. 잘라서 팔기도 했으므로 누구라도 수박의 내부를 봐서 알고 있을 터이다. 눈가리개를 하고 노는 '수박 깨기'도 역시 사람들이 흥겨워했다. 그런데 뭔가의 내부를 경험했다는 것과 그 내부를 '아니?'라는 느낌으로 새삼스레 보는 것은 다르다. 그렇게 해서 내부를 보는 것이 해당 대상의 성질을 이해하는 데 중요하다고 생각하는 것 또한 다르다. 수박 속은 부드러운 과육으로 보나 눈에 스미는 선열한 붉은색을 보나 유달스러운 내부라 할 만하다. 신체의 여러 부위를 연상

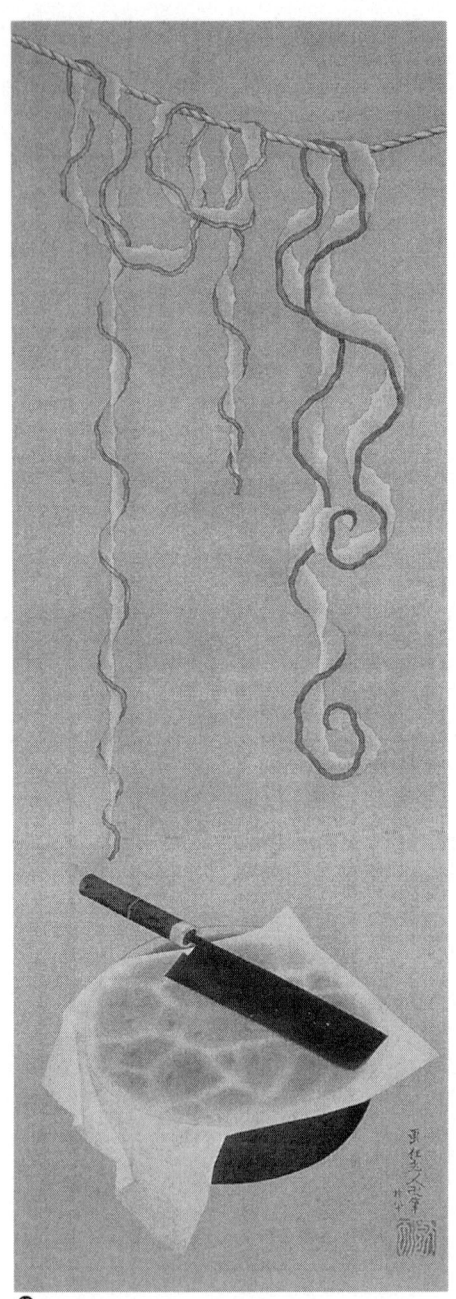

시키기 때문이며, 그 증거로 시바 젠코의 『열네 미인의 뱃속』에서는 신체 내부에서 열매 속에 해당하는 심장에 대해 "심장은 색이 붉고 불을 본떴다. 수박 간판등 같다"라고 적었다.

호쿠사이의 수박은 딱 반으로 잘려 있다. 위쪽에 쳐진 줄에 늘어뜨린 껍질이 수박이 열렸음을 나타내는 증거다. 호쿠사이의 「수박도」와 네덜란드의 정물화에는 흥미로운 차이가 있다. 피를 흘리는 듯한 수박의 상처가 천 한 장으로 덮여 있다. 비치는 천에 과즙이 배어 나오지만 완전히 볼 수는 없다. 그렇다기보다 일부러 부정한 듯하다.

필자가 보기에 '여는 것'의 지식은 일본에서 큰 힘은 되지 못했다. 절개는 어디까지나 하나의 가능성이지 필수 요소는 아니었다. 네덜란드에서는 절개해 보는 것이 진리에 이르는 유일한 방법이었는데 일본에서는 여러 접근 수단 가운데 하나에 지나지 않았다. 많은 일시적 진리 중 하나에 이르는 수단에 지나지 않았다고 말해야 할까. 네덜란드에서는 내부를 향한 응시가 필시 실재(reality)를 향한 눈길이었던 데 비해 일본에서는 기껏해야 뭔가 일시적인 상태를 파헤쳐 보는 데 지나지 않았다. 내부를 본다고 해도 궁극적 진리가 아니라 내부에 있는 또 하나의 적층을 볼 뿐이라는, 마치 양파 껍질과 같은 감각이 강했다.

마지막으로 세 장의 그림을 비교해 보자. 모리시마 나카라(森島中良)는 프랑스의 성당을 소재로 하는 동판화를 가지고 있었다. 어느 교회를 그렸는지는 명확하지 않다. 나카라도 이 그림에 대해서 논하지 않았다. 기독교 건축에 대해 논하는 일은 위험했는지도 모른다. 여기서 꼭 언급하고 싶은 바는 이것이 크로스 섹션, 즉 단면도인 점이다.

그림 13 가쓰시카 호쿠사이(葛飾北齋), 「수박도」, 1839. 수박은 잘렸지만 절개면은 보이지 않는다.

축을 중심으로 위부터 성당을 싹둑 잘랐다('마치 멜론처럼'이라고 말하고 싶지만 건축물 자체는 당연히 자를 수 없다). 그렇게 함으로써 화상(畵像)은 우리에게 이 건물의 '진상'을 파헤쳐 보여준다. 이것은 프랑스에 실재하는 건물인지도 모르며, 종이 위의 도면인지도 모른다. 어쨌거나 그 '인 듯함'(plausibility)은 이 그림에서 완벽하다. 보는 사람은 벽과 지붕의 완전한 구조를 보고, 그 덕분에 이 성당에 대해 '알게' 된다. 실물을 본 사람보다 말이다. 이것은 실로 서양적인 감각이다.[6]

일본이 그 전에는 알지 못한 시각이 이 단면도라는 것이다. 19세기 초가 되어서 겨우 나타난 듯싶다. X선이 발명되기까지 단면도라는 묘사법이 가진 매력은 절대적이었다. 그런데 인식론적으로 X선은 전혀 다른 것이다. 대상을 자르는 것을 수반하지 않기 때문이다. 이 책이 대상으로 삼아 온 여러 사고 방식에 X선은 최후의 일격을 가했다.

모리시마 나카라는 난학자다. 내부가 중요하다고 하는 감각은 역시 일본인의 감각과는 동떨어져 있다. 예를 들어 기타가와 우타마로의 「가리개의 남녀」라는 그림과 비교해 보자. 우타마로는 인간 신체의 묘사로 유명한 화가다. 그렇긴 하지만 그것을 사람들로서 그린다. 혹은 적어도 살아 있는 사람들의 계급을 표상하는 것으로서 그린다. 우타마로는 이 책에서 살펴본 바와 같은 한참 사회적·지적인 전환기일 때를 산 화가였지만 그가 그린 몇 천이나 되는 (대부분 여성의) 신체를 전부 죽 훑어 보아도 내부로 향한 응시가 상대의 가장 핵심을 확실하게 한다는 감각은 어디에도 없다. 그는 뭔가 너머에 혹은 뭔가를 들여다보아 그 무엇인가를, 보통은 보이지 않는 내부를 보는 인간을, 얼마나 많이 그렸는가. 그런데 그러한 내부를 향한 응시는 언제나 열매를 맺기 직전에 좌절한다. 그중에는 보는 사람이 다른, 더 깊은 내부를 보려고 하

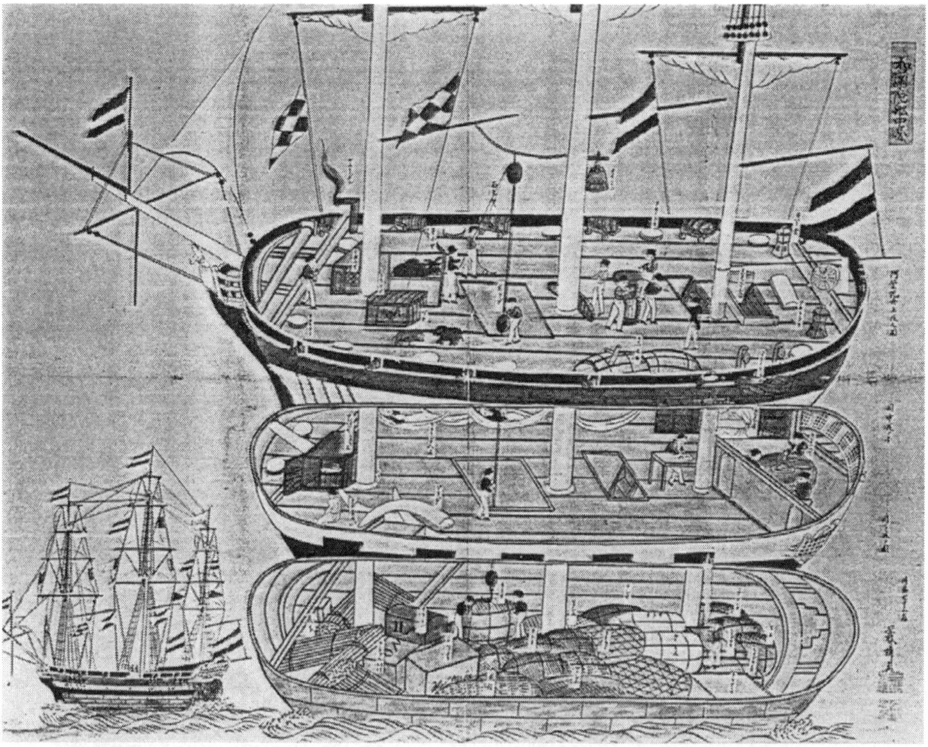
14

15

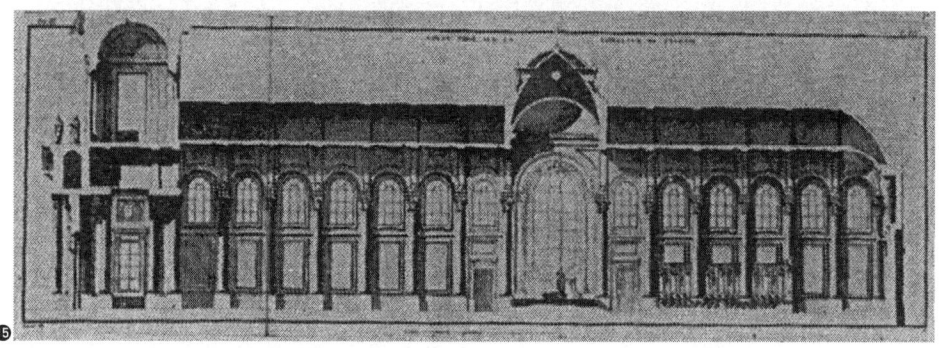

그림 14 작가 미상, 나가사키 판화 「오란다 선중도」(和蘭陀船中圖). 작가는 마치 해부자가 인간 신체에 대해서 하는 것과 마찬가지로 배를 벗겨 나간다.
그림 15 프랑스 판화, 상세한 것은 불명. 교회의 단면도다. 모리시마 나카라(森島中良)가 소장하고 있었다.

기 때문이다. 양파 껍질 벗기기와 같다고 우타마로는 웃는다.

  모리시마 나카라, 기타가와 우타마로는 둘 다 '내부'에 가치를 두었지만, 어떤 내부에서 끝인가라는 최종의 감각이 달랐다. 한편에서는 어느 하나의 절대적 '내부'가 존재하는데, 다른 한편에서는 결국 공무(空無)에 이르는 적층(積層)의 연속체가 있는 데 지나지 않는다. 무릇 하나의 내부란 존재하는가? 그렇지 않으면 그 내부는 더 깊은 속에 중첩해 가는 내부라는 일시적 일순에 지나지 않는 것일까?

그림 16 18세기 말 대부분의 일본인 화가들에게 '열려진 단면'은 관심 밖이었다. 적층(積層)은 가리개의 중첩을 의미하지만 다음에서 다음으로 벗기는 것을 의미하지 않았다. 기타가와 우타마로, 「가리개의 남녀」.

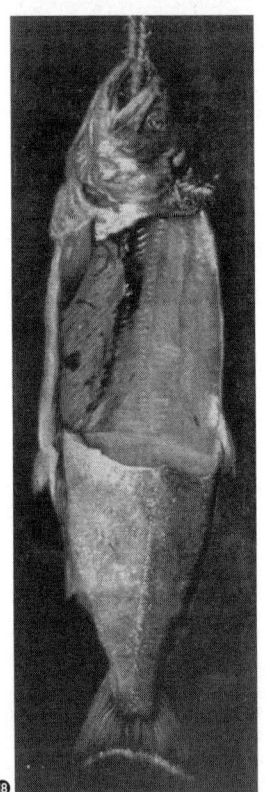

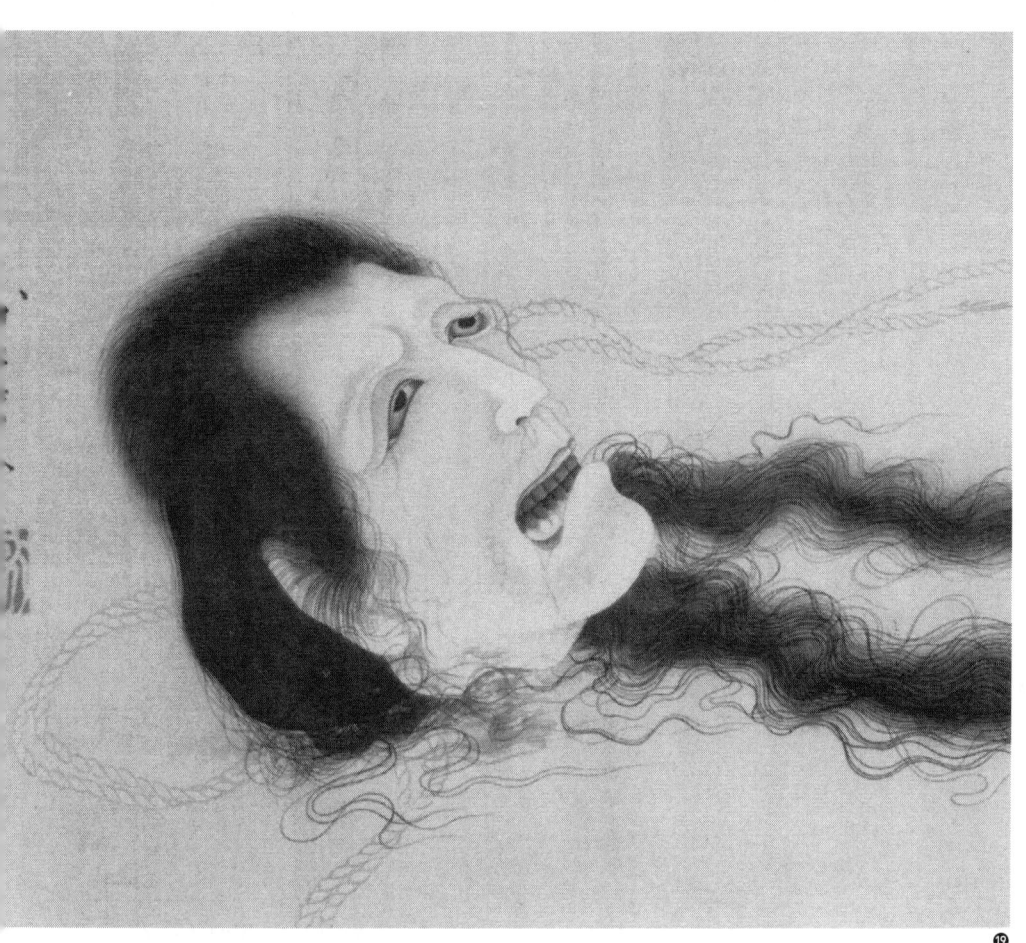

⑲

그림 17 가쓰시카 호쿠사이가 그린 물고기는 잘려 있지만 내부에 보이는 것은 뭔가 본질적인 것을 밝히는 데는 사용되지 않는다. 안은 또 하나의 전체라는 느낌이다. 물고기 몸체의 '안'이 이 그림의 주안이라는 이쪽의 관심의 강도를 쥐들이 빗나가게 한다. 『육필화첩』(肉筆畵帖)에서 「소금에 절인 연어와 쥐」.
그림 18 다카하시 유이치(高橋由一)의 연어는 절개되었다. 그 '안'이 이 「연어도」(1877년 무렵)의 안목이다. 메이지 시대가 알았던 새로운 세계다.
그림 19 호쿠사이가 그린 「생수도」(生首圖)는 죽음의 스펙타클이라고 말할 수밖에 없는 것이다. 해부도라기보다는 도덕적 가르침이라고 할 만하다. 당시 89세의 화가는 긴 생애의 종말에 있었다. 거의 동시대이지만, 호쿠사이로부터 아주 멀리 떨어진 것이 작가 미상의 「산노스케 장도」다.

그림 20 풍속화의 테크닉은 일종의 인테리어 공간 단면도를 보이는 데 쓰인다. '섹션'(단면도)은 '세코', 즉 '자른다'는 의미의 라틴어에서 나왔다. 바로 '자르는' 문화의, '자르는' 비주얼인 셈이다. 에이쇼사이 조키(榮松齋長喜), 「자시키반자이」(座敷萬歲), 3폭 대면(對面). 조키는 거의 알려지지 않았는데 기타가와 우타마로와 마찬가지로 도리시마 세키엔(鳥山石燕)에게 사사한 인물이다.

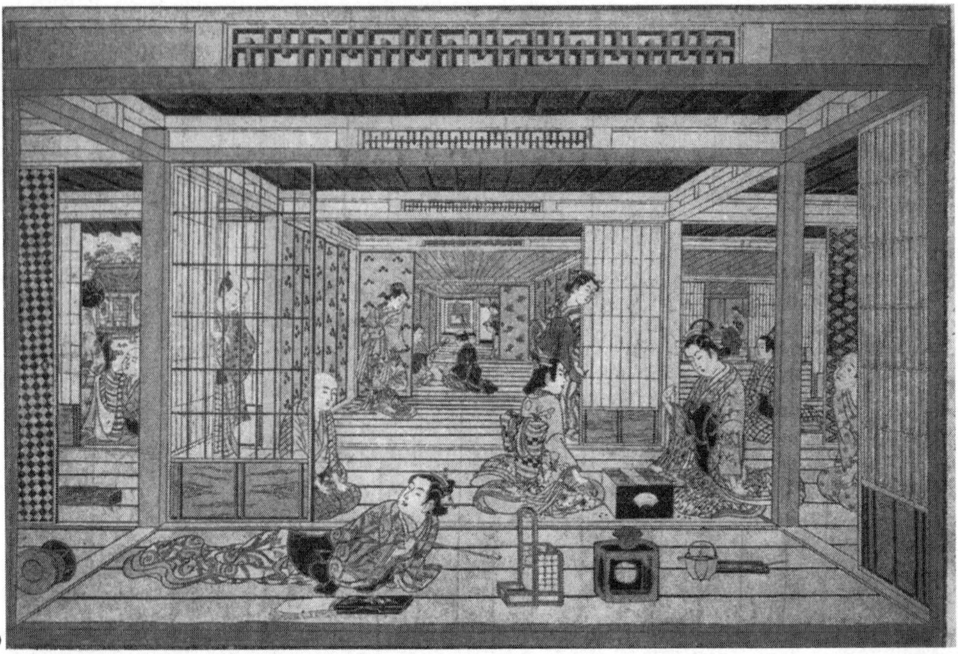

㉑

㉒

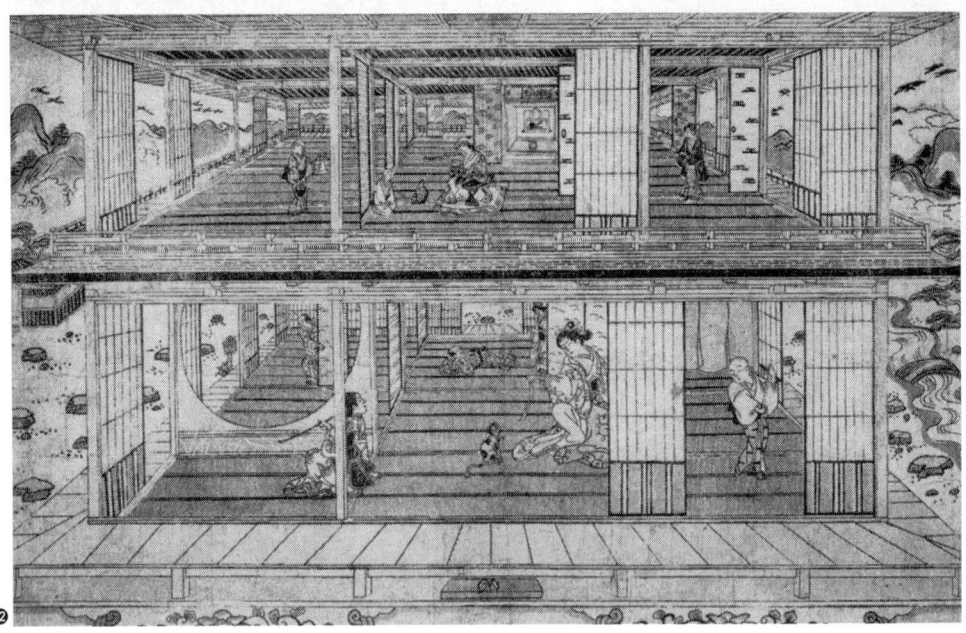

그림 21 요시와라 유곽의 인테리어, 초기의 풍속화.
그림 22 작가 미상, 유곽 내부. 안은 열려져서 멀리까지 한눈에 볼 수 있지만 밖은 닫혀서 완결된 채다.
그림 23 작가 미상, 인테리어의 풍속화.

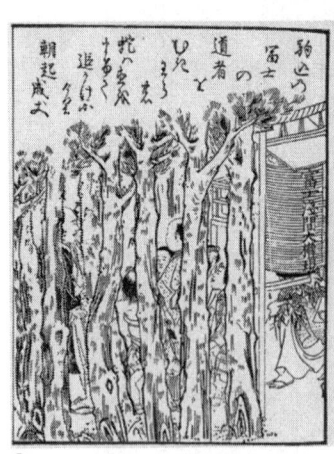

그림 24 비교하기 위한 또 한 벌의 그림 우타가와 도요쿠니에게 시선의 장애물(나무)은 그림의 시야에서 제거되었다. 중요한 요소(사람들)가 전경(前景)에 배치되었다. 3폭 대면(對面) 시리즈 「도요히로와 도요쿠니 양화십이고」(豊廣豊國兩畵十二考)에서.

그림 25 연대로 보면 이로부터 이전이지만, 기타오 시게마사(산토 교덴의 스승)가 그의 『회본 오처결』(繪本吾妻抉, 1786)에 넣은 그림은 장애물은 장애물로서 그려서 훨씬 모던하다. 속이 보고 싶으면 늘어선 나무를 잘라낼 수밖에 없다.

맺음말

1

잘 아는 바와 같이 일본의 18세기는 의술이 단번에 비약한 시대다. 치유 기술이 크게 진보했다. 그렇지만 이 책은 그러한 실증적 논의에 참여하려는 것이 아니다. 그보다는 무언가 다른 종류의 의술이 말하는 수사학이 이런저런 변화를 낳았다고 생각해 보면 더 재미있지 않으냐고 말하려 한다. 의술에 생긴 변화가 중요했던 것은 그것이 인간의 고통스러운 질환을 더 많이 경감했기 때문이 아니라(필자의 견해로는 난방이 한방보다 더 많은 환자를 치료했다고는 보이지 않는다), 의학을 훨씬 초월하여 애당초 상관없어 보이던 여러 분야로 '외삽'(外揷)되는 사고 체계를 세웠기 때문이다. 이 시대에 내부로 침입하는 외과술이 출현했다.

18세기 중엽 이후에야 비로소 의사들은 신체를 절개하여 속으로 들어가 일부분을 잘라내거나 내부를 자연에는 있을 수 없는 방식으로 시각화하는 것은 분명히 이점이 있다 — 라기보다 절박하고 긴요한 필요성이 있다 — 라고 소리 높여 말하기 시작했다. 오늘날 우리는 이러한 의술을 예사로운 일로 여기지 않지만, 문제의 시대에는 이러한 의술이 얼마나 당혹할 만한 '경이'였는지는 잊어서는 안 된다. '자르는 의사'라는 관념은 충격이었으며, 그것은 영역을 벗어나 그 시대 사람들의 사고를 가로질러 '이해'란 곧 내부를 보는 행위라는 개념을, 의술과는 전혀 무관한 사람들까지도 널리 받아들이게 했다. 이 책은 단순히 해부학과 해부도보의 역사를 좇는 것이 아니라, 이렇게 해서 해부학이 자신의 저편으로 빠져나가 있던 알지 못하는 역사를 다루려 한다. 이 참신한 의술의 경이로움은 난의라 이름하던 추진자들이 기이하고 알기 어려운 언어로 말했다고 해서 감소되지 않는다. 이 새로운 발상에 사람들은 '별'난 것을 느꼈다.

그리하여 해부라는 수사학이 의학에서 나아가 더 넓은 사상의 지평에 영향을 끼친 양상을 그리려는 바가 이 책의 요점이다. 유럽 초기의 해부학자들이 자주 떠올리던 옛 발상이 있는데 인간 신체를 하나의 독립한 세계로서, 더 넓은 외부 세계를 축약해서 자신에게 재현한다는 것이었다. 신체는 마치 작은 왕국이기도 한 것처럼 라틴어로 '미크로코스모스'(소우주)라 불렀다. 그것은 신이 창조한 우주를 가리키는 '마크로코스모스'와 대치한다. 이러한 발상은 오래된 경건한 말투로 끝나지 않는다. 근대 세계에서 계속해서 의학에 의미를 부여하는 근거 중 하나였다.

영국의 의사 윌리엄 하비(William Harvey, 1578~1657)가 심장이 펌프 장치라는 혁명적 발견을 공표하고 그것이 어떻게 해서 혈액을 순환시키는지 설명하려 했을 때 그는 새로운 관념을 정치학과 결부해서 신체론의 언어를 국가론의 언어로 순조롭게 이행시켰다. 언어의 유희로 그럴싸하게 보이도록 쓴 것이 아니다. 5장에서도 다룬 하비의 이 획기적인 글은 1628년 라틴어로 쓴 「동물의 심장 운동과 혈액에 관한 소론」으로 발표되고, 1653년에는 『해부학실천』이라는 단행본으로 간행되었다(덧붙여 말하면 일본어판 제목은 『혈액순환의 원리』). 영어판을 위해 하비가 붙인 3쪽의 서문은 연속적 비유의 전형이라고 말할 만한 내용인데, 심장이라는 한 기관이 국가라는 비유적 중심·심장부와 겹치고, 이 비유적인 '하트'는 하비에게는 물론 영국 왕이다. 하트의 판막이나 심실을 하비가 해부한다면 눈은 곧바로 국가라는 좀더 큰 미크로코스모스로 순조로이 옮겨가고 마침내는 우주적·포괄적인 마크로코스모스로 이행해간다. 당시 왕은 신이 내린 왕권에 의해 지배한다고 생각했는데, 왕이 세속의 왕일 뿐 아니라 성스러운 왕이기도 하며 "지상에 있는 하느님 교회의 지상권자(至上權者)"이기도 했던 영국에서는 특히 그랬다. 하비는 문제의 글을 '대영국, 프랑스, 아일랜드의 왕'인 찰스 2세에게 바치며 이렇게 썼다.

> 피조물의 심장이야말로 생명의 기초, 만유의 임금, 저들 미크로코스모스의 태양, 모든 식생(植生)의 양식인 자로서, 그로부터 모든 정력과 권능이 흘러 나온다. 왕은 또한 그 왕국의 기초이며 그의 미크로코스모스의 태양, 백성 복지의 심장. 거기에서 모든 권능, 모든 자애가 넘쳐 나온다.

하비의 간단명료한 결론은 "그 자신의 하트를 아는 것, 왕에게 이익을 가져오지 않으면 안 되는" 것을 말한다. 이것은 단순히 시가 아니다. 왜냐하면 하비가 '하트'라고 말하는 것은 바로 심장이기도 해서 단지 '마음'을 가리키는 비유만이 아니기 때문이다. 국왕이 그것을 잘 알지 않으면 안 되는 것은 그를 대리인으로 하는 신이 마크로코스모스에 대해 구구히 잘 아는 것이나 마찬가지다.

이러한 비유는 전연 새로운 것이었다. 그때까지 왕들이 의학과 결부되는 일이 있어도 애매한 방식일 뿐이었다. 17세기가 되어서도 잉글랜드 왕에게는 그가 손을 댐으로써 백성을 치유하는 기적의 힘이 있는, 특히 경부임파선 종기의 치유에 효능이 있다고 생각하는 경향이 여전히 있었다(경부임파선 종기를 '킹스 이블', 왕의 병이라 별칭한 것은 이런 내력이 있었기 때문이다). 그런데 왕의 치유력이 어딘가 애매하다는 수근거림은 하비의 이론이 출현하면서 돌연 절대적으로 옳다고 말하는 주장으로 변했다.

'의술의 왕'이었음은 도쿠가와 쇼군들도 마찬가지였다. 특히 1대 쇼군 이에야스는 사후 치유력이 있는 부처와 일체가 되었다고 여기고 의식으로서도 그와 같이 숭배되었다. 에도 시대 약사여래 신앙은 언제나 어떤 의미에서 도쿠가와 숭배를 의미했는데, 약사여래가 도쇼타이곤겐의 본지불이라 여겼기 때문이다. 하비가 서문을 초안한 1653년은 도쿠가와의 성스러운 권력에 있어서도 중요한 해였다. 그 2년 전에 사망한 3대 쇼군 이에미쓰가 도쇼궁 옆의 린노지(輪王寺) 전당에 다이유인(大猷院)이라는 법호(法號)로 안치되었고, 그의 본지불은 석가여래로 여겼다. 그로부터 정확히 100년 후 야마와키 도요는 『장지』를 출간하여 일본 의학의 이론적 기반을 싹 바꿨다. 이에야스 사후 꼭 200년 되는 해에 스기타 겐파쿠는 그의 생전에 폭발했던 지적 변혁의 여러 모습을 회고하는 글을 썼다. 『난학사시』가 그것이다. 이 연표상의 우연한 일치는 꽤 의미 깊다. 단순한 우연으로 보기는 힘들다.

2

18세기의 지적 세계를 둘러싼 역사 기술이 요 몇 년 사이엔가 경험했던 변화도 마찬가지로 혁명적이었다. 서방에서 말하면 계몽 시대사, 동방에서 말하면 에도 중기관(中期觀)이 아주 싹 변했다. 서구에서 계몽 시대 연구는 너무나 오랫동안 르네상스 연구에 뒤져 왔다. '근대 세계'의 기초는 르네상스기에 갖춰졌다고 주장하는 소리는 컸고, 그리고 목소리가 큰 쪽이 이겼다. 일본에서도 에도 전기는 이런 시대의 하극상을 종식시키고 '국가 통일'을 이루어 현대 일본인의 의식을 형성하고 '평화 시대'의 막을 올리게 한 위대한 시기인 데 비해 에도 후기에 대해서는 기껏해야 부르주아지의 형성 정도밖에 언급할 만한 점이 없다는 느낌이 강했다. 아무렇든 상관없다는 듯한 틀에 박힌 도식이다. 이런 것은 빨리 극복되어야 할 것이다.

근래 일본사든 유럽사든 받아들이는 방식이 크게 변했다. 근대인의 성격을 이루는 회의와 실증의 정신은 설령 르네상스기에 씨를 뿌렸다고 해도 이것을 확립한 때는 계몽 시대였다고 서서히 바뀌고 있다. 사람들이 여행하고 세계를 탐색하고 공간을 움직이고(더 빠른 배, 더 좋은 탈것으로 그렇게 하는 것이지만 극치는 바로 계몽 그 자체의 도상인 열기구였다), 그리고 고고학이나 수집에 의해 시간여행을 즐긴 때도 이 계몽 시대다. 일본에서는 어떠했는지 보면 에도 중기에 여행이 보급되고 고고학과 사적 고증광이 시작한다. 과학적 방식이라 말할 만한 것이 모습을 나타내기 시작하는 때도 이 무렵이다.

이 시대에 대한 연구는 지금부터다. 필자로서도 일본의 독자를 위해 그들 자신의 역사에서 그러모은 그저 얼마 안 되는 식견밖에 제공할 수 없음을 안타깝게 생각한다. 그럼에도 그것을 이렇게 하나의 저

맺음말 359

서로 정리했다. 필자가 근거한 기반은 — 불가피하게 — 서구의 것이다. 필자는 일본 것보다 서구의 2차 문헌 쪽에 더 듬뻑 젖은 인간이었음은 이 책이 잘 보여줄 것이다. 또 그렇다고 연구를 척척 해나가는 서구의 역사가도 아니다. 제일 먼저 유럽사의 어느 시대 어느 국면에 대해 특단의 전문지식을 갖추고 있지 않다. 그래서 우선 에도의 문서부터 연구했다. 있을 수 없는, 혹은 익숙하지 않는 개념을 에도라는 토양에 접목한다는 비판이 일어난다면 먼저 그것은 틀렸다고 분명히 말하고 싶다. '서구 역사학 속에서 단련해 온 도구를 써서 일본이라 부르는 열도의 역사 속에서 뭔가 새로운 것 — 바라건대 다른 사람에게 자극적일 수 있는 것 — 을 수확할 수 있다면' 하고 생각할 뿐이다.

이 책의 기본은 시각 자료에 있다. 왜냐하면 이것은 애초 사람들이 어떻게 보았는가에 관한 역사이기 때문이다. 사람들이 자신의 눈으로 보았다고 생각하는 것을 어떻게 구체화했는가라는 주제라고 말하면 더 정확할지도 모른다. 눈은 입만큼 거짓말을 하지 않으며, 아무거나 포착하지는 않는다. 사람들이 갑자기 눈에 관심을 갖기 시작했다면 그것 자체가 이미 그 시대에 대해 많은 것을 말하는 것이 된다.

과거를 이해하는 데 시각 자료로부터 얻는 증거를 바탕으로 해서 의식의 역사를 좇는 방식을 요즈음에는 흔히 신미술사학(New Art History)이라 부른다. 에도의 역사에 대해 필자보다 훨씬 자유롭게 읽어갈 능력이 있는 사람들이 이러한 접근법을 취한다면 더 멋진 열매를 맺으리라 생각한다. 왜냐하면 일본에는 시각 자료가 아주 풍부하기 때문이다. 아마 일본만큼 시각 자료가 많은 나라는 달리 없을 것이다.

마지막으로 이 책이 햇빛을 보게 해주신 분들에게 마음 깊이 감사를 드리고 싶다. 아사히신문사 장학금('아사히펠로십') 덕분에 1994년부터 1995년까지 도쿄에서 연구조사를 할 수 있었다. 그 기간 가와이 마사토모(河合正朝) 씨는 게이오대학의 훌륭한 시설과 자료를 자유롭게 사용하게 해주고 게다가 여러 가지 큰 조력을 해주었다. 고바야시 다다시(小林忠) 씨의 지도도 훌륭했다. 그 동안 줄곧 협력해 준 무라야마 가즈히로(村山和裕) 씨에게도 감사드리고 싶다. 그러나 무엇보다도 감사하지 않으면 안 되는 사람이 다카야마 히로시(高山宏) 씨다. 필자의 뒤섞인 원고를 훌륭한 일본어 책으로 마무리해 준 것은 『대에도이인왕래』(大江戶異人往來)에 이어 이것이 두 번째다. 다카야마 씨의 번역문이 필자의 원문보다 훨씬 훌륭함은 독자가 이미 알 터이다. 그는 일찍부터 필자의 일에 관심을 갖고 변함없는 독려와 갖가지 영감을 주었다. 필자가 입은 큰 배움의 은혜는 도저히 다 갚지 못할 것이다. 뛰어난 도상 감각을 가진 편집자 가토 이쿠미(加藤郁美) 씨의 치밀한 작업 그리고 아베 사토시(阿部聰) 씨의 멋진 디자인에도 감사드리고자 한다. 그리고 물론 출판사 사쿠힌샤에도 감사드린다.

후주

서론_ 접근의 도상학

1 杉田玄白, 『蘭學事始』, 1815(『日本古典文學大系』 제95권, 岩波書店, 1964, 松村明 校註, 485쪽).
2 Blussé, Leonard(ed.), *The Deshima Dagregisters*(Leiden: Centre for the History of European Expansion, 1993), vol. 8, p. 283.
3 司馬江漢, 『西遊日記』, 1811(芳賀徹·太田理惠子 校註, 『東洋文庫』 제461권, 平凡社, 1986, 123쪽).
4 Alpers, Svetlana, *The Art of Describing*(Chicago, 1983; 『描寫の藝術』, ありな書房, 1993).
5 이 그림에 대한 필자의 이해는 대부분 다음 책을 바탕으로 했다. Schupback, William, *The paradox of Rembrandt's Anatomy of Dr. Tulp*(London: Wellcome Institute for the History of Medicine, 1982).

1장_ 잔혹한 칼날 아래

1 竹田出雲 2世, 『假名手本忠臣藏』, 1748(『日本古典文學大系』 제51권, 岩波書店, 1960, 乙葉弘 校註, 343쪽).
2 Titsingh, Isaac, trans. Shoberl, Fredric, *Illustrations of Japan*(London, 1822).
3 「赤穗浪人御預之記」, 간행년월 미상(『赤穗義人纂書』 제2권, 國書刊行會, 1910, 6~17쪽).
4 朋誠堂喜三二, 『當世風俗通』, 1773(高木好次 외 校註, 『洒落本大系』 제2권, 六合館, 1931, 149쪽).
5 앞의 책, 159쪽.
6 앞의 책, 167쪽.
7 岩本蛙麿 편, 『異本洞房語園』, 1858(『燕石十種』 제3권, 廣谷國書刊行會, 大正 16년, 39쪽).
8 『中村幸彦著述集』 제8권, 中央公論社, 1982, 124쪽의 인용에서.
9 後藤梨春, 『紅毛談』, 1765(『江戶科學古典叢書』 제17권, 恒和出版, 1979, 菊池俊彦 해설, 18쪽).
10 『伊勢物語』, 성립연월 미상(津有一·築島裕 校註, 『日本古典文學大系』 제9권, 岩波書店, 1957, 大140쪽).
11 이 책은 岩崎美術社에서 1995년에 재판되었다.

12 寺本界雄,『長崎本・南蠻紅毛事典』,形象社, 1974, 103쪽의 인용에서.
13 寺島良安,『和漢三才圖會』, 1712년경(東京美術, 1970, 415쪽).
14 앞의 책.
15 岡本誠之,『鋏』, 法政大學出版局, 1979, 145쪽. 저자는 요시아쓰의 그림에 대해서는 언급하지 않고 서양식 가위는 1826년 시볼트와 함께 일본에 왔다고 보았다.
16 小寺玉晁,『見世物雜誌』, 1828~1833(『續隨筆文學選集』제1권, 資文堂書店, 1928, 304~305쪽).
17 黑田源次,『長崎系洋畵』, 創元社, 1932, 113쪽.
18 『紅毛談』, 18쪽.
19 大槻玄澤 述, 有馬元晁 記,『蘭說弁惑』, 1799(『江戶科學古典叢書』제17권, 恒和出版, 1979, 菊池俊彦 해설, 32쪽).
20 Blussé, 앞의 책, vol. 5, p. 228.

2장_신체를 베다

1 예를 들어『和漢三才圖會』제1권, 245쪽과『紅毛談』18쪽.
2 Thunberg, Charles, trans. Rimington, F.&C., *Charles Thunberg's Travel in Europe, Africa and Asia*(London, 1795), p. 175.
3 Kaempfer, Engelbert, trans. Scheuchzer, J.G., *The History of Japan*(London, 1727). Bowers, John Z., *Western Medical Pioneers in Feudal Japan*(Baltimore, 1970), p. 47의 인용에서.
4 橘南谿,『北窓瑣談』, 1800년경(永井一孝 校訂,『東西遊記・北窓瑣談』, 有朋堂書店, 1910, 148쪽). 이 책의 간행은 사후 출판으로 1836년이었지만, 완성된 시기는 훨씬 빨랐다. 난케이가 지휘한 해부 기록「헤이지로 장도」는 1783년에 완성되었다.
5 『和漢三才圖會』제1권, 103쪽.
6 이 말을 사용한 것은 특히 平賀源內,『物類品隲』(1761)의 '비누' 항.
7 杉田玄白 외『解體新書』, 1774, '범례'(小川鼎三・酒井シヅ 校註,『日本思想大系』제65권, 岩波書店, 1972, 215쪽).
8 『蘭說弁惑』, '外科', 48쪽.
9 建部淸庵 문, 杉田玄白 답, 杉田公勤 편『和蘭醫事問答』, 1770(松村明・酒井シヅ 校註,『日本思想大系』제64권, 岩波書店, 1976, 192쪽).
10 Thunberg, 앞의 책, p. 197.
11 花咲一男 편,『江戶のくすりや』(『川柳江戶名所圖會』제4권), 近世風俗硏究會, 1966, 230쪽 참조.
12 앞의 책, 231쪽 참조.
13 山東京傳,『作者體內十月圖』, 1804, '三月目'(林美一 校註,『江戶戲作文庫』, 河出書房新社, 1987, 12쪽).
14 앞의 책, '五月目', 15쪽.
15 小川鼎三・富士川游 편,『日本醫學史綱要 2』(『東洋文庫』제262권, 平凡社), 62쪽의 인용에서.

16 출입금지의 예에 대해서는 다음을 참조. 郡司正勝,「江戸の藝術」(『國文學』35호, 1990, 9쪽).
17 山東京傳,『昔話稻妻表紙』, 1806(『新日本古典文學大系』제85권, 岩波書店, 1990, 水野稔 校註, 264쪽).
18 花咲, 앞의 책, 434쪽.
19 에도에서 최초의 서양의학 사설교육기관은 1786년에 大槻玄澤가 세운 芝蘭堂이었지만, 나가사키에 세운 吉雄幸作의 私塾이 조금 빠르다.
20 寺本, 앞의 책, 104쪽 참조.
21 『紅毛談』, 12쪽.
22 中野操,「ハイステル/Heisterの畵像について」(『蘭學資料硏究』제21권, 龍溪書舍, 1986 所收).
23 Defoe, Daniel, *A General History of Discoveries and Improvements*, 1725.

3장_드러나는 신체
1 『蘭說弁惑』, 48쪽.
2 Thunberg, 앞의 책, p.197.
3 Bowers, 앞의 책, p30 참조.
4 近松門左衛門,『心中天の網島』, 1720(重友毅 校註,『日本古典文學大系』제49권, 岩波書店, 1958, 363쪽).
5 의사들은 무사계급으로서 상급 의사는 영지를 부여받은 '한이'(藩醫)로서 대우받았다.
6 Bowers, 앞의 책, p. 67.
7 松本明知,「淸亮寺の'解剖人の塚'について」(『蘭學資料硏究』제16권, 龍溪書舍, 1986 所收) 참조.
8 Edgerton, Jr., Samuel Y., *Pictures and Punishment: Art and criminal prosecution during the Florentine Renaissance*(Cornell University Press, 1985) 참조.
9 '난'(蘭)은 난초를 가리키므로 문인파에게 걸맞는 이름이었는데, 적지 않은 난학자들이 이 글자를 호에 넣었다. '슈'(洲)는 나라를 의미하기 때문에 '란슈'란 말 그대로 하면 '네덜란드'를 뜻한다. 한 걸음 앞서 나간 이름인 것이다.
10 小石元俊에 의한 보고. 란료가 두루마리를 서책 형식으로 옮겼다.
11 『秘聞錄』. 佐佐木丞平,「應擧關係資料『萬誌』拔萃」(『美術史』111호, 1981, 47쪽), 佐佐木丞平,「江戸時代における外科書と相書―圓山應擧の人物圖」(『哲學研究』550호) 참조.
12 森島中良 편,『紅毛雜話』, 1787(山田安榮 외 校註,『文明源流叢書』제1권, 國書刊行會, 1913, 479쪽).
13 佐藤中陵,『中陵漫錄』, 1826(『日本隨筆大成』제3기·제2권, 六合館, 1929, 30쪽).
14 『蘭學事始』, 483쪽.
15 앞의 책, 491쪽.
16 花咲, 앞의 책, 221쪽.
17 『蘭學事始』, 496쪽.
18 『紅毛談』,「五臟の圖」, 20쪽.

19 『解體新書』,「凡例」, 216~217쪽.
20 나중에 나온 이탈리아어판이 Anatomia del corpo humano(1560)이다.
21 『中陵漫錄』, 30쪽.
22 예를 들어『蘭學事始』, 488쪽, 490쪽 외.
23 『解體新書』,「凡例」, 215쪽.
24 『解體新書』,「凡例」, 216쪽.
25 森銑三,「大槻磐水の蘭人訪問」(『森銑三著作集』제5권, 中央公論社, 1989), 272쪽의 인용에서.
26 앞의 책, 274~275쪽의 인용에서.
27 『蘭學事始』, 490~491쪽.
28 앞의 책, 488쪽.
29 Kuhn, Thomas S., *The Structure of Scientific Revolutions*(The University of Chicago, 1962;『科學革命の構造』, みすず書房, 1971), Chapter 1.
30 佐野安貞,『非藏志』, 1760(岡本喬,『解剖事始め』, 同成社, 1988, 35~36쪽의 인용에서).
31 출판에 얽힌 자세한 사항은『蘭學事始』, 504쪽.
32 司馬江漢,『獨笑妄言』, 1810(菅野陽 校註,『東洋文庫』제309권『訓蒙畫解集・無言道人筆記』, 平凡社, 1977, 326쪽의 인용에서).
33 1826년의 개정판에는 쿨무스 원본의 그림이 부활했다.
34 『蘭學事始』, 516쪽.
35 10代 木村了琢久綱이 家康 150주기에 만들었을 가능성도 있다.

4장_만들어지는 신체

1 Screech, Timon,『大江戶異人往來』, 丸善ブックス, 1995, 185~194쪽.
2 『常盤嫪姥』(橫山重・松本隆信 校訂,『室町時代物語大成』제10권, 角川書店, 1982, 126쪽).
3 乾裕幸,「薄と觸髏―芭蕉の鍵語」(『江戶文學』3호, 1990, 40쪽).
4 Screech, 앞의 책, 189~192쪽.
5 『蘭學事始』, 491쪽.
6 芝全交,『十四傾城腹之內』, 1793(宇田敏彦 校註,『江戶の戲作繪本』제4권, 敎養文庫, 1983, 57쪽).
7 廣川獬,『長崎見聞錄』, 1800(丹羽漢吉 校訂,『長崎文獻叢書』제1집・제5권, 長崎文獻社, 1975, 90쪽).
8 『中陵漫錄』, 124쪽.
9 앞의 책, 117~118쪽.
10 Barthes, Roland, *L'empire des signes*(Editions d'Art Albert Skira, 1970;『表徵の帝國』, 新潮社, 1974).
11 『中陵漫錄』, 171쪽.
12 『紅毛雜話』, 454쪽.
13 『中陵漫錄』, 118쪽.
14 大槻玄澤,『環海異聞』, 1807(石井硏堂 校訂,『漂流奇談全集』, 博文館, 1900, 874~875쪽).

15 首藤美香子,「『産む』身體の近代―江戶中期における産科術の革新」(『現代思想』1991년 3월호)을 보면 좋다.
16 平賀源內, 『風來六六部集』, 1771(中村幸彦 校註, 『日本古典文學大系』 제55권, 岩波書店, 1961, 246쪽).
17 富島美子, 『女がうつる』, 勁草書房, 1993을 보면 좋다.

5장_신체와 국가

1 Warnke, Martin, *Der Kopf in der Hand*, in Werner Hofmann(hrsg.), *Zauber der Medusa: Europäische Manierismen*(Löcker Verlag, 1987), pp. 55~61은 서양 미술의 맥락에서 손에 대해 흥미로운 논의를 진전시켰다(福本義憲 역,「手の中の顔」,『コリィカ』, 1995년 2월호에 번역 게재).
2 『解體新書』, 230쪽.
3 Alpers, Svetlana, *Rembrandt's Enterprise: the Studio and the Market*(Chicago, 1988), pp. 14~33.
4 라이레세는 1665년에 암스테르담에 간다. 렘브란트가 라이레세의 초상을 그린 것은 그해의 일이다(지금은 뉴욕 메트로폴리탄미술관에 있다). 그 4년 후 렘브란트는 타계했다.
5 목판화 장르에서 자르는 행위가 얼마나 중요한가 하는 점에 대해서는 Miller, J. Hillis, *Illustration*(Reaktion Books, 1992), pp. 88~96 참조. 그렇지만 동판화라든가 매재(媒材) 간의 관계는 논하지 않았다.
6 이 편지 전체에 대해서는 中野好夫,『司馬江漢考』(新潮社, 1986), 196쪽 참조.
7 中澤道二, 『道二翁道話』, 1795(石川謙 校訂, 『道二翁道話』, 岩波文庫, 1935, 30쪽).
8 19세기라는 늦은 시기의 모작이 1점, 石田秀美, 「不可視の人體をどう描くか」(『IS』68호, 1995), 28쪽에 나온다.
9 中野美代子, 『奇景の圖像學』(角川春樹事務所, 1996). 이른바 '內景圖'에 대해 실로 재미있게 읽을 수 있다.
10 『醫範提綱』은 1805년에 삽화가 없는 형태로 간행되었다. 스테판 블란카르트의 『改革された解剖術』(1687)에서 대부분 빌려온 그림은 그 후에 별도로 간행되었다.
11 『北窓瑣談』, 59쪽.
12 山領主馬, 앞으로 보낸 편지(날짜 없음). 中野, 앞의 책, 45쪽 인용에서.
13 山東京傳, 『分解道胸中雙六』, 1803, 1ウ.
14 『解體新書』, 「血脈篇」제17호, 281~292쪽.
15 大槻玄澤, 『蘭學階梯』, 1783(松村明 校註, 『日本思想大系』 제64권, 岩波書店, 1976, 366~367쪽).
16 行基의 이름이 기재되어 있는 현존 最古의 行基圖는 교토의 仁和寺 소장으로, 1305년의 書寫. 行基(668~749)는 都鄙를 여행한 사람이며 쇼무 천황의 國繪圖 사업에도 관여했지만 그와 行基式 日本圖 간에 구체적인 관련은 없다.
17 『中陵漫錄』, 327쪽.
18 『解體新書』, 247쪽.
19 司馬江漢, 『天地理譚』, 1816(中井宗太郎, 『司馬江漢』, アトリエ社, 1932, 245쪽 인용).

20 『分解道胸中雙六』, 1ウ.
21 『中陵漫錄』, 148쪽.

결론_양파 속 같은 내부

1 나오타케의 묘가 세워진 것은 실은 1936년의 일이며, 오히려 이 墓誌가 원인이 되어 생겨난 전설인지도 모른다.
2 『蘭學事始』, 483쪽.
3 中野操, 「ハイステルHeisterの畵像について」(『蘭學資料硏究』 제21권, 龍溪書舍, 1986 所收).
4 제법 유화가 신사에 봉납되었는데, 화법이 繪馬와 비슷한 점과 건물 밖의 디스플레이용이었다는 점이 이유였다.
5 Bryson, Norman, *Looking at the Overlooked: Four Essays on Still Life Painting* (Reaktion Books, 1990)이 가장 재미있다.
6 高山宏, 『カステロフィリア』(作品社, 1996)는 서양 건축과 '紙上'의 단면도의 역설적인 관계에 착안한 최초의 책이다. 시각의 궁리가 낳은 경이를 좇는 이 총서가 이 책으로써 시작되었다는 것도 아주 정확하다고 생각한다.

부록

옮긴이의 글

이 책은 타이먼 스크리치의 『江戶の身體を開く』(*Opening the Edo Body*; 高山宏 譯, 作品社, 1997)를 번역한 것이다. 제목만 언뜻 보면, 18세기 에도 시대의 해부학사로 생각하기 쉽지만, 그렇지 않다. 주제는 '여는 것'(opening), 특히 몸의 엶(opening), 절개이며, 에도 시대의 난학(蘭學)과 의학에 의한 '해부'(解剖)다. 유럽과 일본, 미술사와 도해(圖解), 도상학(iconography)과 문헌학, 칼과 가위, 해부의사와 화가와 조각가, 신체지리학, 해부도와 풍경화 등 다양한 시점에서 풍부한 문헌과 도판을 비교하며 에도 사람들의 신체관과 해부도의 관련성을 해부한 책이다. 무엇보다도 저자가 에도 시대 일본인들이 서양의 기술이나 도구에 대해 놀라움을 금치 못하면서도 에도 문화의 심부에 있는 것을 열어 나간 다양한 경위를 탐색했다는 점에서 주목할 만하다. 한마디로 18세기 에도 시대의 해부학을 통해 본 에도의 문화사다.

저자의 에도 문화론은 '전체로서 살아 있는 것'을 그대로 인식하려는 일본의 전통적 지식과 '열어서 안을 드러내고 구석구석까지 빛을 비추려는' 유럽의 근대 지식의 만남, 즉 '해부'를 통해 전개된다. 저자에 따르면, 1632년에 렘브란트의 저 유명한 「툴프 박사의 해부학 강의」는 해부 그 자체를 그린 것도, 해부학의 중요성을 주장한 것도 아니다. 인체를 열어서 내부를 들여다보는 것은 신을 탐구하는 행위를 상징하며, 툴프 박사가 지금 막 절개하려는 손 그림은 「이사야서」의 "야훼께서 만국 앞에서 그 무서운 팔을 걷어붙이시니"라는 순간의 메타포라는 것이다. 하지만 100년 후인 1732년에 요한 쿨무스가 저술한 『타펠 아나토미아』(당시 일본에 수입됨)의 속표지 그림에는 분명히 해부실이 그려져 있다. 스탠드 위에는 해부도구가 놓여 있고 높은 책장 옆에는 해골이 전시되어 있으며 메스를 든 레이디 아나토미아와 하녀가 미소를 짓고 있다. 해부실 앞쪽에는 인간의 뇌와 장기를 담은 스탠드도 그려져 있어, 이 시기에 해부는 이미 신의 손에서 인간의 손으로 거의 완벽하게 이양되었다고 저자는 말한다.

이렇듯 유럽 사회가 내세운, 신의 섭리에 의거한 인체 해부의 사상과 기술을 에도 시대의 일본인들은 어떻게 받아들였을까? 당시 일본 사회에는 수많은 부처와 신들은 있었으나 신의 섭리와 같은 것은 없었고 '합리성'이 신과 인간을 연결한다는 사고방식도 없었다. 따라서 '과학의 메스를 휘두르다'는 말로 집약되는 합리성에 의한 자연과 인체에 대한 탐구심은 희박했다. 그런 일본 사회에서 야마와키 도요에 의해 해부 기술을 향한 분위기가 싹텄으며, 스기타 겐파쿠에 의해 해부 기술은 거의 완벽하게 이해되었다. 일본 사회는 왜 그렇게까지 급속하게 인체 해부에 관심을 가졌을까? 그것은 단순히 의술의 발전 때문이었는가, 아니면 난학의 근저에 깔린 서양 학술의 과학적 인식 때문이었는가? 아마도 저자는 이 점에 호기심을 발동하여 인체 해부를 둘러싸고 일본인들이 보인 이상한 열기를 다양한 시각에서 논의하고 검증한 것 같다.

어쩌면 눈치 빠른 독자들이라면 고개를 갸웃할 터이다. 일본인들, 특히 근세의 무사들에게는 하라키리(切腹), 즉 할복이라는 특이한 관습이 있었기 때문에 배를 절개하여 내장을 꺼내는 일 따위가 각별한 행위라 할 수 있는가 하는 의문을 품을 것이다. 할복은 에도 시대 초기까지는 분명히 무사에게 명예롭게 죽을 수 있는 방식이었을 테지만, 에도 중기 이후에는 거의 의식적인 작법으로 변해 갔다. 할복은 영주나 상관이 내리는 판정이기 때문에 할복이 결정되면 그 작법에 따라 죽어야 했던 것만은 사실이다. 그러나 에도 중기 이후에는 단도 끝으로 배를 찌르는 순간에 가이샤쿠닌이라는 사형 집행관이 등 뒤에서 날쌔게 목을 쳤다. 시대가 좀더 내려오면 단도조차 사용하지 않고 부채가 사용된다. 이른바 오우기바라(扇腹)다. 저 유명한 18세기 초의 아코 의사(赤穗義士)들조차도 사형 의식을 감독한 모리한(毛利藩) 영주로부터 처음 전해 받은 것은 쥘부채였지만, 이번은 특수한 사정이 있으니 단도를 사용하라는 명령이 처형 직전에 내려져 단도로 교체되었다고 한다. 요컨대 할복은 에도 시대의 일본 사회에 해부학을 수용하게 하는 선도자가 될 수 없었던 것이다.

그러면 의술은 어떠했으며, 특히 외과는 어떠했는가? 그러한 것이 일본 사회에 있기는 했는가? 그것은 없지는 않았지만 외과라 말할 만한 것이 아니었다. 대체로 내과와 외과의 구별이 없었다. 내과는 '본도'(本道), '본과'(本科)였으며 외과는 보조 의술로 취급되었다. 데라지마 료안의 『화한삼재도회』에는 의술에 관계되는 여러 직종이 열거되었는데, 외과의사는 침술사, 안마사 등과 같이 준-의료 활동을 하는 사람들 사이에 끼어 있다. 요컨대 마취를 몰랐던 당시 일본인들은 어지간한 호걸이라면 몰라도 몸을 절개하는 것을 좋아하지 않았다. 실은 사람들은 사체를 절개하고 살아 있는 인간을 '절개하는 의사'에게 스플래터 영화를 보는 호기심과 공포심을 숨기지 않았다.

일본인들이 인체 내부를 드러내기를 두려워했던 것은 아니다. 지옥의 사상으로 말미암아 저 유명한 『고마치 변상도』(小町變相圖)에서와 같이 아무리 아름다운 처녀라 해도 늙어 빠지면 그 자태가 기괴해지고 이윽고 백골이 된다는 데에 대해서는 수많은 이야기들이 전해 온다. 그러나 거기에는 괴기함은 있어도 합리성은 없다. 죽은 자로 모습이 변해 가는 것은 아귀나 요괴가 되는 과정이었다. 그러한 사태는 난학이 일본에 전래됨에 따라 조금씩 변하기 시작했다. 에도 시대의 일본 사회에 난학이 끼친 영향은 실로 여러 방면에 걸쳐 있지만 처음부터 인체나 신체에 관한 관심이 변했던 것은 아니다. 그러면 어떻게 해서 1774년에 스기타 겐파쿠, 마에노 료타쿠, 가쓰라가와 호슈와 같은 난방의(蘭方醫)들이 '해부란 사람의 몸을 절개하여 조사하는 것'이라 크게 선전하며 『해체신서』를 내기에 이르렀을까?

16세기 말기에 일본인들은 오다 노부나가(織田信長)가 감탄했다고 하는, 유럽에서 들어온 지구의와 세계 지도를 통해 일원적 세계관을 알게 되었다. 그 후 시바 고칸은 평면의 세계가 입체로 된 데 이상하리만치 강한 흥미를 가지고 스스로 지구의를 만들었다. 1788년의 일이었다. 그러나 세계 지도는 지구의가 되었을 뿐 아니라 지도 작법에 따라 지도 주변에 각지의 인종을 그리는 형식이 있었다. 이는 유럽이 노예무역을 개시하며 대(大)항해 시대를 연 무렵부터 나타난 습관으로 일종의 유럽형 중화 사상의 표현이라 할 수 있지만, 당시 일본인은 이를 보고 놀랐다. 물론 서양의 세계 지도에 그려진 인종이 페르시아 사람인지, 투르크 사람인지, 아프리카 사람인지를 알지 못했다. 그들은 『산해경』과 지옥도, 옛날 이야기 등에서 일본인들이 들어온 선계나 봉래산과 여인국에 사는 인물들이었다. 『화한삼재도회』나 니시카와 조켄(西川如見)의 『사십이국인물도설』(四十二國人物圖說)이 그런 인종들을 그렸지만, 거기에는 현실과 환상이 뒤섞여 있다. 특히 슌코엔 하나마루(春光園花丸)가 1799년에 찍어낸 『회본이국일람』(繪本異國一覽)에는 '시베리아'(伯齋亞)나 '실론'(錫蘭島)의 인종을 쌍두인(雙頭人)이나 식석인(食石人)과 같은 인종으로 변형해서 그렸다. 스기타 겐파쿠와 함께 『해체신서』 번역에 참가한 오쓰키 겐타쿠조차도 『육물지고』(六物志稿)에서 인어국을 여전히 확신했던 것이다.

이윽고 이러한 이인(異人)의 세계가 현실의 일본 사회와 뒤섞이기 시작했다. 나가사키에 온 네델란드상관원들과 많은 네델란드인, 그 밖의 외국인들이 에도에도 찾아왔다. 1776년 에도에 들어온 스웨덴 출신의 의사이며 식물학자인 카를 툰베리는 니혼바시 근처 객관에 체류할 때, 사람들이 자신의 몸을 구석구석 핥듯이 쳐다보았다고 고백했다. 이인들이 눈에 익숙해짐에 따라 일본인들의 관찰과 추리도 점점 그럴싸해져 갔다. 사토 주료의 『주료만록』은 기후의 차이로 인한 신체의 변화에 주목했고, 혼다 도시아키(本田利明)의 『서역 이야기』(西域物語)는 런던과 에조지(蝦夷地, 홋카이도)의 위도가 같은데도 런던 사람들이 야만이 아닌 문명을 만들어낸 것은 대단하다고 크게 평가했다.

그러한 가운데 남만인(南蠻人)·홍모인(紅毛人)들의 눈빛, 피부색, 팔다리 길이, 머리카락을 분석하기 시작하며 점차 서양인들의 몸짓이 이상하다는 점에 주목해 갔다. 예컨대 서양인들은 소변을 보는 데 한쪽 발을 든다든지 구두를 신는 것은 그들의 뒤꿈치가 말처럼 지면에 붙지 않기 때문일 것이라고 추측했다. 이리하여 일본인들의 관심은 마침내 인체 내부를 '여는 것'으로 나아갔다. 그러나 그것도 처음에는 도판이나 기구에 대한 호기심에서 출발했다. 이 책은 일본인들이

나이프나 서양의 가위와 메스에 어떻게 놀랐는지를 추적하고 있다. 예컨대 고토 리슌이 『오란다 이야기』에서 네덜란드 칼은 "무엇이든 잘라낸다"라고 쓴 것에 주목한다. 이와 같은 점에 주목한 사람은 아마도 저자가 처음일 것이다. 저자는 절삭력이 있는 기구의 모양이나 날카로움을 본 일본인들이 서양에서는 '신체를 여는 것'이나 '의술은 절개하는 것'이 중시된다는 점을 이해해 갔으리라고 생각한다. 요컨대 '에도의 몸'은 일본인들의 신체 관념과 함께 여기서 일제히 열려 갔던 것이다. 그렇다고 하더라도 '에도의 몸'이 어떻게 오픈되었는지 하는 시각에서 에도 시대의 일본을 '해부' 하는 저자의 방법은 참으로 참신하다.

타이먼 스크리치는 1961년 영국의 버밍엄에서 출생하여 옥스퍼드대를 졸업하고 하버드대 대학원에서 미술사학 박사학위를 취득했다. 그는 현재 런던대 아시아·아프리카연구원(SOAS) 교수로서 일본미술사·에도 문화론을 담당하면서 신미술사학(New Art History)의 방법론과 광학·기계·신체론이라는 시점에서 새로운 에도 문화론을 제시하고 있다. 그의 저서로는 『大江戶異人往來』(1995), 『大江戶視覺革命』(1998), 『春畵』(1998), 『The Western Scientific Gaze and Popular Imagery in Later Edo Japan』(Cambridge University Press, 1996) 등이 있다.

이 책은 저자가 영어판으로 출판하지 않고 일본어 역자의 도움을 받아 일본어판으로 먼저 출판한 것이다. 그 연유를 알고서, 역자는 일본어판을 원본으로 삼아 번역하면서 저자가 제공한 영어 원고를 대조하고 참조했다. 역자가 일본어판을 원본으로 삼은 이유는, 이 책에서 인용된 에도 시대의 수많은 문헌과 도판을 설명하는 데, 역설적이지만 영어 원고의 '중역'을 피하기 위해서였다. 게다가 에도 시대 문서를 읽을 수 있는 역량을 갖춘 저자 자신이 일본어 역자의 "번역문은 내 원문보다 훨씬 훌륭하다"고 책의 맺음말에서 고백한 점도 역자가 일본어판을 원본으로 삼은 이유 중 하나다. 역자는 한국 독자의 편의를 위해 상세한 역주를 달고 여기에 등장하는 에도 시대 인물들의 간략한 인물사전을 덧붙였다. 번역 과정에서 의문스러운 부분은 일일이 저자에게 확인을 거쳤으며, 일본 전통 시나 고문은 되도록 체제를 맞추면서도 문학적인 맛을 살리려고 애를 썼다. 또 이 책의 배경이 되는 난학의 수용이나 그것이 일본 사회에 미치는 영향에 대해서는 일본 근현대사 연구자인 박환무 씨에게 많은 도움을 받았다. 그러나 번역상의 모든 책임은 역자에게 있음은 말할 나위 없다. 끝으로 어려운 편집과 교정을 맡아준 그린비 편집부에 고마운 마음을 전한다.

2007년 12월 12일
박경희

에도 시대 인물 사전

가가미 분켄(各務文獻, 1765~1829)   145
에도 후기의 의학자. 의학에 뜻을 두어 가가와(賀川)류의 산과를 배웠다. 나중에 정골술(整骨術)을 연구, 고심 끝에 근골(筋骨) 구조를 알아내고 목골을 제작하여 치료에 기여했다. 1810년 『정골신서』(整骨新書) 저술.

가가와 시케이(賀川子啓, 1739~1779)   243
에도 중기의 의사. 이름은 겐이우(玄迪), 시케이(子啓)는 자. 20세에 교토로 가서 산과의 명의인 가가와 겐에쓰(賀川玄悅) 문하에 들어가 산과를 익혔다. 겐에쓰에게 두 아들이 있었지만 겐이우를 양자로 삼고 사위로 맞이했다. 아와한의 의사가 되었다가 양부의 가업을 계승하고 기술을 더욱 연마하니, 치료를 바라는 자가 늘 문안에 가득했다. 저서 『산론익』(産論翼).

가메다 보사이(龜田鵬齋, 1752~1826)   285, 287
에도 후기의 유학자. 평생 관에 출사하지 않고 20여 세에 학사(學舍)를 열어 도회의 유학자로서 경서를 강의하고 서화를 팔거나 술에 젖어 많은 시문을 지었다. 1790년 바쿠후가 이학(異學) 금지 명령을 내리자 동문들과 이에 반대했지만, 바쿠후의 사상 통제를 겁낸 문인들이 모두 멀어져서 학사 문을 닫을 수밖에 없었다 한다. 시풍은 위당시(僞唐詩)를 멀리하고 청신한 시를 읊었다.

가쓰라가와 호사이(桂川甫齋, 1754~1808)   84
에도 중·후기의 난학자·교카(狂歌) 작자·통속소설 작가. 가쓰라가와 호산의 아들. 호사이는 통칭이고 본명은 모리시마 호사이(森島甫齋), 뒤에 나카하라 나카라(中原中良)라고 했다. 형은 난의 가쓰라가와 호슈. 어릴 때부터 환경의 영향으로 난학에 조예가 깊었으며 형을 따라 번역에 관여했다. 히라가 겐나이에게 배웠으며 시바 젠코의 문하에도 들어가 통속소설, 교카 등 다양한 방면에서 재능을 발휘했다. 산토 교덴과도 친교가 있었으나 창작 태도의 차이로 절교했다. 저서로 『홍모잡화』(紅毛雜話), 『계림만록』(桂林漫錄), 『만어전』(蠻語箋) 등이 있다.

가쓰라가와 호산(桂川甫三, 1728~1783)   83, 254
에도 중기의 의사. 1760년 아버지의 뒤를 이어 바쿠후의 의관(醫官)이 되었고, 외과에 뛰어났다. 1766년 법안(法眼)이 되었고, 중국의 의학서 100여 책에서 창역(瘡瘍)에 관한 기술을 발췌하여 『역부』(瘍府)를 엮었다.

가쓰라가와 호슈(桂川甫周, 1751~1809)   83, 111, 129, 147, 169~170, 274
에도 중·후기의 난방의(蘭方醫). 가쓰라가와 호산의 아들. 이름은 구니아키라(國端), 호슈는 통칭. 바쿠후의 의관이 되었고 바쿠후의 명령에 따라 네덜란드상관장과 대화했다. 마에노 료타쿠, 스기타 겐파쿠 등과 함께 『해체신서』 번역에 가담. 1777년에 쇼군의 시의가 되고 1783년 법안이 되었는데, 다누마 오키쓰구(田沼意次)에 의해 쫓겨났다가 뒤에 복직. 1792년 다이코쿠야 고다유가 귀국하자 쇼군의 명령으로 고다유의 진술을 정리하여 『북사견략』(北槎聞略)을 저술했다. 또 일본 최초로 현미경을 의학에 응용했다.

가쓰라가와 호켄(桂川甫賢, 1797~1844)   331
에도 후기의 난방의. 오쓰키 겐타쿠 등과 난학을 배웠고 와타나베 가잔과도 서양 서적을 빌려주는 등의 교류가 있었다. 아버지의 사후 뒤를 이어 바쿠후의 의관이 되었고 1831년 법안이 되었다. 한방, 난방 양쪽의 장점을 융합하려 했다. 시문도 잘 지었다고 한다.

가쓰시카 오우이(葛飾應爲, ?~?)   114~116
에도 후기의 여류 풍속화가. 이름은 에이(榮), 오우이는 호. 가쓰시카 호쿠사이의 3녀. 어릴 때부터 아버지의 업을 도와 풍속화를 배웠다. 미나미자와 도메이(南澤等明)에게 시집갔으나 얼마 되지 않아 이혼, 그 후 재가하지 않았다. 가사에 적합하지 않고 기행이 많은 부인이었기 때문일 것이다. 이후 호쿠사이의 화업을 도우며 풍속화를 그렸다. 육필화, 그림책 등을 남겼다. 호쿠사이 사후 집을 나간 채 소식불명. 향년 67세라고 전하나 확실하지 않다.

가쓰시카 호쿠사이(葛飾北齋, 1760~1849)   114, 339~341
에도 후기의 풍속화가. 14~15세 때 조각사 모씨에게 목판 조각을 배웠는데 상세한 것은 알 수 없다. 그 후 19세 때 가쓰카와 슌쇼(勝川春章) 문하에 들어가 본격적으로 풍속화를 배웠다. 가노파, 도사파의 화법도 배우고 시바 고칸의 서양풍 동판화에도 관심을 가지는 등 당시로서는 이례적인 미술 수업을 받았다. 초기 작품에서는 지금까지 풍속화가들이 자연을 인물의 배경으로서만 보던 데 반해 자연과 인간의 조화를 표현해 풍속화사상 획기적인 의의가 있다. 그후 안도 히로시게(安藤廣重)의 눈부신 진출 탓인지 풍경화를 버리고 화조도, 측량도, 미인도로, 만년에 이유 불명의 변모를 했다. 생애를 통해 지칠 줄 모르는 탐구심을 불태운 호쿠사이의 화풍은 유럽 인상파 화단에도 영향을 끼쳤다. 대표작 『호쿠사이 만화』(北齋漫畵), 『부악삼십육경』(富嶽三十六景).

가와하라 게이가(川原慶賀, ?~?)　112~116, 219, 223
에도 후기의 나가사키파 서양풍 화가. 처음에는 풍속화풍 그림을 그리다가 시볼트에게 발탁되어 조수로 일하며 데지마 네덜란드상관의 화가가 되었다. 풍경화·초상화를 잘 그렸으며, 시볼트의 저서 『일본』(日本)을 위해 풍경·약초·동물 등을 사생했다. 1828년 시볼트 사건에 연좌되어 투옥되었다. 일본·네덜란드 교섭사의 사료로서 가치가 높은 작품이 많다.

가이바라 에키켄(貝原益軒, 1630~1714)　73
에도 전·중기의 유학자. 후쿠오카한에 출사하여 한의 의사가 되었다. 한의 명으로 에도에 유학, 유학자 기노시타 준안(木下順庵)·야마자키 안사이(山崎闇齋), 본초학자 무카이 겐쇼(向井元升) 등과 교류했다. 처음에는 양명학을 즐겼으나 나중에는 주자학으로 돌았다. 탐구하는 바가 매우 폭 넓었고 자연과학적 실증주의에 입각하여 '궁리의 길'을 중시했다. 유학·농학 관련 등 매우 많은 저작을 남겼으며, 의학에서는 『양생훈』(養生訓)이 대표작이며, 또 여자 교육법에 관해 쓴 『화속동자훈』(和俗童子訓)은 널리 읽혀 근세 교육에 큰 영향을 끼쳤다.

가코 료겐(加古良玄, ?~?)　119~120
호는 란슈(藍洲). 정골의(整骨醫)였던 아버지에게서 배워 정골술이 뛰어났다. 그의 생몰년이나 이력에는 불명한 점이 많으나 1819년에 직접 행한 사형수 해부 소견을 바탕으로 『해체침요』(解體鍼要)를 출간했을 정도로 해부에 정통한 의사였다.

고 슌(吳春, 1752~1811)　285
에도 중·후기의 화가. 본명은 마쓰무라 겟케이(松村月溪). 고 슌은 별칭. 금화를 만들던 관청 긴자(金座)의 관리로 근무했다. 요사 부손(與謝蕪村)에게 그림과 하이쿠를 배웠다. 1781년 사랑하는 아내를 잃고 교토를 떠나 셋쓰의 이케다로 거처를 옮겼다. 이듬해 봄 그곳의 옛 지명 구레하노사토(吳服里)에 연유하여 성을 고(吳), 이름을 슌(春)이라 바꾸었다. 1785년 마루야마 오쿄와 동거하며 사생풍으로 돌렸다. 문인화 속에 사생을 받아들여 일파를 이루었는데 그의 집이 시조(四條) 거리에 있었으므로 시조파(四條派)라고 불렸다.

고시무라 도키(越村德基, ?~?)　82
이세의 난방의(蘭方醫). 1820년 하이스터의 저작을 변역해 편찬한 『양과정선도해』(瘍科精選圖解)에 동판으로 하이스터의 초상을 작성했다.

고이시 겐슌(小石元俊, 1743~1808)　130
에도 중·후기의 의사. 8세 때 오사카로 가서 의업을 배웠다. 22세 때 아버지를 잃고 일본 서부 지역을 편력하다가 6년 뒤에 고향으로 돌아갔다. 『해체신서』에 감복하여 에도에 갔을 때 마에노 료타쿠, 스기타 겐파쿠 등과 의견을 나누며 서양 의학

에도 시대 인물 사전　379

의 정확함을 알게 되어 난학을 익혔으며 교토·오사카에서 난학 융성의 기초를 닦
았다. 만년에 학당 규리도(究理堂)을 지어 제자를 육성, 난학 확대에 공헌했다.

고이카와 하루마치(戀川春町, 1744~1789)　41, 43, 210~212
에도 중기의 통속소설가·쿄카 작자·풍속화가. 본명은 구라하시 이타루(倉橋格).
에도 가스가초(春日町)에서 살았으므로 고이카와 하루마치라고 불렸다. 도리야마
세키엔(鳥山石燕)에게서 그림을 배웠으며 기타가와 우타마로와는 동문. 1775년
32세로 『긴킨센세이 에이가노유메』(金金先生榮花夢)을 내어 호평을 받았고 이듬
해 『고만사이 안갸닛키』(高慢齋行脚日記)도 크게 히트했다. 이 두 작품으로 통속소
설 기뵤시(黃表紙)의 형태가 정해졌다고 여겨지며 근세 문학사에 금자탑을 수립했
다. 1789년 『오우무가에시 분부노 후타미치』(鸚鵡返文武二道)는 간세이(寛政) 개
혁을 풍자하여 평판을 받았는데, 관계 당국의 탄압을 받았고 얼마 후 사망했다.

고토 리슌(後藤梨春, 1696~1771)　50, 72, 81, 106, 146
에도 중기의 본초학자. 에도의 개업의. 이름은 데루마사(光正), 리슌은 호. 다무라
란스이(田村藍水)에게서 본초학(약학)을 배웠다. 네덜란드에 관한 저서도 저술했
다. 1731년 『물품목록 후편』(物品目錄後篇)에는 네덜란드의 동식물에 대한 기술이
있고 미이라 설이 붙어 있다. 1765년에 저술한 『오란다 이야기』(紅毛談) 두 권은
네덜란드어가 들어 있어 바쿠후에게 금서 처분을 받아 절판되었다.

기무라 겐카도(木村蒹葭堂, 1736~1802)　94
에도 중기의 본초학자·문인·수필가. 오사카에서 양조업을 하는 아버지나 약업
을 하는 친족의 영향으로 본초학을 배웠다. 시문은 유학자 가타야마 홋카이(片山北
海)에게, 그림은 가노파의 오오카 슌보쿠(大岡春卜)에게 배웠으며 나가사키의 승
려 가쿠테이(鶴亭)에게 화조도를 익혔고 뒤에 교토에 가서 이케 다이가에게 산수
를 배워 일가를 이루었다. 편저 『금보』(禽譜), 『기패도록』(奇貝圖錄), 『식물도보』
(植物圖譜) 등.

기타가와 우타마로(喜多川歌麿, 1753~1806)　58~67, 98, 342~345
에도 중·후기의 풍속화가. 기타가와파의 개조. 도리야마 세키엔(鳥山石燕) 문하
에서 배웠다. 통속소설의 삽화를 그리고 『화본충찬』(畵本蟲撰) 등의 쿄카 그림책에
사생화 삽화를 그려서 마침내 주목을 받았다. 뒤에 미인화로 돌아 오쿠비에(大首
繪)라 불리는 여성의 반신상을 그려 새 바람을 일으켰다. 섬세하고 우아한 묘사를
특징으로 하며 다양한 자태, 표정의 여성미를 추구한 미인화의 대가. 대표작 「부인
상학십체」(婦人相學十體), 「당시전성미인전」(當時全盛美人揃).

기타오 시게마사(北尾重政, 1739~1820)　215, 312, 353
에도 후기의 풍속화가. 기타오파의 시조. 어릴 때부터 서화를 잘했으며 독학으로

그림을 익혔다. 1770~80년대 도리이 기요나가(鳥居淸長)와 나란히 미인화가로서 활약했다. 대표작 『동서남북지미인』(東西南北之美人).

나라바야시 친잔(楢林鎭山, 1648~1711) 73
에도 전·중기의 난방의. 나가사키 출생. 네덜란드어 통역이 되고, 또 네덜란드 의학(외과)을 배워 1692년 개업했다. 문인은 수백 명으로 나라바야시 외과의 개조.

나카가와 준안(中川淳庵, 1739~1786) 83, 152
에도 중기의 의사. 처음에 야마가타한의 의사 야스토미 기세키(安富寄碩)에게 네덜란드어를 배워 난학을 알게 되었다. 물산학을 좋아하여 1764년 히라가 겐나이와 화완포(火浣布)를 만들었다. 이듬해 바쿠후의 의관이 되었다. 1771년 스기타 겐파쿠 등과 협력하여 『해체신서』를 번역했다. 네덜란드상관 의사로서 일본에 온 툰베리에게 식물학·의학 등을 배웠는데, 툰베리는 그의 책 『일본』에서 준안의 학식을 칭찬했다. 1778년 와카사한 영주의 시의가 되었다. 저서 『화란국방』(和蘭局方), 『화란국방약보』(和蘭局方藥譜) 등.

나카이 란코(中井藍江, 1766~1830) 141
에도 중·후기의 화가. 그림을 시토미 간게쓰(蔀關月)에게 배워 일가를 이루었다. 시조파풍을 가미한 달필의 그림을 일시에 그렸다고 한다. 또 시문을 나카이 지쿠잔(中井竹山)에게 배웠으며, 다도에도 정통했다.

나카이 사부로(中伊三郞, ?~?) 269~270
아오도 덴젠의 문하생. 교토의 상인이었으나 가업을 떠나 유랑하다가 동판화 제작에 흥미를 가졌다. 종종 동판화 작품에 이름이 남아 있다.

나카자와 도니(中澤道二, 1725~1803) 279~281
에도 중·후기의 심학자(心學者). 이름 요시미치(義道), 도니는 호. 심학자 데지마 도안(手島堵庵)에 입문하기 전, 41세 무렵 도레이 선사(東嶺禪師)의 법화(法話)를 듣고 이미 깨달은 바가 있었다. 1779년 도안의 대강(代講)으로서 에도에 와서 산젠샤(參前舍)를 일으켜 심학 포교의 중심으로 삼았다. 관동 일대는 물론 규슈를 제외한 전역을 돌며 강의했다. 또한 야마자키한을 비롯하여 여러 영주와 로주(老中) 마쓰다이라 사다노부(松平定信)의 뜻을 받아들여 에도의 일용 노동자들의 교유(敎諭)를 맡는 등 지배 계급에게 환영받은 점은 주목된다. 그의 심학은 소탈한 표현으로 천지(天地)의 일상, 즉 도(道)임을 강조, 고찰(高札)을 즐겨 도화(道話)의 주제로 삼았다.

니시무라 시게나가(西村重長, ?~1756) 242
에도 중기의 풍속화가. 화풍은 여유롭고 대범하다. 작품의 수는 많지 않지만 미인화·배우 그림·명소 그림·화조도 등 광범위하며 그중에서도 미인화를 잘 그렸다. 또 『회본 강호토산』(繪本江戸土産) 3책과 같은 작품도 남겼다.

다시로 다다쿠니(田代忠國, 1757~1830)   334
에도 중·후기 아키타한의 무사. 히라가 겐나이에게 서양화 기법을 배웠다. 사타케 요시미(佐竹義躬) 등과 함께 아키타 난화(秋田蘭畵)의 기초를 다졌다. 주요 작품은 사타케 요시미와 합작한 『홍모파리기도』(紅毛玻璃器圖).

다이코쿠야 고다유(大黑屋光太夫, 1751~1828)   110, 232, 319
에도 중·후기의 선장, 표류민. 고다유를 선장으로 한 신쇼마루(神昌丸)는 1782년 시로코우라에서 기이한의 쌀을 싣고 에도로 출항했다가 태풍을 만나 이듬해 알류산 열도 아무치토카 섬에 표착. 그 섬에 있던 4년 동안 승무원 16명 중 8명을 잃었다. 그후 러시아인에게 발견되어 이르쿠츠크로 옮겨졌고 키릴 라스크만 교수의 인정을 받아 상트페테르부르크에서 예카테리나 2세를 알현, 귀국 허가를 얻어 라스크만를 따라 1792년 네무로에 귀착, 1793년 바쿠후에 인도되었다. 에도 교외에 유치되어 취조를 받고 외국 견문을 함부로 이야기하지 말라는 명령과 함께 반초(番町)에 거주하게 하는 조처가 취해졌다. 취조 청문을 바탕으로 『북사견략』(北槎聞略), 『북사이문』(北槎異聞), 『표민어람지기』(漂民御覽之記) 등의 기록이 남아 있다.

다치바나 난케이(橘南谿, 1753~1805)   87, 126, 128, 143, 287, 290, 302
에도 중·후기의 의사. 이세에서 태어났고 교토로 가서 의사 가가와 슈토쿠(香川修德), 가가와 시겐(賀川子玄) 등을 경모하며 각고의 노력을 했다. 조정의 의사로 출사했고 선물실시(先物實試)의 중요함을 설파했으며 여러 곳을 다니며 고질병 환자를 치료했다.

다카하시 유이치(高橋由一, 1828~1894)   347
메이지 전기의 서양화가. 처음에는 가노파의 화풍을 배웠다가 1850년을 전후하여 서양제 석판화를 보고 그 사실 표현에 감동하여 서양화를 학습할 마음을 가져 서양화·일본화를 모두 그린 가와카미 도가이(川上冬崖)를 사사했다. 1873년 후진 양성을 위해 니혼바시에 개설한 덴카이로(天繪樓)를 1875년에 덴카이샤(天繪社)로 개칭하고 자작 및 문하생의 작품의 일반 공개를 기획했다. 이 무렵 『연어』(鮭), 『두부』 등을 제작, 서양화의 선각자로서 보급에 힘썼다. 도호쿠 지방과 그 밖의 지역을 여행하며 많은 작품을 남겼다. 1889년 메이지미술회 창립 후원.

다케다 이즈모(竹田出雲, 1691~1756)   35
에도 중기의 조루리(淨瑠璃) 작가·오사카 다케모토 극장의 극장장. 극장장으로서의 수완을 인정받았고 또 지카마쓰 몬자에몬(近松門左衛門)에게 사사한 후 후세에 남는 조루리를 많이 남겼는데 거의 대부분 합작물이다. 무대장치를 활용, 배우와 인형을 다루는 사람의 기예를 보여주는 궁리를 많이 했으며 스타 본위의 취향이 강하다. 대표작(합작)으로 『스가와라 덴주테나라이 가가미』(菅原傳授手習鑑), 『요시쓰네 센본자쿠라』(義經千本櫻)가 있다.

다케하라 순초사이(竹原春朝齋, ?~1800)　225, 292
에도 후기의 풍속화가. 슌세키사이(春汐齋)의 문하에 들어가 그림을 배웠다. 1760년대 이후 주로 활동했으며 삽화를 많이 그렸다.

다키 모토타카(多紀元孝, 1795~1857)　177
에도 후기의 의사. 1831년 바쿠후의 한방학교 이가쿠칸(醫學館)에서 강의, 1835년 쇼군의 진찰을 맡아 이듬해 쇼군가의 시의, 이어서 법안(法眼)이 되었다. 1840년 법인(法印)에 서임되었으며 1845년 쇼군의 주치의가 되었다. 저서에 『상한론술의』(傷寒論述義), 『잡병광요』(雜病廣要) 외 다수.

데라시마 료안(寺島良安, ?~?)　62, 65, 67, 85
에도 중기 오사카의 의사. 의사 와케 나카야스(和氣仲安)의 문하에 들어갔다. 오사카성에 출입하는 의사가 되고 법교(法橋)에 서임되었다. 학문은 화한(和漢)에 널리 도달했다. 1712년 일본의 백과사전 효시라 할 만한 『화한삼재도회』를 간행.

도리야마 세키엔(鳥山石燕, 1772~1788)　349
에도 중기의 풍속화가. 인물 묘사를 잘하여 에도 아사쿠사 관음 봉납의 『나카무라 기요자부로도』(中村喜代三郎圖), 조시가야(雜司ヶ谷) 기시모진도(鬼子母神) 봉납의 『오모리 히코시치도』(大森彦七圖) 등은 그의 대표작이다. 문하생은 매우 많지만 그중에서도 기타가와 우타마로, 에이쇼사이 조키 등이 특히 유명하다.

도사 미쓰나리(土佐光成, 1646~1710)　11
에도 전기의 도사파 화가. 미쓰오키의 장남. 늘 궁중의 어용을 받들었고 1690년 아버지 미쓰오키와 함께 어전에서 인물화조의 병풍을 그렸다.

도사 미쓰오키(土佐光起, 1617~1691)　11
에도 전기의 화가. 18세 때 아버지 미쓰노리(光則)와 함께 교토에 올라가, 도사 가문 중흥의 염원을 이루기 위해 미쓰오키(光起)라 칭했다고 한다. 야마토에(大和繪)풍의 도사파 화풍에 한화(漢畵)풍을 도입하여 에도 시대의 도사화풍을 만들어 내었다. 궁정의 화가를 통솔하는 에도코로 아즈카리(繪所預)에 임명되어 도사 가문 재흥의 숙원을 이루었다. 대표작 『기타노덴진 엔기 에마키』(北野天神緣起繪卷).

도사 히데노부(土佐秀信, ?~?)　165
에도시대 불교 도상학에 관한 글을 써서 잘 알려져 있다.

료타쿠 데이에키(了琢貞易, ?~?)　183~184
불화를 그리는 화가로 기무라 료타쿠(木村了琢). '료타쿠'(了琢) 이름이 세습되었는데, 이 그림은 1710~25년에 활동한 8대가 그린 것이다.

마루야마 오주(圓山應受, ?~?)　128, 204
에도 중·후기의 화가. 마루야마 오쿄의 삼남으로 외가인 기노시타(木下) 집안을 계승.

마루야마 오즈이(圓山應瑞, 1766~1829)　204
에도 중·후기의 화가. 마루야마 오쿄의 장남. 아버지에게서 화법을 배워 마루야마파의 가풍을 계승했다. 1790년대 천황의 궁궐 다이리를 조영할 때 아버지와 함께 장벽화를 그렸다. 대표작은 『사계해변도』(四季海邊圖), 『암호』(巖虎), 『노안도』(蘆雁圖) 등.

마루야마 오쿄(圓山應擧, 1733~1795)　128, 129, 200, 204
에도 중기의 화가. 교토의 이시이 유테이(石井幽汀)에게서 가노파의 화법을 배워 유테이의 사생적 화법에, 송원화(宋元畵)의 기법과, 일본에 와 있던 청조의 화가 심남빈(沈南蘋)의 사실풍을 가미하고 서양화의 원근법을 연구하여 일가를 이루었다. 인물화는 당미인·선녀를 청순요염하게 그렸고 나체의 화법을 연구했다고도 한다. 1780년대부터 원숙한 작품을 많이 남겼는데 교토의 긴고지(金剛寺), 효고현 다이조지(大乘寺)의 장벽화가 유명하다. 장남 오즈이가 가풍을 이었고 차남 오주는 외조부의 기노시타(木下)가를 계승했다.

마쓰다이라 사다노부(松平定信, 1758~1829)　269
에도 후기의 영주·정치가. 8대 쇼군 도쿠가와 요시무네(德川吉宗)의 손자에 해당. 1783년 시라가와한의 3대 영주로 취임했다. 당시 덴메이(天明)의 대기근으로 농민의 피해가 컸으나 검약을 권장하고 궁민 구제에 결실을 거두었다. 1787년 바쿠후 정치를 통괄하는 수석 로주가 되어 바쿠후의 재건을 맡아 '간세이'(寬政) 개혁'을 단행했다. 간세이 개혁은 다누마(田沼) 시대의 문란했던 정치를 바로잡고, 재정면에서 긴축 정책과 중농 정책, 상업 자본의 억압 정책이 특색이다.

마쓰오카 하지메(松岡肇, ?~?)　105
하나오카 세이슈의 제자.

마에노 료타쿠(前野良澤, 1723~1803)　254
에도 중·후기의 난방 의학자. 나카쓰한에 출사한 의사의 아들. 1769년 47세의 나이로 분투하여 난학에 뜻을 두고 아오키 곤요(靑木昆陽)에게 배웠다. 1770년 나가사키로 가서 요시오 고사쿠에게 배우고 에도로 돌아와 네덜란드상관장의 에도 참근 때 난의나 통역을 찾아가 질문하며 배웠다.『해체신서』번역에는 동지들의 맹주가 되었다.『난학계제』(蘭學階梯),『난어수필』(蘭語隨筆),『화란역전』(和蘭譯筌) 등의 저서가 있다.

모리시마 나카라(森島中良)   129, 231~232, 341~342, 345
→ 가쓰라가와 호사이(桂川甫齋)

무소 소세키(夢窓疎石, 1275~1351)   189
가마쿠라 후기·남북조 시대의 임제종 선승(禪僧). 처음에는 천태종·진언종을 배웠다가 뒤에 선종을 배웠으며 이후 여러 승려에게서 가르침을 받았다. 호조씨(北條氏)·고다이고(後醍醐)천황의 신앙을 얻어 조치지(淨智寺)·난젠지(南鮮寺)의 주지가 되었고, 나아가 아시카가씨(足利氏)의 귀의를 받아 덴류지(天龍寺)를 건립하고 개조가 되었다. 임제종의 중흥에 힘썼으며 조원(造園) 기술도 뛰어났다. 생애 기간에 역대 천황에게 7번 국사(國師) 칭호를 받았다.

미나가와 기엔(皆川淇園, 1734~1807)   100
에도 중기의 유학자. 이토 긴리(伊藤錦里) 등에게서 유학을 배웠으나 종래의 경학에 만족하지 않고 자기의 학설을 수립했다. 역학(易學)을 깊이 연구하고 독자의 언어론으로 논리학을 전개하여 개물학(開物學)이라 불렀다. 여러 한의 영주·학자·지식인과의 교류도 넓었으며 예능인들과도 친하게 지냈다. 만년에 여러 영주들의 원조를 받아 교토에 학문소 고토칸(弘道館)을 열었다.

미나가키 야스카즈(南小柿寧, 1785~1825)   134, 265
에도 후기 요도한의 의사. 가쓰라가와 호슈에게서 서양 의학을 배웠다. 1819년 40여 구의 사체 해부에 참가하고 직접 해부도를 그려『해부존진도』(解剖存眞圖)에 실었다. 이 책은 19세기 전반에 일본인의 손으로 그린 최고의 해부도라 일컬어진다.

미쿠모 간젠(三雲環善, 1762~1805)   128, 130, 204
에도 중기 교토의 의사. 세야쿠인은 호.

미타니 고키(三谷公器, 1775~1823)   100
에도 중·후기 오미 출신의 의사. 통칭 유키치(祐吉)라 하며 고키는 자. 아버지 때부터 교토에서 의사업을 했는데 고키도 가업을 이어받았다. 내경(內經)뿐 아니라 본초·해체에도 정통했다. 대표적인 저서『해체발몽』(解體發蒙).

사이토 유키오(齋藤幸雄, 1737~1799)   93
에도명소도회(江戶名所圖會)를 생각해 낸 첫 세대.

사이토 주칸(齋藤中環, 1779~1835) 270
고이시 겐슌에게 팔폐인의 책을 샀다.

사이토 호사쿠(齋藤方策, 1771~1849) 269
에도 중기의 의사. 호사쿠는 통칭. 아버지 겐쇼(玄昌)는 저명한 의사였다. 의사 고이시 겐슌에게 배웠고 뒤에 오쓰키 겐타쿠에게 사사하여 난의방을 익혔으며 마침내 오사카에서 개업하여 이름을 크게 떨쳤다. 1822년 콜레라가 유행했을 때 호사쿠는 다른 많은 의사들보다 먼저 그 진단을 내렸다. 또 시볼트가 에도에 참근하는 도중에 오사카의 어느 부잣집 환자를 진찰했을 때 호사쿠는 시볼트의 오진을 힐난했다는 일화도 있다. 저서로는 『팔혜인해부도보』(巴爾즘解剖圖譜), 『선중비요방』(船中備要方), 『두진기문』(痘疹紀聞) 등.

사카이 다다자네(酒井忠以, 1765~1790) 56
에도 중기 영주. 히메지한 영주 다다스미(忠恭)의 손자. 다다스미의 아들이 차례로 일찍 죽었으므로 다다스미의 뒤를 이었고 1772년 집안을 계승했다.

사카이 호이쓰(酒井抱一, 1761~1828) 56, 62, 331
에도 후기의 화가. 히메지한 영주 사카이 다다자네의 동생. 건강이 좋지 않아 37세에 출가했다. 그림은 처음에는 심남빈 류의 사생화풍을 익혔고, 가노 다카노부(狩野高信)에게서 가노파를, 우타가와 도요하루(歌川豊春)에게서 풍속화를 배웠다. 도사파・마루야마파의 기법도 섭취했으나 최후에는 오가타 고린을 경모하여 그 부흥에 노력했다. 화풍은 고린파가 갖는 장식적인 화풍을 이어받으면서 독자의 섬세하고 서정적인 화풍을 확립했다. 대표작「풍우초화도」(風雨草花圖). 하이쿠나 국학 등에도 재주가 있었다.

사타케 요시아쓰(佐竹義敦, 1748~1785) 53~62, 334
에도 중기 영주・서양풍 화가. 호는 쇼잔(曙山). 구보다한의 8대 영주. 정무에 정통하여 한(藩)의 재정을 재건했다. 또 시가(詩歌)를 잘하고 서화에 솜씨가 있었다. 처음에는 가노파(狩野派) 그림을 익혔지만, 한의 무사 오노다 나오타케(小野田直武)에게 서양화 기법을 배운 이래 일본화에 서양화를 조합한 화법을 만들어 냈다. 나오타케는 히라가 겐나이를 한에 초청했을 때 이를 익혔다고 한다. 서양 동판화의 영향이 강하고 원근・음영이 분명한 아키타 난화(秋田蘭畫)의 일파를 열었다. 또 『화법강령』(畫法綱領), 『화도이해』(畫圖理解)라는 화론(畫論)이 있는데 이것은 일본 최초의 서양화론으로서 주목받는다.

사토 주료(佐藤中陵, 1762~1848) 133, 167, 220, 230, 302, 311, 318, 374
에도 중・후기의 본초학자. 이름은 시게히로(成裕), 주류는 호. 1778년 17세 때 간토 지방을 유력하며 약초를 캤으며, 1781년에는 사쓰마한 영주의 초빙을 받아 그

영내의 약초를 모았다. 1793년 요네자와한 영주의 명을 받들어 영내의 약초를 캐고 본초학을 강의했으며 약초원을 만들어 약초를 이식하여 학생들에게 실지 교습을 했다. 뒤에 다시 규슈, 야마토 등 각지를 유력한 다음 에도로 돌아왔다. 1830년 『산해서품』(山海庶品) 100권을, 또 1843년 『칠십이후 신찬』(七十二候新撰) 1권을 지었다.

산토 교덴(山東京傳, 1761~1816)   96, 116~118, 202, 291~296, 309, 317
에도 중·후기 통속소설작가·풍속화가. 만혼인 양친 아래서 응석을 부리며 탐미적인 생활을 보낸 것이 장래의 교덴에게 크게 영향을 끼쳤다. 14~5세 무렵부터 나가우타·샤미센을 익히고 기타오 시게토라(北尾重寅)에게서 풍속화를 배워 소설 삽화가로 데뷔했다. 뒤에 통속오락소설 작가로 변신하여 산토 교덴이라 불렸다. 19세 무렵부터 유곽에 드나들어 성인용 통속소설 기뵤시(黃表紙), 화류계 놀이를 묘사한 샤레본(灑落本)을 써서 인기 작가가 되었다. 간세이 개혁 때 출판 단속이 강화되었는데 1791년에 낸 샤레본과 기뵤시가 적발되어 50일간 쇠고랑을 찼다. 그후 읽을거리 중심의 소설책 요미혼(讀本) 창작으로 방향을 전환하여 『충신수호전』(忠臣水滸傳) 전편을 출판. 30대 후반부터 풍속 연구에 손을 대어 『근세기적고』(近世奇跡考), 『골동집』(骨董集) 등의 저작도 남겼다. 에도 후기 최대의 통속소설 작가이며 거의 대부분의 분야에 붓을 대어 각각 호평을 얻었다.

샤라쿠사이(捨樂齋, ?~?)   44~45
무명의 통속 소설 작가. 야마자키 홋카(山崎北華)와 동일 인물일 가능성이 있다.

세야쿠인(施藥院)   126, 128, 130, 204
→ 미쿠모 간젠

스기타 겐파쿠(杉田玄白, 1733~1817)   91, 133
에도 중·후기의 난방의(蘭方醫). 고바마한 외과의 아들. 이름은 다스쿠(翼), 겐파쿠는 통칭. 청년기에는 가업인 의술을 익혔으며 바쿠후의 의관(醫官) 니시 겐테쓰(西玄哲)에게 난방 외과를 배우고 한학은 고학파 미야세 다쓰후미(宮瀨龍門)에게 배웠다. 마에노 료타쿠와 함께 네덜란드상관장의 에도 객관을 방문하여 네덜란드 의학의 정밀함을 알게 되었다. 1771년 에도 고즈가파라 형장에서 료타쿠, 나카가와 준안 등과 함께 아오차바바라는 별칭의 여성 해부를 실제로 보고 료타쿠, 겐파쿠가 소지한 『타펠 아나토미아』와 맞춰 보고 그 그림이 신체 내부의 실제와 꼭 일치함에 감탄을 금치 못하였다. 그 이튿날부터 료타쿠, 준안과 번역에 착수하여 4년간의 고심 끝에 1774년 『해체신서』 5권으로 완성, 간행했다. 만년에 집필한 회상록 『난학사시』에 쓰인 『해체신서』의 고심담은 잘 알려져 있다. 그 밖에 『광의지변』(狂醫之弁), 『화란의사문답』(和蘭醫事問答), 『양생칠불가』(養生七不可) 등의 저술이 있다.

스즈키 기이쓰(鈴木其一, 1796~1858) 62~63
에도 후기의 화가. 스즈키 호이쓰(酒井抱一)의 시중인으로 화법을 호이쓰에게 배웠다. 인물·초화·조수를 잘 그렸으며 화풍은 장식적이다. 하이쿠나 예능에도 정통했다.

스즈키 하루노부(鈴木春信, 1725~1770) 272, 316
에도 중기의 풍속화가. 다색 인쇄 목판화 기법인 니시키에(錦繪) 창시기의 제1인자. 흑백 목판화 기법이 점차 발달하여 니시키에 기법이 창시되자 에도 풍속화의 양식과 작풍을 획기적으로 일변시킨 중심인물로서 활약했다. 에도의 서민층 부녀자의 일상 생활을 주제로 가련하고 서정적인 미인의 모습을 표현해 풍속화가로서 부동의 명성을 얻었다. 대표작『자시키 팔경』(座敷八景).

시바 고칸(司馬江漢, 1738 혹은 1747~1818) 179, 266~269, 278, 289
에도 중·후기 서양풍 화가·난학자. 안도씨(安藤氏)의 아들로 에도에서 출생. 중국풍으로 바꿔 성을 시바(司馬)라 했다. 가노파 화가 가노 후루노부(狩野古信)에게 배우고, 나중에 소 시세키(宋紫石)에게 남빈파(南蘋派) 화법을 배웠으며 스즈키 하루노부에게 사사했다고 한다. 비슷한 시기에 히라가 겐나이를 알게 되었다. 1764~1780년 무렵에는 심남빈 류의 화조도와 하루노부풍의 풍속화를 그렸는데, 1781~1788년 무렵에는 일본 최초의 부식동판화를 제작했다. 이후 유화 제작에 열중하여 더욱 완전한 서양풍 표현 양식을 습득하고자 노력했다. 그림 외에 히라가 겐나이와 오쓰키 겐타쿠 등의 영향을 받아 서양 이학(理學)의 연구에도 관심을 가졌고 천문지리학 저작도 많다. 대표작으로「화조도」(花鳥圖),「수하홍모녀도」(樹下紅毛女圖),「부두홍모남도」(埠頭紅毛男圖),「스미타강 후지 원망도」(隅田川富士遠望圖) 등이 있다.

시바 젠코(芝全交, 1750~1793) 212~215, 341
에도 중기의 통속소설가. 기묘시 작가로서 고이카와 하루마치·호세이도 기산지·산토 교덴과 어깨를 나란히한다. 작가로서 활동한 기간은 1780년 이후 14년간에 지나지 않으나 작품은 한결같이 걸작이다. 주요 작품은『당세대통불매장』(當世大通佛買帳),『열네 미인 뱃속』(十四傾城腹之內) 등.

시토미 간게쓰(蔀關月, 1747~1797) 141
에도 중기의 화가. 오사카 출생. 처음에는 서점을 하다가 간사이 풍속화계의 중심인물인 쓰키오카 셋테이(月岡雪鼎)에게 그림을 배워 화가의 길에 들어섰다. 쓰키오카에게 배운 외에도 일한(日漢)의 화법을 섭렵하고 시문도 익혔다. 인물화·산수도를 잘 그렸으며 뒤에 법교(法橋)에 서임되었다. 대표작『회본무자록』(繪本武者錄),『산해명산도회』(山海名產圖會) 등.

아라이 레이쿄(新井令恭)　332
→ 나카이 사부로(中伊三郞)

아라키 조겐(荒木如元, 1765~1824)　101
에도 중·후기 나가사키계 양화가. 네덜란드화의 기법을 잘 나타냈으며 일본 초기 서양화가 중 한 사람.

아사누마 사에이(淺沼佐盈, ?~?)　167
에도 중기의 의사. 야마와키 도요의 제자. 1754년 도요가 관의 허가를 받아 처형된 사체를 해부했는데 이때 아사누마가 관장도(觀臟圖)를 제작했다. 이 기록은 야마와키 도요의 『장지』(藏志)로 간행.

아오도 덴젠(亞歐堂田善, 1748~1822)　269, 285, 336~338
에도 중기의 동판화가. 본명은 나가타 젠키치(永田善吉), 덴젠은 호. 25세 때 이세의 화승(畵僧) 겟센(月僊)에게 그림을 배웠고, 1791년 마쓰다이라 사다노부(松平定信)에게 등용되어 녹봉과 주택을 받았다. 이때 나이 49세였다. 또 동판 연구를 위해 나가사키로 가서 네덜란드인에게 배웠다고 한다. 동판으로 만국도를 제작하여 이것을 사다노부에게 바쳐 아오도라는 호를 받았다. 동판 제작에는 1808년에 간행된 우다가와 겐신 저 『의범제강』(醫範提綱)의 내상도(內象圖)를 비롯해 『일본변해약도』(日本邊海略圖), 『만국전도』(萬國全圖), 『신전총계전도』(新鐫總界全圖) 등이 있다.

아키사토 리토(秋里籬島, ?~?)　225, 292, 296
에도 중·후기의 저술가. 1773년 『미야코 명소도회』(都名所圖會)를 저술했는데 평이한 문장에 경쾌하고도 깔끔한 삽화를 첨가하여 지지(地誌)이며 안내기인 한편, 오락적 읽을거리로서 사람들에게 많이 익혔다. 『미야코 명소도회 습유』(都名所圖會拾遺), 『야마토 명소도회』(大和名所圖會), 『이즈미 명소도회』(和泉名所圖會), 『도카이도 명소도회』(東海道名所圖會), 『셋쓰 명소도회』(攝津名所圖會) 등을 간행하여 이후 명소도회류라 칭하는 서적이 잇달아 출판되며 한때 유행하기에 이르렀다.

야마구치 셋케이(山口雪溪, 1644~1732)　285
에도 전기의 화가. 교토의 가노파 화가 가노 에이노(狩野永納)에게 사사했다는 설이 유력하다. 무로마치 시대의 산수화나 모모야마 시대의 인물·화조도를 규범으로 해서 일가를 이루었다. 대표작으로 슌포인(春浦院)·호린인(法輪院)의 장벽화, 『풍앵도 병풍』(楓櫻圖屛風) 등.

야마구치 소켄(山口素絢, 1759~1818)　100, 273~275
에도 중·후기 마루야마파 화가. 마루야마 오쿄의 문인으로, 그 문하의 10대 제자

에도 시대 인물 사전　389

중 한 사람. 특히 미인화를 잘 그렸다. 동문인 고마이 겐키(駒井源琦)가 당미인(唐美人)을 잘 그린 데 비해 소켄은 우아한 일본 미인 그림이 특기였다. 또 화조도에도 능했다. 저서『소켄산수화보』(素絢山水畫譜),『왜인물화보』(倭人物畫譜).

야마와키 도요(山脇東洋, 1705~1762)   166~167, 176~177, 279
에도 중기의 의사. 처음에 의업을 양부 야마와키 하루나가(山脇玄修)에게 배우고 나중에 고토 곤잔(後藤艮山)에게 고의방(古醫方)을 익혔다. 고토 곤잔·가가와 슈토쿠(香川修德)·요시마스 도도(吉益東洞)와 함께 일본 고의방 4대가라 일컬어진다. 1754년 교토 교외에서 사형수 사체를 해부하고『장지』를 썼다. 이것이 일본에서 해부도지(解剖圖誌)의 효시다. 재래 한방의 장부(臟腑) 형태 관념을 타파하고 자연 관찰의 중요성을 설파했다.

에이쇼사이 조키(榮松齋長喜, ?~?)   349
에도 중기의 풍속화가. 도리야마 세키엔에게 사사했다. 기타가와 우타마로와 동문. 활동 시기는 1789~1817년 무렵. 작품은 처음에는 도리이 기요나가(鳥居清長), 이어서 우타마로·도슈사이 샤라쿠(東洲齋寫樂) 등의 영향을 받았다고 보이는데 마침내 반신미인 두 명을 늘어 놓는 독특한 구도의 미인화를 만들어 냈다. 또 오사카 예능인을 다룬 작품도 있으며 통속소설 기뵤시 등의 삽화에도 붓을 휘둘렀다.

오가타 고린(尾形光琳, 1658~1716)   56
에도 중기의 화가·공예가. 이름은 고레토미(惟富), 고린은 호. 교토의 고급 포목점의 차남. 혼아미 고에쓰(本阿彌光悅)·다와라야 소타쓰(俵屋宗達)의 풍을 경모하여 장벽화에 새 바람을 일으켰다. 이 계통을 고린파, 린파(琳派)라고 부른다. 또 동생 겐잔(乾山)의 도기에 그림을 그리고 금·은 가루로 무늬를 놓는 마키에(蒔繪)도 잘했다. 대표작『홍백매도 병풍』(紅白梅圖屏風),『연자화도 병풍』(燕子花圖屏風) 등.

오다노 나오타케(小田野直武, 1749~1780)   153, 258
에도 중기의 양화가. 아키타한의 무사. 히라가 겐나이에게 서양화를 배우고 에도에 가서 스기타 겐파쿠의『해체신서』에 해부도를 그렸다. 영주 사타케 요시아쓰나 사타케 요시미(佐竹義躬)에게 양화를 전하여 아키타 난화(秋田蘭畫)를 시작했다. 대표작『불인지도』(不忍池圖).

오쓰키 겐타쿠(大槻玄澤, 1757~1827)   72, 74~79, 83, 94, 99, 110~111, 122, 229, 231~232, 265, 269, 278, 299, 336, 374
에도 중·후기의 난학자. 이름은 시게카타(茂質), 호는 반스이(磐水). 아버지는 이치노세키한의 의사.『해체신서』번역으로 유명한 스기타 겐파쿠·마에노 료타쿠에게 배우고 나가사키에도 유학했다. 겐타쿠(玄澤)란 이름은 스승인 겐파쿠와 료타쿠 두 사람에게서 1글자씩 받아서 붙인 통칭이다. 센다이한의 의사가 되었고 에도에 학사(學舍) 시란토(芝蘭堂)를 열어 난학 교육을 했다. 시란토에서는 매년 '네덜란드 정월'이라 부르는 서양력에 맞추어 신년회를 열었다. 저서 『난학계제』(蘭學階梯), 『중정 해체신서』(重訂解體新書) 등.

오타 난포(大田南畝, 1749~1823) 199~200, 319~321
에도 중·후기의 한학자·교카 작자·통속소설 작가. 바쿠후 하급 무사의 집안에서 태어나 한학을 배우는 한편, 교카를 지어 인기를 얻어 분메이(文明) 시기 교카 유행의 바탕을 만들었다. 또 통속소설에도 손을 대서 에도 문단의 거물이 되었다. 정력적인 독서가·장서가로서도 알려졌으며 『일화일언』(一話一言) 등 다수의 수필도 남겼다.

요사 부손(與謝蕪村, 1716~1783) 284~285
에도 중기의 하이쿠 작가·화가. 1735년 무렵 에도에 가서 하야노 하진(早野巴人)에게 하이쿠를 배웠다. 하진의 사후 간토·오슈를 유력, 1751년 교토로 돌아갔다. 그후 단고에서 놀면서 화기(畵技)를 닦고 1770년 하진을 이어 일문을 이끌었다. 하이쿠의 풍조는 서정적이며 낭만적이다. 편저에 『야한라쿠』(夜半樂), 『부손구집』(蕪村句集) 등이 있다. 화가로서는 이케 다이가와 함께 일컬어지며 작품에는 하이쿠풍의 『오쿠노호소미치 병풍』(奧の細道圖屛風) 외에 문인화로서 다이가와의 합작 『십편십의도』(十便十宜圖) 등이 있다.

요시노야 다메하치(吉野屋爲八, ?~?) 296
교토의 상인. 1780년 아키사토 리토의 관광안내서 『미야코 명소도회』를 간행했다.

요시무라 교케이(吉村孝敬, 1770~1836) 128, 204
호는 란료(蘭陵). 요시무라 란슈의 아들. 마루야마 오쿄(圓山應擧)의 10대 제자 중 한 사람. 아버지 란슈와 함께 니시혼간지(西本願寺)에 출사, 많은 작품을 남겼다.

요시무라 란슈(吉村蘭洲, 1739~1816) 128, 130, 143, 204
이름은 쓰네노리(彝德). 란슈는 호. 이시다 유테이에게 사사. 고이시 겐슌을 도와 인체해부도를 그렸다.

요시오 고사쿠(吉雄幸作, 1724~1800) 88, 100, 274
에도 중기의 네덜란드어 통역·난방의(蘭方醫). 호는 고규(耕牛), 고사쿠는 통칭. 나가사키 출생. 통역을 거쳐 어용물(御用物) 등을 취급했다. 1790년 오역사건으로 연좌되어 5년간 칩거하기도 했다. 네덜란드상관 의사에게 의학·의술을 배웠으며 툰베리에게 교시를 받았다. 파레, 하이스터 등의 의서를 비롯하여 자전류의 원서 수집에도 힘썼다. 번역서로 『인액발비』(因液發備), 『정골요결』(正骨要訣) 등.

요시오 에이키(吉雄永昌, ?~?)   100
요시오 고사쿠의 아들.

우다가와 겐신(宇田川玄眞, 1769~1834)   179, 269, 285, 336
에도 후기의 난방의. 오쓰키 겐타쿠 등에게 배웠으며 번역을 잘해서 『하루마와케』
(波留麻和解)의 편집에 협력했다. 우다가와 겐즈이 사후 그의 뒤를 이었다. 저서
『의범제요』(醫範提要), 『원서의방 명물고』(遠西醫方名物考) 등.

우다가와 겐즈이(宇田川玄隨, 1755~1797)   99
에도 중기의 난방의. 이름은 스스무(晉). 쓰야마한의 의사 아들로서 에도에서 태어
났고 가쓰라가와 호슈·스기타 겐파쿠·마에노 료타쿠에게 난학을 배웠다. 일본
최초의 내과의서 『서설내과찬요』(西說內科撰要)를 역술했다. 저서 『서양의언』(西
洋醫言), 『동서병고』(東西病考) 등.

우라가미 교쿠도(浦上玉堂, 1745~1820)   285
에도 중·후기의 문인화가. 가모카타한의 무사였는데, 나이 50세에 뛰쳐나와 각지
를 유력, 만년을 교토에서 보냈다. 중국풍 금(琴)을 잘 켜서 긴시(琴士)라 자칭했
다. 독학으로 문인화를 배웠고 산수화에도 개성을 발휘했다. 대표작 『동운사설도』
(凍雲篩雪圖).

우타가와 구니나오(歌川國直, 1793~1854)   295~296
에도 후기의 풍속화가. 우타가와 도요쿠니의 문하생으로 1800년대 초부터 중반에
걸쳐 활약했다. 이때 마침 덴포(天保) 개혁으로 출판 단속, 가부키 배우나 유녀를
다룬 미인화의 금지 등 호된 타격을 받은 시기였다. 그 때문인지 풍경화에도 좋은
작품을 남겼다. 우타가와 구니요시는 그의 지도를 받아 대성했다고도 한다.

우타가와 구니요시(歌川國芳, 1797~1862)   202
에도 후기의 풍속화가. 에도 출생. 우타가와 도요쿠니의 문하생으로, 에도 직인 기
질이 투철한 화풍을 지녔으며 그의 반골 정신을 나타내는 무사 그림에 뛰어난 재능
을 발휘하여 '무사 그림의 구니요시' 라는 명성을 얻었다. 또 근대적인 사실성을 기
초로 해서 그린 양풍 표현의 풍경화에도 뛰어난 재능을 발휘하여 『동도명소』(東都
名所), 『요코하마 혼쵸지도』(橫濱本町之圖) 등의 걸작을 남겼다.

우타가와 도요쿠니(歌川豊國, 1769~1825)   116~117, 120, 202~203, 353
에도 후기의 풍속화가. 아버지는 목각인형 조각사였고, 우타가와 도요하루에게 배
웠다. 가부키 배우의 초상화가 특기이며 다색 인쇄 목판화 기법인 니시키에(錦
繪)·그림책 외에 육필화도 잘 그렸다. 문하생을 많이 키워 우타가와 파를 융성하
게 이끌었다.

우타가와 도요하루(歌川豊春, 1735~1814)　317
에도 중·후기의 풍속화가. 우타가와파의 개조. 교토에서 가노파를 배우고 에도로 옮겼다. 양풍의 원근화법을 도입한 우키에(浮繪)로 인기를 끌었고 육필 미인화도 잘 그렸다. 문인으로 도요쿠니(豊國), 도요히로(豊廣)가 있다.

우타가와 요시부시(歌川芳藤, 1828~1878)　330
에도 후기의 화가. 우타가와 구니요시의 문인. 호는 잇포사이(一鵬齋). 「요코하마에」(橫浜繪), 「마진회」(痲疹繪), 「무진전쟁회」(戊辰戰爭繪), 「문명개화회」(文明開化繪) 등의 회화(戱畵)를 많이 남겼다.

유조(祐常, ?~?)　129
엔만인(圓滿院) 주지. 마루야마 오쿄(圓山應擧)를 후원하여 『난복도권』(難福圖卷) 3권을 제작하게 했다.

이라코 고켄(伊良子光顯, 1737~1799)　73
에도 중기의 난방의. 의사인 아버지에게서 집안의 학문을 익혔다. 1758년 사형수의 사체를 해부하여 대장과 소장을 구별했다. 1767년 『외과훈몽도휘』(外科訓蒙圖彙)를 간행. 후에 궁중의 의약을 담당하는 덴야쿠료(典藥寮)의 의사가 되었다. 네덜란드에서 수입한 키나(키니네의 원료)의 임상실험을 했다.

이시다 유테이(石田幽汀, 1798~1859)　128~129
에도 중·후기의 화가. 화가 이시다 유테이(石田友汀)의 아들. 화법을 아버지에게 배웠으며 특히 불화로 명성을 떨쳤다. 1854~1859년의 천황궁 조영 때에는 명을 받고 장벽화를 그렸다.

이시카와 다이로(石川大浪, 1765~1817)　325
에도 중기의 바쿠후의 신하·양풍 화가. 이름은 노리마사(乘加), 네덜란드 식 이름 타헬 베르그(Tafel Berg)를 썼다. 다이로는 호. 그림은 전통적인 가노파 그림을 배우고 난학자들과의 교제를 통해 양풍화 분야에서 재능을 발휘. 1790년대 초부터 서양 서적에 삽입된 동판 삽화를 모사하는 데 힘썼다. 서양 인물화의 모사를 특히 잘했으며 정확한 모사 기술은 난학자들에게 높이 평가되었다. 1799년 히포크라테스 상을 그렸는데 이것은 일본에 전해지는 가장 오래된 히포크라테스 상으로서 뒤에 양풍 화가나 난학자들에게 많은 영향을 끼쳤다.

이케 다이가(池大雅, 1723~1776)　284
에도 중기의 화가. 요사 부손과 함께 일본의 문인화(남화)의 대성자. 또 서예가로서도 일류였다. 중국의 고사나 명소를 회제로 한 대화면 병풍, 일본의 풍경을 깔끔하고 쇄탈한 필치로 그린 작품 등 화풍은 변화가 풍부하다.

잇큐 소준(一休宗純, 1394~1481) 117
무로마치 시대의 임제종 선승. 아버지는 고코마쓰(後小松) 천황이라고 한다. 1474년 다이토쿠지(大德寺) 주지가 되었다. 선종의 부패를 탄식하며 기행(奇行)과 시로 이를 풍자하고 경종을 울렸다. 그의 기행을 전하는 『잇큐톤치바나시』(一休頓智咄)는 에도 시대에 만든 가탁서(假託書). 시집 『광운집』(狂雲集), 『자계집』(自戒集)이 있다.

조분사이 에이시(鳥文齋榮之, 1756~1829) 199~201, 319~321
에도 중·후기의 풍속화가. 500석을 받는 쇼군 가의 직속 무사로, 조부는 민치·재정·소송을 담당하는 간조부교. 가노 미치노부(狩野典信)에게서 배우고 에도 바쿠후 10대 쇼군 이에하루(家治)에게 에이시라는 화명(畵名)을 받았다. 나중에 풍속화가가 되어 1780년대부터 미인화 분야에서 활약했다. 만년에는 육필화에 전념했다. 대표작 『청앵미찬합』(青櫻美撰合), 『청앵예자찬』(青櫻藝者撰).

짓펜샤 잇쿠(十返舍一九, 1765~1831) 98, 291
에도 중·후기 통속소설 작가. 순푸 출생. 젊어서 에도로 가서 벼슬길에 나가기도 했는데 얼마 후 벼슬에서 물러나 조루리(淨瑠璃) 작자로서 활동하기도 하고 향도(香道)를 익히기도 했다. 1794년 다시 에도로 돌아와 통속소설의 길에 들어간 이래 엄청난 수의 창작을 했다. 대표작은 말할 것도 없이 『도카이도추 히자쿠리게』(東海道中膝栗毛)이지만 『쇼엔노후지나미』(所緣の藤波), 『심학시계초』(心學時計草) 등 다수가 있다. 『히자쿠리게』는 1802년부터 1822년까지 21년 동안 출판되어 코믹 소설작가로서 유명해졌다. 자칫 익살스러운 인물로 여겨지지만 실제로는 올곧은 사람이었다 한다.

하나오카 세이슈(華岡靑洲, 1760~1835) 50, 105
에도 중·후기의 외과의. 고의방(古醫方) 요시마스 난가이(吉益南涯)에게 배웠다. 또 야마토 겐류(大和見立)에게 서양류 외과를 익혀 1785년 향리에서 의업을 열었다. '내외합일(內外合一), 활물궁리(活物窮理)'를 신조로 삼아 20수 년 고심한 끝에 '마비탕(麻沸湯)이라는 일종의 마취약을 고안, 그것을 써서 1805년 유방암 수술을 하고 또 악성 종양 등의 수술에도 성과를 거두었다. 전국 각지에서 온 많은 환자를 진료하고 제자를 양성하여 외과의를 배출했다. 저서 『양과쇄언』(瘍科瑣言), 『양과신서』(瘍科神書).

하세가와 셋탄(長谷川雪旦, 1778~1843) 93, 296
에도 후기의 화가. 원래 조각 직공이었다가 뒤에 하세가와 도하쿠(長谷川等伯)의 흐름을 전하는 화가가 되었다. 하이쿠도 잘 지었다. 작품은 『에도 명소도회』(江戶名所圖會), 『동도세시기』(東都歲時記) 등의 삽화가 알려져 있다.

하시모토 소키치(橋本宗吉, 1763~1836)　130
에도 중·후기의 난학자. 소키치는 통칭. 우산에 무늬를 그리는 직인을 하고 있었는데 오사카에서 의사 고이시 겐슌, 하자마 시게토미(間重富)에게 인정을 받고 그의 원조를 얻어 1790년 에도로 가서 오쓰키 겐타쿠에게서 난학을 배웠다. 네덜란드어를 4개월 동안에 4만 단어를 외웠다고 한다. 오사카로 돌아온 후 의사 개업을 하고 네덜란드의 의서·천문·지리서를 번역. 또 전기에 관한 저서를 저술하는 한편 각종의 실험도 했다.

호리우치 린테쓰(堀內林哲, ?~?)　278
요네자와한에 출사했던 의사.

호세이도 기산지(朋誠堂喜三二, 1735~1813)　40~43, 53
에도 중·후기의 통속소설 작가·교카 작가. 아키타한의 무사. 교카·하이카이 등 다방면에 재능을 발휘했다. 그중에서도 통속소설 기뵤시(黃表紙)는 고이카와 하루마치와 함께 그 완성의 공을 나누는 존재다. 대표작『장생견도기』(長生見度記),『비봉고만남』(鼻峰高慢男),『문무이도만석통』(文武二道萬石通). 그 밖에도 수필 등 다수의 작품이 있다.

후루카와 고쇼켄(古河古松軒, 1726~1807)　302
에도 중기의 지리학자. 나가사키에 가서 난학을 배웠으며 특히 측량을 잘했다. 여러 지역을 돌아다니며 풍속·물산·사적 등을 연구했다. 로주 마쓰다이라 사다노부(松平定信)의 신임을 얻어 바쿠후의 명으로『무사시 오군도』(武藏五郡の圖),『사신지명록』(四神地名錄)을 만들었다. 저서『서유잡기』(西遊雜記),『동유잡기』(東遊雜記) 등.

후세야 소테키(伏屋素狄, 1747~1811)　145
에도 중·후기의 의학자. 20세 때부터 한방 의술을 배우면서 네덜란드 의학서의 번역서를 읽었다. 그 영향을 받아 동물의 생체해부를 했다. 실험적 연구를 하는 중에 신장은 혈액에서 오줌을 여과, 생성하는 작용을 한다고 주장했다.『화란의화』(和蘭醫話),『화란간방』(和蘭簡方) 등의 저서가 있다.

후지 자쿠시(藤若子)　273
→ 야마구치 소켄(山口素絢)과 동일인물일 것이다.

히라가 겐나이(平賀源內, 1728~1779)　53
에도 중기의 본초학자·통속소설 작가. 다카마쓰한 하급 무사의 아들. 이름은 구니토모(國倫), 겐나이는 통칭. 1752년 한의 명을 받고 나가사키에 유학, 의학과 난학을 배웠다. 1754년 에도에 가서 의사 다무라 란스이(田村藍水)에게 배웠으며 란스이의 권유를 받고 물산회를 열어 크게 세인의 주목을 끌었다. 1760년 무렵에는 본초학자로서 명성을 얻었다. 1763년 본초 연구를 정리하여 『물류품척』(物流品隲)을 발간, 이어서 석면으로 만든 방화용 천 화완포(火浣布)·한난계·나사(羅紗)의 제작, 광산 개발·유화 등 다양한 분야에서 재능을 발휘. 마찰기전기(摩擦起電機) 에레키텔은 가장 사람들을 놀라게 했다. 문학 면에서도 소설 『풍류지도헌전』(風流志道軒傳), 『방비론』(放屁論) 등 울적한 감정과 당시의 사회나 사상에 대한 예리한 비판을 했다. 넘치는 재능을 가지고 있으면서도 세상에서 환영받지 못하는 생활을 비관하다가 1778년 두 사람을 살상, 이듬해 1779년 옥에서 병사했다.

히로카와 가이(廣川獬, ?~?)   100, 219~220, 271, 273~276, 287, 290
에도 후기 의사. 요시오 고사쿠의 문하에서 배웠다. 1800년 『나가사키 견문록』(長崎見聞錄)을 간행하여 나가사키에서 견문한 중국인·유럽인에 대한 이야기를 정리, 서양 문물을 소개하는 역할을 했다.

히시카와 모로노부(菱川師宣, 1618~1694)   48, 223~225
에도 전·중기의 풍속화가. 자수업을 하는 집안의 아들. 어려서부터 자수의 밑그림 그리는 수업을 쌓았다. 에도로 가서 가노파·도사파·하세가와파 등의 화풍을 익혔다. 1660년대 전후 무렵 요시와라의 풍속을 흑백 목판화로 그려서 독특한 재능을 발휘했다. 당시의 여성 풍속을 12장 1조의 첩이나 두루마리로 만들어서 발간했는데, 12장이긴 하나 그림 하나하나를 독립해서 감상할 수 있도록 연구했으며 육필화도 잘 그렸다. 대표작 「요시와라노가라다」(吉原の體), 「뒤돌아보는 미인」(見返り美人) 등.

❖ 참고자료
『日本近世人名辭典』, 吉川弘文館, 2005.
『日本近現代人名辭典』, 吉川弘文館, 2002.
『日本史辭典』, 角川書店, 1996.
『コンサイス人名辭典』, 三省堂, 1995.
『日本人名大事典(新撰大人名辭典)』, 平凡社, 1984.

도판 목록

서론_접근의 도상학

1. 土佐光起·光成 筆, 『秋郊鳴鶉圖』, 17세기 후기. 東京國立博物館.— 11쪽
2. Jan Davidsz. De Heem, *Still Life with a Nautilus Cup*, 1632(부분). The Barber Institute of Fine Arts, The University of Birmingham.— 12쪽
3. Floris Claesz. Van Dijk, *Still Life with cheese, bread and fruit*, 1613(부분). Frans Hals Museum, Haarlem.— 13쪽
4. Samuel Van Hoogstraten, *Perspective Box of a Dutch Interior*, 1662/1663. The Detroit Institute of Arts. Founders Society Purchase, General Membership Fund.— 14쪽
5. Pieter de Hooch, *The Courtyard of a House in Delft*, 1658. The National Gallery, London.— 15쪽
6. Pieter Cornelisz Van Ryck, *Küchenszene mit Elnadung der Armen*, 1604(부분). Herzog Anton Ulrich-Museum, Braunschweig.— 17쪽
7. Johann Kulmus, *Ontleedkundige Tafelen*(in Latin, *Tabulae anatomiae*), 1734년판 표제지. 慶應義塾圖書館, 東京.— 18쪽
8. Rembrandt van Rijn, *Anatomy (Lesson) of Dr. Tulp*(부분), (present state). Wellcome Institute Library, London.— 20쪽
9. Rembrandt van Rijn, *Anatomy Lesson of Dr. Tulp*, 1632. (reconstruction). Mauritshuis, The Hague.— 21쪽
10. Anon, *Saint Cosmas(cosmo) and Saint Damian*, c.1580. German woodblock, Wellcome Institute Library, London.— 23쪽
11. Alessandro Allori(傳), *Le Christ entre les saints Côme et Damien*, 16세기 후반(이전에는 Fracesco Salviati의 작품으로 여겼다). Musée d'Art Ancien: Musées Royaux des Beaux-Arts de Belgique, Brussels.— 24쪽
12. Johannis Remelinus, *Pinax Microcosmographicus*, 1609. 남성 및 여성 도판. 개인 소장.— 26~27쪽
13. Remelinus, *Pinax Microcosmographicus*, 표제지.— 27쪽
14. Jan van Neck, *Professor Ruysch's Anatomy Lesson*, 1682(부분). Amsterdams Historisch Museum.— 28~29쪽
15. 松雲 作, 五百羅漢 內, 傳 『羅睺羅尊者』, 1710년 이전. 五百羅漢寺, 東京. 『江戸名所圖會』에는 '無量本行尊者'라고 되어 있는데 도상학적으로, 또 다른 松雲의 작품에서 보더라도 羅睺羅尊者라고 전해 온 데 연유가 없다고는 생각하지 않는다.— 31쪽

1장_잔혹한 칼날 아래
1. 戀川春町 畵, 朋誠堂喜三二 作, 『當世風俗通』, 1773. 國立國會圖書館, 東京.— 40쪽
2. 화가 미상, 春畵(12장 중), 1682년 무렵. 개인 소장.— 47쪽
3. 화가 미상, 春畵, 1760년 무렵. 개인 소장.— 48쪽
4. 菱川師宣 畵, 春畵(12장 중), 1682년 무렵. 개인 소장.— 49쪽
5. 杉村次平 畵, 春畵(12장 중), 17세기 말. 개인 소장.— 49쪽
6. 작자 미상, 『外療道具繪見本帳』, 1811. 順天堂大學, 東京.— 51쪽
7. 화가 미상, 『紅夷類道具集解總圖式』. 若林家 소장.— 52쪽
8. 佐竹義敦(源曙山) 筆, 『燕子花に西洋ナイフ圖』. 秋田市立千秋美術館.— 55쪽
9. 佐竹義敦(源曙山) 筆, 『燕子花に西洋ハサミ圖』. 神戶市立博物館.— 55쪽
10. 喜多川歌麿 筆, 『五絶句花合せ』. Chiosonne Collection.— 60～61쪽
11. 鈴木其一, 『春に鋏と樂茶碗』(부분), 1840년 무렵. 細見美術財團, 京都.— 63쪽
12. 寺島良安 著, 『和漢三才圖會』, 초판 1712년 무렵, '가위'. 國立國會圖書館, 東京.— 65쪽
13. 喜多川歌麿 畵, 『婦人手業操鏡·針仕事』. 개인 소장.— 66쪽
14. 寺島良安 著, 『和漢三才圖會』.— 68쪽
15. 陸昌 筆, 『蘭醫圖』.— 70쪽
16. 楢林鎭山 編述, 『紅夷外科宗傳』, 1706. 長崎大學附屬圖書館 醫學分館.— 73쪽
17. 楢林鎭山 編述, 『紅夷外科宗傳』.— 73쪽
18. 伊良子光顯 撰, 『外科訓蒙圖彙』, 1769. 개인 소장.— 73쪽
19. 大槻玄澤 述, 有馬元晁 記, 『蘭說弁惑·磐水夜話』, 1799. 國立國會圖書館, 東京.— 74쪽

2장_신체를 베다
1. 西苦樂 筆, 『蘭醫頭部外科手術圖』.— 79쪽
2. 越村德基 譯, 『瘍科精選圖解』, 1820. 硏醫會圖書館, 東京.— 82쪽
3. Lorens Heister, *Heelkundige*, 1776. 慶應義塾大學メディアセンター, 東京.— 82쪽
4. 寺島良安 著, 『和漢三才圖會』.— 86쪽
5. 長谷川雪旦 畵, 齋藤幸雄·幸孝·幸成 著, 『江戶名所圖會』, 1834～36. '本町 藥種店'. 國立國會圖書館, 東京.— 93쪽
6. 간판 'ウルユス', 1812 무렵. 內藤記念くすり博物館, 岐阜.— 95쪽
7. 長谷川雪旦 畵, 齋藤幸雄·幸孝·幸成 著, 『江戶名所圖會』, '錦袋圓'.— 97쪽
8. 喜多川歌麿 畵, 十返舍一九 作, 『吉原年中行事』, 1804, '夜見世の圖'. 國立國會圖書館, 東京.— 98쪽
9. 傳 荒木如元 筆, 『外科手術圖卷』. 神戶市立博物館.— 101쪽
10. 화가 미상, 伍重軒露月 著, 『名物鹿子』, 1733, '香具師'. 國立國會圖書館, 東京.— 102쪽
11. 松岡肇 著, 『外科起癈』, 1851. 若林家 소장.— 105쪽
12. 楢林鎭山 編述, 『紅夷外科宗傳』.— 107쪽
13. 楢林鎭山 編述, 『紅夷外科宗傳』.— 108쪽
14. 泉一登 筆, 『蘭人手術圖』. 개인 소장.— 108쪽
15. 市川岳山 筆, 『芝蘭堂新元會圖』(중요문화재), 1794. 早稻田大學圖書館, 東京.— 110쪽
16. Léopold Boilly, *Les Grimaces*, 1823～25. 개인 소장.— 113쪽
17. 川原慶賀 筆, 『瀉血手術圖』, 1830년 무렵. 長崎縣立美術博物館.— 113쪽
18. 葛飾應爲 筆, 『關羽割臂圖』. 廠布美術工藝館(기탁), 東京.— 115쪽

398_에도의 몸을 열다

19. 歌川豊國 畵, 山東京傳 作, 『昔話稲妻表紙』, 1846년판(초판 1806). 國文學研究資料館, 東京.— 117쪽
20. 雪齋隨馬 畵, 加古良玄 著, 『解體鍼要』. 개인 소장.— 119쪽

3장_드러나는 신체

1. 화가 미상, 宮崎或 著, 『三之助解剖圖』, 1796년 무렵. 개인 소장.— 127쪽
2. 吉村蘭洲 外 畵, 三雲(施藥院)環善 著, 『施藥院解男體臟圖』, 1798. 개인 소장.— 130쪽
3. 화가 미상, 宮崎或 著, 『三之助解剖圖』.— 132쪽
4. 南小柿寧一 畵 · 著, 『解剖存眞圖』, 1819. 慶應義塾圖書館.— 134쪽
5. 南小柿寧一 畵 · 著, 『解剖存眞圖』.— 135쪽
6. 寺島良安 著, 『和漢三才圖會』.— 136쪽
7. 화가 미상, 『元祿解剖圖』, 1702년 무렵. 개인 소장.— 138~139쪽
8. 『皇帝內經 · 素問』. 개인 소장.— 140쪽
9. 中井藍江 畵, 『發鞭臟圖』, 1796. 究理堂文庫.— 141쪽
10. 吉村蘭洲 畵, 橘南谿 跋文, 『平次郞臟圖』, 1783(아들 蘭陵 모사). 개인 소장.— 142~143쪽
11. 各務文獻 撰畵, 伏屋素狄 外 著, 『婦人內景之略圖』, 1800년 무렵(모사된 것). 日本大學醫學部圖書館, 東京.— 144쪽
12. Andreas Vesalius, De humani corporis fabrica, 1543. 慶應義塾圖書館.— 148쪽
13. Vesalius, De humani corporis fabrica.— 149쪽
14. Vesalius, De humani corporis fabrica.— 149쪽
15. Anon, Portrait of a Physician, 16세기 후반. Walters Art Gallery, Baltimore.— 150쪽
16. Vesalius, De humani corporis fabrica.— 151쪽
17. 小田野直武 寫, 杉田玄白 外 譯, 『解體新書』, 1774. 國立國會圖書館, 東京.— 153쪽 왼쪽
18. 小田野直武 寫, 杉田玄白 外 譯, 『解體新書』.— 153쪽 오른쪽
19. John Arderne, De arte phisicali et de cirurgia, c.1412. The Royal Library, Stockholm.— 154~155쪽
20. Juan de Valverde de Hamusco, Anatome corporis humani..., 1589(초판 1556). Wellcome Institute Library, London.— 156쪽
21. Adriaan van den Spieghel, De humani corporis fabrica..., 1627. 개인 소장.—157쪽
22. Valverde de Hamusco, Anatome corporis humani....— 158~159쪽
23. Hunter z. 1. 7, Tab. XXXVII, 1741. Glasgow University, Department of Special Collections.— 160쪽
24. Pietro Berrettini, Vente tabulae anatomiche, c.1618. Glasgow University, Department of Special Collections.— 161쪽
25. Pietro Berrettini, Tabulae anatomicae..., 1741. Wellcome Institute Library, London.— 162쪽
26. Berrettini, Tabulae anatomicae....— 163쪽
27. 土佐秀信 畵, 『增補諸宗佛像圖彙』, 1832년판(초판1783). 國立國會圖書館, 東京.—165쪽
28. 山脇東洋 著, 『藏志』, 1842년판(초판1759). 慶應義塾圖書館.— 166쪽
29. 小田野直武 寫, 杉田玄白 外 譯, 『解體新書』.— 179쪽
30. Valverde de Hamusco, Anatome corporis humani....— 179쪽
31. Kulmus, Ontleedkundige Tafelen.— 180쪽

32. 小田野直武 寫, 杉田玄白 外 譯, 『解體新書』.— 180쪽
33. 八代了琢貞易 筆, 『藥師如來畵像』. 日光山輪王寺寶物殿, 栃木.— 183쪽

4장_만들어지는 신체

1. 화가 미상, 『九相詩』, 13세기. 개인 소장.— 189쪽
2. Anon ill to Petrarch, *The Triumph of Death*. Bibliothèque Nationale, Paris.— 195쪽
3. Joseph Wright of Derby, *Miravan Breaking Open the Tomb of His Ancestors*, 1772. Derby Museum and Art Gallery.— 196쪽
4. Joseph Wright of Derby, *A Philosopher by Lamp Light*, 1769. Derby Museum and Art Gallery.— 196쪽
5. Joseph Wright of Derby, *The Old Man and Death*, 1774. Wadsworth Atheneum, Hartford. The Ella Gallup Sumner & Mary Catlin Sumner Collection Fund.— 197쪽
6. 一休宗純 畵, 『骸骨』, 1470년 무렵. 개인 소장.— 198쪽
7. 鳥文齋榮之 筆, 『櫻下美人圖』, 1783. 三井文庫, 東京.— 201쪽
8. 歌川國芳 畵, 『相馬の古內裏』(부분도). 山口縣立萩美術館·浦上記念館.— 202쪽
9. 圓山應擧 筆, 「白骨坐禪圖」, 1787년 무렵. 大乘寺, 兵庫.— 205쪽
10. 화가 미상, 『飮食養生鑑』. 日本醫學文化保存會, 東京.— 207쪽
11. 화가 미상, 『房事養生鑑』. 개인 소장.— 208쪽
12. 戀川春町 畵·作, 『腹京師食物合戰』, 1779. 國立國會圖書館, 東京.— 211쪽
13. 北尾重政 畵, 芝全交 作, 『十四傾城腹之內』, 1793. 國立國會圖書館, 東京.— 214쪽
14. 北尾重政 畵, 芝全交 作, 『十四傾城腹之內』.— 215쪽
15. 화가 미상·長崎版 畵, 『シャガタラ人物』, 1840년 무렵.— 216쪽
16. 화가 미상, 『漢洋長崎居留圖』. 長崎縣立美術博物館.— 218쪽
17. 川原慶賀 筆, 『蘭館繪卷·動物園圖』. 長崎市立博物館.— 218쪽
18. 화가 미상, 『Hollander』.— 221쪽
19. 菱川師宣 筆, 『吉原風俗圖卷』. 萬野美術館, 大阪.— 224쪽
20. 竹原春朝齋 筆, 秋里籬島 著, 『攝津名所圖會』, 1796~98. 國立國會圖書館, 東京.— 224쪽
21. 川原慶賀 筆, 『蘭館繪卷·調理室圖』.— 226~227쪽
22. 大槻玄澤 述, 有馬元晁 記, 『蘭說弁惑·磐水夜話』.— 228쪽
23. Armadio del Museo Levin, da V. Levin, *Wondertooneel der Nature*, 1706.— 236쪽
24. Kulmus, *Ontleedkundige Tafelen*.— 240쪽
25. 南小柿寧一 畵·著, 『解剖存眞圖』.— 240쪽
26. Adriaan van den Spigelius, *De formato foetu*, 1626. 개인 소장.— 241쪽
27. 화가 미상, 西村重長 著, 『大からくり繪盡』, 1743. 개인 소장.— 242쪽
28. 賀川子啓 著, 『産論翼 坤之卷』, 1775. 杉立義一 소장.— 243쪽
29. 溪齋英泉 畵·著, 『枕文庫』, 1822년 무렵. 田邊富藏 소장.— 244쪽
30. 溪齋英泉 畵·著, 『枕文庫』.— 245쪽
31. 溪齋英泉 畵·著, 『枕文庫』.— 246쪽
32. 國利 畵, 『妊婦炎暑戲』. 日本醫學文化保存會.— 248~249쪽

5장_신체와 국가

1. Vesalius, *De humani corporis fabrica*.— 253쪽

2. 小田野直武 寫, 杉田玄白 外 譯, 『解體新書』.— 255쪽
3. Govard Bidloo, *Ontleding des menschelyken lichaams*, 1690(초판 1685). Wellcome Institute Library, London.— 256쪽
4. Bidloo, *Ontleding des menschelyken lichaams*.— 259쪽
5. Bidloo, *Ontleding des menschelyken lichaams*.— 260쪽
6. Bidloo, *Ontleding des menschelyken lichaams*.— 261쪽
7. 南小柿寧一 模寫, 中伊三郎 刻, 大槻玄澤 重訂, 『重訂解體新書銅版全圖』, 1826. 早稻田大學圖書館, 東京.— 264쪽
8. Vesalius, *De humani corporis fabrica*.— 265쪽
9. 司馬江漢 畵, 『畵室圖』, 1794. 神戶市立博物館.— 267쪽
10. 南小柿寧一 模寫, 中伊三郎 刻, 大槻玄澤 重訂, 『重訂解體新書銅版全圖』.— 268쪽
11. 中伊三郎 刻, 齋藤方策, 中環 著, 『把爾翕湮解剖圖譜』.— 268쪽
12. 亞歐堂田善 刻, 宇田川玄眞 譯, 『醫範提綱』, 1808. 硏醫會圖書館.— 268쪽
13. Johan Palfyn, *Heelkonstige ontleeding*, 1733. 硏醫會圖書館.— 270쪽
14. 中伊三郎 刻, 齋藤方策, 中環 著, 『把爾翕湮解剖圖譜』, 1822. 究理堂文庫.— 270쪽
15. 中伊三郎 刻, 齋藤方策, 中環 著, 『把爾翕湮解剖圖譜』.— 270쪽
16. 廣川獬 譯, 『蘭療方』, 1804. 早稻田大學圖書館, 東京.— 271쪽
17. 廣川獬 著, 『長崎見聞錄』, 1800. 國文學硏究資料館.— 275쪽
18. Bernard Siegfried Albinus, *Tabulae sceleti et musculorum...*, 1747.— 277쪽
19. 『無極內經圖』(현존하지 않는 碑銘 탁본), 17세기, 중국.— 283쪽
20. Chang Feng, *Listening to the Waterfall*, c.1658~60. The Art Museum, Princeton Universty, Mrs. Edward L. Elliott 기증.— 284쪽
21. 龜田鵬齋 筆, 『胸中山』, 1809. 東京都立中央圖書館·加賀文庫.— 286쪽
22. 司馬江漢 筆, 『金谷からの富嶽景』, 1812. The Harvard Universty Art Museums, Kimiko and John Powers Collection.— 288쪽
23. 司馬江漢 筆, 『金谷からの富嶽景』(부분)— 289쪽
24. 竹原春朝齋 畵, 秋里籬島 著, 『拾遺都名所圖會』, 1787. 國立國會圖書館, 東京.— 292쪽
25. 歌川國直 畵, 山東京傳 作, 山東京山 增補, 『腹中名所圖繪』, 1818. 國立國會圖書館.— 294~295쪽
26. William Cowper, *Anatomy of Humane Bodies...*, 1698. 개인 소장.— 301쪽
27. Vesalius, *De humani corporis fabrica*.— 303쪽
28. Paolo Mascagni, *Anatomiae universae...*, 1823. Wellcome Institute Library, London.— 304쪽
29. 小田野直武 寫, 杉田玄白 外 譯, 『解體新書』.— 305쪽
30. 行基國繪圖, 江戶 초기(?).— 308쪽
31. 小田野直武 寫, 杉田玄白 外 譯, 『解體新書』.— 310쪽
32. 寺島良安 著, 『和漢三才圖會』.— 310쪽
33. 北尾重政 畵, 山東京傳 作, 『分解圖胸中雙六』, 1803. 國立國會圖書館.— 312~313쪽
34. 北尾重政 畵, 山東京傳 作, 『分解圖胸中雙六』.— 314~315쪽
35. 鈴木春信 畵, 『風流江八景·眞乳山暮雪圖』, 1769년 무렵. 개인 소장.— 316쪽
36. 北尾重政 畵, 山東京傳 作, 『分解圖胸中雙六』.— 317쪽
37. 歌川豊春 畵, 『浮繪·紅毛フランカイノ 湊萬里鐘響圖』, 神戶市立博物館.— 317쪽

38. 佐藤中陵 作, 『中陵漫錄』, 1826. 國立公文館內閣文庫, 東京.— 318쪽
39. 鳥文齋榮之 筆, 大田南畝 讚, 『蜀山人肖像』, 1814. 東京國立博物館.— 320쪽
40. 화가 미상, 『國繪圖』(병풍). The Harvard University Art Museums. Kimiko and John Powers Collection.— 322~323쪽
41. 화가 미상, 『萬國圖』(병풍). The Harvard University Art Museums. Kimiko and John Powers Collection.— 322~323쪽
42. 傳 石川大浪 模寫, 『蠻國人物圖·ロンドン人』. 早稻田大學圖書館.— 324쪽
43. 石川大浪 筆, 「地圖の前の西洋婦人像」.— 324쪽
44. Jacob Ochtervelt, *The Musicians*, 1671. The Art Institute of Chicago, Mr. and Mrs. Martin A. Ryerson Collection.— 325쪽

결론_ 양파 속 같은 내부

1. 市川岳山 筆, 『芝蘭堂新元會圖』(부분).— 330쪽
2. 芳藤 筆, 『痲疹禁忌』, 1862(?). 順天堂大學.— 330쪽
3. 酒井抱一 筆, 『ヒッポクラテス像』. 神戶市立博物館.— 331쪽
4. 桂川甫賢 筆, 『蘭醫 ハイステル像』. 개인 소장.— 331쪽
5. Steven Blankaart(Blancardi), *Anatomia Reformata*, 1687. Wellcome Institute Library, London.— 332쪽
6. Steven Blankaart(Blancardi), *Anatomia Reformata*.— 332쪽
7. 亞歐堂田善 刻, 宇田川玄眞 譯, 『醫範提綱』, 1808판 속표지 그림. 亞歐堂의 문인 新井令恭 刻.— 332쪽
8. Heister, *Heelkundige*.— 333쪽
9. 越村德基 譯, 『瘍科精選圖解』.— 333쪽
10. R. Morghen, *Aesculapius and Hygieia*, Wellcome Institute Library, London.— 334쪽
11. 田代忠國 筆, 『イースキュレーピウス像』(紅毛童子圖라고 한다). 神戶市立博物館.— 335쪽
12. 亞歐堂田善 筆, 『蘭醫像』. 개인 소장.— 337쪽
13. 葛飾北齋 筆, 『西瓜圖』, 1839. 宮內廳三の丸尙藏館, 東京.- 340쪽
14. 화가 미상, 『和蘭陀船中圖』.— 343쪽
15. 화가 미상, 『天主堂斷面圖』(프랑스판). 早稻田大學圖書館.— 343쪽
16. 喜多川歌麿 畵, 『衝立の男女』. 개인 소장.— 344쪽
17. 葛飾北齋 筆, 『肉筆畵帖』, 『鹽鮭と鼠圖』. 北齋館, 長野.— 346쪽
18. 高橋由一 筆, 『鮭圖』, 1877년 무렵. 東京藝術大學.— 346쪽
19. 葛飾北齋 筆, 『生首圖』. 北齋館.— 347쪽
20. 榮松齋長喜 畵, 『座敷萬歲』.— 348~349쪽
21. 화가 미상(政信?), 『吉原座敷の景』. British Museum, London.— 350쪽
22. 화가 미상, 『遊里圖』. British Museum, London.— 350쪽
23. 화가 미상, 『浮繪』.— 351쪽
24. 歌川豊國 畵, 『豊廣と豊國兩畵十二考』.— 342~353쪽
25. 北尾重政 畵·作, 『繪本吾妻抉』, 1797년판(초판 1786). 國立國會圖書館.— 352쪽

찾아보기

ㄱ

가노파(狩野派) 128, 328
가부키 27, 35, 116
가스팔류 88, 100
가위 50, 57~58, 62, 64, 67~68, 80, 107, 109, 263
    외과가위 67
    이발가위 78
    쪽가위 64, 67~68
가이샤쿠닌(介錯人) 39
가축 222
『개혁된 해부』(Anatomia reformata) 238, 332, 336
검시 126, 164, 169
「겐로쿠 해부도」(元祿解剖圖) 139
고대 그리스 165, 329
고린파(光琳派) 56
고의방(古醫方) 167
공포 104, 107, 116
「관우할비도」(關羽割臂圖) 114
「교키국회도」(行基國回圖) 307
교토 291, 297, 307, 309, 311
구니 300, 307
구상만다라 190~191, 281
구상시(九想詩) 189~191
국가 209, 306, 321, 357
기독교 19, 30, 186
꽃 58~61

ㄴ

나가사키 219, 230, 274, 297
『나가사키 견문록』 219, 274
나이프 53, 57~58, 69, 75, 83, 229, 232
『난료방』(蘭療方) 100, 273
『난료약해』(蘭療藥解) 100, 273
난방 106, 177, 272~273, 307
『난설변혹』(蘭說弁惑) 72, 74, 90, 122, 229
난의(난방의) 89, 104, 111, 118, 146, 167, 177, 200, 297, 329, 356
「난의도」(蘭醫圖) 336, 338
「난의 두부 외과수술도」(蘭醫頭部外科手術圖) 79~80
난학 9, 57, 171, 229, 290
『난학사시』(蘭學事始) 8~9, 133, 171, 194, 358
날붙이 37, 50, 53, 57, 59, 62, 80, 100, 104, 106, 225
남창(男娼) 48, 145
내경(內景) 281, 285, 287
내과 87~88
『내과찬요』(內科撰要) 99
내부 11, 16, 19, 22, 25, 32, 62, 187, 206, 210, 229, 238, 287, 339, 341~342, 345, 347, 355
    외부에 대한 ~의 우월 11
네덜란드
    ~ 내과 100
    ~ 미술 16
    ~ 약 92, 94~96, 99
    ~ 외과 89, 106, 111
    ~ 요리 219, 231~232
    ~ 의사 90, 274

~ 의학 89~90, 106, 109
~ 정물화 57, 31, 341
네덜란드동인도회사 8, 22, 83~84, 89, 94, 214, 219
　네덜란드상관 8, 88, 170
　데지마상관 50, 217, 219, 222
　레스크, 헤르만(Herman Lesk) 170
　시볼트, 프란츠 폰(Franz von Siebold) 81, 83, 220
　캠퍼, 엥겔베르트(Engelbert Kaempfer) 84~85
　크란스, 얀(Jan Krans) 8
　티칭, 이자크(Isaac Titsingh) 10, 39
　퐁페 123
『노자라시 기행』(野ざらし紀行) 192
닌교조루리 35

ㄷ
다이쇼(大小) 34~35, 44
단면도 341~342, 349
담배 쌈지 8, 34
『당세풍속통』(當世風俗通) 40~41
『당세혈신』(當世穴噺) 44
대우주 279
『대화법론』(Het Groot Schilder-boevck) 258
데지마상관 50, 217, 219, 222
헴, 얀 다비드스츠 데(Jan Davidsz de Heem) 19
호흐, 피에터 데(Pieter de Hooch) 19
도구 307
도요토미 히데요시(豊臣秀吉) 36
도카이도 302, 309
도쿠가와 바쿠후 8, 37, 39, 92, 94, 125, 177, 293, 302
도쿠가와 요시무네(德川吉宗) 182
도쿠가와 이에야스(德川家康) 181~182, 184, 358
　도쇼다이곤겐(東照大權現) 184
『독소망언』(獨笑妄言) 179
돌팔이 의사 101~102
동판화 266, 269, 272~273, 338~339
두루마리 그림 131

두부 겸자(head clamps) 100~101
디포, 다니엘(Daniel Defoe) 111
뜨내기 약장수 100~102, 104

ㄹ
라이레세, 헤라르트 데(Gérarde de Lairesse) 257, 262~263
라이트, 조지프(Joseph Wright) 197
라훌라(羅睺羅) 31~32
랜싯(lancet) 76, 83
러시아 232, 234
레멜리니, 요하니스(Johannis Remmelini) 27, 30
레스크, 헤르만(Herman Lesk) 170
레이디 아나토미아 18, 181, 263, 266
렘브란트(Rembrandt) 22, 263

ㅁ
만국도 321
메스 71, 90, 107, 109, 112, 263, 273
명함 318
몸을 아는 것 19, 22
무가몰수령〔刀狩令〕 36
무아(無我) 191
문인 282, 284, 287, 289, 291
문인화 269, 287, 291
미켈란젤로 252

ㅂ
바르톨린, 토마스(Thomas Bartholin) 152
바르트, 롤랑(Roland Barthes) 230
발베르데 데 아무스코(Juan Valverde de Hamusco) 150, 152, 156, 159
「백골좌선도」(白骨坐禪圖) 200, 203~204
『뱃속 수도 음식물 전투』(腹京師食物合戰) 210~212
『복중 명소도회』(腹中名所圖會) 295~296
베레티니, 피에트로 다 코르토나(Pietro Berrettini da Cortona) 161
베살리우스, 안드레아스(Andreas Vesalius) 149, 152, 252, 265, 276, 279, 303
본도(本道) 85, 87, 104

부아이, 루이 레오폴드(Louis-Léopold Boilly) 112
『부인내경지약도』(婦人內景之略圖) 145
『북창쇄담』(北窓瑣談) 87, 287
『분해도 흉중 쌍륙』(分解道胸中雙六) 309, 312, 314, 316
불교 31~32, 187, 191
블란카르트, 스테판(Stephan Blankaart) 152, 332, 336
비들루, 고베르트(Govard Bidloo) 257
『비장지』(非藏志) 176
뼈 187, 189, 191~192, 199, 206

ㅅ
사망 시점 123
사무라이 34~35, 37, 40, 43~44, 46, 181, 278, 309
　베어서 죽일 권리 38
　사람을 베는 권리 37
　~와 칼 35~40
사창가 35, 46
사체 123~124, 126, 164
사체 효수 124~126
「사혈수술도」(瀉血手術圖) 112~113
「산노스케 해부도」(三之助解剖圖) 126~127, 132
산수화 281
상자 34, 69, 71, 81, 274
생선 요리 225
샴베르겐, 카스파르(Caspar Schambergen) 89
서양화 53, 71, 78, 128~129, 204, 290, 339
섭취 209, 222
성육신(成肉身) 186
성 행위 45~47
「세야쿠인 해남체장도」(施藥院解男體臟圖) 126, 130
세이주칸(躋壽館) 177
소우주 279~281, 356
『소우주도보』(Catoptrum Microcosmicum) 27, 30, 279

소화 206, 209
손 25, 30, 252, 307
수술 263, 269, 276
『습유 미야코 명소도회』(拾遺都名所圖會) 292, 296
시볼트, 프란츠 폰(Franz von Siebold) 81, 83, 220
「시란도 정월 그림」(芝蘭堂新元會圖) 94, 110, 330, 336
시볼트 사건 81
시조파(四條派) 285
신농 111, 296, 328, 330
신(하느님) 19, 186~187, 252
　~의 탐구 19, 25, 30
「신주 텐노아미지마」(心中天の網島) 124
심장 307, 357
심학(心學) 279

ㅇ
아란타(阿蘭陀) 89~90, 318
아란타 외과 89~90, 116~120, 274
아스클레피오스 333~334
아코(赤穂) 사건 37
아틀라스 293
안과 밖 210
안내서 291, 293, 297~298, 338
앨퍼스, 스베틀라나(Svetlana Alpers) 19
「앵하미인도」(櫻下美人圖) 199
야마시로구니(山城國) 307, 318
약사 85, 90
약사여래 184, 358
약상자 71
여는 것 341
여행자 290~291, 293, 297~298
『열네 미인의 뱃속』(十四傾城腹之內) 212
영속성 189
『옛날 이야기 이나즈마뵤시』(昔話稻妻表紙) 103, 116
오가도(五街道) 293
오란다(オランダ) 89, 106
『오란다 이야기』(紅毛談) 50, 81, 83, 106, 146

오우기바라(扇腹) 39
「오절구의 꽃놀이」(五絶句花合せ) 58
왕 357~358
외과 84, 88
　~기구(외과도구) 80~81, 83~84, 100, 106, 112
　~수술 80
　~와 내과의 불균형 84~89
　~의사 67~68, 81, 84~85, 87, 104, 109, 111, 118, 122, 263
『외과기폐』(外科起廢) 105
『외과수술도권』(外科手術圖卷) 101
『외과술』(外科術) 73, 107, 254
『외과학 교본』(de Chirurgia) 82, 111, 329
『외과훈몽도휘』(外科訓蒙圖彙) 73
외부 187, 223, 229, 238
요시와라(吉原) 43~45
울화통 214
유곽 98, 298
유녀(遊女) 59, 61, 96
『육물신지』(六物新志) 94
육식 222~223, 225, 229
육체 186~187, 189
　~의 소멸 32, 191
응시 217, 342
『의범제강』(醫範提綱) 179, 285, 332, 336
이가쿠칸(醫學館) 177
이방인 215, 217, 220
「이세 이야기」(伊勢物語) 54
『인체구조론』(Historia de la composicion del cuerpo humano) 152, 156, 159, 257
『인체 구조에 대하여』(De corporis human fabrica) 252, 265, 303
『인체해부록』(Anatomia corporun humanorum) 299
『일각고』(一角考) 94
일본
　~ 그림 58
　~ 요리 223, 225, 229, 232
　~ 의학 122
『일본지』(日本誌) 84

ㅈ
자궁 234, 237~239, 241, 249
『작가 체내 시월도』(作者體內十月圖) 96
장부 가름 146
『장지』(藏志) 167, 176, 284, 358
적층 341, 345
전신골격 194
전체 16, 238
절개 25, 34, 59, 92, 217, 341, 355
젓가락 230
제비붓꽃 54, 56~57, 59
『주료만록』(中陵漫錄) 133, 220, 222, 233, 311
『주신구라』(忠臣藏) 35, 37
죽음 193, 197, 199, 307, 347
준-의료활동 87
「지르퉁한 얼굴들」(Les Grimaces) 112~113
지리학자 278
진경(眞景) 288~290

ㅊ
채식자 223
『천지이담』(天地理譚) 306
천하(天下) 37, 302
춘화(春畵) 45~46, 48

ㅋ
칼 34~35, 38, 40, 43, 101, 103, 118
칼자루 46~48
캠퍼, 엥겔베르트(Engelbert Kaempfer) 84~85
쿠퍼, 윌리엄(William Cowper) 299
쿨무스, 요한 아담(Johann Adam Kulmus) 25, 174, 181, 254, 262
크란스, 얀(Jan Krans) 8

ㅌ
『타펠 아나토미아』(Anatomische Tabellen) 25, 174, 193, 254
태아 237, 241
통약불능 175

툰베리, 카를(Charles Thunberg) 92, 111, 123, 147, 220
「툴프 박사의 해부학 강의」(Anatomy Lesson of Dr. Tulp) 21~22, 25, 291
티칭, 이자크(Isaac Titsingh) 10, 39

ㅍ

파레, 앙브루아즈(Ambroise Paré) 101, 107, 254
팔페인, 얀(Jean Palfyn) 152
페니스 46~47
펜나이프 50, 72, 75~76, 276
포크 229, 232
퐁페(Pompe van Meerdervoort) 123
표류민 232, 234, 319
풍경 282, 284, 287, 289~290, 298
『풍속통의』(風俗通義) 41

ㅎ

하비, 윌리엄(William Harvey) 299, 356
하이스터, 로렌츠(Lorenz Heister) 111, 147, 329, 331, 333, 336
한방 85, 133, 137, 177, 209, 238, 281
한방의 85, 87, 90, 100, 118, 133, 209, 239
할복 39, 118
해골 189, 192~194, 197, 200, 203
해부 125, 137, 146, 164, 169, 176, 237
　~도구 18
　~와 그림 125~132

~학 22, 25, 122, 129, 133, 187, 210, 321, 356
~학서 167, 291, 309
~학자 239, 263, 272, 278, 290, 298, 339, 356
『해부존진도』(解剖存眞圖) 134~135
해체 306
『해체발몽』(解體發蒙) 100
『해체신서』(解體新書) 9, 90, 152~153, 165, 168, 178, 237, 254, 258, 262, 302, 305~306, 328, 338
『해체침요』(解體鍼要) 119~120
「헤이지로 장도」(平次郎臟圖) 88, 126, 143, 204
혈액순환 이론 299
호르테르, 요하네스 데(Johannes de Gorter) 99
홍모 신외과가 89, 104, 111
『홍모잡화』(紅毛雜話) 129
『홍이류 도구집해 총도식』(紅夷流道具集解總圖式) 52, 76
『홍이외과종전』(紅夷外科宗傳) 73, 107, 109
『화란의사문답』(和蘭醫事問答) 91
『화한삼재도회』(和漢三才圖會) 62, 65, 67, 81, 84~86, 89, 136
『환해이문』(環海異聞) 234
흉중 산수 285, 291
흑인 214
히스테리 249

에도의 몸을 열다 — 난학과 해부학을 통해 본 18세기 일본

초판1쇄 펴냄 2008년 1월 15일
초판4쇄 펴냄 2019년 1월 15일

지은이 타이먼 스크리치
옮긴이 박경희
펴낸이 유재건
펴낸곳 (주)그린비출판사
주소 서울시 마포구 와우산로 180, 4층
대표전화 02-702-2717 | **팩스** 02-703-0252
홈페이지 www.greenbee.co.kr
원고투고 및 문의 editor@greenbee.co.kr

편집 이진희, 구세주, 송예진 | **디자인** 이은솔, 박예은
마케팅 육소연 | **물류유통** 류경희 | **경영관리** 이선희

이 책의 한국어판 저작권은 저작권자와의 독점계약으로 (주)그린비출판사에 있습니다.
저작권법에 의하여 한국 내에서 보호를 받는 저작물이므로 무단전재와 무단복제를 금합니다.
책값은 뒤표지에 있습니다. 잘못 만들어진 책은 구입처에서 바꿔 드립니다.
ISBN 978-89-7682-502-5 03910

독자의 학문사변행學問思辨行을 돕는 든든한 가이드 _(주)그린비출판사